全国马列文论研究会学术年刊（2024年卷）

中国社会科学院大学
全国马列文论研究会 编
南京师范大学文学院

中国式现代化与马克思主义文论的创新性发展

姜　飞　骆冬青　主编
李昕揆　李　俊　执行主编

中国社会科学出版社

图书在版编目（CIP）数据

中国式现代化与马克思主义文论的创新性发展：全国马列文论研究会学术年刊：2024年卷 / 姜飞, 骆冬青主编. -- 北京：中国社会科学出版社, 2024.10.
ISBN 978-7-5227-4317-2

Ⅰ. D61-53；A811.691-53

中国国家版本馆 CIP 数据核字第 2024TC0645 号

出 版 人	赵剑英
责任编辑	张　浩
责任校对	冯英爽
责任印制	李寡寡

出　　版	中国社会科学出版社
社　　址	北京鼓楼西大街甲 158 号
邮　　编	100720
网　　址	http://www.csspw.cn
发 行 部	010-84083685
门 市 部	010-84029450
经　　销	新华书店及其他书店

印　　刷	北京明恒达印务有限公司
装　　订	廊坊市广阳区广增装订厂
版　　次	2024 年 10 月第 1 版
印　　次	2024 年 10 月第 1 次印刷

开　　本	710×1000　1/16
印　　张	21.25
字　　数	328 千字
定　　价	118.00 元

凡购买中国社会科学出版社图书，如有质量问题请与本社营销中心联系调换
电话：010-84083683
版权所有　侵权必究

全国马列文论研究会学术年刊
编委会

顾　　问

　　　　吴元迈　陆贵山　李思孝　应必成

编　　委（按姓氏笔画排列）

　　　　丁国旗　马　驰　王　杰　冯宪光

　　　　刘方喜　孙文宪　陈奇佳　李昕揆

　　　　骆冬青　邱运华　吴晓都　张永清

　　　　张政文　季水河　胡亚敏　党圣元

　　　　徐放鸣　董学文　赖大仁　谭好哲

学术秘书

　　　　王　涛　万　娜

目 录

- 1 序　全国马列文艺论著研究会第40届年会在南京师范大学举行
- 6 继承与创新中国古代文学精神的文化主体性　　张政文
- 30 马克思主义文学批评的中国之路　　胡亚敏
- 41 教材编著：马克思主义文论同中华传统文论相结合的一条重要路径　　谭好哲
- 62 马克思主义文艺理论的生成路径与阐释路线　　赖大仁
- 91 "第二个结合"视域中新的文学观及其学术意义　　泓峻
- 102 从"经典"走向经典
  ——马克思主义文艺理论经典阐释的方法、视角与问题　　段吉方
- 123 论中国当代马克思主义文艺理论话语"史学观点"的"人民性"内涵　　万娜
- 135 当代马克思主义文艺理论的时代意涵　　韩伟
- 149 全世界受苦的人
  ——马克思主义经典文本与汉字美学传统相融合的范例　　骆冬青
- 164 朱光潜马克思主义理论和美学的翻译研究活动　　李世涛

185	物质阐释学文论及其对于"两个结合"的意义	张　进
207	如何理解"艺术生产与物质生产不平衡"？	江守义
224	作为马克思主义动力学的核心的唯物主义戏剧	李永新
245	为民族复兴伟业贡献文艺力量	
	——学习习近平文化思想的思考	孙书文
252	科学主义与中国马克思主义文艺理论早期	
	科学性的发生	刘永明
290	人民美学论略	李　丹
309	论延安时期的十三年文化建设经验与成就	傅守祥　邹　缠
322	"大众"在文艺中的存在方式研究	
	——"文艺大众化"问题再检讨	李　慧

序

全国马列文艺论著研究会第40届年会在南京师范大学举行

2023年12月9—10日，由全国马列文艺论著研究会、南京师范大学文学院主办的全国马列文艺论著研究会第40届年会暨"中国式现代化与马克思主义文论的创新性发展"学术讨论会在南京师范大学举行。来自中国社会科学院大学、中国社会科学院、上海交通大学、南京大学、浙江大学、华东师范大学、山东大学、兰州大学等高校和科研院所的近200名专家学者参会。

大会聚焦中国式现代化实践中马克思主义文艺理论体系建设所面临的一系列重大理论问题，共发布143篇学术论文，设有中国式现代化视域下马克思主义文艺理论体系的构建、"两个结合"与新时代中国马克思主义文艺理论研究和学科建设、马克思主义文艺价值观与新时代中国文艺创作和文艺评论实践、文明互鉴与中国马克思主义文艺理论研究、国外马克思主义文艺理论的选择性借鉴5个分论坛。

开幕式上，南京师范大学党委副书记贲国栋，南京师范大学文学院院长高峰，全国马列文艺论著研究会会长、中国社会科学院大学党圣元教授致辞。开幕式由文学院骆冬青教授主持。

贲国栋表示，本次年会将深入学习贯彻习近平文化思想，紧扣时代命题，围绕中国式现代化与马克思主义文论的创新及发展这一主题展开讨论，着力分析"两个结合"与新时代马克思主义文艺理论研究和学科建设，希望各位专家学者能够在此次盛会上加强交流、深化合作，共同为新时代马克思主义文艺理论的学科体系、学术体系、话语体系贡献智慧和力量。

高峰认为，本次年会的主题是"中国式现代化与马克思主义文论的创新性发展"，紧扣时代关切和理论热点，期待会议碰撞出思想的火花，涌现出一批高质量研究成果，共同推动马克思主义文艺思想与中国式现代化伟大实践有机结合。

党圣元表示，全国马列文论研究会沐浴着改革开放的春风诞生，进入新时代，全国马列文论研究会又站到新的历史起点上，肩负着更为重要的学术使命。新时代开展马克思主义文艺理论研究，要以习近平文化思想为引领，与中国式现代化实践相结合，加强文明互鉴交流，不断推进马克思主义文艺理论的创新与发展。

会议研讨中，中国社会科学院大学校长张政文与中国社会科学院大学党圣元教授强调马克思主义与中华优秀传统精神相结合的重要性。

张政文表示，就理论理性而言，中国传统文学精神的理性化以文学的发乎情，到远之事君、近之事父，再到游于艺为理论逻辑，在真、善、美的思维演化中递进。正如孔子曰："兴于《诗》，立于礼，成于乐。"就实践理性而言，中国传统文学精神的理性化以文学的自然人，到社会人，再到精神人为实践逻辑，在自然、社会、精神的文明构建中进步。

党圣元围绕"中华优秀传统文化的'五大突出特征'与中华优秀传统文艺思想的本质属性"的主题，强调在历史演进过程中，无论是繁荣昌盛之时，还是艰险困顿之际，中华民族在其发展演进的每一个历史阶段，无不体现出一种或修文进德、光泽四海，或坚毅刚勇、不惧强暴的内力。这种内力，积淀为中华优秀传统文化、文学艺术之深沉美学底蕴，凝结为博大精深的思想体系，闪耀为中华民族精神之夺目光辉，并在几千年历史行程中相续相承、通变流转、与时俱进、延绵不断，故而根脉坚固、枝繁叶茂。

山东大学文艺美学研究中心谭好哲教授认为，百年来的文学理论教材编著是马克思主义文学理论中国化时代化的一个重要理论场域，面向当下和未来的中国马克思主义文学理论创新和文学理论教材编著应该也必定能够从既往成就和经验中获得有益借鉴和启示。

湘潭大学文学与新闻学院季水河教授认为，习近平文化思想将马克思主义基本原理同中华优秀传统文化相结合，极大地丰富、拓展了党的文化建设理论，是对马克思主义中国化时代化的原创性贡献，开辟了马克思主义中国化时代化新境界，铸就了中华文化新辉煌。

华中师范大学文学院胡亚敏教授、南京大学文学院汪正龙教授、苏州大学文学院刘锋杰教授、江西师范大学文学院赖大仁教授则聚焦于马克思主义经典的再阐释问题。

胡亚敏认为，马克思主义文学批评不仅需要关注社会历史，而且应关注"人的生产"，文学作品中人物的活动及其社会关系将成为批评的焦点。不同时期，"人自身的生产"始终在场。如何促使两种生产的平衡发展和相互适应，如何深化人自身生产的研究，对于马克思主义文学批评建设具有重要意义。

汪正龙围绕"恩格斯现实主义理论再解读"这一主题，表示恩格斯关于思维与存在同一性的思想受到生物学与近代工业的影响，把认识看作类似实验的一种工艺学流程，为其现实主义理论和文学反映论奠定了理论基础。恩格斯的现实主义理论涵盖了真实性、典型性与倾向性等诸多方面，与其唯物主义哲学认识论相关联，也受到了黑格尔的影响。同样，卢卡契对恩格斯现实主义理论的解读也受到黑格尔的影响。

刘锋杰认为，文学创作只有一种典型，即写出艺术真实的典型，但典型性有差异，是所写的艺术真实的深广度不同而造成的。优秀的作家是只为自己的感受与经验去写作的，写他们自己感受到的、出自真情的、个体对于世界的独特体会与经验。

赖大仁以《马克思主义文艺理论的生成路径与阐释路线》为题，强调对马克思主义文论当代意义的阐释应着重突出以下两个方面。一是注重总结历史经验和联系现实问题，对文艺意识形态论观念进行当代阐释，建构新的文艺观念。二是按照实践功能论的阐释路线，充分重视文艺在当代社会实践中的意识形态功能和作用。

中国社会科学院民族文学研究所丁国旗教授、江苏师范大学文学院张玉勤教授、南京大学艺术学院赵奎英教授、湖南社会科学院文学研究所卓今教授、南京师范大学文学院骆冬青教授围绕马克思主义文艺理论当代化研究问题发言。

张玉勤以《延安时期婚恋题材版画作品的语图关系解读——以古元为例》为题发言。他表示,延安时期,婚恋既与百姓生活密切相关,更是移风易俗和民主政权的题中应有之义,因而自然成为艺术作品争相表现的领域和题材。古元的版画在语言和图像两个层面,不仅建构了艺术叙事的审美场景,更描画了从婚姻到政治的民主建构进程。

丁国旗认为,"普及"与"提高"是毛泽东同志《在延安文艺座谈会上的讲话》中提出的文艺服务大众的两种具体方式。无论是普及还是提高,都要从文艺服务对象的实际情况出发,从而做到或"普及"或"提高"或"普及和提高相统一"。

赵奎英聚焦"新文科与艺术学体系自主构建的三大问题",她表示,立足于新文科提出的现实语境,着眼于我国新文科建设的战略目标,基于已有研究,提出新文科的五大理念:超学科视野、强创新精神、大文化观念、生态人文主义和新语文思维。新文科的五大理念可以为当代中国艺术学理论体系的自主构建提供启示。

卓今以《AI算法的公共阐释问题探讨》为题发言。她认为,当前AI的知识性和智能性程度已经让人类感到震惊,人类智能的"封闭性、非通用性"的局面正在被人工智能的"社会性、开源性"打破。如果把它的运行过程进行知识形态化,它就是一种阐释学——"AI阐释学"。同时,它的不足之处也值得警惕,如:模型的学习训练数据偏狭,以偏见代替整体等。

骆冬青以《全世界受苦的人——马克思主义经典文本与汉字美学传统相融合的范例》为题,强调马克思主义基本文献的研究,不仅在原典层面不断进步,而且近年来,对于马克思主义经典文本中译的研究,无论是从文献学角度,还是翻译文本角度,也有了长足的进展。那么,在解读文献的基础上,如何对马克思主义经典文本作细读研究,考察马克思主义文本中国化过程中诸多事件。尤其是在语言文字层面，马克思主义经典文本的翻译，经"汉字"这一媒介转换，具有更深层次的文化震撼与激荡，中西语言、文字的差异，既造成了文化、文艺"交换""沟通"的某些难度，又在克服困难中创造出新的表现方式。

  闭幕式上，骆冬青对此次学术会议进行总结。他结合《文心雕龙·原道》中"文之为德也，大矣"，认为马克思主义研究需要回到马克思原典产生的时代历史语境中，考察其文艺和美学发展的脉络和历程。同时，要充分关注我们所处的时代，以马克思主义作为"大道"思考时代问题，并在这种"大"的历史观中，看到马克思主义文论以及整个中国文艺美学思想，始终关注当下现实问题与现实生活。闭幕式由文学院李永新教授主持。

  华中师范大学文学院万娜教授汇报学会换届情况。张政文当选全国马列文艺论著研究会第八届理事会会长。

继承与创新中国古代文学精神的文化主体性

中国社会科学院大学　张政文

习近平总书记在文化传承发展座谈会上对马克思主义与中华优秀传统文化相结合进行了系统的思想论述和深入的理论阐释，提出了中华文明的文化主体性重大论断，开辟了马克思主义基本原理同中华优秀传统文化相结合的新境界。文化主体性是中华文明的文化自主属性，是中华民族精神独立的标志，是中华民族文化的精神自我，是中华文明传承本土文化的自觉，也是中华文明创新中华文化的自愿。可以说，中华文明的文化主体性具有穿越时空的引领力、贯穿历史的凝聚力、影响文明的辐射力。在中华文化一脉相承的发展历程中，在中西文化相互参照的借鉴交融中，我们发现，中国古代文学精神生成、发展于中华文明的文化精神创制与艺术化语言书写中。在中华优秀传统文化中，中国古代文学精神源远流长、博大精深，具有独特、强大的文化主体性，概括地说，中国古代文学精神的文化主体性以高度的理性化、自觉性、自主性和致用化为其基本规定性。习近平总书记强调："在新的起点上继续推动文化繁荣、建设文化强国、建设中华民族现代文明，是我们在新时代新的文化使命。"[①] 在延续民族文化血脉中开拓当代中国现代化建设和文明进步发展，就需要全面把握中国古代文学精神的文化主体性，深刻领悟中国古代文学精神的理性化特质、自觉性特征、自主性特性、致用化特

---

① 《习近平在文化传承发展座谈会上强调　担负起新的文化使命　努力建设中华民族现代文明》，《人民日报》2023 年 6 月 3 日。

点，在当代中国古代文学精神的创造性转化和创新性发展中不断巩固中华文化的优越性与影响力，这是我们在新时代造就当代中国式现代化文学精神的必由之路和担当使命。

一 中国古代文学精神文化主体性具有高度的理性化特质

理性化是中华文明的文化内在规定性，是中国古代文学精神文化主体性的特殊本质。中国古代文学精神文化主体性的理性化特质体现着中华文明独特的文化积淀、意识形态、民族心理、精神品质与国家体制，是中国古代文学精神文化主体性的根与脉。

中华文明的理性化文化内在规定性源于周礼。《礼记》云："夏道尊命，事鬼敬神而远之，近人而忠焉。……殷人尊神，率民以事神，先鬼而后礼。……周人尊礼尚施，事鬼敬神而远之，近人而忠焉。"[1] 殷人图存谋续，"谋及卜筮"，人从神意，周人则"民之所欲，天必从之""天视自我民视，天听自我民听"，中华民族在人与自然的对象性关系中，人以主体的姿态应对、操控、构建着自然，这一历史过程中理性化的中华文化主体性孕育而生，"未能事人，焉能事鬼""祭如在，祭神如神在""子不语怪、力、乱、神"，孔子的这些言行表明了中国祖先们认识客观世界、表达主观内心、书写精神印记的文化创制与符号书写是理性的社会行为，远离宗教神秘主义，所以鲁迅才称赞"孔丘先生确是伟大，生在巫鬼势力如此旺盛的时代，偏不肯随俗谈鬼神"[2]。德国存在主义哲学家雅斯贝尔斯在其晚期作品《大哲学家》中也感叹："在

---

[1] 李学勤主编：《十三经注疏·礼记正义》卷五四《表记》，第3册，北京大学出版社1999年版，第1484—1486页。以下所引《十三经注疏》均为此版本。

[2] 《十三经注疏·尚书正义》卷一一《泰誓上》，第274页；《十三经注疏·尚书正义》卷一一《泰誓中》，第277页；《十三经注疏·论语注疏》卷一一《先进》，第146页；《十三经注疏·论语注疏》卷三《八佾》，第35页；《十三经注疏·论语注疏》卷七《述而》，第92页；鲁迅先生纪念委员会编：《鲁迅全集》，第1册，花城出版社2021年版，第116页。

中国孔子乃是理性在其全范围与可能性之中首次闪烁出看得见耀眼光芒。"① 中国古代文学精神文化主体性在中华文明的文化内在规定性中生成。同时，中国古代文学精神的文化主体性理性化特质也共构了中华文明理性化文化内在规定性的精神性格。在漫长的历史进程中，历经公羊之说、谶纬之学、佛道之思的冲撞、渗透，高度理性化特质始终是中国古代文学精神文化主体性的基本立足点。正如张岱年先生所言："与其他国家和民族形成鲜明对照的是：非宗教的具有浓厚理性主义和人文精神的儒家文化占据着统治地位。这是中国传统文化远远高出其他国家封建时代文化的突出标志。"②

在中华传统文化中，儒家文学精神和审美追求最能展现中国古代文学精神文化主体性的理性化特质，聚焦在理论理性与实践理性两个方面。

就理论理性而言，中国古代文学精神文化主体性的理性化以文学的发乎情，到远之事君、近之事父，再到游于艺为理论逻辑，在真、善、美的思维演化中递进。孔子曰："兴于《诗》，立于礼，成于乐。"③ 这被后世称赞"求之有序"④。《礼记·孔子闲居》将此演进逻辑解释为"志之所至，诗亦至焉。诗之所至，礼亦至焉。礼之所至，乐亦至焉"，并指出最终将到达超越"正明目而视之"与"倾耳而听之"的"志气塞乎天地"这一终极境界⑤。元代王充耘《四书经疑贯通》进一步提出"游于艺"之"游"不仅有别于"兴"与"立"，也与"成于乐"之"成"不同，不再"专言学诗学礼"，超越了单一领域的限制，彰显了审美境界的自由与圆融。由本于情性的"诗"开始，发展至道德和顺

---

① [德] 卡尔·雅斯贝尔斯：《大哲学家》，上册，李雪涛主译，社会科学文献出版社2005年版，第145页。
② 张岱年、程宜山：《中国文化中的理性主义和人文精神》，《月读》2016年第5期。
③ 《十三经注疏·论语注疏》卷八《泰伯》，第104页。
④ （清）范家相《诗渖》卷一，《景印文渊阁四库全书》，第88册，台湾商务印书馆2008年版，第598页。
⑤ 《十三经注疏·礼记正义》卷五一《孔子闲居》，第3册，第1393页。

的"礼",最后抵达审美超越的"乐",是一种"随其学力之所至而告之"的从"学之初"到"学之中"再到"学之终"的"先后之叙",属于"千古之学规","兴于诗,非不学礼也,特不可谓之立;立于礼,非不知乐也,特不可谓之成……乐者,学之所终始也","未至于乐,不可以言学之成也"①。此即如王夫之所示,一旦"道之所自著,德之所自考",则最终"必游于艺"②。

就实践理性而言,中国古代文学精神文化主体性的理性化以文学的自然人,到社会人,再到精神人为实践的逻辑,在自然、社会、精神的文明构建中进步。譬如在北宋理学大师谢良佐看来,中国古代文学的"兴""观""群""怨"观念绝非随意并列组合,而是彰显了此种文学实践的深层演进逻辑:文学首先肇端于"兴","吟咏情性,善感发人,使人易直子谅之心易以生",由此令人"得情性之正,无所底滞",明于"阅理",抵达"观"的境界,获得知、情、意的充分发展,之后进入"群"的境界,在社会层面,"心平气和,与物无竞",与人无争,和而不流地群居,最后升入"怨"的层面,达到超越"鄙倍心""虽怨而不怒"的"优游不迫"精神境界③。换言之,"思无邪"指的就是这种文学实践经历自然、社会而最终企及的最高精神境界,是中国古代文学精神主体性的理性化实践结晶。

中国古代文学精神文化主体性的理性化特质代代相传、跨越时空、历久弥新,形成了完整的理性结构与体制。

---

① (元)王充耘:《四书经疑贯通》卷三,《景印文渊阁四库全书》,第203册,第914页;(元)袁俊翁:《四书疑节》卷三,《景印文渊阁四库全书》,第203册,第774页;(清)李塨著,陈山榜等点校:《李塨集·大学辨业》卷二,第2册,人民出版社2014年版,第940页;(北宋)陈祥道:《论语全解》卷四,《景印文渊阁四库全书》,第196册,第127页;(北宋)王昭禹:《周礼详解》卷二〇,《景印文渊阁四库全书》,第91册,第416页。
② (清)王夫之著:《船山全书·四书训义》卷一一,杨坚总修订,岳麓书社2011年版,第7册,第484页。
③ (南宋)吕祖谦著,黄灵庚、吴战垒主编:《吕祖谦全集·吕氏家塾读诗记》卷一"纲领",第4册,浙江古籍出版社2008年版,第2页。

在理性结构上，中国古代文学精神文化主体性形成了极为稳定的理性传统。譬如在儒家文学思想传统中，孔子提出"志于道，据于德，依于仁，游于艺"的基本逻辑，坚持"思无邪""乐而不淫，哀而不伤""文质彬彬"的文学标准；孟子提出"知其人……论其世"与"以意逆志"的理性批评方法；《礼记·经解》提出"温柔敦厚"的理性诗教观；《毛诗序》强调"发乎情，止乎礼义"的理性逻辑；扬雄指出"实无华则野，华无实则贾，华实副则礼"；王充提出"患言事增其实，著文垂辞，辞出溢其真，称美过其善，进恶没其罪"，强调"虚妄之语不黜，则华文不见息；华文放流，则实事不见用"；陆机将"文质彬彬"的理性结构具体化为"理扶质以立干，文垂条而结繁"；挚虞主张"文章者，所以宣上下之象，明人伦之叙，穷理尽性，以究万物之宜者也"[①]；刘勰提出"因文而明道"；唐代魏徵指出文学"大则经纬天地，作训垂范，次则风谣歌颂，匡主和民"，白居易提出"文章合为时而著，歌诗合为事而作"的理性创作原则；宋代朱熹指出"作文……但须明理。理精后，文字自典实""道者，文之根本；文者，道之枝叶。惟其根本乎道，所以发之于文，皆道也。三代圣贤文章，皆从此心写出，文便是道"，文学之道"非汲汲乎辞也，必其心有以自得之"；元代郝经强调"物感于我，我应之以理而辞之耳"；明代王夫之强调"诗达情，非达欲"，黄宗羲肯定"文以理为主"；清代沈德潜澄清"诗贵

---

① 《十三经注疏·论语注疏》卷七《述而》，第85页；《十三经注疏·论语注疏》卷二《为政》，第14页；《十三经注疏·论语注疏》卷三《八佾》，第41页；《十三经注疏·论语注疏》卷六《雍也》，第78页；（宋）朱熹：《四书章句集注·孟子集注》卷一〇《万章章句下》，中华书局1983年版，第324页；（南宋）《四书章句集注·孟子集注》卷九《万章章句上》，第306页；《十三经注疏·礼记正义》卷五〇《经解》，第3册，第1368页；《十三经注疏·毛诗正义》卷一《国风》，第1册，第15页；汪荣宝撰，陈仲夫点校：《法言义疏》卷五《修身》，中华书局1987年版，第97页；（东汉）王充著，黄晖撰：《论衡校释》卷八《艺增》，第2册，中华书局1990年版，第381页；《论衡校释》卷二九《对作》，第4册，第1179页；（西晋）陆机著，金涛声点校：《陆机集》卷一《文赋并序》，中华书局1982年版，第2页；（西晋）挚虞：《文章流别论》，（清）严可均校辑《全上古三代秦汉三国六朝文》之《全晋文》卷七七，第2册，中华书局1958年版，第1905页。

性情，亦须论法，乱杂而无章，非诗也"，李重华指出"情惬则理在其中，乃正藏体于用"，章学诚强调"文非情不深，而情贵于正"，不可"害义而违道"①。

在理性体制上，中国古代文学精神文化主体性在中国历朝历代的治国理政中成为国家文艺制度与政策的基本法理。先秦两汉设有采诗制度，使诗"闻于天子""天子听政，使公卿至于列士献诗""命大师陈诗，以观民风"，汉武帝"乃立乐府，采诗夜诵"，汉光武帝"广求民瘼，观纳风谣"，汉和帝"分遣使者，皆微服单行，各至州县，观采风谣"；魏文帝曹丕强调"文章经国之大业，不朽之盛事"，据此制定施行文艺制度与政策，集聚文人，形塑文学实践；唐代完善科举制度，因试策考生"惟诵旧策，共相模拟，本无实才"，故取士试诗赋，文学担负务实理性的政治使命，"于先世及当时事，直辞咏寄，略无避隐……而上之人亦不以为罪"，不应"浮文而少实"。同时，唐代设置采诗制度，"太常卿采诗陈之，以观风俗"；宋代理学的"文以载道"观念主导文艺政策，力图实现文道合一，恢复道统与文统；明清确立了以"润色鸿猷，黼黻文治"和"崇儒重道，稽古右文"为核心的文化政策，建立翰林制度。康乾两朝设立了博学鸿词科，主动开展文学批评、文学奖励等活动，影响文学创作的取向、文学流派的形成、文学理论的构建与

---

① （南朝梁）刘勰著，（清）黄叔琳注，李详补注，杨明照校注拾遗：《增订文心雕龙校注》卷一《明道》，中华书局2012年版，第2页；魏徵、令狐德棻：《隋书》卷七六《文学传序》，第6册，中华书局1973年版，第1729页；（唐）白居易著，（唐）顾学颉点校：《白居易集·与元九书》，第3册，中华书局1979年版，第962页；（唐）黎靖德编：《朱子语类》卷一三九《论文上》，第8册，中华书局1986年版，第3320页；（宋）《朱子语类》卷一三九《论文上》，第8册，第3319页；（宋）朱熹著，郭齐、尹波点校：《朱熹集》卷三九《答林择之》，第4册，四川教育出版社1996年版，第1754页；（宋）郝经：《陵川集·文说送孟驾之》，第4册，山西古籍出版社2006年版，第779页；（清）王夫之著，王孝鱼点校：《诗广传》卷一《邶风》，中华书局1964年版，第22页；（清）黄宗羲著，（清）陈乃乾编：《黄梨洲文集·论文管见》，中华书局2009年版，第481页；（清）沈德潜撰，王宏林笺注：《说诗晬语笺注》，人民文学出版社2011年版，第18页；（清）李重华：《贞一斋诗说》，（清）王夫之等撰，丁福保编《清诗话》，下册，上海古籍出版社1978年版，第933页；章学诚著，叶瑛校注：《文史通义校注》卷三《内篇》，上册，中华书局1985年版，第220页。

文学作品的传播，引导文学发展，实现理性的教化功能①。

中国古代文学精神文化主体性的理性化特质对18世纪欧洲启蒙思想运动与文学思潮产生了深刻影响，法国启蒙思想家伏尔泰认为中国古代文学是理性化的主体文学，"毫无迷信，毫无荒诞不经的传说，更没有那种蔑视理性和自然的教条"②，他希望借助中国古代理性化的主体文学清除欧洲专制的"神示宗教"，建立理性民主的精神文化。启蒙思想家狄德罗则相信中国古代文学的理性化精神证明了中国"只需以'理性'或'真理'便可以治国平天下"。而英国启蒙哲学家休谟十分赞赏中国古代文学与文化从自然人，到社会人，再到精神人的理性化实践逻辑，甚至作出"孔子的门徒，是天地间最纯正的自然神论的学徒"③的中国文化欧洲化的美好误判。不过，这种误读误判在跨文化比较视域中证明了中国古代文学与文化主体性的理性化特质对欧洲现代性文明的生成、发育曾起过特殊的启蒙作用。相较于西方文明，中华文明从未受宗教的哺育，中国古代文学也未受过宗教的庇荫，中华文明、中国古代文学的真正母亲是以儒家为正宗与法统的中国文化，正如梁漱溟《理性与宗教之相违》一文中所言："中国以偌大民族，偌大地域，各方风土人情之异，语言之多隔，交通之不便，所以树立其文化之统一者，自必有为此一民族社会所共信共喻共涵生息之一精神中心在。唯以此中心，而后文化推广得出，民族生命扩延得久，异族迭入而先后同化

---

① （东汉）班固：《汉书》卷二四上《食货志上》，第4册，中华书局1962年版，第1123页；徐元诰撰，王树民、沈长云点校：《国语集解》卷一《周语上》，中华书局2002年版，第11页；《十三经注疏·礼记正义》卷一一《王制》，第1册，第363页；《汉书》卷二二《礼乐志》，第4册，第1045页；（南朝梁）范晔撰，李贤等注：《后汉书》卷七六《循吏列传》，中华书局1965年版，第9册，第2457页；（唐）《后汉书》卷八二《李郃传》，第10册，第2717页；（魏）曹丕撰，魏宏灿校注：《曹丕集校注》，安徽大学出版社2009年版，第313页；（唐）李治：《严考试明经进士诏》，（清）董诰等编《全唐文》卷一三，第1册，中华书局1983年版，第161页；（宋）洪迈撰，孔凡礼点校：《容斋随笔·续笔》卷二《唐诗无讳避》，中华书局2005年版，第239页；（宋）欧阳修、（宋）宋祁：《新唐书》卷四四《选举志上》，第4册，中华书局1975年版，第1166页；《新唐书》卷一四《礼乐志》，第2册，第355页；王红：《明清文化体制与文学关系研究》，巴蜀书社2010年版，第53—55页。

② ［法］伏尔泰：《哲学辞典》上册，王燕生译，商务印书馆1991年版，第331页。

③ 康琼、姚登权：《从民族走向世界》，光明日报出版社2009年版，第108页。

不为碍。此中心在别处每为一大宗教者，在这里却谁都知道是孔子以来的教化。"① 中华文化非宗教化的理性特质体现于中国古代文学精神文化主体性的原人性之道中，贯彻于中国古代文学精神文化主体性的征圣者之理中，灌注于中国古代文学精神文化主体性的宗经典之法中，原人性之道、征圣者之理、宗经典之法正是中国古代文学精神文化主体性的支点和主体性理性化特质的逻辑基点。

二　中国古代文学精神文化主体性具有高度的自觉性特征

高度的自觉性是中国古代文学精神文化主体性的基本特征，是中国古代文学精神主体性的灵与魂。费孝通先生指出："文化自觉只是指生活在一定文化中的人对其文化有'自知之明'，明白它的来历，形成过程，所具的特色和它发展的趋向，不带任何'文化回归'的意思，不是要'复旧'，同时也不主张'全盘西化'或'全盘他化'。自知之明是为了加强对文化转型的自主能力，取得决定适应新环境、新时代的文化选择的自主地位。"②

中国古代文学精神文化主体性的高度自觉性特征展现在文学自省与文学自新两方面。

中国古代文学精神文化主体性的文学自省专注于自觉地用文学审美性去观照世界、审视社会，用情感创制、形象书写去关怀生活、关注人生。先秦时代，文学被要求"能近取譬"，"其事不出于家国身世，其归不出于兴观群怨"；汉代王充强调"文由胸中而出，心以文为表。……外内表里，自相副称"；魏晋南北朝，左思强调"升高能赋者，颂其所见也，美物者贵依其本，赞事者宜本其实"，范晔提出"抽

---

① 梁漱溟：《梁漱溟全集》，第6册，山东人民出版社2005年版，第399页。
② 费孝通：《反思·对话·文化自觉》，《北京大学学报》（哲学社会科学版）1997年第3期。

心呈貌",刘勰主张"研阅以穷照","瞻言而见貌,即字而知时",钟嵘指出"凡斯种种,感荡心灵,非陈诗何以展其义?非长歌何以骋其情",萧子显提出"蕴思含毫,游心内运,放言落纸,气韵天成";唐代王昌龄《诗格》指出"搜求于象,入心于境,神会于物,因心而得",必须"目击其物,便以心击之,深穿其境",韩愈强调"若圣人之道不用文则已,用则必尚其能者;能者非他,能自树立,不因循者是也"①;明清时期,金圣叹强调文学是"人人心头舌尖所万不获已,必欲说出之一句说话耳",而非"以生平烂读之万卷,因而与之裁之成章,润之成文",必须"胸中有其别才,眉下有其别眼",王夫之主张"达情以生文",黄宗羲提出"文以理为主,然而情不至,则亦理之郭廓耳",此正如《尚书·益稷》所云"屡省乃成"②。

中国古代文学精神文化主体性的文化自新凸显在随着时代变迁,不断追求题材、体裁、风格等文学性方面求变、求新,"开辟新的疆土"③。在题材上,《诗经》的题材来自古代宫廷生活、贵族生活与民间生活,楚辞取材烂漫想象,汉魏乐府关注人民的情感与疾苦,东晋六朝诗歌的题材由人事到玄言,再转向田园山水,后又转向闺阁艳情;词则如俞平伯先生所言,最初以专事描写闺阁,纯为艳曲,如《花间集》,至北宋,渐增对家国兴亡之感的寄托,在南宋,更多传达眷怀家国之情,故而"唐五代词精美,北宋之词大,南宋之词深"(《俞平伯全

---

① 《十三经注疏·论语注疏》卷六《雍也》,第83页;朱东润:《中国文学批评史大纲》,上海古籍出版社2001年版,第9页;《论衡校释》卷一三《超奇》,第2册,第609页;(西晋)左思:《三都赋序》,《全上古三代秦汉三国六朝文》之《全晋文》卷七四,第2册,第1882页;《后汉书》卷八〇《祢衡传》,第9册,第2658页;《增订文心雕龙校注》卷六《神思》,中册,第365页;卷一〇《物色》,中册,第564页;(南朝)钟嵘著,周振甫译注:《诗品译注》,中华书局1998年版,第21页;(南朝)萧子显:《南齐书》卷五二《文学传论》,第3册,中华书局1972年版,第907页;胡问涛、罗琴校注:《王昌龄集编年校注》,巴蜀书社2000年版,第319页;《王昌龄集编年校注》,第296页;(唐)韩愈著,阎琦校注:《韩昌黎文集注释》卷三《答刘正夫书》,上册,三秦出版社2004年版,第308页。

② (清)金圣叹著,陆林辑校整理:《金圣叹全集》,第1册,凤凰出版社2016年版,第100页;《金圣叹全集》,第2册,第956页;《诗广传》卷一《召南》,第8页;《黄梨渊文集·论文管见》,第481页;《十三经注疏·尚书正义》卷五《益稷》,第130页。

③ 俞平伯:《俞平伯全集》,第3册,花山文艺出版社1997年版,第565页。

集》,第4册,第10页);小说从取材传说与古书走向得自日常生活,从神怪小说、历史小说,演进至世情小说。

在体裁上,先秦时代,中原风雅颂流行,南方的楚辞异军突起,诸子百家散文昌盛;汉代赋体宏丽,"晋后以清俊为快。宋人解散之,但以写意"①。汉末建安时期,四言诗变为五言诗,五言诗逐渐流行,并不断提纯,走向成熟,古诗十九首、曹氏父子诗作即为此中代表;南朝齐出现了永明体这样的新诗体;唐代,七言诗兴盛,绝句与律诗日臻化境,而诗歌之外,古文运动兴起,力戒骈文,讲求自然,摒除俳绮,"粗陈梗概"的六朝志怪则演变为"叙述婉转,文辞华艳"②的唐传奇;宋代,被视为诗余的词体大兴,由唐代曲子词、五代短调小令演进为慢词,词作为长短句,以杂言而非齐言为主"打破了历代诗与乐的传统形式,从整齐的句法中解放出来,从此五、七言不能'独霸'了"(《俞平伯全集》,第4册,第146页),而在词与歌的体裁关系上,北宋词"入乐可歌",南宋词"脱离了乐的束缚"③。元代进入"以戏曲为主要的文学形式的一个黄金时代",作为词余的戏曲、杂剧驰骋文坛,伟大的戏曲作家"像雨后春笋似的竞生于世"④。至明清,昆曲现世,汤显祖、沈璟、洪昇、孔尚任等奠立典范,"自有昆腔,余氏南戏始不复囿于地方剧。自有昆腔,于是南戏始不复终于乱弹而成为一种规则严肃、乐调雅正的歌剧"(《郑振铎全集》,第9册,第348页),《牡丹亭》令戏曲与诗文"抗颜接席"(《俞平伯全集》,第4册,第502页);小说经历志怪、传奇、变文、话本,在明清演进为长篇章回体小说,迎来了鼎盛时代。

在风格上,《诗经》与楚辞风格迥异;汉魏乐府南北相差极大;诗歌由四言体演变为五言体,风格从"古朴厚重"转向"凝练精悍",后衍生为七言体,"风格多是流利跌宕;它的字数是奇数,又比较多,在

---

① (明)方以智著,张永义校注:《浮山文集》,华夏出版社2017年版,第72页。
② 鲁迅:《中国小说史略》,中华书局2014年版,第39页。
③ 胡小石:《胡小石论文集续编》,上海古籍出版社1991年版,第192页。
④ 郑振铎:《郑振铎全集》,第6册,花山文艺出版社1998年版,第747页。

语法结构上，它可以多用附加语来加强表现力量，所以它显得最灵活，给人以摇曳生姿的感觉"；宋诗风格经历了初期的西昆体后，"自梅尧臣以后开出一条新的道路，和唐诗的面目截然不同"①，譬如江西诗派、永嘉四灵；宋词风格以时代分，北宋词大，明白晓畅，南宋词深，曲晦雅致（《胡小石论文集续编》，第 192—196 页），而以流派分，大体有婉约派与豪放派，但又存在其他繁多风格；元代散曲风格各异，名家辈出；有明一代，"文风屡变，杂体并出，林林总总，蔚为大观"（《朱东润文存》，第 108 页），如前后七子与公安派、竟陵派之异，又如杂剧风格与元代迥异，"杂剧在元人手里是很通俗的，到明嘉靖以降，便变成文人所专有的文艺了；元杂剧的规律是很整严的，明代中年后便很少人遵守这些规律了"②。

中国古代文学精神文化主体性的文化自新，正像习近平总书记所指出的那样："是始终深深植根于中国优秀传统文化沃土之中的，同时又是随着历史和时代前进而不断与日俱新、与时俱进的。"③

新时代亦如习近平总书记在文化传承发展座谈会上的重要讲话中强调那样："要坚持守正创新，以守正创新的正气和锐气，赓续历史文脉、谱写当代华章。"在塑造当代中国文学精神中要"收百世之阙文，采千载之遗韵"④，要以古鉴今、古为今用，学古不泥古、破法不悖法的方略实现中国古代文学精神文化主体性的创造性转化、创新性发展，使之与新时代当下文学与文化相融相通，造就一个有机统一的中国式现代化的文学生命体。

---

① 冯沅君：《冯沅君古典文学研究论文集》，袁世硕、张可礼主编：《陆侃如冯沅君合集》第 14 册，安徽教育出版社 2011 年版，第 347 页；朱东润《朱东润文存》，上海古籍出版社 2014 年版，第 248 页。

② 陆侃如、冯沅君：《中国文学史二十讲》，山东画报出版社 2007 年版，第 127—128 页。

③ 习近平：《在纪念孔子诞辰 2565 周年国际学术研讨会暨国际儒学联合会第五届会员大会开幕会上的讲话》，人民出版社 2014 年版，第 13 页。

④ 《陆机集》卷一《文赋并序》，第 2 页。

三 中国古代文学精神文化主体性
具有高度的自主性特性

德国哲学家恩斯特·卡西尔提出，文化精神史上最引人入胜的主题之一，就是去探究自主性和容受性这两个方面如何彼此交织并相互决定①。就中国古代文学精神文化主体性而言，自主性始终锚定文学本体，在文史哲融通融会的精神构架中坚持不同于哲学之思、道德之善的文学之美，中国古代文学精神文化主体性所具有的高度自主性特性是中国文学精神文化主体性的胆与识。

中国古代文学精神文化主体性的自主性特性体现为坚守文学的审美本体性和坚持文学的文化包容性两方面。中国古代文学精神文化主体性的自主性特征首先在于坚守文学的审美本体性。春秋的"赋比兴"，战国的"发愤以抒情"②，汉代的"发乎情""志之所至，诗亦至焉""感于哀乐"③，魏晋的"文以气为主"④，六朝的"诗缘情""情者文之经""为情而造文""情动而辞发""以情志为神明"（刘勰）⑤、"文者，维须绮縠纷披，宫徵靡曼，唇吻适会，情灵摇荡"（萧绎）⑥，唐代的"兴象"（殷璠）、"诗境"（王昌龄）、"境象"（皎然）、"韵外之致""味外之旨"（司空图）⑦，宋代的"美在咸酸之外""文理自然""诗画本

---

① ［德］恩斯特·卡西尔：《人文科学的逻辑》，关子尹译，上海译文出版社2004年版，第177页。
② （战国）屈原著，王泗原校释：《楚辞校释·九章》，中华书局2014年版，第153页。
③ 《十三经注疏·毛诗正义》卷一《国风》，第1册，第15页；《十三经注疏·礼记正义》卷五一《孔子闲居》，第3册，第1393页；《汉书》卷三〇《艺文志》，第6册，第1756页。
④ 《曹丕集校注》之《典论·论文》，第313页。
⑤ 《陆机集》卷一《文赋并序》，第2页；《增订文心雕龙校注》卷七《情采》，中册，第411—412页；《增订文心雕龙校注》卷一〇《知音》，中册，第589页；《增订文心雕龙校注》卷九《附会》，中册，第516页。
⑥ （南朝）萧绎撰，许逸民校笺：《金楼子校笺》，第2册，中华书局2011年版，第966页。
⑦ （唐）司空图：《司空表圣文集》卷二《与李生论诗书》，商务印书馆1936年版，第9—10页。

一律"（苏轼）①，金代的"诚"（元好问），元代的"格高"（方回）、"游"（戴表元）、"清空"（张炎），明代的"童心"（李贽）、"兴象风神"（胡应麟）②、"至情"（汤显祖）、"独抒性灵，不拘格套"（袁宏道）③、"抒吾意所欲言"（袁中道）④、"景中生情，情中含景"（王夫之）⑤，清代的"贵幻"（袁于令）、"因文生事""神韵"（王士禛）、"格调"（沈德潜）、"性灵"（袁枚）、"肌理"（翁方纲），近代的"尊情"（龚自珍）、"诗为天人之合"（刘熙载）⑥、"境界""古雅"（王国维），坚守文学的审美本体性是中国古代文学精神文化主体性最鲜亮耀眼的自主性特征。

中国古代文学精神文化主体性的自主性特征还体现为文学的文化包容性。

文学与儒家共融。儒家思想渗透中国古代文学的肌理。汉代贾谊《旱云赋》展现出儒家的民重君轻思想，司马迁《报任少卿书》彰显了儒家知识分子的坚忍意志，不少汉赋体现了汉代儒家的天人感应宇宙观，并力图发挥儒家的"诗可以怨"传统；唐宋时代，在儒家思想的影响下，杜甫和陆游、范成大、辛弃疾等人的作品蕴含着深厚的忧国忧民的家国情怀，韩愈、柳宗元与欧阳修等人先后发起了唐宋古文运动，元稹与白居易开启了表现"诗可以怨"的新乐府运动；明清时代，"三言""二拍"发扬儒家的诗怨传统，《三国演义》《水浒传》《说岳全传》和蒋士铨等人秉持"风教思想和道德激情"⑦的戏曲作品彰显了儒

---

① （宋）苏轼撰，（明）茅维编，孔凡礼点校：《苏轼文集》卷六七《书黄子思诗集后》，第 5 册，中华书局 1986 年版，第 2125 页；《苏轼文集》卷四九《答谢民师推官书》，第 4 册，第 1418 页；（宋）苏轼撰：《苏轼诗集》卷二九《书鄢陵王主簿所画折枝二首》其一，王文诰辑注，孔凡礼点校，第 5 册，中华书局 1982 年版，第 1525—1526 页。

② （明）胡应麟：《诗薮·内编》卷五，上海古籍出版社 1979 年版，第 100 页。

③ （明）袁宏道著，钱伯城笺校：《袁宏道集笺校》卷四《叙小修诗》，第 1 册，上海古籍出版社 2018 年版，第 202 页。

④ （明）袁中道著，钱伯城点校：《珂雪斋集》，上册，上海古籍出版社 1989 年版，第 19 页。

⑤ 《船山全书·唐诗评选》卷四，第 14 册，第 1083 页。

⑥ （清）刘熙载著，袁津琥笺释：《艺概笺释》，上册，中华书局 2019 年版，第 243 页。

⑦ 杜桂萍：《从"临川四梦"到〈临川梦〉——汤显祖与蒋士铨的精神映照和戏曲追求》，《文学遗产》2016 年第 4 期。

家的忠孝节义,《鸣凤记》《清忠谱》等戏曲作品则展现了儒家视角下的忠奸斗争。

文学与道家同游。贾谊《鹏鸟赋》、张衡《髑髅赋》《二京赋》《思玄赋》《归田赋》等汉赋透露出道家的无为思想;魏晋六朝,玄学进入文学,玄言诗赋表达了道家的思想观念,郭璞、孙绰等人的游仙之作揭示了道家的人生哲学与理想仙境,陶渊明的田园诗与谢灵运的山水诗渗透着浓厚的道家情致,道家思想更不断滋养着这段时期的文学理论,"得意在忘象,得象在忘言"[①] 即为典例,影响深远;唐代,王绩、卢照邻、陈子昂、李白、皮日休、陆龟蒙等文人深受道家思想的影响,或展现理想的宇宙境界,或呈现超逸的人生哲理,或表露不懈的求仙思想,或抒发个人的隐逸情怀;宋代,王禹偁、林逋、梅尧臣、苏轼、黄庭坚等人将道家思想融入诗文,而在江西诗派的诗论中,道家思想亦卓然可见;元代,象征道家隐逸志趣的"渔父"不仅是书画的常见主题(如吴镇《渔父图》),亦受文学家青睐,被反复书写;明清时代,《西游记》《红楼梦》《聊斋志异》显露出道家思想的影响,《封神传》《北游记》《南游记》《东游记》等神魔小说则脱胎于道教神话。

文学与释家结缘。佛教传入中国后,对中国文学的语言、题材、风格、文体、思想等各方面都产生了深刻影响。《维摩诘经》《法华经》《百喻经》等佛典的翻译,创造了翻译文学这一独特体裁。六朝出现了众多佛教志怪故事,可见于刘义庆《幽明录》《宣验记》、颜之推《冤魂志》、王琰《冥祥记》、吴均《续齐谐记》等,同时,佛教进入诗歌,推动了山水诗的形成与发展,甚至影响了诗律的发展。此外,萧衍《净业赋》显现了佛教对六朝辞赋的影响;唐代,佛教变文、唱文,如《有相夫人升天曲》《目连缘起》,影响了后世的小说。佛教深刻形塑了皎然与司空图的文学理论,涵养了王维、白居易等文人,灵澈、贯休、

---

① (魏)王弼著,楼宇烈校释:《王弼集校释·周易略例》,下册,中华书局1980年版,第609页。

寒山、拾得等诗僧名垂诗史；宋代苏轼、黄庭坚等文人在与佛教的互动切磋中吸收了禅语、禅理与禅趣，严羽更以禅喻诗，"论诗如论禅"①，评断诗文；明清时代，佛教思想深刻影响了《西游记》《红楼梦》等古典小说和《王魁负桂英》《赵贞女蔡二郎》等戏曲作品。

中国古代文学精神文化主体性的自主性特征决定了中华民族必然走向不同于西方的文学之路。

在文学存在方式上：西方强调认知，中国主张表意。在西方，自柏拉图的模仿说、亚里士多德的表现说以来，文学被视作一种对客观世界与超验理念的认识与模仿的工具，注重符合（correspondence）的"自然之镜"（mirror of nature）②。而在中国，文学致力于"以最少媒介象征最多意义"，强调含蓄而不尽，"书不尽言，言不尽意""言者所以在意，得意而忘言""得意在忘象，得象在忘言。故立象以尽意，而象可忘也""此中有真意，欲辨已忘言""张之于意，而思之于心，则得其真矣""缘境不尽""境生于象外""象外之象，景外之景""含不尽之意，见于言外""寄至味于澹泊""文字之设，要以达吾之意而已""含有余不尽之意""诗贵意""言征实则寡余味""寄言无限"③。

---

① 郑振铎：《郑振铎全集》，花山文艺出版社 1998 年版，第 8 册，第 219 页；（宋）严羽著，郭绍虞校释：《沧浪诗话校释·诗辨》，人民文学出版社 1961 年版，第 11 页。

② [美] 理查德·罗蒂：《哲学和自然之镜》，李幼蒸译，商务印书馆 2009 年版。

③ 唐君毅：《论中国艺术之特色》，《中心评论》1936 年第 2 期；《十三经注疏·周易正义》卷七《系辞上》，第 291 页；（清）郭庆藩撰，王孝鱼点校：《庄子集释》卷九上《外物》，第 4 册，中华书局 1961 年版，第 944 页；《王弼集校释·周易略例》，第 609 页；袁行霈：《陶渊明集笺注》，中华书局 2003 年版，第 247 页；《王昌龄集编年校注》，第 317 页；（唐）皎然著，李壮鹰校注：《诗式校注》卷一"辩体有一十九字"条，人民文学出版社 2003 年版，第 70 页；（唐）刘禹锡著，陶敏、陶红雨校注：《刘禹锡全集编年校注》卷一四《董氏武陵集纪》，第 4 册，中华书局 2019 年版，第 1569 页；《司空表圣文集》卷三《与极浦书》，第 15 页；欧阳修著，李逸安点校：《欧阳修全集》卷一二八《六一诗话》，第 6 册，中华书局 2001 年版，第 1952 页；《苏轼文集》卷六七《书黄子思诗集后》，第 5 册，第 2124 页；《朱熹集》卷六一《答曾景建》，第 6 册，第 3203 页；（宋）沈义父：《乐府指迷》，唐圭璋编《词话丛编》，第 1 册，中华书局 2005 年版，第 277 页；（明）李东阳著，李庆立校释：《怀麓堂诗话校释》，人民文学出版社 2009 年版，第 12 页；（明）王廷相著，王孝鱼点校：《王廷相集·王氏家藏集》卷二八《与郭价夫学士论诗书》，第 3 册，中华书局 1989 年版，第 503 页；（明）陆时雍：《诗镜总论》，丁福保辑《历代诗话续编》，第 3 册，中华书局 2006 年版，第 1420 页。

在文学创制与书写上，西方强调叙事，中国注重抒情。西方文学拥有悠久的叙事传统，起自荷马史诗《奥德赛》《伊利亚特》，经历中世纪民族史诗《贝奥武甫》《罗兰之歌》《熙德之歌》《伊戈尔远征纪》《尼伯龙根之歌》，再到但丁、薄伽丘、拉伯雷、塞万提斯等人逐渐奠定的现代叙事文体，时至今日，叙事依旧是西方文学的主要特征。与之相对，中国文学拥有深厚的抒情传统，主张"发愤以抒情""情动于中而形于言""吟咏情性""抒情素""泄哀乐之情""为情而造文""情者文之经"[①]"每自属文，尤见其情。……诗缘情而绮靡""感荡心灵，非陈诗何以展其义？非长歌何以骋其情？""文章者，盖情性之风标""夫文者妙发性灵，独拔怀抱""因事有所激，因物兴以通""言志乃诗人之本意，咏物特诗人之余事""以尺纸之敬，抒中情之勤""感物道情，吟咏情性""歌以永言，言以阐义，因义抒情""情生诗歌""动人心窍""诗非他，人之性灵之所寄也"[②]"文者，情之动也；情者，文之机也。文乃性情之华""诗之为道，从性情而出""诗以道性情""泳游以体情""曲写心灵""修文以函情""达情""必有深情畜积于内，奇遇薄射于外""诗者，由情生者也。有必不可解之情，而后有必不可朽

[①] 《楚辞校释·九章》，第153页；《十三经注疏·毛诗正义》卷一《国风》，第1册，第6、15页；《汉书》卷六四下《王褒传》，第9册，第2821页；(东汉) 王符著，汪继培笺，彭铎校正：《潜夫论笺校正》卷一《务本》，中华书局1985年版，第19页；《增订文心雕龙校注》卷七《情采》，中册，第411—412页。

[②] 《陆机集》卷一《文赋并序》，第1—2页；《诗品译注》，第21页；《南齐书》卷五二《文学传论》，第3册，第907页；(唐) 姚思廉：《梁书》卷五○《文学传论》，第3册，中华书局1973年版，第727页；朱东润选注：《梅尧臣诗选·答韩三子华韩五持国韩六玉汝见赠述诗》，人民文学出版社1997年版，第85页；(宋) 张戒著，陈应鸾笺注：《岁寒堂诗话笺注》，四川大学出版社1990年版，第33页；(宋) 杨万里撰，辛更儒笺校：《杨万里集笺校》卷一○八《与湖北陈提举》，第8册，中华书局2007年版，第4117页；《朱子语类》卷八○《诗一》，第6册，第2076页；(明) 李梦阳撰，郝润华校笺：《李梦阳集校笺·送杨希颜诗序》，第4册，中华书局2020年版，第1696页；(明) 汤显祖著，徐朔方笺校：《汤显祖全集》卷三一《耳伯麻姑游诗序》，第2册，北京古籍出版社1999年版，第1110页；(明) 董其昌著，印晓峰点校：《画禅室随笔》卷三，华东师范大学出版社2012年版，第124页；(明) 焦竑撰，李剑雄点校：《澹园集》卷一五《雅娱阁集序》，上册，中华书局1999年版，第155页。

之诗""因情敷句""诗无性情，不可谓诗""抒写性情"①。

在文学社会功能上，西方重视致思，中国推崇怡心，"诗语足以感心""览壮艺以悦观，聆和乐而怡心""荡夫忧心""使穷贱易安，幽居靡闷，莫尚于诗矣""感其心""和人心""读之者遗声利，冥得丧，如见东郭顺子，悠然意消""动物""儋荡人意""惊心而动魄""情至之语，自能感人，是谓真诗，可传也""令人读之，油油然有好善之心，有谦抑之心，有不欺人之心，有不自薄之心""恻恻动人"，动人四情、"生起四情"而"读者各以其情而自得"，"《诗》以和性情"②。

四 中国古代文学精神文化主体性具有高度的致用化特点

中国古代文学精神文化主体性具有高度的致用化特点，致用化特点是中国文学精神文化主体性的劲与力。中华文明是实践的文明，与西方

---

① （清）傅山著，尹协理主编：《傅山全书·文训》，山西人民出版社 2016 年版，第 2 册，第 245 页；《黄梨洲文集·序类》之《寒村诗稿序》，第 351 页；《船山全书·明诗评选》卷五，第 14 册，第 1440 页；《船山全书·四书训义》卷二一，第 7 册，第 915 页；《船山全书·姜斋诗话》，第 15 册，第 834 页；《诗广传》卷一《召南》，第 8 页；《诗广传》卷一《邶风》，第 22 页；（明）钱谦益著，（清）钱曾笺注，钱仲联标校：《牧斋初学集》卷三二《虞山诗约序》，中册，上海古籍出版社 1985 年版，第 923 页；（清）袁枚著，王英志编纂校点：《袁枚全集新编·小仓山房续文集》卷三〇《答程蕺园论诗书》，第 7 册，浙江古籍出版社 2015 年版，第 595 页；（清）叶燮著，蒋寅笺注：《原诗笺注》，上海古籍出版社 2014 年版，第 97 页；（清）谢章铤著，刘荣平校注：《赌棋山庄词话校注》卷五《报刘存仁书》，厦门大学出版社 2013 年版，第 115 页；（清）庞垲：《诗义固说》，郭绍虞编选，富寿荪点校《清诗话续编》，上海古籍出版社 1983 年版，第 739 页。

② 《汉书》卷二二《礼乐志》，第 4 册，第 1038 页；《陆机集》卷八《七征》，第 103 页；《后汉书》卷二八下《冯衍传》，第 4 册，第 988 页；《诗品译注》，第 21 页；《十三经注疏·礼记正义》卷三七《乐记》，第 3 册，第 1077 页；《梅尧臣诗选》之《见牧牛人隔江吹笛》，第 118 页；（宋）陆游著，钱仲联、马亚中主编：《陆游全集校注·渭南文集校注》卷一五《〈曾裘父诗集〉序》，第 9 册，浙江古籍出版社 2011 年版，第 392 页；《王廷相集·王氏家藏集》卷二八《与郭价夫学士论诗书》，第 503 页；《汤显祖全集》卷三一《耳伯麻姑游诗序》，第 2 册，第 1110 页；（明）焦竑：《澹园集》卷一五《雅娱阁集序》，中华书局 1999 年版，第 155 页；《袁宏道集笺校》卷四《叙小修诗》，第 203 页；《金圣叹全集》卷七一《圣叹外书》，第 4 册，第 956 页；《黄梨洲文集》之《论文管见》，第 481 页；《姜斋诗话》之《诗译》，第 808 页；（明）方以智著，张永义校注：《浮山文集》，华夏出版社 2017 年版，第 8 页。

崇尚思辨的文化传统不同，中华文化始终高度关注社会现实、直面社会矛盾，重实用、重实践的致用化特点是中华民族的典型性格，"以天下为己任"的家国情怀，济世担当的文化意识锻造了中国古代文学精神文化主体性的致用化特点，文以载道、文以经世、文以安民、文以治国的文学观念代代承传，即便庄子"子非鱼，安知鱼之乐"①的出世逻辑也与世俗个体的人生修为息息相关，最终所向也是凡人在日常生活中"齐是非""齐贵贱""齐生死"，是实现"天地与我并生，而万物与我为一"②的个体人生最高致用境界。而孔子儒学更是中国独有的"入世"世界观、"致用"方法论，中国古代文学精神文化主体性具有高度的致用化特点，主动而有意地将文学的审美本质转换为美育教化功能，在美育中使文学成为人们实现修身、齐家、治国、平天下的教化。

中国古代文学精神文化主体性的致用化特点集中反映在主流文学观对文学"观""群""怨"作用的执着与创新上。中国古代文学精神文化主体性致用化中的"观"是中国古代文学把握社会生活的基本路径。《毛诗序》指出："治世之音，安以乐，其政和。乱世之音，怨以怒，其政乖。亡国之音，哀以思，其民困。"郑玄解释文学可以"观风俗之盛衰"③；班固指出文学可以"别贤不肖而观盛衰""观风俗，知得失""观风俗，知薄厚"，令人"不窥牖户而知天下"；挚虞提出"文章者，所以宣上下之象，明人伦之叙"；皇侃将《诗》"可以观"疏解为"《诗》有诸国之风，风俗盛衰，可以观览知之也"；隋代王通指出文学"上明三纲，下达五常；于是征存亡，辩得失。……圣人采之以观其变"；白居易主张文学可以"补察时政"，"国风之盛衰，由斯而见也；王政之得失，由斯而闻也；人情之哀乐，由斯而知也"，皮日休提出文学可以"知国之利病，民之休戚者"；苏辙指出"《诗》者……言上及于君臣父子、天下兴亡治乱之迹，而下及于饮食床第、昆虫草木之类。盖其中无所不具"，朱熹主张"观"指"考见得失"，"四方之风，天下

---

① 《庄子集释》卷六下《秋水》，第3册，第607页。
② 《庄子集释》卷一下《齐物论》，第1册，第79页。
③ 《十三经注疏·毛诗正义》卷一《国风》，第1册，第8页。

之事，今古治乱得失之变，以至人情物态之微，皆可考而知也"，不只限于"观众人之志""观众人之情""察事变""比物象类，有以极天下之赜"；元代程文海曾言"《九歌》可以观楚俗之鬼，《天问》可以观楚祀之淫"；明代李东阳肯定"观俗之美与人之贤者，必于诗"，王夫之指出文学"褒刺以立义，可以观矣"，"于其词可以辨其贞邪，于其声音可以审其正变"，"知升降……知乱治"，黄宗羲强调文学"言在耳目，赠寄八荒者，可以观也"；清代崔述高度赞同孔子"《诗》可以观"的观点，称其为"治乱兴亡之大要"①。

中国古代文学精神主体性致用化中的"群"是中国古代文学构建公共意识的基本方式。俞平伯先生指出中国不存在毫无社会本能和同感情绪的文学家，正如庞朴先生所言，"只要是中国的文学和艺术，它就总是不脱离现实的人，不脱离人的社会性"。孔子指出诗可以群，"不学诗，无以言"；汉代孔安国释"群"为"群居相切磋"；《毛诗序》指出文学可以"经夫妇，成孝敬，厚人伦"；钟嵘提出"嘉会寄诗以亲"；张载指出"群而思无邪"②。范祖禹指出"可以群者，相勉以正也"，吕大临强调"群居相语以《诗》则情易达"，朱熹指出文学令人

---

① 《汉书》卷三〇《艺文志》，第6册，第1708、1756页；《汉书》卷二四上《食货志上》，第4册，第1123页；(西晋)挚虞：《文章流别论》，《全上古三代秦汉六朝文》，第2册，第1905页；(南朝) 皇侃撰，高尚榘校点：《论语义疏》卷九《阳货》，中华书局2013年版，第455页；(隋)王通撰，张沛校注：《中说校注》卷二《天地》，中华书局2017年版，第43页；《白居易集》卷四五《与元九书》，第3册，第960页；《白居易集》卷六五《策林》，第4册，第1370页；(唐)皮日休著，萧涤非、郑庆笃整理：《皮子文薮》卷一〇《正乐府十篇并序》，上海古籍出版社2017年版，第126页；(宋)苏辙著，陈宏天、高秀芳点校：《苏辙集》卷四《诗论》，第4册，中华书局1990年版，第1273页；《论语集注》卷九《阳货》，《四书章句集注》，第178页；(宋)朱熹：《四书或问》，朱杰人、严佐之、刘永翔主编《朱子全书》，第6册，上海古籍出版社、安徽教育出版社2002年版，第880页；(元)程钜夫著，张文澍校点：《程钜夫集》卷一四《王寅夫诗序》，吉林文史出版社2009年版，第155页；(明)李东阳撰，周寅宾、钱振民点：《李东阳集》卷二《玉城山人诗集序》，第1册，岳麓书社2008年版，第396页；《四书训义》卷二一，第915页；《四书训义》卷七，第344页；《诗广传》卷四《大雅》，第144页；《黄梨洲文集》之《汪扶晨诗序》，第358页；(清)崔述：《读风偶识》卷四，商务印书馆1939年版，第73页。

② 《俞平伯全集》，第3册，第524—525页；庞朴：《庞朴学术文化随笔》，中国青年出版社1996年版，第137页；《十三经注疏·论语注疏》卷一六《季氏》，第230页；《十三经注疏·论语注疏》卷一七《阳货》，第237页；《十三经注疏·毛诗正义》卷一《国风》，第1册，第10页；《诗品译注》，第20页；《船山全书·张子正蒙注》卷八《乐器》，第12册，第316页。

"和而不流";明代张居正主张"其叙述情好于和乐之中,不失夫庄敬之节。学之,则可以处群,虽和而不至于流矣",黄宗羲强调"善于风人答赠者,可以群也",王夫之主张"出其情以相示,可以群矣";清代焦循指出"《诗》之教,温柔敦厚,学之则轻薄嫉忌之习消"①。

中国古代文学精神文化主体性致用化中的"怨"是中国古代文学调控公众民意的基本手段。孟子称:"《小弁》之怨,亲亲也。亲亲,仁也。"② 司马迁强调"《诗》三百篇,大抵贤圣发愤之所为作也。此人皆意有所郁结,不得通其道也",屈原"忧愁幽思而作《离骚》……盖自怨生也",《毛诗序》论"怨",立足政治美刺主义,主张"下以风刺上,主文而谲谏,言之者无罪,闻之者足以戒";《礼记正义》亦将"怨"理解为"依违讽谏";班固指出"男女有不得其所者,因相与歌咏,各言其伤";钟嵘《诗品》对"怨"细致分类,除了"情兼雅怨",亦涵括"清怨""哀怨""凄怨""典怨""孤怨";刘勰融摄司马迁与《毛诗序》,主张"志思蓄愤,而吟咏情性,以讽其上";唐代韩愈提出"不得其平则鸣……有不得已者而后言";宋代诗怨观深蕴时代情绪,欧阳修提出"凡士之蕴其所有而不得施于世者……内有忧思感愤之郁积,其兴于怨刺,以道羁臣、寡妇之所叹,而写人情之难言,盖愈穷则愈工",王安石指出"诗人况又多穷愁",陆游主张"盖人之情,悲愤积于中而无言,始发为诗。……士气抑而不伸,大抵窃寓于诗"③。

---

① 《四书或问》,《朱子全书》,第5册,第577页;(宋)朱熹:《四书章句集注·论语集注》卷九《阳货》,第178页;(明)张居正撰,王岚、英巍整理:《四书直解》,九州出版社2010年版,第242页;《黄梨洲文集》之《汪扶晨诗序》,第358页;《船山全书·四书训义》卷二一,第7册,第915页;(清)焦循著,陈居渊主编:《雕菰楼经学九种·论语补疏》卷下,上册,凤凰出版社2015年版,第670页。

② 《四书章句集注·孟子集注》卷一二《告子章句下》,第340页。

③ (西汉)司马迁:《史记》卷一三〇《太史公自序》,第10册,中华书局1982年版,第3300页;《史记》卷八四《屈原列传》,第8册,第2482页;《十三经注疏·毛诗正义》卷一《国风》,第1册,第13页;《十三经注疏·礼记正义》卷五〇《经解》,第3册,第1368页;《汉书》卷二四上《食货志上》,第4册,第1121页;《诗品译注》,第37、76、32、52、48、65页;《增订文心雕龙校注》卷七《情采》,中册,第412页;《韩昌黎文集注释》卷四《送孟东野序》,上册,第348页;《欧阳修全集》卷四三《梅圣俞诗集序》,第3册,第612页;《陆游全集校注·渭南文集校注》卷一五《〈澹斋居士诗〉序》,第9册,第385页。

明代李贽曰:"古之贤圣,不愤则不作矣。不愤而作,譬如不寒而颤,不病而呻吟也。"① 金圣叹指出由"庶人议"可知"天下无道"(《金圣叹全集》,第3册,第58页)。黄宗羲表示"逮夫厄运危时,天地闭塞,元气鼓荡而出,拥勇遏郁,坌愤激讦,而后至文生焉"(《黄梨洲文集·谢皋羽年谱游录注序》,第320页)。王夫之将"怨"与"群"融为一体,指出"以其群者而怨,怨愈不忘;以其怨者而群,群乃益挚";清代沈德潜表示"诗之为道也,以微言通讽喻",蒲松龄自称"集腋为裘,妄续幽冥之录;浮白载笔,仅成孤愤之书,寄托如此,亦足悲矣"②。《聊斋志异》《儒林外史》《镜花缘》《野叟曝言》《锺馗全传》等文学作品发挥了诗怨的功能。

中国古代文学精神主体性致用化特点还反映在对文学教化作用的重视上。《周易》云:"观乎'人文',以化成天下。"③ 孔子指出:"子以四教:文,行,忠,信。"④《礼记·经解》云:"温柔敦厚,《诗》教也。"⑤《毛诗序》指出"上以风化下""风以动之,教以化之""美教化,移风俗"⑥;王充《论衡》云:"圣人作经,艺者传记,匡济薄俗,驱民使之归实诚也。案《六略》之书,万三千篇,增善消恶,割截横拓,驱役游慢,期便道善,归正道焉。"⑦ 隋代李谔主张文学"褒德序贤,明勋证理"⑧。王通提出文学"必也贯乎道……必也济乎义";唐代《北史·文苑传序》指出"经邦纬俗,藏用于百代";魏徵称"文之为用,其大矣哉!上所以敷德教于下,下所以达情志于上"⑨;姚思廉主

---

① (明)李贽:《焚书·续焚书》卷三《忠义水浒传序》,中华书局2009年版,第109页。
② 《船山全书·姜斋诗话》,第15册,第808页;(清)沈德潜著,潘务正、李言编辑点校:《沈德潜诗文集·施觉庵考功诗序》,第3册,人民文学出版社2011年版,第1314页;(清)蒲松龄著,任笃行辑校:《全校会注集评聊斋志异·聊斋自志》,齐鲁书社2000年版,第30页。
③ 《十三经注疏·周易正义》卷三《贲》,第105页。
④ 《十三经注疏·论语注疏》卷七《述而》,第93页。
⑤ 《十三经注疏·礼记正义》卷五〇《经解》,第3册,第1368页。
⑥ 《十三经注疏·毛诗正义》卷一《国风》,第1册,第13、6、10页。
⑦ 《论衡校释》卷二九《对作》,第4册,第1177页。
⑧ 《隋书》卷六六《李谔传》,第5册,第1544页。
⑨ 《中说校注》卷二《天地》,第45页;(唐)李延寿:《北史》卷八三《文苑传序》,第9册,中华书局1974年版,第2777页;《隋书》卷七六《文学传序》,第6册,第1729页。

张"经礼乐而纬国家,通古今而述美恶,非文莫可也",孔颖达指出文学令"闻之者足以塞违从正","以《诗》化民,虽用敦厚,能以义节之。欲使民虽敦厚,不至于愚,则是在上深达于《诗》之义理,能以《诗》教民也";刘知几认为"夫观乎人文,以化成天下;观乎国风,以察兴亡。是知文之为用,远矣大矣",韩愈提出"思修其辞以明其道",柳宗元指出"文者以明道",白居易强调文学"上可裨教化,舒之济万名",使得"闻之者深诫也";宋代王安石提出"文者,礼教治政……务为有补于世",周敦颐主张"文所以载道也",程颐指出"观人文以化成天下,天下成其礼俗"①。明代宋濂《文说》云:"明道之谓文,立教之谓文,可以辅俗化民之谓文。"② 陆时雍指出:"夫温柔悱恻,诗教也。恺悌以悦之,婉娩以入之,故诗之道行。"(《历代诗话续编·诗镜总论》,第3册,第1405页)袁枚云:"圣人教人,总在下学,而不在上达,故所雅言者,有《诗》《书》《礼》,而无《周易》,不肯以幽深玄远之言,自夸高妙。"③ 王夫之指出文学"有善者可以劝焉,有恶者可以鉴焉……《诗》非授人以必遵之矩也,非示人以从人之途也,其以移易人之性情而发起其功用"(《船山全书·四书训义》卷六,第279页)。中国古代文学精神文化主体性致用化的教化核心是"教",关键方法是"化",而以教化人、治国用世是中国古代文学精神文化主体性致用化目的。

---

① 《梁书》卷四九《文学传序》,第3册,第685页;《十三经注疏·毛诗正义》目录《毛诗正义序》,第3页;《十三经注疏·礼记正义》卷五〇《经解》,第3册,第1369页;(唐)刘知几撰,浦起龙释:《史通通释》卷五《载文》,上册,上海古籍出版社1978年版,第123页;《韩昌黎文集注释》卷二《争臣论》,上册,第171页;(唐)柳宗元:《柳宗元集》卷三四《答韦中立论师道书》,第4册,中华书局1979年版,第873页;(唐)白居易:《读张籍古乐府》,第1册,《白居易集》,第2页;《新乐府》"序",第52页;《临川先生文集》卷七七《上人书》,第811页;(宋)周敦颐著,陈克明点校:《周敦颐集》卷四《通书·文辞》,中华书局1990年版,第35页;(宋)程颢、(宋)程颐著,王孝鱼点校:《二程集·周易程氏传》卷二《周易上经下》,中华书局2004年版,第808页。

② (明)宋濂:《宋濂全集·文说》,第5册,浙江古籍出版社2014年版,第1761页。

③ (清)袁枚:《牍外余言》,《袁枚全集新编》,第15册,第4页。

五 结语

马克思曾指出，文化创制与书写是"通过油墨来向我们的心灵说话"①，习近平总书记也指出："文明特别是思想文化是一个国家、一个民族的灵魂。无论哪一个国家、哪一个民族，如果不珍惜自己的思想文化，丢掉了思想文化这个灵魂，这个国家、这个民族是立不起来的。"②新时代，从建设中国式现代文明的角度审视中国古代文学精神文化主体性，对当下文学事业把握古今、守正创新意义非凡，马克思说过："人们自己创造自己的历史，但是他们并不是随心所欲地创造，并不是在他们自己选定的条件下创造，而是在直接碰到的、既定的、从过去承继下来的条件下创造。"③新征程上，习近平总书记从中华文明传承与创新的历史深度和中华民族伟大复兴的未来高度上提出："要坚定文化自信、担当使命、奋发有为，共同努力创造属于我们这个时代的新文化，建设中华民族现代文明。"④ 在马克思主义基本原理同中国具体实际、同中华优秀传统文化相结合中举旗帜、聚民心、育新人、兴文化，坚持文学为人民服务、为社会主义服务，坚持文学百花齐放、百家争鸣，坚持文学创造性转化、创新性发展，正像习近平总书记《在中国文联十大、中国作协九大开幕式上的讲话》中强调的那样："文艺是铸造灵魂的工程，承担着以文化人、以文育人的职责，应该用独到的思想启迪、润物无声的艺术熏陶启迪人的心灵，传递向善向上的价值观。"⑤ 所以，我

---

① 《马克思恩格斯全集》第 1 卷，人民出版社 1995 年版，第 192 页。
② 《在纪念孔子诞辰 2565 周年国际学术研讨会暨国际儒学联合会第五届会员大会开幕会上的讲话》，人民出版社 2014 年版，第 9 页。
③ 《马克思恩格斯选集》第 1 卷，人民出版社 1995 年版，第 585 页。
④ 《习近平在文化传承发展座谈会上强调担负起新的文化使命努力建设中华民族现代文明》，《人民日报》2023 年 6 月 5 日。
⑤ 《在中国文联十大、中国作协九大开幕式上的讲话》，人民出版社 2016 年版，第 17 页。

们应更清醒而深刻地领悟与把握新时代中国特色社会主义当代文学精神根脉深植于中国古代文学精神文化主体性之中，马克思主义文学观与中国古代文学精神文化主体性的"互通互融""互相成就"是时代之需，只有继承中国古代文学精神文化主体性，创新中国古代文学精神文化主体性的理性化特质、自觉性特征、自主性特性、致用化特点，新时代中国特色社会主义文学精神才能真正成为引领当代中国的文化精神，成为影响世界的21世纪的文化精神。

马克思主义文学批评的中国之路

华中师范大学　胡亚敏

党的二十大报告指出："马克思主义是我们立党立国、兴党兴国的根本指导思想。实践告诉我们，中国共产党为什么能，中国特色社会主义为什么好，归根到底是马克思主义行，是中国化时代化的马克思主义行。"对于研究马克思主义文学批评的人来说，就需要进一步探讨和回答，作为马克思主义组成部分的马克思主义文学批评为什么行，特别是中国马克思主义文学批评为什么行。对这些问题的研究和回答已不仅是一种责任和必须，更是一种理论自觉。

一　马克思主义文学批评的魅力

马克思主义之所以至今在全球风云变幻中长久不衰，是因为马克思是从超越资本主义生产方式的高度研究和批判资本主义的。英国马克思主义者伊格尔顿写过一本书——《马克思为什么是对的》，针对"马克思的时代过去了"的观点，伊格尔顿首先表示，听到这样的语言可以使马克思主义者如释重负，因为马克思主义者为之奋斗的目标就是要让马克思主义过时。接着话锋一转，不过马克思主义退出历史舞台的前提是资本主义结束，只要资本主义制度还存在一天，马克思主义就不会消亡，但目前资本主义的性质没有改变，"那就是当今资本主义世界的不平等程度甚至可以与古老的维多利亚时代相提并论"[1]。因此，批判资本主义、超越资本主义的马克思主义仍具有强大的生命力。

（一）马克思主义与马克思主义文学批评的关系

马克思主义文学批评不是马克思主义加文学批评，而是马克思主义理论体系中不可分割的组成部分，它的理论基础是马克思恩格斯所创立的唯物史观。法国马克思主义者阿尔都塞曾指出，马克思主义不是一个专门的学科，马克思的学说是所有学科的理论基础，"只有极少数知识分子具有足够的哲学修养，能够认识到马克思主义不仅是一门政治学说、一种分析和行动的'方法'，而且作为科学，它是发展社会科学、人文科学、自然科学和哲学所不可缺少的基础研究的理论领域"。[2]

在《〈政治经济学批判〉序言》（1858年11月—1859年1月）中，马克思首次把文学艺术纳入经济基础和上层建筑的社会结构中，这为文学艺术活动奠定了坚实的历史唯物主义基础，并为人们认识和界定文学的社会性质以及在各种社会联系中研究文学问题提供了宏观的解释框架和坐标系。不仅如此，马克思主义文学批评与马克思主义的联系还表现为多个方面。马克思恩格斯在其哲学、政治经济学等著作中提出的一系列范畴和所阐述的一些基本问题，如"资本""分工"等概念，在一定程度上丰富和扩展了马克思主义文学批评的研究视域和对象。马克思经典作家在评价具体作家作品时所提出的文学批评观点，更是直接为马克思主义文学批评提供了理论支撑和实践范例。此外，马克思本人有着深厚的文学素养，他青少年时期就非常喜爱文学和诗歌创作，在其后来著述中引用了大量文学作品，其范围包括古希腊罗马文学、但丁、莎士比亚、17世纪以来欧洲的作家作品等。后来虽然马克思选择了投身无产阶级革命事业的道路，但终其一生都表现出对文学的强烈兴趣和爱好。

---

[1] ［英］特里·伊格尔顿：《马克思为什么是对的》，李杨等译，新星出版社2011年版，第7—8页。

[2] ［法］路易·阿尔都塞：《保卫马克思》，顾良译，商务印书馆2006年版，第7页。

不可否认，马克思的精力主要致力于解释世界和改造世界，他的研究兴趣往往根据斗争需要不断转移，从哲学转向政治经济学乃至人类学、历史学等，由此马克思主义文学批评必然与哲学、历史、政治和政治经济学等有着密切关系，这在一定程度上增加了马克思主义文学批评的混杂性。而这种不纯性恰是文学批评这个学科的基本属性，只是马克思主义文学批评的跨学科特征表现得更为明显。其实，学科本身就是近代才逐步出现的，是一种人为的划分，不同学科的确立有助于对研究对象的深入探讨，但也有失之整体的危险。如今，学科的交叉和融合已成大势，马克思主义文学批评已走在前列。

马克思主义文学批评与马克思主义的关系又不仅仅是整体和部分的关系，还表现为互相融合和互相激发的过程。以往人们多是从哲学、政治经济学的立场阅读马克思和阐释马克思。而从文学批评的角度切入马克思经典著作，将会领略不同的风采。马克思在抨击当时社会现象和阐述理论问题时所表达的愤激、或涌出的诗意，尤其是字里行间洋溢着的激情，体现了一种文学与哲学的交响。马克思的许多文章文笔犀利幽默，展示出一种独特的表达方式和表述风格，这在阅读马克思的《路易·波拿巴的雾月十八日》中特别明显，这些都是从其他学科的角度难以感受到的。在这个意义上，马克思主义文学批评成为激活和重新发现马克思的又一窗口。

（二）马克思主义文学批评的方法论优势

与其他批评方法相比，建立在唯物史观基础上的马克思主义文学批评具有方法论优势。这首先表现在马克思主义文学批评具有明确的历史意识，即坚持物质第一性前提下追求人的历史活动与人的解放的统一。这种历史意识规定了马克思主义文学批评的研究视野、研究对象和研究方法，其中考察文学与社会、文学与人的解放等问题成为马克思主义文学批评的标志。马克思主义文学批评的方法论优势还在于它所具有的辩证精神，"辩证法在对现存事物的肯定的理解中同时包含对现存事物的否定的理解"。① 这使马克思主义文学批评得以超越其他批评方法非此即彼的对立，获得自我更新的活力。在此基础上，马克思主义文学批评通过深入洞察文学活动的诸多关系，可以发现其他批评方法所忽略或不能发现的盲点。纵观20世纪以来，俄国形式主义、英美新批评、精神分析、接受美学、女权主义等，各种批评流派、批评模式此起彼伏，不断被否定或替代，主要原因就在于这些批评流派不同程度地存在"洞见中的盲视"。而马克思主义文学批评之所以能够一直保持其影响力，就在于马克思主义文学批评拥有这种历史的辩证的方法论优势。

马克思主义文学批评在发展中也曾遭到非议，其中比较有代表性的观点是认为马克思主义文学批评仅仅是对作品的政治或阶级因素的考量。这是一种误解，有将马克思主义文学批评简单化和片面化之嫌。不可否认，基于历史唯物主义的立场，马克思主义文学批评在审视文艺现象、分析文艺作品时，主张将文艺活动置于具体的历史语境中，从人们的社会活动所建构起的社会关系中，从历史必然性的高度，去考察文艺与政治、经济、社会等的关联，揭示文艺的社会性质，这些是马克思主义文学批评的基本特征。但是马克思主义文学批评并不仅止于此，马克思提到的物质生产的发展同艺术发展的不平衡关系，马克思对古希腊艺术永久魅力的赞美等，启发我们重新看待文学艺术与经济基础、与其他意识形态的关系，并认识到艺术的发展充满复杂性，艺术除受社会发展制约外，还有其自身的特性和一定的超越性。马克思主义文学批评不仅具有深刻辩证的理论阐述，而且对文学作品也有独到的艺术分析。在评论拉萨尔的《济金根》时，马克思恩格斯不约而同地都首先从韵律入手，并认为理想的性格描写应该"莎士比亚化"，即对现实关系有广泛真实的描写，并具有情节的生动性和丰富性。

从今天的眼光看，马克思主义文学批评还论及了一些传统文论没有涉足过的新的理论命题。马克思在政治经济学研究中所阐述的生产与消

---

① [德]马克思：《资本论》，《马克思恩格斯文集》第5卷，人民出版社2009年版，第22页。

费的关系,对当今艺术生产具有相当的启示意义,马克思不仅第一次明确提出"艺术生产"这个概念,而且他关于生产与消费关系的阐发为今天认识艺术生产活动内部的运行机制和规律特别是文学艺术与资本的关系提供了新的视域。还有马克思多次论及的"交往"理论、"劳动"理论等,为数字化时代的马克思主义文学批评提供了广阔的研究空间。

马克思主义文学批评的这种丰富性和生成性为后续出现的各种马克思主义批评流派提供了多个生长点,不同国度不同流派的学者基于自身的立场和用途,从不同角度解读马克思主义文学批评,形成了形形色色的马克思主义文学批评形态。这些不同批评形态的涌现本身又证明了马克思主义文学批评的生命力。

二　中国马克思主义文学批评的特质

中国马克思主义文学批评在继承马克思主义的基础上又具有整体的差异性。党的二十大提出应不断开辟马克思主义中国化时代化新境界,这是中国马克思主义在新时代的历史使命。对于中国马克思主义文学批评而言,用唯物史观观照当代文学活动,根据变化了的形势和条件对马克思主义文学批评不断调整、充实和开拓,这种对马克思主义的发展正是对马克思主义最好的坚持。

(一) 扎根中国大地的实践品格

毛泽东在1938年就说过:"离开中国特点来谈马克思主义,只是抽象的空洞的马克思主义。因此,使马克思主义在中国具体化,使之在其每一表现中带着必须有的中国的特性,即是说,按照中国的特点去应用它,成为全党亟待了解并亟须解决的问题。"[①] 党的二十大报告进一步

[①] 毛泽东:《中国共产党在民族战争中的地位》,《毛泽东选集》第2卷,人民出版社1991年版,第534页。

明确提出，坚持和发展马克思主义，必须同中国具体实际相结合，必须同中华优秀传统文化相结合。这两个结合不仅具体规定了中国马克思主义的发展路径，而且是中国马克思主义得以发展壮大的基础。只有坚持这两个结合，才能使中国马克思主义富有生机和活力，也才能回答中国大地上出现的重大问题。

马克思主义必须与中国具体实际相结合，这一点已经被百年来中国革命实践所证明。马克思主义本身也正是在思考和回应当时激烈的阶级斗争或在与当时各种机会主义思潮的论争中诞生的。在社会主义建设时期，坚持和发展马克思主义同样必须与中国的具体实际相结合。邓小平指出，"马克思去世以后一百多年，究竟发生了什么变化，在变化的条件下，如何认识和发展马克思主义，没有搞清楚。绝不能要求马克思为解决他去世之后上百年、几百年所产生的问题提供现成答案。列宁同样也不能承担为他去世以后五十年、一百年所产生的问题提供现成答案的任务。真正的马克思列宁主义者必须根据现在的情况，认识、继承和发展马克思列宁主义"。[①] 21世纪的中国进入百年未有之大变局，国内国际都出现了一些以往没有碰到的新问题，有些矛盾还相当尖锐。中国马克思主义文学批评只有立足于脚下这片土地，正视和思考现实问题，才能作出创造性的理论阐发，拓展马克思主义中国化的研究空间。

中国马克思主义文学批评如何从中华优秀传统文化中汲取智慧以获得更好的发展，需要进一步探讨。中华优秀传统文化是中华民族的精神命脉，中华民族之所以能够浴火重生、生生不息，是与优秀传统文化的生命力和超越性分不开的。优秀传统文化的传承是中华民族伟大复兴的必然要求，这种传承和光大首先体现在中华民族的精神追求上。"范仲淹的'先天下之忧而忧，后天下之乐而乐'，陆游的'王师北定中原日，家祭无忘告乃翁'、'位卑未敢忘忧国'、'夜阑卧听风吹雨，铁马冰河入梦来'，文天祥的'人生自古谁无死，留取丹心照汗青'，林则

[①] 邓小平：《结束过去，开辟未来》，《邓小平文选》第3卷，人民出版社1993年版，第291页。

徐的'苟利国家生死以，岂因祸福避趋之'"①等，都体现了中华优秀传统知识分子深切的家国情怀。发掘中华优秀传统文化中被湮没、被压制的美好的东西，也是中国马克思主义文学批评的历史责任。马克思在人类学笔记中提示道，前资本主义社会中的一些可以借鉴的经验（如原始氏族社会中的财产分配、权力运作等雏形）遭到了资本主义制度的破坏，因此，晚年马克思把目光转向了人类的童年和人类走过的历史。马克思的这一思想对中国马克思主义文学批评进一步审视中华优秀传统文化很有启发，面对当今文学批评价值判断的缺失以及理论表述上的艰涩之风等，被当代社会所忽视的"风骨""弘毅"、重感悟重诗意的批评方式以及论诗、小说评点等中国古代批评文体等，都可以成为中国马克思主义文学批评的重要补充，进而融为中国马克思主义文学批评的文化底色。

中华优秀传统文化之所以能够代代相传，还有一个重要方面，即传统文化所具有的超越时空的特性，也就是马克思所说的传统的"普遍的形式"，这是细读马克思经典著述时的一个发现。1861年7月22日，马克思在再次回复拉萨尔关于英国遗嘱法问题的信中，提到路易十四时期法国剧作家所坚持的三一律对希腊戏剧的继承问题②。马克思认为，与法律一样，文学艺术也会根据某一特定历史时代的需要来理解和继承前代遗产，而继承的这些部分"正好是普遍的形式，并且在社会的一定发展阶段上是适合于普遍应用的形式"③。马克思提到的传统所具有的"普遍的形式"这一概念为中国马克思主义文学批评与优秀传统文化结合提供了又一路径。这里的"普遍的形式"可理解为优秀的文化基因，

---

① 习近平：《在文艺工作座谈会上的讲话》，人民出版社2015年版，第24页。

② [德]马克思：《致斐迪南·拉萨尔》（1861年7月22日）中指出："例如，毫无疑问，路易十四时期的法国剧作家从理论上构想的那种三一律，是建立在对希腊戏剧（及其解释者亚里士多德）的曲解上的。但是，另一方面，同样毫无疑问，他们正是依照他们自己艺术的需要来理解希腊人的，因而在达西埃和其他人向他们正确解释了亚里士多德以后，他们还是长时期地坚持这种所谓的'古典'戏剧。"参见《马克思恩格斯全集》第1版，第30卷，人民出版社1975年版，第608页。

③ 《马克思恩格斯全集》，第30卷，人民出版社1975年版，第608页。

这种"普遍的形式"或文化基因可以脱离其生长的环境而留存，但却只有与特定时代的文化环境和文学活动结合，才能获得新的生命。而中国古代文学批评内含的这种"普遍的形式"就使中国马克思主义文学批评与传统优秀文化结合成为可能。拉萨尔指责法国剧作家对希腊三一律的继承是一种"曲解"，马克思认为这种"曲解"恰是继承中的发展，因为"他们正是依照他们自己艺术的需要来理解希腊人的"①。在今天看来，不妨把这种根据现在的需要对传统文化的"曲解"理解为"创造性误读"或称为创造性转化。

由此，中国马克思主义文学批评与中华优秀传统文化的结合须在现实语境中进行，并在当代中国的批评实践中发扬光大，以真正实现创造性转化和创新性发展。这样一来，中国马克思主义文学批评与中华优秀传统文化的结合就与中国具体实际的结合联系在一起了，两个结合在同一时空相遇。

（二）以人民为中心的批评原则

党的二十大报告提出"人民至上"，这一理念是唯物史观的集中体现，人民是历史的主体，是历史的推动者，是整个现代化建设中的主力军。人民作为一个集合概念，有多重含义。党的二十大报告中主张社会财富、发展成果应该由人民共享，"让现代化建设成果更多更公平惠及全体人民"，强调的是社会的全体成员。同时，人民又是特定历史时期的具体存在，"人民不是抽象的符号，而是一个一个具体的人，有血有肉，有情感，有爱恨，有梦想，也有内心的冲突和挣扎"。② 人民也不是单个的个人，而是马克思所说的"自由人的联合体"，是由众多的自由人组成的。在马克思看来，人"不仅是一种合群的动物，而且是只有在社会中才能独立的动物"③，人民是由社会上不同阶层的人们构成的

---

① 《马克思恩格斯全集》，第 30 卷，人民出版社 1975 年版，第 608 页。
② 习近平：《在文艺工作座谈会上的讲话》，人民出版社 2015 年版，第 17 页。
③ ［德］马克思：《1857—1858 年经济学手稿》"导言"，《马克思恩格斯全集》第 2 版，第 30 卷，人民出版社 1995 年版，第 25 页。

共同体,其主体是作为社会基本成员的普通人。中国马克思主义文学批评坚持"以人民为中心"的批评原则,就是"要把满足人民精神文化需求作为文艺和文艺工作的出发点和落脚点,把人民作为文艺表现的主体,把人民作为文艺审美的鉴赏家和评判者,把为人民服务作为文艺工作者的天职"。①"人民优位"是中国马克思主义文学批评的显著特征,也是其与西方马克思主义文学批评的一个重要区别。

坚持"以人民为中心"的批评原则需要在理论上和实践中全面落实。"热爱人民不是一句口号,要有深刻的理性认识和具体的实践行动。"② 中国马克思主义文学批评旗帜鲜明地主张人民应作为文学艺术表现的主体,特别倡导文学作品要塑造代表历史发展方向、推动社会进步的历史新人。马克思恩格斯曾在给拉萨尔的信中谈到剧本中人物的选择问题。马克思认为拉萨尔剧本中的主人公济金根是骑士阶层的代表,作为垂死的阶级,结局必然是悲剧。恩格斯也批评拉萨尔:"我认为对非官方的平民分子和农民分子,以及他们的随之而来的理论上的代表人物没有给予应有的注意。"③ 恩格斯在信中特地点出应关注"非官方的平民分子和农民分子"以及他们的代表。毛泽东在看了平剧《逼上梁山》后高兴地肯定了剧组恢复历史面目的做法,因为该剧让人民登上了历史舞台④。中国马克思主义文学批评应继续坚持这一历史唯物主义的方向,大力支持和鼓励文学作品描写那些为了人民的幸福和民族的复兴而奋斗的新时代的创造者,讴歌这些中国的脊梁,人类的脊梁!同时,如何表现作为社会基本成员的普通人,也是中国马克思主义文学批评需要探讨的一个重要方面。人民虽然不等于底层,但底层是人民的基础,对底层人物的态度如何是中国马克思主义文学批评衡量文学作品的又一尺度。如今有些文学作品对普通劳动者的态度难以苟同,如对普通百姓

---

① 习近平:《在文艺工作座谈会上的讲话》,人民出版社2015年版,第13—14页。
② 习近平:《在文艺工作座谈会上的讲话》,人民出版社2015年版,第18页。
③ [德]恩格斯:《致斐迪南·拉萨尔》(1859年5月18日),《马克思恩格斯全集》第2版,第50卷,人民出版社2021年版,第533页。
④ 毛泽东:《致杨绍萱、齐燕铭(1944年1月9日)》,载《毛泽东书信选集》,人民出版社1983年版,第222页。

的疾苦视而不见,一味展示纸醉金迷的繁华;或以优越的姿态俯视底层,表现出廉价的同情;甚至以猎奇的方式将人民的苦难作为噱头来炒作,这些都应该遭到中国马克思主义文学批评的抵制。真实地描写底层人民的生活,正视人民的苦难,揭示苦难的根源,展示苦难中不屈的灵魂,特别是致敬那些在苦难中奋斗的劳动者,这些才是值得书写和崇尚的。

从社会效果看,坚持"以人民为中心"的批评原则还应考察文学作品与读者接受的关系。一部作品是否表达了人民的愿望,传达了人民的心声,得到了人民的认可和认同,这是衡量文学作品的金标准。不过是否受到人民的欢迎和喜爱绝不是迎合和取悦,而是获得一种精神上的提升和震撼,旨在激发起人民对美好人生、美好社会的向往。

(三) 独立自主的世界意识

当今世界格局正在发生改变,文学批评的中西关系也在悄然发生变化。在中西交汇的大潮中,中国马克思主义文学批评一方面坚持在独立自主中追求普遍性,另一方面又在开放中走自己的路。无论是对20世纪以来的各种形式主义批评流派的批评,还是与西方马克思主义文学批评的对话,中国马克思主义文学批评一直都是在交流和交锋中前行。

应该说,20世纪以来的西方文学批评流派特别是俄国形式主义为代表的立足文本的批评观念和方法以其"片面的深刻"有其可取之处,它们对文本、语义、叙事结构、叙述方式的关注和研究,对于强调文学的社会历史作用的中国马克思主义文学批评来说是一种补充和丰富,促使其更好地思考和协调文本的内外关系。但中国马克思主义文学批评并不认同这些批评流派所持的语言本体论观点,因为建立在语言本体论基础上的形式主义批评将世界完全符号化,不仅取消了主客体的存在,而且在符号化的过程中无视了所有对象的客观性和物质性,故理所当然遭到中国马克思主义文学批评的批评。文学批评不可能脱离现实参照物,文本本身也不可避免带有政治和意识形态因素,局限于文本内部的构造或迷恋语言的歧义会损害文学艺术的浑圆,并在一定程度上使批评本身丧失理想的激情。

西方马克思主义文学批评作为 20 世纪西方政治文化的产物，是在经典马克思主义理论和当代人文科学成果的基础上对马克思主义的坚持、修正和发展。它们继承了马克思的批判精神，旗帜鲜明地批判资本主义，并在批判中内含了对美好社会的憧憬和设计。西方马克思主义者卢卡奇、本雅明、阿尔都塞、詹姆逊等提出的"总体性""问题域""政治无意识"等概念，对于中国马克思主义文学批评建设具有重要的参照和借鉴意义。但西方马克思主义毕竟是在西方社会文化中产生的，必然带有西方社会的经验和体会。并且西方马克思主义多在形而上的层面或文化的层面上讨论问题和展开批判，只是一种学术话语，其作用仅仅是解释世界而已。与西方马克思主义文学批评相对，中国马克思主义文学批评具有一种整体的差异性，体现出了中国自身的特点，其中人民的幸福和民族的复兴构成了中国马克思主义文学批评的核心理念和显著标志。

当今世界正经历深刻复杂的变化，各国文学批评都面临着同样或相似的问题，例如数字化对文学活动的挑战，消费社会中文学活动与资本的关系，生态文明建设与人类发展的关系等，这些问题既是中国的问题又是世界的问题，构成了对中国马克思主义文学批评的挑战和机遇。马克思主义的生命力就在于它能够解释和回答当代世界出现的新问题，毋庸讳言，在当今世界马克思主义文学批评领域，中国声音是偏弱的，这与时代的要求是不相称的，因此，中国马克思主义文学批评需要以更加主动的姿态参与到国际文学批评对话之中，提出和研究当今一些带有普遍性的问题，推动世界马克思主义文学批评的发展。在向世界发声时，中国马克思主义文学批评又需要用国外同行可以理解的语言叙述中国思想，有效地加强中国马克思主义文学批评与世界的沟通和理解。

在未来的道路上，中国马克思主义文学批评应有所作为，努力构建一种既有本土特色又具有开拓性的中国马克思主义文学批评。立足中国大地，坚持以人民为中心，保持独立开放的品格，这就是马克思主义文学批评的中国之路。

教材编著：马克思主义文论同中华传统文论相结合的一条重要路径

山东大学　谭好哲[*]

反思和总结马克思主义文学理论中国化时代化的发展历程，一条最为重要的历史经验就是要把马克思主义基本原理同中国具体实际相结合、同中华优秀传统文化相结合。在这其中，马克思主义文论同中华优秀传统文论相结合是一个极为重要的方面。优秀传统文论是中华优秀传统文化的重要构成，马克思主义同中华优秀传统文化相结合，在文学理论领域自然首先表现为同中华优秀传统文论相结合。这种结合，主要有两条展开路径：一是展开于同文学创作实践处于互动之中的理论研究和批评活动之中，二是展开于因应高等学校文科教学和社会普及需要的文学理论教材编著之中。在以往的反观性历史研究中，学界对于前者关注较多，对于后者则有所忽略。事实上，由于教材编著通常既包含着同时代理论研究和批评的创新性、共识性成果，又蕴含着学界对文学理论之系统性、体系化建构的自觉理论追求，往往能够更集中、更突出地显示马克思主义文论同中国优秀传统文论相结合的学术努力和理论成效，因而是我们更加需要特别关注的。

大致而言，自五四新文化运动开始至今，百年来的中国现代性文学理论教材编著可以分为三个时期：20世纪20—40年代是由国外引进为主到走向自己编写、由文学观念上的异质多元逐渐转向以马克思主义文

---

[*] 本文为国家社科基金特别委托项目"中华传统文化的创造性转换与创新性发展"的阶段性成果。

学理论为主导的时期，这一时期马克思主义文论同中华优秀传统文论的结合开始了初步的尝试；20世纪50年代和60年代前期，是经由引进苏联教材而走向大规模自编教材、从模仿苏联教材理论范式转向追求自主理论创新的时期，这一时期文学理论教材的中国范式初步建成，马克思主义文论同中华优秀传统文论的结合获得了理论意识上的自觉和内容丰富的理论展开；改革开放新时期以来是由理论观念上的反思、调整、探索、综合到走向马克思主义文学理论学科体系、学术体系、话语体系以及教材体系等自主知识体系创新建构的时期，"马工程"教材建设启动以来马克思主义文论同中华传统文论的结合在有中国特色社会主义现代化建设的时代语境下获得了空前的重视，教材建设的中国特色、中国风格、中国气派愈加鲜明。

一

自民国初年（1912）中国近代高等教育的第一个法令——《大学令》中规定文学门下的各类学科都要开设"文学概论"科目之后，文学理论逐渐成为中国高校文学类院系教学体系设置的一门必备课程。与此相应，20世纪20年代之后，各种文学理论教材便应时而生。不过，自五四新文化和新文学运动开始至30年代，中国新文学界在文学观念上主要倒向西方，致使信奉马克思主义的左翼文学界，也对中国传统文化和文学持轻视态度。周扬曾在解放后的一次演讲中反思说："五四运动在总路线上是正确的，但也有些偏向。当时有一部分过'左'的人，说西洋一切都好，对整个中国旧文化采取一种完全否定的态度，认为所有的旧的只能进博物馆。这种倾向后来也被左翼文学继承下来。左翼批判了五四运动的不彻底，批判了胡适等人的资产阶级的思想。但是这种否定一切旧文化的偏向却没有克服。我当时也在左联，当时我们是坚决摒弃一切旧东西，反对旧戏，就连《水浒》也不主张叫人看的。"① 这种主导思想倾向反映在文学理论教材中便是：出版的数量不少，但基本上大都"取镜西方，主要是体系上按日人本间久雄《文学概论》，论文学要素则经本间氏取自温彻斯特《文学批评之原理》"②。此一时期，大多数教材不仅文学观念和理论架构取自西方，文学材料也主要以西洋文学为主，基本上丢弃了传统的古代文论。有一些教材虽然联系古代文学作品比较广泛，甚至较多地引用古代文论资料，如马宗霍1925年于上海商务印书馆出版的《文学概论》，以及老舍写于1930—1934年的《文学概论讲义》③等，但基本文学观念和理论架构还是来自西方。直到1946年，张长弓在其于上海世界书局出版的《文学新论》序言中仍然说："今日见到的文学概论……大要言之，可以分为两类：一类是纯中国的，立意谋篇，取材举例，不外中国的前代文学，犹如长袍短褂的中国绅士；一类是纯西洋的，立意谋篇，取材举例，全以西洋文学为圭臬，犹如西装革履的留洋博士。"④ 这段话，大致上反映出当时文学理论教材编著的实际情形，20世纪二三十年代尤其如此。尤为重要的一点是，此一时期的多数教材编著在文学的基本观念属性上，还没有确立起马克思主义的指导地位，当然也就更加谈不上马克思主义文论与中华传统文论相结合的问题了。

不过，以上所述只是就总体情况而言。实际上，自20世纪30年代末期起，中国文学理论教材编著的语境和状况也在开始发生一些新的变化，这主要表现为如下两个方面。

首先，是在文艺理论研究和批评实践方面的变化。30年代末期，中国共产党人在总结革命斗争经验与教训的基础上提出了"马克思主义

---

① 周扬：《怎样批判旧文学》，《周扬文集》第2卷，人民文学出版社1985年版，第12页。
② 毛庆耆、董学文、杨福生：《中国文艺理论百年教程》，广东高等教育出版社2004年版，第7—8页。
③ 该讲义根据老舍在大学中的讲稿整理而成，最初有齐鲁大学铅印本，1984年6月由北京出版社印行一版，1990年收入《老舍文集》第15卷，2004年8月复旦大学出版社在"大师谈文学"书系中再出版。
④ 转引自毛庆耆、董学文、杨福生：《中国文艺理论百年教程》，广东高等教育出版社2004年版，第117页。

中国化"的理论命题和实践要求。1938年10月，在党的六届六中全会（扩大）上，毛泽东代表中央政治局所作政治报告中基于对中华民族伟大历史传统和灿烂文化遗产的自我认同，要求有研究能力的共产党员不仅要学习马克思主义理论，还要"学习我们的历史遗产，用马克思主义的方法给以批判的总结……从孔夫子到孙中山，我们应当给以总结，承继这一份珍贵的遗产"。他强调"马克思主义必须和我国的具体特点相结合并通过一定的民族形式才能实现"，要把"国际主义的内容和民族形式"紧密地结合起来，以形成"新鲜活泼的、为中国老百姓所喜闻乐见的中国作风和中国气派"。① 此后不久，在写于1940年初的《新民主主义论》中毛泽东又概括指出："中国文化应有自己的形式，这就是民族形式。民族的形式，新民主主义的内容——这就是我们今天的新文化。"② "民族形式"论提出后，还在解放区和国统区引发了关于传统文艺中优秀的民间文艺形式的利用问题以及民族形式与新文艺发展关系的大讨论，由此开始改变了自五四新文化运动开始后一段时期内新文学界对于传统文化和文艺的轻视与忽略态度③。

理论研究和批评实践方面一个更为重要的变化是，随着经典马克思主义文艺理论在中国的传播和发展，特别是1942年毛泽东《在延安文艺座谈会上的讲话》的发表，马克思主义文艺观念开始在中国进步文艺理论研究和批评界的话语建构中占据主导地位。该讲话的主旨虽然是基于革命文艺与革命工作的关系来解决文艺为什么为人民服务和如何服务的问题，但也对传统文艺的继承对于新文艺创造的意义给予充分的重视，强调必须继承一切优秀的文学艺术遗产，批判地吸收其中一切有益的东西，作为新文艺创造的借鉴，绝不可拒绝继承和借鉴古人和外国人，认为"有这个借鉴和没有这个借鉴是不同的，这里有文野之分，粗

---

① 毛泽东：《中国共产党在民族战争中的地位》，《毛泽东选集》第2卷，人民出版社1991年版，第533—534页。
② 毛泽东：《新民主主义论》，《毛泽东选集》第2卷，人民出版社1991年版，第707页。
③ 参见谭好哲《民族形式·批判继承·转化创新——马克思主义文艺理论同中华优秀传统文艺相结合的历史进程》，《中国文艺评论》2022年第5期。

细之分,高低之分,快慢之分"①。这里,对中国古代优秀文学艺术遗产的继承当然也包括优秀传统文论在内。

其次,是教材出版状况的变化。在经典马克思主义文论和苏联式马克思主义文学理论在中国影响愈来愈大的语境之下,文学理论教材编著开始改变奉西洋教材和西洋文学为圭臬的局面。曾在苏联甚为风行的文艺理论家维诺格拉多夫的《新文学教程》分别由楼逸夫和以群翻译于1937年在上海天马书店和重庆读书出版社印行,以群译本后来还在20世纪四五十年代连续再版,对当时文艺界和教材编写产生很大影响。批评家李长之在其1947年1月发表于《文潮》月刊第二卷第三期上的《统计中国新文艺批评发展的轨迹》中曾指出,在抗战时期"把左翼的理论继续普及化的"译著中,"以《新文学教程》为最值得注意"。②当代学者也认为:"《新文学教程》作为教材,在当时独一无二地代表着学校文艺理论教育通向未来的新方向","是中国50年代文艺理论著作之先导,代表着中国文艺理论从40年代过渡到50年代的走向"。③观念、体例方面的影响不论,单就教材名称来说,此前由国外翻译和国内学者自著的文学理论教材大多以"概论"命名,维氏此著翻译出版后,国内文学理论教材便开始有不少采用"教程"之名的,如田仲济的《新型文艺教程》(重庆:华中图书公司1940年版;上海,现代出版社1946年版)、林焕平的《文学论教程》(香港:中国文化事业公司1948年版)等。

正是由于上述两方面因素的相互交织与综合影响,20世纪40年代中国学界的体系性文学理论建构和教材编著,进入了"深化转变时期"④。此一时期,进步学界的一些教材写作开始在文学本质和社会作

---

① 毛泽东:《在延安文艺座谈会上的讲话》,《毛泽东选集》第3卷,人民出版社1991年版,第860页。
② 李长之:《李长之文集》第三卷,河北教育出版社2006年版,第521页。
③ 毛庆耆、董学文、杨福生:《中国文艺理论百年教程》,广东高等教育出版社2004年版,第110、145页。
④ 毛庆耆、董学文、杨福生:《中国文艺理论百年教程》,广东高等教育出版社2004年版,第8页。

用等基本文学观念属性的解释上树立起马克思主义的思想统领地位。比如，田仲济的《新型文艺教程》首先讲述了"正确的世界观"对文学创作的指导作用比艺术技巧和表现能力更重要；王秋萤的《文学概论》（大连实业印书馆1943年版）从辩证唯物主义的反映论出发，批判唯心主义的"表现"论和庸俗社会学的文学观都犯了观念形态产生文学艺术的错误，认为"文学是现实的反映，这是一个最基本的规定，一切的理论都必须从这里出发"①；又如蔡仪的《新艺术论》（商务印书馆1942年版；群益出版社1949年版）和以群的《文学底基本知识》（香港：生活书店1945年版）等具有教材性质的体系性文学理论著作也从辩证唯物主义的认识论出发，把文学的本质界定为"现实的反映"。蔡仪说："艺术也就是客观现实的反映，换句话说，就是人类对于客观现实的一种认识。"②这些著作不仅以马克思主义的观点阐发文学的基本观念，而且在理论架构和诸多文学问题的理论提法和具体解释上，都不同程度上受到维诺格拉多夫《新文学教程》的影响③。

在以马克思主义为思想统领的前提下，这些教材的编著者还开始有意识地将马克思主义的理论观点和理论架构与中国文学的具体实际联系起来，有的还对中国传统文论给予一定的关注。比如巴人写于1939年至1940年间的《文学读本》就比较典型地体现了这种编著意识上的变化。"作者自谓《文学读本》 '全书的纲要，大致取之于苏联维诺格拉多夫的《新文学教程》'，把其中各项问题扩大或缩小，而充实以'中国的'内容。"④此外如蔡仪的《新艺术论》，不仅在各章理论问题的分析和解说中引用许多中国古今文学和艺术的例子加以印证和说明，而且引述了不少中国古代文论的资料。在第二章"艺术的认识"中，他在阐述"艺术是一种认识的表现"的观点时写道："关于这种艺术的认识

---

① 转引自毛庆耆、董学文、杨福生《中国文艺理论百年教程》，广东高等教育出版社2004年版，第125页。
② 蔡仪：《新艺术论》，《蔡仪文集》第1卷，中国文联出版社2002年版，第31页。
③ 参见毛庆耆、董学文、杨福生《中国文艺理论百年教程》的相关分析和论述。
④ 毛庆耆、董学文、杨福生：《中国文艺理论百年教程》，广东高等教育出版社2004年版，第350页。

的思想,也如同朴素的唯物论一样,是很早就为人们所理解的。我国六朝宗炳所谓'以形写神,以色貌色';唐荆浩所谓'画者度物象而取其真',便是说明了绘画是现实的一种认识,是摹写现实的。管子山《权数篇》所谓'诗者所以记物也',钟嵘《诗品》所谓'属词比事',也是说明了诗是摹写现实的,是一种现实的认识。"[①] 他还以宋朝郭若虚《图画见闻志》的"意在笔先"之论并引苏轼论当时名画家文与可画竹的文章,说明"艺术的认识"和"艺术的表现"两个阶段的关系。如此等等。巴人、蔡仪的编著追求在当时的进步文艺界有一定代表性。

20世纪40年代文学理论教材编著上述两个方面的努力,是中国学界在马克思主义文艺理论同中国文艺具体实际相结合、同中华优秀传统文论相结合方面迈出的最初步履。虽然这种最初的探索性努力还没有产生足以成为后来教材编写模仿的范本,但却为后来的教材编写培养了理论队伍,积累了编著经验,其历史的功绩不应无视与抹杀。巴人、田仲济、蔡仪、以群等在新中国成立之后的头二三十年间都成为文学理论和中国现代新文学教材编写中有较大影响的代表性人物,与他们在20世纪40年代的教材编著经历是分不开的。

二

上述20世纪40年代的文学理论教材编著,虽然在将马克思主义文论同中华传统文论相结合方面作出了最初的努力,但由于从基本观念到理论系统的架构都来自于外,还称不上是自主性理论创新,真正开始走向具有自主理论创新性质的文学理论教材编著是在20世纪50年代和60年代前期。这其中,也经历了一个由"自己"编著到"自主"理论创新的转变。

新中国成立之初,中国各大学文学理论教学并无统一教材,教材编

[①] 蔡仪:《新艺术论》,《蔡仪文集》第1卷,中国文联出版社2002年版,第36页。

著提上历史日程。在社会制度和意识形态均向苏联一边倒的历史语境之下，苏联的文学理论著述和教材，自然成为当时文学理论教学和教材编著的借鉴范本。这有几个主要标志性事件：一是苏联文艺理论类教学大纲的翻译出版。如阿伯拉莫维奇等著的《文艺理论教学大纲》（东北教育出版社1951年版）、苏联高等教育部社会科学教学司编的《马克思列宁主义美学基础教学大纲（初稿）》（高等教育出版社1956年版）等。二是1954—1955年聘请毕达可夫在北京大学举办文艺理论研究班，聘请柯尔尊在北京师范大学授课。参加毕达可夫研究班的学员均是来自北大和全国主要高校的文艺理论界精英，其中的蒋孔阳、霍松林、李树谦等人后来成为50年代自编文艺理论教材的主要代表人物。三是苏联文艺理论教材的翻译出版，主要包括：维诺格拉多夫的《新文学教程》（以群译，新文艺出版社1952年新一版，1954年修改重排）、季莫菲耶夫的《文学原理》（査良铮译，平明出版社1953年版）、涅陀希文的《艺术概论》（杨成寅译，朝花美术出版社1958年版）、谢皮洛娃的《文艺学概论》（罗叶等译，人民文学出版社1958年版），以及由毕达可夫的讲稿翻译出版的《文艺学引论》（北京大学中文系文艺理论教研室译，高等教育出版社1958年版）和由柯尔尊的讲稿翻译出版的《文学概论》（北京师范大学中文系外国文学教研组译，高等教育出版社1959年版）等。这些相关举措对于20世纪50年代中国高校的文学理论教学和教材编著产生很大影响，引发了一波自编教材的热潮。1958年，北京师范大学出版社出版了受高教部委托、由黄药眠负责组织北京师范大学文艺理论教研室编写的《文艺理论教学大纲》。与此相应，还先后出版了许多由中国学者编著的文学理论教材，主要包括：巴人根据此前的《文学初步》（1950）修订出版的《文学论稿》（1954，1956），刘衍文的《文学概论》（1957），李树谦、李景隆的《文学概论》（1957），冉欲达等的《文艺学概论》（1957），霍松林的《文艺学概论》（1957），蒋孔阳的《文学的基本知识》（1957），钟子翱的《文艺学概论》、李何林的《文艺理论常识讲话（初稿）》（1958），以及山东大学中文系文艺理论教研组编写的《文艺学新论》（1959）和湖南师范学院编写的《文艺理论》(1959)等。这些教材构成了新中国成立之后中国高校文学理论教材编著的第一批成果。就基本文学观念而论，这些教材一是以唯物史观为理论基础，论定了文学的上层建筑地位和意识形态性质，比较注重文学的阶级性、党性和人民性；二是以辩证唯物论的认识论为基础揭示了文学是以形象反映现实的特殊形式，比较注重文学的形象反映特性以及典型性和现实主义创作方法。同时，这些教材更加注重联系中国的文艺实践。毕达可夫的《文艺学引论》出版时，时任北大中文系主任杨晦在"后记"中肯定其参考价值，但认为由于该著作者的外国人身份，它不可能把马克思主义理论与中国的实际结合，提醒读者必须避免教条主义的搬用。胡经之教授也回忆说，杨晦在特批还是本科生的他作为非正式学员去研究班旁听时曾告诫说："文艺理论是从实践中来的，中国有自己的文艺实践，苏联的文艺理论只是作为我们的参考，不能照搬，还是要总结我们自己民族的东西。"[①] 杨晦的提醒和告诫也是当时的不少文学理论研究者自觉注意到了的问题。刘衍文在其《文学概论》后记中讲了自己的三条编写原则，第二条便是"必须要多用我国的文学名著来做例证，以克服言必称希腊罗马而竟忘记自己老祖宗的偏向"[②]。像这种将马克思主义的理论观念与中国文学的实际联系起来的意识，在20世纪40年代的巴人、蔡仪等人那里已经具有了，而在50年代后期则已成为许多人的自觉了。

尽管20世纪50年代的上述教材编著一定程度上满足了当时的教学之需，但这些教材都还没有超出季莫菲耶夫和毕达可夫等人的蓝本，在观念和体例上带有模仿、复制的浓重痕迹，虽为自己编著，却依然难称"自主"理论创新。在理论观念上，上述自编教材还未脱苏式教材"内容过于政治化、体系过于哲学化"[③]的弱点。在理论架构上，上述自编教材基本上都沿袭了季莫菲耶夫、毕达可夫、柯尔尊等将教材内容分为

---

① 李健：《胡经之评传》，黄山书社2016年版，第27页。
② 刘衍文：《文学概论》，新文艺出版社1957年版，第268页。
③ 童庆炳主编：《新时期高校文学理论教材编写调查报告》，春风文艺出版社2006年版，第7页。

"概论"或"文学的一般学说""文学作品的分析（或构成）""文学的发展过程"三大板块的做法，只是在一些具体章节和内容上有所调整。当然，最大的问题还是中国风格与中国特色体现不够。巴人在其《文学论稿》1956年第二版的"修订后记"里曾自谦其著为"拾人余粒的叫化子的'百衲衣'"，并"等待国内有人能写出一本中国风格的给青年人看的文学概论之类的书"。最后他写道："这回听说已经在集体动手写一本文艺学或文学概论之类的书了，我希望这本书快点写成，快点出版，好让《文学论稿》快点消灭！"[1] 当时有的教材虽然想以中国马克思主义文艺理论的内容显示教材的中国化理论特色，但将毛泽东《在延安文艺座谈会上的讲话》作为马克思主义文艺理论主要的和基本的文本，并且对《讲话》内容做简单化和概念化解释，反而更加强化了文学的意识形态性质，将苏式教材本已具有的过分政治化缺陷推向新的极端。

对"中国风格"的期盼是文学理论教材编著由自编教材向自主理论创新转变的真正起始。这一期盼是与20世纪50年代末60年代初中国文艺理论界试图走出苏式马克思主义文艺理论模式的努力相呼应的。1958年8月，在中苏关系裂痕加深、中国正在探索不同于苏联发展模式的时代语境之下，时任中宣部副部长周扬在中共河北省委宣传部召开的全省文艺理论工作会议上作了一个讲话，提出"建立中国自己的马克思主义的文艺理论和批评"的主张。为达此目的，这年秋天和第二年春天，周扬还带领何其芳、张光年、邵荃麟、林默涵、袁水拍等到北京大学开设马克思主义文艺理论讲座。周扬当时的基本考虑是：中国的文艺发展不可能与苏联一样，完全套用苏联的理论而忽视中国文艺自身的特点是不恰当的。苏联有苏联的马克思主义文艺理论，中国也应该有自己的马克思主义文艺理论，二者应该是有区别的。[2] 此后，1961年起，中央决定由周扬主持高校文科教材编写工作，并由他亲自抓教材的总体设

---

[1] 巴人：《文学论稿》，新文艺出版社1956年版，第724页。
[2] 参见李健《胡经之评传》，黄山书社2016年版，第38页。

计、人员安排和某些教材的审订出版工作。这是新中国历史上第一次由中央主导的高校文学理论教材建设，也是中国文艺理论试图摆脱苏联模式、走向自主理论创新的重大举措。为文学理论教材的编写，当时在上海和北京成立了南北两个编写组，分别由以群和蔡仪为主编。以群主编的《文学的基本原理》1961年完成初稿，1963年、1964年由作家出版社分上、下册出版，1979年后多次修订再版，由上海文艺出版社出版；蔡仪主编的《文学概论》1963年完成讨论稿，1978年修改定稿，1979年由人民文学出版社出版，此后已修订再版。

由于本身就是马克思主义文艺理论的大家，周扬直接介入了文学理论教材的编写，为推进教材编写工作多次发表主导性的重要讲话。在1961年2月22日对上海编写组主要成员的讲话中，周扬说："马克思主义文艺观点是从外国来的，不是从我们的文学史、文艺理论批评史中发展起来的……我们现在是根据马克思主义普遍真理，回过头来总结中国的文艺遗产和'五四'以来的文学经验，再从中得出我们的马克思主义理论——中国化的理论。我们的方向就是这样。"① 这一编写方向体现了建立中国自己的马克思主义文艺理论的主旨，将教材编写提升到马克思主义文艺理论中国化也就是自主理论创新的高度上加以定位，实为高瞻远瞩之论。围绕这一编写方向，他还就文学理论教材的编写原则、主要观点、体例构架等问题发表了许多有针对性、指导性的意见。具体性问题且不论，在方向性问题上，周扬关于建立中国自己的马克思主义文艺理论和编写自己的文学理论教材的基本观点概括起来主要有两条：首先，是坚持以马克思主义文艺观点、毛泽东文艺思想为统领。他说："先决问题是这本书讲些什么，观点就是马克思主义文艺观点、毛泽东文艺思想。我们这本教材要把毛泽东文艺思想贯穿在里面。毛主席的文艺思想是发展了的马克思主义文艺观点。"② 其次，是要研究和总

---

① 周扬：《对编写〈文学概论〉的意见》，《周扬文集》第3卷，人民文学出版社1990年版，第231页。

② 周扬：《对编写〈文学概论〉的意见》，《周扬文集》第3卷，人民文学出版社1990年版，第227—228页。

结本国文艺实践的经验。他指出:"我们要借鉴外国的经验,要总结社会主义文学的经验,但两千年历史不整理就不能有自己的理论。"①换言之,马克思主义文艺理论和批评必须同我国的文艺传统和创作实践密切结合,应该是马克思主义的,又是以中国文艺传统和文艺经验历史底蕴的,而这中国文艺传统和文艺经验是包括中国传统文论在内的。

在前述1958年于河北的讲话中,周扬讲到在当时的新形势下,文艺理论批评工作要担负起三个方面的具体任务,包括加强思想斗争,总结文艺实践经验,整理、批判遗产,三者不可缺一。②他把对于中国古代文艺遗产(包括文艺理论)的正确估价和批判继承视为文艺理论批评的一项重要任务。在关于文学理论编写工作的讲话中,他又多次谈到要通过搞教材,把中国的历史经验和几十年革命文学的理论经验条理化一下。他不仅提出和分析了历代中国文学史上的诸多大文学家,还提到了钟嵘的《诗品》、刘勰的《文心雕龙》等,多次引用和分析了《文心雕龙》中的观点。他指出:"中国文学的经验,理论的遗产,过去长期被忽视。中国的文论、画论、诗论都非常丰富,问题是没有很好地系统化。在世界上像《文心雕龙》那样的书是很少的。"③他还联系中国古代文论的一些观点分析文学问题,比如讲到什么是文学也就是文学的定义时他分析了载道说和言志说,认为文与道的关系也就是文学与政治的关系,提出在介绍古人对文学的看法时,载道、言志的问题可以讲一讲。此外,他还以中国古代文论中的意象、意境、情境、比兴、"象中之意""象下之意"等解释形象、形象思维、形象与思想感情的结合问题。周扬讲话中的这些相关观点和分析论述不仅为文学理论教材的编写工作指明了方向,确立了原则,而且在如何寻求马克思主义文论同中华优秀传统文论之间的理论契合点、如何将传统文论与现代文艺理论的观

---

① 周扬:《对编写〈文学概论〉的意见》,《周扬文集》第3卷,人民文学出版社1990年版,第232页。

② 参见周扬《建立中国自己的马克思主义的文艺理论和批评》,《周扬文集》第3卷,人民文学出版社1990年版,第40页。

③ 周扬:《对编写〈文学概论〉的意见》,《周扬文集》第3卷,人民文学出版社1990年版,第256页。

念加以汇通等方面做了示范和表率。

　　总体而言，蔡仪和以群分别主编的两部统编教材均充分吸收了周扬关于编写方向、编写原则、主要观点、体例架构等方面的重要意见，在马克思主义与中国经验相结合、与中华优秀传统文论相结合方面作出了很大的努力。与此前深受苏联模式影响的文学理论教材相比，这两部统编教材有三个显著的特点：一是将毛泽东文艺思想作为发展了的马克思主义文艺理论贯穿于整个教材之中，与苏联文艺学教材在马克思主义文学理论经典资源的使用上有很明显的区别；二是突破了苏联教材以文学本质论、作品论、发展论为主要框架的基本模式，增加了与文学的审美特性和特殊规律密切相关的文学创作论、鉴赏论，使教材体系更趋完整、合理，为以后很长时间内的教材建设奠定了基础①；三是不仅特别重视以中国古今文学作品为分析阐发的例证，而且"开始逐步重视中国古代文学理论资源，以科学的态度继承、吸收中国古代文学理论的宝贵资源"②。以第三个特点而言，以群主编本在绪论第一节"历来关于文学的性质的见解"中首先用了近四个页码依次介绍梳理了中国历代的文论思想，以此作为阐明问题的例子③。蔡仪主编本第一章第一节"文学是社会生活的反映"中，首先引证了杜甫的"三吏""三别"、王实甫的《西厢记》、茅盾的《子夜》、陈子昂的《登幽州台歌》、苏轼的《水调歌头》（"明月几时有"）、谢灵运和王维的山水诗、屈原的《橘颂》、郭沫若的《炉中煤》、吴承恩的《西游记》、蒲松龄的《聊斋志异》等作品作为例证，然后引用毛泽东《在延安文艺座谈会上的讲话》论文学艺术的源泉的话作为基本观点，又引用《乐记》、《毛时序》和钟嵘《诗品》中的有关观点加以阐发④。两部教材的这些特点，标志着有中国特色马克思主义文艺理论迈出了可贵的一步，成为此后文学理论

---

　　① 参见毛庆耆、董学文、杨福生《中国文艺理论百年教程》，广东高等教育出版社2004年版，第209页。
　　② 童庆炳主编：《新时期高校文学理论教材编写调查报告》，春风文艺出版社2006年版，第16页。
　　③ 参见以群主编《文学的基本原理》上册，作家出版社1964年版，第3—8页。
　　④ 参见蔡仪主编《文学概论》，人民文学出版社1979年版，第1—6页。

教材编写的典范，同时也对中国当代反映论马克思主义文学理论范式的建构以及此后中国高校文学理论教学和马克思主义文学理论知识的社会普及产生了深远的影响。

三

自 20 世纪 70 年代末开始，中国社会由改革开放进入推进社会主义现代化建设并进而开创中国特色社会主义新时代的时期。这一时期，我们党高度重视精神文明建设，大力推动文化和哲学社会科学发展和繁荣。与此相应，此一时期高校文学理论教材建设也在方向性的追求上与前两个时期显示出很大的不同。如果说第一个时期主要是在教材编写中追求并初步获得马克思主义的指导地位并初步显示与中国文艺实际相结合的自觉意识，第二个时期主要是在力求摆脱苏联教材理论架构和理论范式中追求教材编写的"自主"理论创新、在努力与中国文艺实际以及中国古代文论资源的结合中显示中国"自己的"特色的话，那么第三个时期则真正摆脱苏联和其他外国教材理论范式，走向中国特色教材编写的全新追求与实践探索，在对马克思主义文学理论的观念建构以及与中国文艺实际和中华优秀传统文论的结合上达到全新的高度。

具体来看，改革开放 40 多年来的文学理论教材建设又可以粗略地分为两个时段：一是 20 世纪 70 年代末至 90 年代，二是 21 世纪以来。在第一个时段，文学理论教材编著面临的思想文化和文学语境主要有四个方面：一是随着改革开放，西方各种思想文化、文学艺术纷纷涌进，十年"文化大革命"时期由极左政治在思想文化领域里形成的那种闭关锁国、自我封闭状态被彻底打破，20 世纪 50 年代那种全方位向苏联一边倒的状况亦不复存在；二是随着解放思想、实事求是的思想路线的实施，不仅什么是社会主义、如何建设社会主义，而且什么是马克思主义、如何发展马克思主义这样一些攸关中国社会发展道路的重大理论问题也开始在新的历史语境下获得新的理论思考和探索；三是随着西方现代文学艺术的全方位译介和传播以及20世纪80年代中期以后文学艺术渐趋市场化的发展，传统反映论文艺理论范式所特别倚重的现实主义文艺不再一家独大，多样化的艺术生产场域要求文艺理论观念创新和理论范式革新，文艺理论界对以往带有庸俗社会学印记而过于政治化、他律化的反映论文艺理论范式进行了深刻的理论反思，在对马克思主义文艺观的重新阐释中于文学反映论、文学意识形态论之外，拓展了文学生产论、文学价值论、文学主体论、文学活动论、文学文化论等新论域新形态，尤其是以对文学艺术的情感特性与形式特征的理论确认为中心，恢复了文学的审美特性和审美价值，提出了审美反映论、审美意识形态论等新的文学本质论观点；四是为建设社会主义精神文明，优秀传统文化在当代文化建设中的地位和作用问题愈益获得重视。1991年7月1日，在庆祝中国共产党成立70周年大会上的讲话中，江泽民强调建设"有中国特色的社会主义"，"必须继承和发扬民族优秀文化传统而又充分体现社会主义时代精神，立足本国而又充分吸收世界文化优秀成果，不允许搞民族虚无主义和全盘西化"。[①] 1992年，党的第十四次全国代表大会报告中提出"要继承和发扬中华民族优良的思想文化传统，吸收人类文明发展的一切优秀成果，在生动丰富的社会主义实践中，创造出人类先进的精神文明"[②]。1997年，党的第十五次全国代表大会报告中指出，中国特色社会主义的文化渊源于中华民族五千年文明史，又植根于有中国特色社会主义实践。正是在这些新的历史语境的综合作用之下，在改革开放的开头二十多年中，中国文学理论研究在经历初期的拨乱反正之后，在20世纪80年代转向对此前以苏联文艺理论为范型的反映论文艺观的反思并在此基础上走向文论观念和理论研究格局的调整、探索，90年代则以中外对话、古今贯通为视野，进一步走向综合创新，此一时期的教材建设大致上也与这种理论演进轨迹相吻合。具体而言，

---

① 江泽民：《当代中国共产党人的庄严使命》，《江泽民文选》第1卷，人民出版社2006年版，第158页。

② 江泽民：《加快改革开放和现代化建设步伐，夺取有中国特色社会主义事业的更大胜利》，《江泽民文选》第1卷，人民出版社2006年版，第239页。

20世纪70年代与80年代的教材以反思、调整为主调，虽然试图摆脱五六十年代教材的影响，在观念和内容上作出了一些新的调整，如出现了"文学是生活的审美反映""文学是一种审美意识形态""文学本体"或"文艺本体学""文艺文化学"等新提法和新内容，甚至出现了《主体论文艺学》（九歌著）和《艺术生产原理》（何国瑞主编）这一类文艺理论教材。但大多数教材在主要观念和理论框架上还是沿袭20世纪60年代的两部统编教材的体系。90年代文艺理论研究的主调是综合创新，当时学界一批领军人物如钱中文、王元骧、陆贵山、童庆炳、狄其骢等都明确提出文艺理论研究要走综合创新之路，这也成为当时大多数文论教材的编著原则和追求。比如，狄其骢在20世纪80年代末提出，面对改革开放之后中国文艺理论分化发展的多元化境况，文艺理论研究需要面向新的综合，在他主导编写、出版于1996年的《文艺学新论》"前言"中又提出要在"出新不出格"的编写原则下"走向综合一体化"的教材编写主张，也就是要在汲取、批判、改造中外古今各种有价值的文论资源基础上实现教材体系与内容的一体化理论综合。

20世纪70年代末至90年代的教材编写是在改革开放的新形势下展开的，追求观念之新、内容材料之新，是共同的趋向，但同时都十分重视继承中国古代文论优秀遗产，追求文学理论教材编写的民族特色。1981年，郑国铨、周文柏、陈传才等人在他们合作编写的《文学理论》"前言"中就明确提出文学理论研究应从中国文学实践出发，用马克思主义观点去分析研究、批判继承我们民族具有悠久历史传统的文学理论资料，以利发展我们自己的具有民族特色的马克思主义文学理论。[①] 20世纪八九十年代编辑的教材，比如霍松林的《文学简论》（1982）、吴中杰的《文艺学导论》（1988）、刘安海和孙文宪主编的《文学理论》（1999）、顾祖钊的《文学原理新释》（2000）等，大多认同并体现了郑国铨等人的编写原则，努力追求把现代文学理论的

---

① 参见郑国铨、周文柏、陈传才《文学理论》"前言"，中国人民大学出版社1981年版。

建设置于中国自己已有的传统之上。童庆炳主编的《文学理论教程》是当时受教育部委托编写并出版的一部全国师范院校使用的统编教材，被有的学者评价为"代表了新时期文艺学教材的最高水平"①。该教材中就时时可见中国文学作品的例证，对中国古典文论的吸收和借鉴比比皆是，对中国古代文论的代表性人物陆机、刘勰、钟嵘、白居易、严羽、朱熹等人文论作品多有引用；在现代文艺理论论述语焉不详或论述不及的地方，用中国古典文论加以补充；在中西文论都有所关注的问题，用中国古典文论加以对照。总之，该教材较好地实现了中国古典文艺理论和现代文艺理论的体系性融合，适应了中国学生的心理，可以直接激发起学生对中国文化的兴趣。②

进入 21 世纪以来，高校文科教材建设面临着不同既往的历史语境和时代需求，其中有两个最为突出的方面：其一，伴随着中国社会主义现代化建设事业的蓬勃发展，大力弘扬优秀传统文化，繁荣和发展中国特色社会主义文化，日益成为全社会的追求和共识，也愈益构成我们党治国理政的重大决策聚焦领域。党的十八大以来，以习近平同志为核心的党中央以实现中华民族伟大复兴的梦想为战略统领，大力推进传统文化的创造性转化、创新性发展。2021 年 7 月 1 日在庆祝中国共产党成立 100 周年大会上的讲话中，习近平总书记首次明确提出要"坚持把马克思主义基本原理同中国具体实际相结合、同中华优秀传统文化相结合"的要求，2023 年 6 月 2 日在文化传承发展座谈会上发表的重要讲话中他又提出"'第二个结合'是又一次的思想解放运动"的重要论断。其二，2004 年起，中央开始实施马克思主义理论研究和建设工程，构建有中国特色哲学社会科学的学科体系、学术体系、话语体系提上时代日程。自 2007 年党的第 17 次全国代表大会开始，党的历次代表大会报告中都对推进、深化马克思主义理论研究和建设工程作出明确工作部署。2016 年 5 月 17 日，习近平总书记在哲学社会科学工作座谈会上的讲话

---

① 陶东风：《大学文艺学的学科反思》，《文学评论》2001 年第 5 期。
② 参见童庆炳主编《新时期高校文学理论教材编写调查报告》，春风文艺出版社 2006 年版，第 123—124 页。

中提出，要按照立足中国、借鉴国外，挖掘历史、把握当代，关怀人类、面向未来的思路，着力构建中国特色哲学社会科学，在指导思想、学科体系、学术体系、话语体系等方面充分体现中国特色、中国风格、中国气派。他强调中国特色哲学社会科学的构建应该具有三个方面的主要特点：第一，体现继承性、民族性；第二，体现原则性、时代性；第三，体现系统性、专业性。[1] 在哲学社会科学工作座谈会上的讲话中，习近平总书记还要求把学科体系建设落实于教材体系建设。他指出："学科体系同教材体系密不可分。学科体系建设上不去，教材体系就上不去；反过来，教材体系上不去，学科体系就没有后劲。……要抓好教材体系建设，形成适应中国特色社会主义发展要求、立足国际学术前沿、门类齐全的哲学社会科学教材体系。"[2] 21 世纪二十多年以来的文学理论教材建设就是在这样的文化发展和理论创新语境下展开的。

  21 世纪以来的文学理论教材编写成就主要体现于马克思主义理论研究和建设工程重点教材的编著中。马克思主义理论研究和建设工程的重要建设目标之一，就是有目的、有组织、有计划地编写基本覆盖高校哲学社会科学主要学科专业的基础理论课程和专业主干课程教材，初步形成具有中国特色、中国风格、中国气派的哲学社会科学教材体系，这是继 20 世纪 60 年代文科统编教材之后第二次由中央大规模组织的教材编写出版工作，最初的规划共计 139 种，由中宣部组织实施的 43 种，由教育部组织实施的 96 种。"马工程"重点教材建设的主要目的是巩固马克思主义在意识形态领域的指导地位，同时这也是加快构建中国特色哲学社会科学而采取的一项重大举措。党的十八大以来，以习近平同志为核心的党中央对此给予极大重视。2017 年，为深入贯彻落实党的十九大精神，及时把习近平新时代中国特色社会主义思想落实到教材中，中央决定对已经出版的"马工程"教材进行全面修订，并加快了未出版规划教材的编写工作。至 2023 年上半年，连同修订的第二版和

---

[1] 参见习近平《在哲学社会科学工作座谈会上的讲话》，人民出版社 2016 年版，第 15—22 页。

[2] 习近平：《在哲学社会科学工作座谈会上的讲话》，人民出版社 2016 年版，第 23—24 页。

新出版教材在内，共计出版中宣部马工程教材35部，教育部马工程教材80部。可以说，2017年以来对先前出版的马工程教材的全面修订和新编写教材，是在习近平总书记关于中国特色社会主义文化、哲学社会科学、教材体系建设的讲话和论述指导下进行的。

在此前已经出版的115部马工程教材中，文艺和美学类2017年以来修订出版11部，包括中宣部马工程教材1部：《文学理论》；教育部马工程教材10部：《中国美学史》《西方美学史》《美学原理》《中国古代文学史》《中国文学理论批评史》《西方文学理论》《当代西方文学思潮评析》《比较文学概论》《外国文学史》《中国戏曲史》。新出版教育部马工程教材5部：《艺术学概论》《中国舞蹈学》《中国美术史》《马克思主义文艺理论》《中国音乐史》。这些文艺和美学教材在一定程度上体现出二十多年来文艺理论体系化自主理论创新和教材建设的实绩，也显示出2017年前后教材编著原则和内容上的某些变化。以《文学理论》为例，第一版和第二版的变化主要有如下两个方面。

首先，这两个版本都坚持以马克思主义为指导，强化了理论体系的马克思主义性质，特别是突出了中国马克思主义文学理论在马克思主义文学理论史上的独特地位、理论贡献和指导意义，但又有所不同：第一版单列一编"马克思主义与文学理论"，将毛泽东文艺思想和中国特色社会主义理论体系中的文艺思想（邓小平理论、"三个代表"重要思想、科学发展观关于文艺的重要论述中的文艺理论观点和重要思想）作为专章写进了马克思主义文艺理论史中；第二版虽然没有单列一编专门概述马克思主义文学理论史，但在绪论的"文学理论的指导思想"中则对中国化马克思主义文艺理论的理论贡献及其在马克思主义文艺理论史上的重要地位给予充分重视，不仅分别概述了毛泽东文艺思想和邓小平理论、"三个代表"重要思想、科学发展观关于文艺的重要论述中的文艺理论观点和重要思想，而且新增加了"习近平新时代中国特色社会主义思想关于文艺的重要论述"部分，第一次将习近平总书记在一系列文艺论述中包含着的重要文艺理论观念和思想作为当代中国马克思主义文艺理论、21世纪的马克思主义文艺理论写进了文学理论教材中。教材中对习近平总书记文艺论述中包含着的重要文艺理论观念和思想概述为五个方面：第一，进行无愧于时代的文艺创造；第二，坚持以人民为中心的创作导向；第三，中国精神是社会主义文艺的灵魂；第四，加强和改进文艺理论和文艺评论工作；第五，切实加强和改进党对文艺工作的领导。这些思想观点，丰富和拓展了马克思主义文学理论的思想谱系。不仅如此，第二版还在不同章节相关理论内容的分析论述中大量引用了习近平总书记有关文艺论述中的话语，共计 26 次之多。显然，第二版比之第一版更加凸显了中国马克思主义文学理论当代创新成果的理论价值和指导意义。

其次，这两个版本都在马克思主义文学理论同中国文艺具体实际相结合、同中华优秀传统文论相结合方面做出了出色的努力，作为分析例证所引述的古今作家作品都是以中国为主的，对中国古今文论的引用也都极为丰富、全面，二者在这两个方面体现出的中国特色均远远超出了先前两个时期。但就这两个版本的比较来看，后者在马克思主义文学理论同中华优秀传统文论相结合方面比前一个版本更为自觉，也做了进一步的努力：一是在绪论中对构成文学理论重要思想资源的中华优秀传统文学理论以及"五四"以来新的现代文学和文论传统作了简明概要的历史梳理和价值评断；二是将习近平总书记《在文艺工作座谈会上的讲话》中提出的"中华美学精神"[①]概念写进中华优秀传统文学理论的历史梳理之中，认为长期生长于中华文化沃土、依托独特的文学和文化传统及"中华美学精神"而形成的文学理论富于民族气质和民族精神，内容极其丰富，可以为当前中国文学理论探索与创新提供源源不断的智慧之源，并且在第一章论文学的审美性质时引述了习近平总书记对"中华美学精神"的理论概括，以此佐证马克思主义文学理论历来重视文学的审美属性，并强调世界上各国的文学和艺术都有自己的民族美学精神。[②]就此而言，第二版也比第一版更加凸显了教材作为中国特色马克

[①] 参见习近平《在文艺工作座谈会上的讲话》，人民出版社 2015 年版，第 26 页。
[②] 参见《文学理论》编写组《文学理论》，高等教育出版社、人民出版社 2009 年版，第 18、35 页。

思主义文学理论学术体系和话语体系建设的中国特性。

总之，回顾"五四"新文学运动之后中国现代文学理论教材的编写历史可以发现，百年来文学理论教材其实是马克思主义文学理论中国化时代化的一个重要理论场域。马克思主义文学理论同中国文艺实际相结合、同中华优秀传统文论相结合，不仅在理论研究和批评方面而且也在教材编著中经历了由不自觉到自觉、由初步探索到逐渐深化再到实现中国化时代化体系性自主理论创新的演进，期间取得了不可忽视的理论成就，积累了极其丰富的宝贵经验。面向当下和未来的中国马克思主义文学理论创新和文学理论教材建设应该也必定能够从这些既往的理论成就和宝贵经验中获得有益的借鉴和启示。

马克思主义文艺理论的生成路径与阐释路线

江西师范大学　赖大仁[*]

文学艺术关涉社会生活实践各个方面，文艺研究也显得十分复杂，各种文艺理论形态层出不穷。如何看待马克思主义文艺理论的独特性及其意义价值？法国文论家马歇雷等人曾在《论作为一种观念形式的文学》一文中开门见山提出问题："有马克思主义的文学理论吗？这种理论都包括什么内容？这是一个经典问题，而且往往是纯学术的。"[①] 他们的看法是，马克思主义文论不同于其他文论，它不是按照追问"什么是文学"这样的路径去研究文学的本质，而是有自身的理论命题和文学观念，更关心反映论、意识形态等范畴，更重视文学作为一种观念形式在社会实践中的作用机制、特殊功能和效果等问题。[②] 这就是说，马克思主义文论的研究路径与阐释方式是大不相同的，如果用通常所见的文论模式去看待它，就看不到这种文学理论的独特性及其意义价值。

在我国文论界也可以看到这样两种现象：一种是不太愿意承认马克思主义文论的地位，认为它是断简残篇不成系统，没有阐明文艺审美特性与规律；另一种是为了反驳上述贬损评价，于是就按照某种专门化的文论模式构建出一个理论体系，从文艺本质论、文艺价值论到文艺审美

---

[*] 此文原载《中国社会科学》2023年第8期。

[①] [法]埃蒂安纳·巴利巴尔和皮埃尔·马歇雷：《论作为一种观念形式的文学》，弗朗西斯·马尔赫恩编：《当代马克思主义文学批评》，刘象愚等译，北京大学出版社2002年版，第39页。

[②] [英]弗朗西斯·马尔赫恩编：《当代马克思主义文学批评》，刘象愚等译，北京大学出版社2002年版，第40—47页。

论、文艺心理学、文艺人类学等应有尽有。这两种看似相反的认识有一个共同特点，就是过于从专业化、体系化的要求看待马克思主义文论。实际上，马克思主义文论不只是一种学术话语，更是一种思想方法和理论观念。有学者认为，研究马克思主义理论要避免过于"原理化"和"非历史性""非反思性"，力求"回到马克思"，在一个开放的视域中面对马克思，从而对马克思主义理论的历史价值与当代意义进行重新理解与阐释。[①] 当然，"回到马克思"也有各种不同路径，比如回到经典文本细读和基本问题研究，回到它的思想体系和历史语境等。近期我国学界讨论文学阐释学问题，就有学者认为不仅需要研究各种文学理论批评本身是否具有合理性与自洽性，还应当深入追问它的生成路径与阐释路线，从而增强理论自觉，推进当代文论重建。[②] 这些观点都很有启示意义。由此联系马克思主义文论研究来看，也应当要求"回到马克思"，一方面要看到它区别于其他文论形态的独特性，把握它独特的文艺观念和理论系统，把过去那种平面化、散点式的描述性研究，转变到抓住核心理论命题进行系统化阐释上来；另一方面也要努力追寻它独特的生成路径和阐释路线，阐明这种文艺观念和理论系统是怎样形成的，如何更好地认识它的意义价值。从我国当代文论现状来看，在如今各种文论形态中，马克思主义文论处于什么地位，要起到什么样的作用，以及应当如何进行意义阐释，这些都是值得进一步探讨的问题。

为了切实理解和认识马克思主义文论的独特性，我们先从其与现代西方文论的研究路径与阐释方式的比较谈起。

一 马克思主义文论对现代西方文论的超越

现代西方文论大致形成于18世纪中后期，在此后的发展中出现了

[①] 张一兵：《马克思哲学的当代阐释——"回到马克思"的原初理论语境》，《中国社会科学》2001年第3期。

[②] 张江、毛莉：《当代文论重建路径：由"强制阐释"到"本体阐释"——访中国社会科学院副院长张江教授》，《中国社会科学报》2014年6月16日A04版。

各种不同的研究路径与阐释方式。英国学者彼得·威德森所著《现代西方文学观念简史》对这种历史演变进行了系统性研究阐释,特里·伊格尔顿《二十世纪西方文学理论》、韦勒克和沃伦合著《文学理论》等著作也都有类似的宏观系统研究阐释。将这些相关论述综合起来看,大致可以概括为以下两种主要类型。

第一种类型是基于文学本体论的研究路径与阐释方式。其主要特点在于,以文学本体存在为研究对象,以追问"文学是什么"(或"什么是文学")作为基本问题,通过说明和论证的方式建立某种本体论或本质论的文学观念,从而对文学批评和文学研究产生影响作用。具体来看又有两种情况。

一种情况是在现代西方文论形成初期,主要以文学作品及其创作为本体对象,在对"文学是什么"的追问中,形成以"审美论"为核心观念的审美主义文论系统。一些西方学者认为,在18世纪中期之前,普遍流行的是古典形态的小写"文学"(literature)观念,尚未出现专门化的文学研究领域。18世纪中期之后,在现代美学兴起和浪漫主义文学蓬勃发展的背景下,逐渐形成现代形态的大写"文学"(Literature)观念,即把一种纯粹的、审美化的文学从过去比较笼统宽泛的文学中区分开来,由此形成专门的文学研究领域。[1] 在这种情形之下,当然就要追问"文学是什么"的问题,并对这种被区分出来的文学对象进行专门研究阐释。在威德森看来,现代西方文论初期建立的核心文学观念主要是"审美化",其中包含想象性、虚构性、艺术创造性等含义,以此界定文学作品的本质特性。他指出:"'审美化'这个词界定了一个特殊的写作品种,即有'创造性'、'想象性'的作品,实际上也就开始将一种新的、更高的价值赋予了这一可以区别辨认的品种。"[2]

---

[1] 参见 [英] 彼得·威德森《现代西方文学观念简史》,钱竞、张欣译,北京大学出版社2006年版,第34—36页;[英] 特里·伊格尔顿:《二十世纪西方文学理论》,伍晓明译,北京大学出版社2007年版,第16—17页。

[2] [英] 彼得·威德森:《现代西方文学观念简史》,钱竞、张欣译,北京大学出版社2006年版,第36页。

伊格尔顿也认为，18世纪后期的文学定义是与"浪漫主义时代"一道开始发展的，"首先发生的情况是文学范畴的狭窄化，它被缩小到所谓'创造性'或'想象性'作品之上。"① 这样一来，就可以把那些纯粹的、审美化的文学区分出来，使之成为现代文论专门关注和研究的对象。这种现代文论的研究路径及其阐释目标主要在于：一是明确划分文学与非文学的界线，确定哪些东西属于文学，使文学研究对象的范围与边界明晰起来；二是阐明文学的本质特性，从而更有利于评论分析文学作品的艺术特征和意义价值；三是追求建立"好的文学"或"伟大文学"，从而更有利于推进文学批评；四是比较分析诗歌、小说、戏剧等各种不同文体的特点，从而推进现代文学文体论的研究。总体而言，这都集中指向现代文学作品本体存在及其审美化特征，形成现代西方文论特定的研究路径与阐释方式。它与现代西方美学的"纯粹美"等思想观念（康德美学显得尤为突出）遥相呼应，启示人们从自由的、纯粹的审美性出发来理解文学艺术，追求文学艺术的独立自主。循着这个路径和方向演进，19世纪唯美主义、象征主义、表现主义等美学思潮与文论思潮不断发展。

另一种情况是在20世纪初出现了文本中心主义文论，在俄国形式主义、结构主义和英美新批评等文论形态中不断演进。文本中心论把文学本体缩小为文学作品的语言文本，从而以封闭性的作品文本为研究对象，以"文学性"为中心，把对"文学是什么"的追问转换成对"文学性是什么"的追问，以建立独立和纯粹的"文学科学"为目标，集中研究文学作品文本的本质特征和特殊规律。其追问研究的结果最终落在作品文本的语言形式特点上，建构了以"语言艺术论"为核心观念的文本主义文论系统。

以上两种情况都是极力把文学作品（文本）与其他事物区分开来，从而确定文学对象的"本体"存在，在现代美学观念与艺术原则的作

---

① ［英］特里·伊格尔顿：《二十世纪西方文学理论》，伍晓明译，北京大学出版社2007年版，第17页。

用下，以探究和建立文学的自主性与自律性为目标，不断推进文学本体论或本质论研究。这样的文学观念及其研究路径，既有突出特点和成就，但也有很大局限性。正如伊格尔顿所说，其结果是"艺术被从始终纠缠它的物质实践、社会关系与意识形态意义中抽拔出来，而被提升到一个被孤立地崇拜着的偶像的地位"。① 正因为如此，这种研究路径与阐释方式在后来反本质主义的讨论中被人们普遍质疑和批评。

第二种类型是基于文学关系论的研究路径与阐释方式。其主要特点在于，把文学看成是某种复杂关系中的存在，不仅文学作品、文学现象与其他事物之间存在复杂关系，而且文学研究与其他学科研究之间也存在复杂关系。因此要从文学的各种关系入手进行文论研究，包括文学的跨学科研究，以延展性的比较与阐释方式建立某种文学理论观念。具体而言，同样有两种情况可做比较分析。

一种情况是在现代西方文论形成初期，以史达尔夫人等为代表的文学研究及其理论观念建构，这应当说是从传统的小写"文学"观念延续下来，并且与现代文学观念相融合而形成的研究路径。这种研究路径与阐释方式既以现代文学观念对文学本体的理解为基础，同时也看到了文学与其他事物之间的密切关系，形成以文学为本体的跨学科研究。史达尔夫人原是法国浪漫主义运动先驱，其所著《从文学与社会制度的关系论文学》（简称《论文学》）被认为是现代文论的标志之一。她一方面推崇启蒙主义、浪漫主义的个性情感表现，认为诗的精神就是强烈的、富于生命情感表现的精神，艺术根源于丰富的想象和神奇的灵感，"一首歌是感情的神化。为了理解抒情诗的真正伟大，我们必须在思想中浮游到太空境界，倾听天上的和谐以忘去世上的尘嚣，把整个宇宙看成象征灵魂的感情"。② 另一方面，她又认为情感表现和艺术创造并不是纯粹个人的事情，而是与宗教、风俗、社会环境等密切相关，因此她说自己研究文学的任务在于"考察宗教、风俗和法律对文学的影响，反

---

① [英] 特里·伊格尔顿：《二十世纪西方文学理论》，伍晓明译，北京大学出版社2007年版，第20页。
② 伍蠡甫主编：《西方文论选》下册，上海译文出版社1979年版，第138页。

过来，也考察后者对前者的影响。"[①] 她的重要贡献之一，是把社会地理学派的理论观念与方法引入文学研究，认为地理环境和自然条件会作用于人们的生活方式、文化习俗、民族性格、宗教信仰等，进而影响不同地域的文学特性和艺术风格。她对法国为代表的南方文学与德国为代表的北方文学进行比较，从文学形象和艺术想象到所表现的内心情感和民族精神等，阐述了彼此明显不同的风格特征。在这种文学观念和研究路径的基础上，法国文学史家泰纳进一步提出了种族、环境、时代三要素的观点，成为社会学派文学理论与批评的基本研究路径和理论范式，其影响十分深远。与此相呼应，19 世纪以别林斯基、车尔尼雪夫斯基等为代表的俄国现实主义文学理论，既重视文学的形象思维和艺术典型创造等特征，同时又重视文学与民族、时代生活的关系，强调文学再现社会生活、表现民族精神的巨大作用，这对后来的历史文化学派和审美学派等都有很大影响。

另一种情况是 20 世纪中期以后，西方文论界激烈反叛和解构文本中心主义，从而形成了文化研究的转向，出现了各种各样将文学与文化混杂起来研究的新现象，如精神分析学、文化人类学、女性主义、新历史主义、后殖民主义等。这些理论批评的研究路径与阐释方式，不是从文学本体出发，而是从某种学科的理论观念与方法出发，对文学作品进行跨学科的研究阐释。它们所关注的主要不是文学问题，而是与各学科本身密切相关的文化问题，只不过是把符合其学科理论观念的文学作品拿来作为例子或材料，按照某种既定的理论预设和阐释路线，作出符合其主观预设的阐释。如果说此类理论批评也被视为文学研究，只是因为引入了文学作品进行阐释评论，然而从根本上来说，这种抛开文学本体特性的跨学科研究其实离文学很远，不能有效作用于文学本身的评论分析，有的甚至成为违反文学本身特性和规律的"强制阐释"。对此国内外学界都有不少反思与批评，在此无须多论。

对于西方文论的研究路径与阐释方式，曾有美国文论家韦勒克等人

[①] 伍蠡甫主编：《西方文论选》下册，上海译文出版社 1979 年版，第 121 页。

划分为"内部研究"与"外部研究",对此分别进行考察分析,[①] 在中西文论界都有广泛影响。然而,如果仔细辨析可知,韦勒克等人的区分阐释有其特定意义,他们显然是基于新批评派的文本中心论立场,把对文学作品内部关系的分析归入"内部研究",把对文学作品与外部因素的关联性分析归入"外部研究"。但后来人们的理解阐释越来越宽泛化,把凡是有关文学内在规律的探讨统称为"内部研究",把有关文学活动外部关系或外部规律的探讨统称为"外部研究"。到了文化研究转向之后,又常把基于文学学科本身的文学研究称为"内部研究",把跨学科的文学研究称为"外部研究",如此等等。这样看来,所谓文学内部研究与外部研究的区分并没有确定的标准,人们的理解和阐释也是各种各样,对此显然不可简单化地加以套用。

上述各种研究路径和阐释方式都难以拿来简单套用马克思主义文论研究。过去学界有人拿内部研究与外部研究的划分来讨论,觉得马克思主义文论好像不太符合"内部研究"的特点,于是理所当然将其划归"外部研究"。这从表面上看好像有点道理,但实际上过于简单化,而且与各种五花八门的"外部研究"混而论之,其实也说明不了马克思主义文论的本质特征。马克思主义文论显然不同于从文学本体论出发的研究路径和阐释方式,不是要从文学原理层面回答和解决"文学是什么"或"文学性是什么"之类的问题;也不同于从文学关系论出发的研究路径和阐释方式,不是只关注文学与某种外部因素的关系,不是从某个学科自身的目的和有限视角去看待某种特定文学对象,形成文学阐释与本学科理论论证的内在循环。马克思主义文论实质上超越了上述各种研究路径,从总体上来看,它与现代西方文论的许多东西并不矛盾,比如其所论及的文学现象,涉及希腊神话、史诗、悲剧喜剧,以及莎士比亚、歌德、席勒、弥尔顿、巴尔扎克、狄更斯等诸多经典作家作品;所阐述的文学观念,也涉及艺术想象、艺术创造、艺术审美、浪漫主义

[①] 参见[美]韦勒克、沃伦著《文学理论》第三部分"文学的外部研究",第四部分"文学的内部研究"。刘象愚等译,生活·读书·新知三联书店1984年版,第65、145页。

与现实主义等诸多命题，这些都与前述各种现代西方文论观念相通。但另一方面，马克思主义文论显然具有不同于其他文论形态的独特性，它不是孤立、纯粹和专业化的文艺理论，而是从唯物史观思想体系中生长而成的理论，因此应当回到这个思想体系和理论视野当中，来看它独特的生成路径与阐释路线，从而理解其思想内涵和理论特质。

笔者以为，马克思主义文论超越于其他现代西方文论形态的最根本和最重要的特质，一是实践论（包括艺术实践和社会生活实践）的生成路径，二是文艺意识形态论的阐释路线。从生成路径而言，马克思早年在《关于费尔巴哈的提纲》中精辟地指出："从前的一切唯物主义（包括费尔巴哈的唯物主义）的主要缺点是：对对象、现实、感性，只是从客体的或者直观的形式去理解，而不是把它们当做感性的人的活动，当做实践去理解，不是从主体方面去理解。"又说："全部社会生活在本质上是实践的。凡是把理论引向神秘主义的神秘东西，都能在人的实践中以及对这种实践的理解中得到合理的解决。"① 恩格斯在《卡尔·马克思〈政治经济学批判〉》中阐述他们的思想方法时也指出："历史从哪里开始，思想进程也应当从哪里开始，而思想进程的进一步发展不过是历史过程在抽象的、理论上前后一贯的形式上的反映；这种反映是经过修正的，然而是按照现实的历史过程本身的规律修正的，这时，每一个要素可以在它完全成熟而具有典型性的发展点上加以考察。"② 由此可见，马克思主义区别于其他理论学说的一个突出特点，就是从人们的社会生活实践出发来认识世界和事物，从人类社会实践活动的历史起点和过程来理解人们的思想进程。按照这种特有的世界观和方法论，马克思恩格斯不仅建立了独特的政治经济学，而且创立了宏阔而深刻的唯物史观思想体系。在这种唯物史观视野中，人类社会各种现象包括文学艺术现象，都是被纳入这样的理论视野来加以观照和说明的。再从阐释路线来看，与上述实践论生成路径密切相关，马克思主义

---

① 《马克思恩格斯文集》第1卷，人民出版社2009年版，第499、501页。
② 《马克思恩格斯文集》第2卷，人民出版社2009年版，第603页。

文论从总体上把文学艺术看成是一种"意识形态的形式",归属于观念形态的上层建筑,在人类社会整体结构系统中发挥作用,可以从总体上将其概括为"文艺意识形态论"。由这种文艺意识形态论的思想观念去看待、说明和评论人类历史上和社会实践中的各种文艺现象,便形成了独特的阐释路线。马克思主义文论以其特有的生成路径和阐释路线,深刻揭示了文艺现象的本质规律。

从马克思主义思想方法的独特性来看,上述两个方面具有内在的必然联系。首先,实践论生成路径是从具体到抽象、从现象到本质的思维过程。正如马克思主义创始人从人们吃、喝、住、穿等具体生活与生产实践活动的观照中,以抽象化的思维过程生成了唯物史观思想体系一样,他们也是从人类社会的文艺现象和人们文艺实践活动的观照中,以抽象化的思维过程生成了一系列关于文艺本质特性的理论观念。如果将这些文艺理论观念作为一种思想体系来理解,可以说"文艺意识形态论"是其中的核心文艺观念,是更具有统摄性和概括力的总体性理论命题,也是马克思主义文论区别于其他各种文论形态的最重要的标识性概念。然后,"文艺意识形态论"的阐释路线,则是从抽象上升到具体、从本质认识延伸到现象阐释的思维过程。这就是说,马克思主义创始人以其在实践论中生成的独特文艺意识形态论观念,来具体说明和阐释人类历史上的各种文艺现象,以及看待和评论当时社会现实中的文艺实践,从而阐明文艺在人类社会发展进程中的意识形态特性和作用。这跟他们从唯物史观出发来阐释人类社会实践及其历史发展的思想方法是一致的,而且也是从属于这个思想体系的。当然,需要特别说明的是,这里所说首先从具体到抽象、从现象到本质的理论生成,然后从抽象上升到具体、从本质认识延伸到现象阐释,不能简单化地理解为时间先后的思维过程,而是应当从思维逻辑的意义来理解,从历史与逻辑辩证统一的关系来理解。在马克思主义思想方法中,这两个方面是辩证地交织在一起的。基于以上基本认识,下面分别从不同方面展开具体阐述。

二 马克思主义文论的实践论生成路径

马克思十分深刻地指出："哲学家们只是用不同的方式解释世界，问题在于改变世界。"① 如果说"解释世界"的目的在于揭示对象世界和社会生活的本质规律，由此建立认识世界的思想观念，即世界观和方法论，那么"改变世界"则意味着要将思想观念引向社会实践，推动社会变革发展。因此，无论对于马克思主义哲学、政治经济学还是文艺理论，都应当归结到实践论的根源上来理解和阐释。

马克思主义文论从实践论观点来认识和说明文学艺术现象，内在地包含着两个方面的路径：一方面，文艺活动是人们的一种比较独特的社会实践方式，即艺术创造实践活动，具有不同于其他人类社会实践活动的特殊性，应当对这种文艺实践活动特性加以揭示；另一方面，这种文艺实践活动又是与人类社会的整体性实践活动密切相关的，只有将其放到人类社会生活实践的整体结构系统中加以观照，才能对它的根本特性与价值功能作出说明。

首先，从前一个方面来看，即对文艺活动本身特性的考察。马克思以其特有的实践论哲学思维，把文艺看成是"艺术掌握世界的方式"，是一种特殊的反映社会现实的观念形态。马克思在论述政治经济学的方法时指出："整体，当它在头脑中作为思想整体而出现时，是思维着的头脑的产物，这个头脑用它所专有的方式掌握世界，而这种方式是不同于对于世界的艺术精神的，宗教精神的，实践精神的掌握的。"② 在这里，马克思把艺术精神的掌握方式视为人类头脑掌握世界的专有方式之一，有不同于其他掌握方式的特殊性。这种艺术掌握世界的方式关涉两个方面：一方面，艺术以感性和感觉的方式掌握世界，这是它区别于其

---

① 《马克思恩格斯文集》第1卷，人民出版社2009年版，第502页。
② 《马克思恩格斯文集》第8卷，人民出版社2009年版，第25页。

他掌握世界方式的特殊性。马克思《1844年经济学哲学手稿》用很大篇幅论述了人的对象性关系，人作为完整的人以全面的方式占有对象，包括人具有感性和感觉的特性，比如有音乐感的耳朵、能感受形式美的眼睛等，以其特有的方式建立与对象世界的关系，从而在对象性关系中确证自己的本质力量。他说："人不仅通过思维，而且以全部感觉在对象世界中肯定自己。"① 以感性的方式掌握和占有对象，应当包括以艺术的方式掌握世界，这正是人类艺术审美活动的根本特性。这与西方现代美学的"感性学"重视人的感性体验和感性解放的精神彼此相通。另一方面，则是艺术反映对象世界和现实关系，这是与其他掌握世界的方式相通的。唯物史观认为，一切观念形态的东西都是社会存在的反映，文学艺术作为一种特殊的观念形态，本质上也是如此。法国学者马歇雷等人认为，唯物主义的反映范畴是马克思主义文论的根本所在，"简单地说，经典马克思主义论文学和艺术的命题都从反映这个哲学基本范畴出发。因此，充分理解这个范畴是理解马克思主义文学观念的关键"。在他们看来，马克思和恩格斯论巴尔扎克，列宁论托尔斯泰，都是基于这样的文学观念。马克思主义"反映"范畴具有辩证唯物主义的丰富复杂内涵，作为观念形态的文艺本身是一种特殊社会实践的产物，必定历史地与社会生产关系相联系，并与其他意识形态形式相联系。②

艺术掌握世界的方式体现为人们的具体社会实践，这就是艺术生产，因而与艺术生产论命题密切相关。"艺术生产"概念是马克思的首创，也是其文艺理论中的独特命题。马克思在论述艺术发展的特殊规律时指出："就某些艺术形式，例如史诗来说，甚至谁都承认：当艺术生产一旦作为艺术生产出现，它们就再不能以那种在世界史上划时代的、古典的形式创造出来；因此，在艺术本身的领域内，某些有重大意义的

---

① 《马克思恩格斯文集》第1卷，人民出版社2009年版，第191页。
② [英] 弗朗西斯·马尔赫恩编：《当代马克思主义文学批评》，刘象愚等译，北京大学出版社2002年版，第42页。

艺术形式只有在艺术发展的不发达阶段上才是可能的。"① 有学者认为，马克思是从政治经济学来研究"艺术生产"，它有两种形态：前一个"艺术生产"是指作为人类精神生产方式的艺术活动，它体现着一般艺术规律和审美特征，对于物质生产和社会发展具有相对独立性；后一个"艺术生产"则是指作为资本主义生产体系中的精神生产部门所进行的生产劳动，它将精神产品作为商品，以创造剩余价值和实现资本增殖。② 就前一种艺术生产而言，它作为对世界的特殊掌握方式和一种特殊的精神生产方式，充分实现自由想象、自由劳动和自由创造，充分体现艺术生产的自由本质和审美价值。马克思极力称颂古代神话、希腊艺术和史诗等，以奇特的想象、幻想和古典艺术形式，充分表现了人类童年时代的纯真天性而显示出永久的魅力，这些艺术至今"仍然能够给我们以艺术享受，而且就某方面说还是一种规范和高不可及的范本"。③ 他在谈到艺术的非生产劳动特性时，以英国诗人弥尔顿的创作为例说："弥尔顿出于同春蚕吐丝一样的原因而创作《失乐园》。那是他的天性的表现。"④ 这些都说明艺术生产的本来特性应当是充分自由和符合人的创造天性的。然而资本主义生产关系中的艺术生产，由于受到资本和商品生产规律支配，艺术的自由创造特性显然会被扭曲和异化，马克思将这种现象放在对生产劳动与非生产劳动的比较论述中进行了深刻的分析批判。不过应当看到，即使在资本主义社会，艺术生产也不可能完全受资本和商品规律支配，两种艺术生产始终存在矛盾冲突和张力关系。坚守自由创造特性的艺术生产仍然具有强大的反叛力量，不会完全向现实屈服，而且还会表现出对不合理社会现实的强烈批判，这同样受到马克思的高度关注和肯定评价。显而易见，从唯物史观来看，艺术生产作为一种特殊的精神生产，必然要反映一定的现实关系，也必定要受到特定生

---

① 《马克思恩格斯文集》第 8 卷，人民出版社 2009 年版，第 34 页。
② 姚文放：《两种"艺术生产"：马克思"艺术生产"理论新探》，《中国社会科学》2020 年第 6 期。
③ 《马克思恩格斯文集》第 8 卷，人民出版社 2009 年版，第 35 页。
④ 《马克思恩格斯文集》第 8 卷，人民出版社 2009 年版，第 406 页。

产关系的支配,因此,同样需要纳入艺术实践论的本质关系中来理解。

　　无论是把文学艺术活动理解为掌握世界的特殊方式,还是看成特殊的精神生产或艺术生产,说到底都与人的生命活动本质特性和艺术的本质特性相关。马克思《1844年经济学哲学手稿》从人与动物生命活动的比较着眼,说明人的本质特性在于"自由的有意识的活动"。与动物活动不同,"人则使自己的生命活动本身变成自己意志的和自己意识的对象……有意识的生命活动把人同动物的生命活动直接区别开来"。这具体表现为人通过实践创造对象世界和改造自然界,也表现为"人不仅像在意识中那样在精神上使自己二重化,而且能动地、现实地使自己二重化,从而在他所创造的世界中直观自身。"① 这其中还包括,人不仅把自然界的事物作为自然科学的对象,而且作为艺术的对象;② "人也按照美的规律来构造",③ 如此等等。在马克思看来,艺术一方面具有按照审美规律进行自由创造的特性,另一方面还是人自身生命活动的复现和直观,具有深刻的人学本质。这就与别的艺术本质观不同,它把艺术审美建立在宏观人学的思想基础上,是美学观点与人学观点的有机统一。从巴黎手稿的整体思想来看,一是论证人的自由自觉生命活动的本质,阐明人的生命活动是自由劳动,具有自由创造的特性;二是全面分析异化劳动的特点及其根源,批判揭示异化劳动如何带来人的异化;三是论述作为改造现实的共产主义实践运动如何扬弃异化而走向人的全面自由解放。实际上,在马克思主义思想体系中,不仅把艺术看成是人们复现自己和直观自身的一种特殊方式,同时也是用来批判现实、扬弃异化和实现人的审美自由解放的特殊方式,这同样需要从艺术实践的角度来理解。

　　其次,再从后一个方面来看,即把文艺实践活动放到人类社会实践的整体中来认识,文艺的社会本质便由此得到充分揭示。从马克思主义思想方法的特点而言,正是"历史从哪里开始,思想进程也应当从哪里

---

① 《马克思恩格斯文集》第1卷,人民出版社2009年版,第162—163页。
② 《马克思恩格斯文集》第1卷,人民出版社2009年版,第161页。
③ 《马克思恩格斯文集》第1卷,人民出版社2009年版,第163页。

开始"的具体体现。恩格斯在马克思墓前的讲话,确切地阐明了这种基本思路:"正像达尔文发现有机界的发展规律一样,马克思发现了人类历史的发展规律,即历来为繁芜丛杂的意识形态所掩盖着的一个简单事实:人们首先必须吃、喝、住、穿,然后才能从事政治、科学、艺术、宗教等等;所以,直接的物质的生活资料的生产,从而一个民族或一个时代的一定的经济发展阶段,便构成基础,人们的国家设施、法的观点、艺术以至宗教观念,就是从这个基础上发展起来的,因而,也必须由这个基础来解释,而不是像过去那样做得相反"。① 马克思本人在《〈政治经济学批判〉序言》中则把他的思想观点简要地表述为:"人们在自己生活的社会生产中发生一定的、必然的、不以他们的意志为转移的关系,即同他们的物质生产力的一定发展阶段相适合的生产关系。这些生产关系的总和构成社会的经济结构,即有法律的和政治的上层建筑竖立其上并有一定的社会意识形式与之相适应的现实基础。物质生活的生产方式制约着整个社会生活、政治生活和精神生活的过程。"② 马克思还指出:"随着经济基础的变更,全部庞大的上层建筑也或慢或快地发生变革。在考察这些变革时,必须时刻把下面两者区别开来:一种是生产的经济条件方面所发生的物质的、可以用自然科学的精确性指明的变革,一种是人们借以意识到这个冲突并力求把它克服的那些法律的、政治的、宗教的、艺术的或哲学的,简言之,意识形态的形式。"③ 在这里,马克思把人们的社会实践活动及其创造的社会结构系统区分为两个大的方面,一个是人们的物质生产活动及其形成的社会经济基础;另一个是人们的思想意识活动及其形成的观念形态,马克思将其统称为"意识形态的形式",把它看作是社会上层建筑的组成部分,通常也被称为"观念形态的上层建筑"。从理论渊源而言,"意识形态"概念是由法国哲学家特拉西首先提出,赋予其"观念学"或"观念形态"等基本含义,黑格尔等哲学家也从精神现象学的意义上讨论过意识形态问

---

① 《马克思恩格斯文集》第 3 卷,人民出版社 2009 年版,第 601 页。
② 《马克思恩格斯文集》第 2 卷,人民出版社 2009 年版,第 591 页。
③ 《马克思恩格斯文集》第 2 卷,人民出版社 2009 年版,第 592 页。

题，但在他们那里都只有一般思想观念的意思，而并不具有社会实践论的意义。马克思恩格斯则把"意识形态"范畴纳入唯物史观思想理论体系，赋予其新的含义，用以指称观念形态的上层建筑，其中包括各种"意识形态的形式"。马克思主义认为，人们的思想意识活动及其形成的观念形态，从根本上来说都是根源和从属于社会实践的，一方面，各种思想观念都是人们的社会生活实践及其现实关系的反映，能够形成强大的意识形态力量；另一方面，这些思想观念及其形成的意识形态力量，又会对社会生活实践产生巨大而深刻的影响，推动现实关系变革发展。从总体上看，在马克思主义唯物史观思想理论体系中，是把文学艺术作为"意识形态的形式"加以整体性观照，他们在各种不同语境中对文艺现象的论述，也都无不从这样的唯物史观视野和社会实践论的意义进行阐释。

对于马克思将艺术归入"意识形态的形式"，人们各有不同的理解。文论界的争论主要在于，这是否意味着可以用"意识形态"来给文艺下定义？倘若如此，是否会导致忽视文学艺术的特性和规律？笔者以为，这里并不涉及对文艺下定义的问题，而是主要体现马克思的思维路径和思想逻辑，这就是如前所说，他是从唯物史观视野以及社会实践论视角，来看待人类社会实践及其创造的社会结构系统，从而把人类社会各种现象、各种事物都归于这个整体系统中加以观照和考察，揭示其中的根本规律。别的方面姑且不论，仅就将艺术归入"意识形态的形式"而言，不难领会到马克思的重要思想，就是无论文学艺术具有怎样的特殊性，都应当把它归入人类社会实践及其社会结构的整体系统当中去认识理解。这就意味着，一是从社会结构系统的分析而言，文学艺术应当归入"意识形态的形式"，属于观念形态的上层建筑领域，不能因为它的特殊性而成为社会结构系统之外的"飞地"；二是文学艺术既然属于"意识形态的形式"，那么它就具有作为社会意识形态的基本特性和价值功能，这应当是跟其他意识形态的形式相通的；三是对于文学艺术的意识形态特性与价值功能的认识，还是要放到文艺实践活动及其跟整体性社会实践活动的相互关系中去认识，一方面看到它跟其他意识形态的形式之间的相通性,另一方面看到文艺本身的独特性。

综上所述,马克思主义文论不是把文艺现象作为某种既定事实和客观对象物,对其进行艺术本体论或本质论的研究阐释,而是首先把文艺看成是一种艺术创造实践活动,是一种"艺术掌握世界的方式",是反映社会现实的特殊的观念形态,从社会生产视野来看,文艺是一种特殊的精神生产即艺术生产;把文艺活动放到人类社会实践的整体结构系统中来认识,那么它就属于"意识形态的形式",以其特有的方式在整个社会结构系统中发生作用。所有这些都在根本上说明了文艺活动的社会实践根源,也在客观上揭示了文艺现象的本质规律,从这样的实践论生成路径来认识,马克思主义文论的各种思想观点都可以得到合乎逻辑的理解与阐释。

三 马克思主义文论的意识形态论阐释路线

按照上述马克思主义文论的实践论生成路径进行考察,可以看出在唯物史观思想体系中,从抽象到具体、从现象到本质,生成了诸如"艺术掌握世界的方式"论、特殊的精神生产即艺术生产论、文艺属于"意识形态的形式"论等重要文艺理论观念,这些都是属于马克思主义文论独一无二的标识性概念和理论命题,对此无论从哪个方面切入进行考察,都可以由此及彼、触类旁通,达到对马克思主义文艺思想的深刻理解。"文艺意识形态论"则是其中的核心观念和总体性命题,由此进入从抽象上升到具体、从本质认识延伸到现象阐释分析,便形成马克思主义文论的独特阐释路线。具体而言,可以从以下几个方面的理论维度来认识理解。

其一,以意识形态论文艺观念来观照社会历史发展中的文艺现象,对文艺作品作出切合历史语境的意识形态特性与价值功能的理论阐释。在马克思恩格斯看来,虽然古代社会的人们不一定具有自觉的意识形态理论观念,但他们的思想意识必定会在那个时代的文艺作品当中表现出来,问题只在于如何对它们加以解读与阐释。古代社会的各种文艺作品，实际上隐含着那个时代的许多意识形态秘密，可以回复到当时的历史语境中把这些东西还原出来。例如马克思《摩尔根〈古代社会〉一书摘要》考察了欧洲古代对偶婚制向专偶婚制的演变，通过对希腊神话中女神所处的地位变化的分析，说明在较早时期妇女还享有较高地位，后来由于男子成为家庭的中心，妇女则变得低人一等了。① 后来恩格斯在《家庭、私有制和国家的起源》一书中，详细引用了马克思这些论述，并且进一步联系荷马史诗、埃斯库罗斯和普卢塔克等人作品的形象描写，来说明妇女地位的下降和一夫一妻制家庭形式的变化："只要读一下《奥德赛》，就可以看到特里曼珠是怎样打断他母亲的话并要求她缄默的。在荷马的史诗中，被俘虏的年轻妇女都成了胜利者的肉欲的牺牲品；军事首领们按照他们的军阶依次选择其中的最美丽者；大家也知道全部《伊利亚特》都是以阿基里斯和亚加米农二人争夺这样一个女奴隶的纠纷为中心的。荷马的史诗每提到一个重要的英雄，都要讲到同他共享帐篷和枕席的被俘的姑娘。这些姑娘也被带回胜利者的故乡和家里去同居，例如在埃斯库罗斯的作品中，亚加米农对珈桑德拉就是这样做的……"② "在普卢塔克的作品中，有一个地方谈到，一个斯巴达妇女叫一个向她求爱的情人去找她的丈夫商量；因此，按照舍曼的看法，可以认为在习俗上甚至存在着更大的自由。"③ 在同一部著作中，恩格斯还根据马克思提供的有关资料，引用了荷马史诗和埃斯库罗斯的《七雄攻忒拜》《乞援人》等作品，来具体说明古希腊的一些部落和小民族的组织机构及议事方式："人民大会由议事会召集，以解决各项重要事务；每个男子都可以发言。决定是用举手（埃斯库罗斯的《乞援人》）或欢呼通过的。"④ 由此可见，马克思恩格斯不只是把人类历史上的文艺作品作为历史文化资料来看待，同时也把它们作为一定时代形象化的思想观念来认识，或者说作为一种特殊的意识形态的形式来理解与阐

---

① 《马克思恩格斯全集》第 45 卷，人民出版社 1985 年版，第 367—368 页。
② 《马克思恩格斯文集》第 4 卷，人民出版社 2009 年版，第 74—75 页。
③ 《马克思恩格斯文集》第 4 卷，人民出版社 2009 年版，第 76 页。
④ 《马克思恩格斯文集》第 4 卷，人民出版社 2009 年版，第 121 页。

释。在他们看来，这些历史上的文艺作品，都在不同程度上自觉或不自觉地反映了那个时代和某些阶级的思想观念，其意识形态特性与功能显而易见。

其二，从现实主义文艺描写的现实关系方面来认识作为批判性的文艺意识形态特性与价值功能。按照马克思所说不只是要解释世界，更重要的是改变世界的思想，将文学艺术纳入到这种革命性实践的思想逻辑中来认识，文艺作为特殊的意识形态，它的特性与价值功能就表现为：以艺术的方式真实反映和深刻批判社会现实，帮助人们认识现实和促进社会变革，从而起到"批判的武器"的作用。在马克思主义文论中，从真实描写和深刻批判现实的角度来认识文艺的意识形态特性与功能，最突出的是他们的现实主义理论和文艺评论。总体而言，马克思恩格斯的现实主义文艺主要有两个方面：一方面是对现实主义文学艺术特征的认识，涉及文艺真实性，如细节真实和真实描写现实关系、历史真实与艺术真实等；文艺典型性，如典型人物与典型环境、情节的典型化等；还有艺术方法，涉及观念化与个性化、莎士比亚化与席勒式、倾向性与真实性、情节的生动性与丰富性等。对这些艺术特性的分析，既体现了对于现实主义艺术规律的深刻理解，同时也使人们看到，文艺作品艺术性的高下优劣实际上关涉它能起到什么样的社会作用。另一方面则是对现实主义文艺的意识形态价值功能的深刻认识与阐述，主要体现为对社会现实的认识作用、批判作用等，马克思恩格斯在这方面有相当丰富和精辟的论述。如马克思对法国作家巴尔扎克的创作十分熟悉和赞赏，在《资本论》等著作中多次引用他的作品说明相关问题，他在论述资本家再生产时注解说："例如巴尔扎克曾对各色各样的贪婪作过透彻的研究。那个开始以积累商品的方式来进行货币贮藏的老高利贷者高布赛克，在他笔下已经是一个老糊涂虫了。"① 在分析资本主义社会的生产关系时他又说："在资本主义生产占统治地位的社会状态内，非资本主义的生产者也受资本主义观念的支配。以对现实关系具有深刻理解而著名的巴

---

① 《马克思恩格斯文集》第5卷，人民出版社2009年版，第680页注释（28a）。

尔扎克，在他最后的一部小说《农民》里，切当地描写了一个小农为了保持住一个高利贷者对自己的厚待，如何白白地替高利贷者干各种活，并且认为，他这样做，并没有向高利贷者献出什么东西，因为他自己的劳动不需要花费他自己的现金。这样一来，高利贷者却可以一箭双雕。他既节省了工资的现金支出，同时又使那个由于无法在自有土地上劳动而日趋没落的农民，越来越深地陷入高利贷者的蜘蛛网中。"[1] 恩格斯同样高度赞扬巴尔扎克的创作，称他为伟大的现实主义大师，认为"他在《人间喜剧》里给我们提供了一部法国'社会'，特别是巴黎'上流社会'的无比精彩的现实主义历史"，"他汇编了一部完整的法国社会的历史，我从这里，甚至在经济细节方面（诸如革命以后动产和不动产的重新分配）所学到的东西，也要比从当时所有职业的史学家、经济学家和统计学家那里学到的全部东西还要多。"[2] 恩格斯在评论女作家考茨基的小说时指出："如果一部具有社会主义倾向的小说，通过对现实关系的真实描写，来打破关于这些关系的流行的传统幻想，动摇资产阶级世界的乐观主义，不可避免地引起对于现存事物的永恒性的怀疑，那么，即使作者没有直接提出任何解决办法，甚至有时并没有明确地表明自己的立场，我认为这部小说也完全完成了自己的使命。"[3] 此外他们对哈克奈斯、拉萨尔等作家作品的评论分析，也都是基于这样的认识。由此可见，马克思恩格斯对于现实主义文艺的理论阐述和评论，主要是着眼于此类作品真实而典型地描写现实生活的特性，以及深刻认识和批判社会现实的价值功能。他们的现实主义文艺理论和文艺评论既与当时人们对现实主义文学的认识相通，同时又有显著区别，这显然不是从通常意义上的文艺评论出发，而是从他们的意识形态论文艺观出发，把现实主义文艺视为特殊的"批判的武器"而形成的认识，其理论独创性不言而喻。

其三，将文艺置于唤起人民觉醒和争取社会解放的革命实践中来认

---

[1] 《马克思恩格斯文集》第7卷，人民出版社2009年版，第47页。
[2] 《马克思恩格斯文集》第10卷，人民出版社2009年版，第570—571页。
[3] 《马克思恩格斯文集》第10卷，人民出版社2009年版，第545页。

识，阐明作为建构性的文艺意识形态特性与价值功能。从马克思恩格斯的思想逻辑来看，他们所说的"改变世界"，不仅指向批判改造不合理的社会现实，并且也着眼于呼唤广大无产阶级和被压迫人民群众觉醒，以现实的革命实践争取自身的自由解放，在破坏旧世界的同时建设更加合理的新世界。将文学艺术置于这样的革命实践进程中来认识，他们看到了那些具有社会主义倾向的文艺作品所产生的积极作用，并且给予高度评价。从这个角度来看，这无疑是一种建构性的文艺意识形态特性与价值功能。首先，马克思恩格斯特别关注无产阶级社会主义者的文艺创作，看到了这类文艺作品的思想启发和宣传鼓动的革命性作用。马克思曾经在一篇文章中特别谈到了在西里西亚纺织区流行的一支革命歌曲："首先请回忆一下织工之歌吧！这是勇敢的战斗的号令……无产阶级一下子就决不含糊地、尖锐地、毫不留情地、威风凛凛地大声宣布，它反对私有制社会。西里西亚起义恰恰在开始时就具有了法国和英国的工人起义在结束时才具有的东西，那就是对无产阶级本质的意识。"[1] 恩格斯同样以极大的热情评论了德国现实主义画家许布纳尔描绘西里西亚织工生活状况的一幅画，详细评述了这幅画的内容，认为"从宣传社会主义这个角度来看，这幅画所起的作用要比一百本小册子大得多"。同时他还高度评价德国当代最杰出的诗人亨利希·海涅也参加了德国社会主义者的队伍，"他出版了一本政治诗集，其中也收集了几篇宣传社会主义的诗作"。恩格斯还特意把海涅最著名的作品《西里西亚织工之歌》翻译出来加以宣传，称赞"这首歌的德文原文是我所知道的最有力的诗歌之一"。[2] 马克思逝世以后，恩格斯在整理马克思的遗稿时发现了德国无产阶级诗人格奥尔格·维尔特的《帮工之歌》，专门为此写了纪念文章给予高度评价："我称他为德国无产阶级第一个和最重要的诗人。的确，他的社会主义的和政治的诗作，在独创性、诙谐方面，尤其在火一般的热情方面，都大大超过弗莱里格拉特的诗作。"[3] 其次，即使是

---

[1] 《马克思恩格斯全集》第3卷，人民出版社2002年版，第390页。
[2] 参见《马克思恩格斯全集》第2卷，人民出版社1957年版，第589—592页。
[3] 《马克思恩格斯全集》第28卷，人民出版社2018年版，第3—7页。

对于那些并不具有社会主义思想的进步作家及其作品，他们也能够从中看到对于穷人和受轻视阶级的生活和命运的真实描写，看到这些作家创作所表现的对于劳动群众的同情态度，看到此类文艺作品不自觉地表现出来的某些社会主义倾向，从而充分肯定它们的积极思想意义。如恩格斯曾以欧仁·苏的小说为例说："欧仁·苏的著名小说《巴黎的秘密》给舆论界特别是德国的舆论界留下了一个强烈的印象；这本书以令人信服的笔触描写了大城市的'下层等级'所承受的困苦窘迫和道德破坏，这样的笔触不能不使社会关注所有穷人的状况。"① 此外他对哈克奈斯、考茨基等人小说中的社会主义倾向及其思想意义，也作出了类似的分析评论，认为这些作品通过反映被压迫阶级的生活状况和思想情绪，传达了苦难者的呼声，在引起社会对无产者生活状况的关注、同情以至启发无产者自身的觉悟方面，都具有重要的意义价值。

其四，从实现人的自由解放和全面发展的价值理念，阐明面向未来的建构性文艺意识形态特性与价值功能。按照马克思主义的思想逻辑，从"解释世界"到"改变世界"，即人们的一切认识活动和社会实践活动，最终都是为了实现人的自由解放，达到社会合理发展与人的全面发展的有机统一。这是马克思恩格斯立足现实、面向未来所构设的人类社会理想。马克思主义人学思想极为丰富，总体而言有两个大的方面，一方面是指向人的社会解放，改变不合理的社会制度和现实关系，使人们从这种社会现实关系中获得自由解放。马克思早年论到德国的犹太人渴望解放，指出这首先是公民解放、政治解放，是人的社会关系的解放，"任何解放都是使人的世界即各种关系回归于人自身"。② 因此，历来的社会革命或社会改革都可以归结到这样的社会解放上面来认识。另一方面，则是指向人的主体自身的解放，包括人的一切本质力量，人的全部感觉和特性，如人的个性、人性、情感等的自由解放。马克思早年在《1844 年经济学哲学手稿》中全面论述了人的异化和自由解放的命题，

---

① 《马克思恩格斯全集》第 3 卷，人民出版社 2002 年版，第 556 页。
② 《马克思恩格斯文集》第 1 卷，人民出版社 2009 年版，第 46 页。

指出人的异化的扬弃和全面解放,既包括人们社会关系的解放,也包括人的一切本质力量的解放,他说:"对私有财产的扬弃,是人的一切感觉和特性的彻底解放;但这种扬弃之所以是这种解放,正是因为这些感觉和特性无论在主体上还是在客体上都成为人的。眼睛成为人的眼睛,正像眼睛的对象成为社会的、人的、由人并为了人创造出来的对象一样。"又说:"人以一种全面的方式,就是说,作为一个完整的人,占有自己的全面的本质。人对世界的任何一种人的关系——视觉、听觉、嗅觉、味觉、触觉、思维、直观、情感、愿望、活动、爱——总之,他的个体的一切器官,正像在形式上直接是社会的器官的那些器官一样,是通过自己的对象性关系,即通过自己同对象的关系而对对象的占有。"[①] 在马克思恩格斯的理论视域中,文艺对于人的解放和自由全面发展显然具有十分独特的作用。一方面,如前所说,文学艺术通过真实、典型地描写现实关系和批判怀疑不合理的现存制度,唤起民众的革命觉悟,能够有力推动现实变革和人们的社会解放。在这方面,文艺作为一种特殊的意识形态的形式,其独特性在于以艺术的、美学的方式,能够起到其他意识形态的形式所难以企及的特殊作用。因此,马克思主义文艺批评历来强调"历史观点"与"美学观点"统一,重视艺术表现思想和影响现实的巨大力量。另一方面,艺术审美对于人的本质力量的解放和人性自由全面发展,更是具有不可替代的作用,马克思恩格斯在《1844年经济学哲学手稿》《德意志意识形态》等许多著作中都深刻论述了这方面的思想。

英国学者伊格尔顿依据马克思主义思想观点,曾提出"审美意识形态"命题。马克思恩格斯并没有直接提出这样的理论概念和命题,但可以说蕴含了这样的思想,从这样的视角来理解和阐释也是富有理论启示意义的。中外学界对于"审美意识形态"命题主要有两种理解和阐释,一种是从"审美的意识形态"来理解,认为文学艺术作为一种特殊的意识形态的形式,它的独特性就在于以艺术审美的方式反映社会生活和

---

① 《马克思恩格斯文集》第1卷,人民出版社2009年版,第190、189页。

表现思想情感,意识形态的特性与价值功能就寓于艺术审美活动过程之中。这样的理解和阐释当然也有道理,比较符合文艺审美的一般特性和规律。另一种是伊格尔顿的理解和阐释,可称为"审美即意识形态"。在他看来,审美(美学)并不只是达到某种意识形态目的的一种工具或者途径,而是应当把审美(美学)本身理解为意识形态。因为审美(美学)的本质是一种"自由的特殊"或"特殊的自由",即它以特殊的方式作用于人的身体的、感性的、情感的自由解放,保持人的生命活动的丰富性和自由性。当然,在人们的社会生活实践中,这种"审美意识形态"有可能是起正面作用的,即作用于人的自由解放;也有可能被异化的统治力量所利用。他阐述说:"审美自始就是一个矛盾的双面概念。一方面,它是一种真正的解放力量,主体通过感性律动和兄弟情感而不是外加的律法联结成群体,每一个个体维护自己独一无二的特殊性,但是和谐地融入社会。……另一方面,……统治制度所期望的是'深处的'主体性,而它最害怕的也是这种主体性。如果说审美是一件危险而含混的事情,那是因为身体里的某种东西可能反抗刻写它的权力,只有灭绝鉴定权力本身的能力,才能根除那种反抗的冲动。"[①] 从马克思主义文艺思想来看,这当然是既深刻批判资本主义社会的人性异化和艺术审美异化,同时以更大的热情期望和呼唤人的审美自由解放,实现人的合乎人性的自由全面发展。

综上所述,在马克思主义思想体系中,文学艺术是被作为一种特殊的意识形态的形式被纳入唯物史观视野中来加以观照与阐释,这既是它最鲜明的标识性概念,也是它最重要的核心文艺观念和总体性命题。从这种文艺意识形态论的阐释路线出发,从抽象到具体、从本质到现象、从观念到实践、从历史到现实,从各种不同的观照维度展开了全方位的理论阐释,其中尤其重视文艺的实践功能论阐释。所有这些,都显示出马克思主义文论区别于其他文论形态的独特性与独创性,具有深远历史

[①] [英]特里·伊格尔顿:《自由的特殊:审美的兴起》,马海良译,[英]弗朗西斯·马尔赫恩编:《当代马克思主义文学批评》,刘象愚等译,北京大学出版社 2002 年版,第 75 页。

影响，在当代仍具有独特启示意义。

四 马克思主义文论的当代意义

自从19世纪中期马克思主义问世以来，其世界性影响不言而喻。马克思主义文论的影响所及，有苏联和东欧马克思主义文论，欧美"新马克思主义"或西马学派文论，如法兰克福学派的社会批判理论、雷蒙德·威廉斯的文化唯物主义理论等。当今仍有一些西方学者循此路径阐释马克思主义理论的当代意义，如伊格尔顿在2011年出版《马克思为什么是对的》一书英文版前言中说："……在我看来，马克思在道德和文化批判方面的作品十分丰富，这本身就是他留给我们的宝贵遗产，值得我们尊重和珍惜。人类不断异化，社会生活愈发'商品化'，我们的文化鼓吹贪婪、攻击性、不加思考的享乐主义和日益严重的虚无主义，我们正逐渐失去自身存在的意义和价值：要对上述问题进行富有成果的讨论，离不开马克思主义传统的积淀。"① 又说："马克思认为，重要的不是对于理想未来的美好憧憬，而是解决那些会阻碍这种理想实现的现实矛盾。而为人们指引解决问题的合理方向，正是马克思和所有马克思主义者的历史使命。"② 在文艺理论方面，伊格尔顿在《二十世纪西方文学理论》等著作中，明确反对只是从客观论、文本论、语言形式论等方面去理解说明文学，而主张应当从实践论、价值论、功能论方面去研究阐释文学。他认为文学研究不是随心所欲的，其中最根本的是价值判断，"它们植根于更深层的种种信念结构之中，而这些结构就像帝国大厦一样不可撼动。于是，至此为止，我们不仅揭示了文学并不在昆虫存在的意义上存在着，以及构成文学的种种价值判断是历史地变化着的，

---

① [英]特里·伊格尔顿：《马克思为什么是对的》，李扬等译，新星出版社2011年版，第3—4页。
② [英]特里·伊格尔顿：《马克思为什么是对的》，李扬等译，新星出版社2011年版，第73页。

而且揭示了这些价值判断本身与种种社会意识形态的密切关系。它们最终不仅涉及个人趣味，而且涉及某些社会群体赖以行使和维持其对其他人的统治权力的种种假定"。① 因此，他特别倡导基于意识形态文学观念的"政治批评"，在他看来，"现代文学理论的历史乃是我们时代的政治和意识形态的历史的一部分……文学理论一直就与种种政治信念和意识形态价值标准密不可分"。因此，所谓"'纯'文学理论只是一种学术神话……文学理论不应因其政治性而受到谴责。"② 由此可以看出，伊格尔顿主要是从文艺意识形态论方面对文艺进行阐释，这种理论观念在当代西方文论中独树一帜，彰显出独特的价值，能够给我们许多启示和借鉴。

马克思主义文艺理论的中国化时代化发展，积累了非常丰富而宝贵的历史经验，值得我们认真总结和继续传承发展。毛泽东《在延安文艺座谈会上的讲话》作为马克思主义文论中国化时代化的经典性成果，非常突出地体现了马克思主义实践论的生成路径和文艺意识形态论的阐释路线。首先，这篇讲话的结论部分开篇就强调说："我们讨论问题，应当从实际出发，不是从定义出发。如果我们按照教科书，找到什么是文学、什么是艺术的定义，然后按照它们来规定今天文艺运动的方针，来评判今天所发生的各种见解和争论，这种方法是不正确的。"③ 他在这里显然不是说不需要研究文学艺术的定义和艺术规律，而是说在当前民族革命、民主革命的时代条件下和社会实践中，应当首先着力回答和解决文艺实践中的现实问题。这篇讲话中所提出讨论的一系列文艺问题，如文艺工作者的立场问题、态度问题、工作对象问题、文艺方向问题、学习问题等，无一不是当时社会实践和文艺实践当中的突出问题。其次，这篇讲话贯穿始终的核心文艺观念，正是马克思主义

---

① ［英］特里·伊格尔顿：《二十世纪西方文学理论》，伍晓明译，北京大学出版社 2007 年版，第 15 页。
② ［英］特里·伊格尔顿：《二十世纪西方文学理论》，伍晓明译，北京大学出版社 2007 年版，第 196—197 页。
③ 《毛泽东选集》第 3 卷，人民出版社 1991 年版，第 853 页。

的文艺意识形态论观念，讲话明确指出："作为观念形态的文艺作品，都是一定的社会生活在人类头脑中的反映的产物。革命的文艺，则是人民生活在革命作家头脑中的反映的产物。"① 因此，革命文艺或人民文艺就应当为人民大众服务，在推动社会革命、人民解放和历史前进的事业中发挥重要作用，这正是文艺作为特殊的意识形态形式的根本特性与价值功能。

进入改革开放新时期以来，邓小平等党和国家领导人对文艺工作的论述，也无一不是首先从社会实践和文艺实践的现实问题出发，无一不是贯穿这样的文艺意识形态论观念及其阐释路线，无一不是要着力回答和解决社会发展和文艺发展中的重大理论与实践问题。如邓小平在改革开放初期第四次文代会上的祝词，从社会主义现代化建设新的时代要求出发，对文艺工作提出明确要求："我们的社会主义文艺，要通过有血有肉、生动感人的艺术形象，真实地反映丰富的社会生活，反映人们在各种社会关系中的本质，表现时代前进的要求和历史发展的趋势，并且努力用社会主义思想教育人民，给他们以积极进取、奋发图强的精神。"②

在中国式现代化更加快速推进的新时代，习近平总书记在文艺工作座谈会上的讲话指出："文艺事业是党和人民的重要事业，文艺战线是党和人民的重要战线。"他从"实现中华民族伟大复兴需要中华文化繁荣兴盛"的战略高度，阐述了"文化是民族生存和发展的重要力量"，以及"实现这个目标，必须高度重视和充分发挥文艺和文艺工作者的重要作用"。③ 按照这样的基本定位，讲话全面分析了当前文艺发展的现状，肯定了文艺事业取得的显著成绩，指出了文艺工作中存在的突出问题，深刻阐述了"坚持以人民为中心的创作导向""中国精神是社会主义文艺的灵魂"等重要文艺理论观念，为新时代文艺事业进一步繁荣发展指明了方向。从这些马克思主义文艺理论中国化时代化发展的最新成

---

① 《毛泽东选集》第3卷，人民出版社1991年版，第860页。
② 《邓小平文选》第2卷，人民出版社1983年版，第210页。
③ 习近平：《在文艺工作座谈会上的讲话》，人民出版社2015年版，第1—2页。

果来看，很显然与前述马克思主义文论的实践论生成路径和意识形态论阐释路线是一脉相承的，在我国当代文论发展中既传承了强大的思想传统，也积累了创新性的历史经验。

从我国当代文论发展历程来看，也同样有值得反思和总结的历史经验。新中国成立以来，当代文论界一方面不断加强马克思主义文论的学习和研究，另一方面努力将马克思主义文艺思想贯穿在当代文论建设中。例如蔡仪、以群主编的两部文学理论教材，都是强调和突出马克思主义文艺观的指导作用，把"文学是反映社会生活的特殊的意识形态"作为教材的核心观点，由此对文学的本质规律进行系统性理论阐释，在此基础上建构当代文论话语体系。[①] 这样的理论阐释显然是很有意义的，也产生了十分广泛和积极的影响。不过在那个特殊的时代背景下，对于马克思主义文艺思想的理解，尤其是对"文艺是一种特殊的社会意识形态"观点的阐释和应用，仍然存在很大的局限性。进入改革开放新时期以来，当代文论界不断深化马克思主义文论研究，同时以此推进当代文论创新发展，其中包括文学理论教材话语体系的革新。例如一些新编教材更加突出了对"文学活动"的整体观照，在此基础上加强了对"文学活动的审美意识形态属性"的理论阐释。[②] 这样的理解和阐释，应当说比过去有所推进，更加切近马克思主义的实践论和意识形态论的文艺观念，也更加注重对文艺审美特性与意识形态特性的内在关系的探讨，具有新的理论启示意义。以上这些，都可以纳入马克思主义文论的当代视野中来进行反思和总结。

从我国当代文论的整体来看，无疑已经形成开放性和多样化发展的基本格局，这里仍有一个如何看待不同文论形态之间关系的问题。笔者认为，总体而言有两个方面。一是从当代文论的学科化发展要求而言，应当是不同文论形态多元互补和共存共荣，不应该彼此对立和相互排斥。无论是从文艺本体论还是文艺关系论出发的研究，或是人们所习惯

[①] 参见蔡仪主编《文学概论》第一章，人民文学出版社1979年版，第1—4页；以群主编《文学的基本原理》"绪论"，上海文艺出版社1980年版，第20—25页。

[②] 参见童庆炳主编《文学理论教程》第三、四章，高等教育出版社2004年版。

讨论的内部研究与外部研究等，都能够解释文学艺术某些方面的特点和规律性，因此各有一定道理和意义价值。二是当代文论研究不应过于趋同化、同质化、一体化，不能像过去那样，提倡某种理论就全都呼应跟进，要求学科化和体系化也全都一概而论，这其实并不科学。当然，承认差异并不意味着盲目追逐和杂乱无序，真正的科学研究理应建立充分的主体自觉性，明白某种研究类型的特点何在，以及到底要解决什么问题和意义价值何在。

将马克思主义文论研究放到当代中国文论系统中来看，理应彰显其独特性及其当代意义。具体而言，对马克思主义文论当代意义的阐释应着重突出以下两个方面。

一是注重总结历史经验和联系现实问题，对文艺意识形态论观念进行当代阐释，建构新的文艺观念。从历史经验教训来看，过去的文艺意识形态论阐释存在一定的狭隘性，往往偏重从某种当下需要出发去理解和阐释，导致文艺观念比较保守僵化；而后来却又出现了不加分析的"去意识形态化"偏向，导致文艺观念肤浅化，这些都是值得吸取的教训。马克思主义文艺意识形态论在唯物史观中生成，本来具有十分宏阔的理论视野，文艺意识形态的内涵不仅与反映社会生活相关，更与对不合理社会现实的批判相关，与争取人的自由解放和全面发展的理想追求相关，因此才具有极大的理论阐释力。当今时代仍面临着不少世界性问题，如单极化与多极化、全球化与集团化、霸权与民主、发展与竞争、合作与冲突、战争与和平等；当然也有我们自己需要面对的问题，如改革开放与社会稳定、市场竞争与公平正义、先行发展与共同富裕、社会健全与人性完善、个性追求与共同价值观等。文艺作品要深入反映现实生活，文艺批评要对文艺作品进行分析评论，恐怕都难以回避此类与意识形态或价值观念密切相关的问题。文艺理论的主要功能是建构文艺观念，更应当去关注和研究文学艺术跟这些现实问题之间的关系，建构当今时代所需要的文艺意识形态论观念，以此介入文艺创作和文艺评论，产生应有的积极作用。卢卡奇在谈到社会结构关系时曾说过："意识形态在这一场合不仅仅是社会的经济结构的结果，而且是它平稳运转的前提条件。"① 联系马克思主义文艺意识形态论的当代阐释以及新的文艺观念建构来理解，应当也是如此。

二是按照实践功能论的阐释路线，充分重视文艺在当代社会实践中的意识形态功能和作用。不同的文论形态各有不同的研究路径和阐释路线，马克思主义文艺意识形态论的突出特点是十分重视抽象与具体、本质与现象、观念与实践、历史与现实的辩证统一。这可以从两个层次来理解。首先，从理论观念建构而言，它从唯物史观视野和思想体系中生成，从文艺实践论出发，在根本上把文艺视为反映现实的观念形态存在物，具有意识形态的特性与功能，这是一种总体性文艺理论观念建构，是高度抽象的哲学思维的结果。它的阐释路线是从抽象走向具体，从观念走向实践，将这种文艺意识形态论观念运用于从历史到现实的文艺现象和文艺实践阐释，体现了历史与逻辑辩证统一的思想方法，这对于当代文论而言仍然是十分重要的。如果说文艺理论的主要功能是建构文艺观念，那么这种理论观念可以是文艺实践经验总结的结果，可以是跨学科阐释建构的结果，也可以是从一定的哲学理念生成的结果。问题在于这种理论观念生成和建构之后，不能走向"理论中心"或"理论为王"，不能自我循环阐释，而是应当走向对文艺实践的有效阐释，这才是问题的关键所在。其次，马克思主义文论的特点是关注文艺的实践功能，虽然其中不乏对文艺现象和作家作品艺术特点的分析，但落脚点和重心是对文艺在社会实践中的功能作用的阐释。伊格尔顿等西马文论家沿着经典马克思主义文论的阐释路线，反对把文学只是作为客体对象和文本对象来研究。他们所重视和强调的是，把文学作为事件、建制或机制等来研究，更为关注文学介入和影响社会实践的功能与效用，这也能够给我们一定的启示和借鉴。当然，不同的文论形态本身也各有不同的特点和功能效用，不能一概而论。但就马克思主义文论而言，从文艺意识形态论的当代阐释与发展着眼，坚持实践功能论的阐释路线，重视文艺在当代社会实践中的意识形态功能和作用，应当是极有必要和具有特殊意义的。

---

① ［匈］卢卡奇：《历史与阶级意识》，杜章智等译，商务印书馆1999年版，第361页。

"第二个结合"视域中新的文学观及其学术意义

山东大学 泓峻[*]

人们常说，一个时代有一个时代的文学，以此表明文学与时代潮流之间的呼应关系。其实在许多时候，是因为先产生了与某种时代潮流相呼应的新的文学观念，才促成了一个时代新的文学面貌。而且，一种顺应了时代潮流的新的文学观念一旦产生，一方面会影响文学创作的走向，另一方面也会对文学批评与文学史研究产生影响。在新的文学观念引导下，人们能够看到已经存在的文学现象潜藏着的新的价值与意义，进而重构已经形成的文学史秩序。新的文学观念还会通过文学研究与文学批评活动，影响作家的创作走向，对与新的文学观念相适应的创作倾向起到推波助澜的作用。中国文学史上，从远处说，魏晋南北朝时期发生的"文的觉醒"，唐宋时期的"古文运动"；从近处讲，20 世纪初期的"白话文学革命"，延安时期倡导的文艺的工农兵方向，都可以作如是观。

当今的中国社会，正在发生着许多历史性的伟大变革，在思想理论层面，也有一系列重大的创新。尤其是近年来习近平总书记关于"马克思主义基本原理与中华优秀传统文化相结合"的有关论述，代表了中国共产党对自己历史使命与文化使命的新的认识。在"第二个结合"的理论视域中，中国式现代化作为人类文明的新形态，不但应该具有人类现代文明的共同特征，同时也应该建立在有着五千多年历史的中华文明

---

[*] 本文发表在《上海文化》2023 年第 12 期，并被《社会科学文摘》2024 年第 2 期主体摘转。

的深厚基础之上。这一对当代中国社会发展规律的清醒认识，对当代中国文化身份的明确的定位，蕴含着一种新的文学观，必然会对当代中国的文学创作、文学研究产生深刻的影响。

一

中国当下的文学，在许多场合还经常沿用"新文学"的称谓。这表明当下的中国文学仍然自觉地将自己视为100多年前在新文化运动中诞生的现代白话文学的延续。这样的理解有它的合理性，因为在文体形态上，新文化运动中形成的新诗、新小说、新戏剧及白话散文仍然制约着当下作家的文体想象，构成当代创作很难逾越的形式规范。然而，当我们讲当下的汉语文学是对一百年前形成的现代白话文学的延续时，可能还同时意味着对一种更为内在的文学观念上的认同。这种文学观念建立在"新""旧"文化对立的基础之上，体现在文学上，最重要、最核心的是文言与白话的对立，以及中国古典文学传统与汉语文学现代传统的对立。在这种文学观念观照下，当下的汉语文学被看成与中国传统文学的主流——文言文学决裂之后的产物，而100年来中国文学的发展，被认为主要得益于外来文学的影响。正是在这种文学观念影响下，100多年来，汉语文学界对以西方为主的外来文学的介绍，尤其是对国外文学新潮作家的介绍，并不仅仅被认为是建构外国文学史的需要，而且还被当成借以引导中国文学不断超越自己的必不可少的工作。而要面对当代文学展开批评与研究，则需要熟练地掌握西方文论话语，需要有世界文学的眼光，把握世界文学创作的潮流与趋势。在中国出现的一种文学创作倾向的价值，往往需要在外来的文学中找到其存在的根据，并用来自国外的文艺理论概念去对它进行命名与阐释。离开了像古典—现代，现实主义—浪漫主义—象征主义，现代主义—后现代主义，新写实—新历史—新感觉这样的一组组外来的概念，我们几乎无法言说对于当下中国文学的经验。

然而，这一文学观念却存在着很大的问题。首先，把这一围绕文言与白话的对立、中国古典文学传统与汉语文学现代传统的对立建立起来的文学观念上用于观察新文化运动之后的汉语文学创作的实际情况，就存在很大的片面性。实际上，"新文学"建立之前，"旧文学"也是一个十分复杂的存在，它同时包含了白话文学与文言文学两个部分。另外一个文学史的事实是，新文化运动之后的汉语文学，也仍然是一个十分复杂的存在，在现代白话文学迅速发展的同时，旧的文言文学一直存在着。发端于1917年的"文学革命"，是以白话诗歌为突破口的，而恰恰是在诗歌领域，旧体诗词的写作百年来一直没有停止过，而且其作者相当广泛，甚至相当一部分倡导新文学的十分重要的作家，如鲁迅、茅盾、郭沫若、胡风等，在从事新文学创作的同时，也都作旧体诗。1941年的时候，延安还曾成立了一个写旧体诗词的"怀安诗社"，参与者有林伯渠、谢觉哉、吴汉章、董必武、朱德等一批老一辈无产阶级革命家。即使在毛泽东召开延安文艺座谈会之后，这个诗社仍然十分活跃，而且得到了毛泽东本人的支持。如果认真统计起来，新文化运动以后旧体诗词写作的数量应该是相当可观的。然而，在新旧对立的文学观念影响下，从新文学诞生一直到现在，数不胜数的中国现代文学史、当代文学史著作，对以旧体诗词为代表的传统形式的文学创作的存在，大多采取了视而不见，忽略不计的策略，它使得1917年之后现代白话之外的汉语文学创作，除极少数出自著名政治人物（如毛泽东）的作品之外，绝大多数都处在一个十分灰暗的地带，得不到现代、当代文学研究主流群体的关注，因此也就不能得到客观的认识与评价。

其次，即使是新文化运动之后形成的中国的"新文艺"，在不同程度上"西化"的同时，也仍然没有失去其民族身份，从而无论是其内容还是形式都与中国古典文艺传统与文化传统保持着联系。以文学而论，虽然在文体层面，现代白话诗歌、小说、戏剧乃至散文都深受西方的影响，但其使用的现代汉语作为汉语的一种形态，语音、词汇、语法、修辞都是在古代汉语的基础上形成的，仍然与古代汉语保持着同质性，从而与西方语言之间存在着类型学上的差异。这种差异，为使用现代汉语的现代文学（包括翻译到汉语中的外国文学）的"西化"设置了一道不可能逾越的文化界限。而且,包括汉语新诗在内的现代白话文学在不断走向成熟的过程中,也不断地从中华民族自身的文学传统与文化传统中吸收营养。中国抒情文学重感兴、叙事文学重寓言性表达与春秋笔法的传统,在许多现代、当代优秀作家的作品中都有所体现。这种基于汉语文学传统而生成的文学经验,无论是用来自西方的比喻、象征这样的概念,还是写实、典型这样的概念,都无法完整准确地加以传达。其实,外来的文学观念,在落实到中国现代白话文学写作中的时候,经常会被中国自身的文学传统所改写。因此,尽管从20世纪20年代开始,中国就在倡导西方的自然主义、写实主义文学观,但20世纪中国的叙事文学,仍然与中国自己的史传传统保持着内在的联系,一种基于中国史学实录要求而形成的文学真实观,与西方基于本质主义哲学传统形成的文学真实观之间,始终存在着错位。而当我们用西方的现实主义理论谈论中国的叙事文学写作实践时,其间细微的,然而又是十分重要的差别,往往会被遮蔽。①

然而,在"新""旧"对立的文学观影响下,人们往往更多地注意到的是中国现代白话文学与中国古典文学传统疏离的一面,对"新文学"与传统文学关系的关注与研究则远远不够。而且,文艺观念上的这种局限性,也使百年来现代白话文学与有着两千多年历史的汉语写作传统的对接始终难以深入。"第二个结合"的提出,则为反思这一文学观念,重建中国当代文学研究的文化主体性,促进现代白话文学与中国古典文学传统的深度融合,提供了一个很好的理论支点。

二

正如有学者所说:"在马克思主义中国化的历史进程中,尽管'中

---

① 关于西方的现实主义与中国史传传统文学真实观的差异,参见泓峻《文学叙事通向历史的两条不同路径——论中国文学"史传传统"与西方写实传统起源语境与理论旨趣的差异》一文,《烟台大学学报》(哲学社会科学版) 2014年第1期。

华优秀传统文化'并未缺席，但我们的认识长期停留在'一个结合'"①。形成这种理论盲区的很重要的原因，是没有充分认识到"第二个结合"对于马克思主义中国化的积极意义。而更为内在的原因，则是对中华优秀传统文化的当代价值认识不到位。这与新文化运动中形成的激进的反传统文化的态度始终没有得到彻底的反思与清理有关。这种状况，不仅制约着马克思主义与中华优秀传统文化融合的深度，影响着人们对自身文化传统的信心，同时也限制了中国文学现代性探索的历史视野与文化视野。因此，习近平总书记以党的最高领导人的身份，在庆祝中国共产党成立 100 周年大会上谈到马克思主义中国化的具体路径问题时，第一次提到要同时将马克思主义基本原理与中华优秀传统文化相结合，的确是完成了一次重大的理论突破，把这一理论突破放在新文化运动以来的百年历史中进行观察，具有划时代的意义，它标志着中国共产党已经形成了一种新的，更加成熟、理性与辩证的传统文化观。接下来的三四年时间里，习近平总书记又在多个场合就"第二个结合"问题发表重要讲话，使之成为习近平文化思想的核心内容之一。特别是 2023 年 6 月 2 日，习近平总书记在文化传承发展座谈会上发表的重要讲话中，从走中国式现代化道路，建设中华民族现代文明，创造人类文明新形态的高度，论证了"坚持把马克思主义基本原理同中国具体实际相结合、同中华优秀传统文化相结合"②的重大意义，并特别指出，"如果不从源远流长的历史连续性来认识中国，就不可能理解古代中国，也不可能理解现代中国，更不可能理解未来中国"，"'第二个结合'是又一次的思想解放"。③ 习近平总书记的这些论述，廓清了许多模糊认识，对于思考当代中国文学的许多问题，具有重要的启发意义。

"第二个结合"蕴含着一种新的文化思想，明确了对待传统文化的

---

① 黄凯锋：《"两个结合"与习近平新时代中国特色社会主义思想的原创性贡献》，《社会科学》2022 年第 4 期。

② 习近平：《在庆祝中国共产党成立 100 周年大会上的讲话》，人民出版社 2021 年版，第 13 页。

③ 习近平：《在文化传承发展座谈会上的讲话》，《求是》2023 年第 17 期。

正确态度。为现代白话文学的出场奠定了思想基础的"新文化运动",也是从如何对待本民族的传统文化这一问题入手的,两者的差异引人注目。在党的二十大报告中,习近平指出,"中华优秀传统文化源远流长、博大精深,是中华文明的智慧结晶"。① 在文化传承发展座谈会上的讲话中,习近平总书记又从连续性、创新性、统一性、包容性、和平性几个方面对中华文明的突出特点进行了系统的总结论述,强调中华文明具有自我发展、回应挑战、开创新局的文化主体性与旺盛生命力,"只有立足波澜壮阔的中华五千多年文明史,才能真正理解中国道路的历史必然、文化内涵与独特优势"。② 将这些论述与 100 多年前新文化运动发起者胡适、陈独秀等人对传统文化的激烈批判与否定相比,反差十分强烈。当然,在 20 世纪初期,为了反对当时政客们的复辟行为,打破旧的文化观念对人们思想的束缚,推动中国社会的变革,新文化运动的发起者对传统文化采取激进的批判态度有其合理性与必要性。但是,100 年后的今天,当中华民族的历史进入一个全新的历史阶段,综合国力显著提升之后,如何确立文化的主体性,建立起对自己民族文化的信心,便成为一个亟待解决的问题。习近平总书记强调,"有了文化主体性,就有了文化意义上坚定的自我,文化自信就有了根本依托,中国共产党就有了引领时代的强大文化力量,中华民族和中国人民就有了国家认同的坚实文化基础,中华文明就有了和世界其他文明交流互鉴的鲜明文化特性"。③ 因此,对新文化运动中形成的,已经成为我们确立文化自信、实现文化认同的障碍的反传统的文化观进行深刻的反思,彻底的清理,就显得十分必要。

如果说在新的历史条件下,100 年前在新文化运动中形成的激进的反传统文化观必须被反思并加以超越的话,那么建立在新文化运动基础上的新旧对立的文学观念,也必须被反思与超越。习近平总书记在文化

---

① 习近平:《高举中国特色社会主义伟大旗帜　为全面建设社会主义现代化国家而团结奋斗——在中国共产党第二十次全国代表大会上的报告》,人民出版社 2022 年版,第 18 页。
② 习近平:《在文化传承发展座谈会上的讲话》,《求是》2023 年第 17 期。
③ 习近平:《在文化传承发展座谈会上的讲话》,《求是》2023 年第 17 期。

传承与发展座谈会上提出，"中国式现代化是赓续古老文明的现代化，而不是消灭古老文明的现代化；是从中华大地长出来的现代化，不是照搬照抄其他国家的现代化；是文明更新的结果，不是文明断裂的产物。"① 中国式现代化作为一种人类文明新形态，之所以能够赓续古老文明，在创新中保持中华文化的连续性，就是因为有"第二个结合"的存在。中国现代文学正是伴随着中国式现代化的展开而展开的，是中国式现代化的一个重要组成部分。因此，我们完全可以说：中国现代文学也应该是赓续中国古老传统的文学，而不是消灭古老传统的文学；是从中华大地长出来的文学，不是照搬照抄其他国家的文学；是文明更新的结果，不是文明断裂的产物。

上述判断并非仅仅只是一种价值判断与应然判断，它同时也是一种事实判断。而能不能看到中国现代白话文学与中国自身文化传统的连续性，取决于观察者是否有发现这种连续性的眼光。新文化运动中产生的新文学，从发起者主观意愿讲，的确是要反传统的，他们决心要与中国的文学传统与文化传统决裂，创造出全新的文学，再造新的国民精神，于是喊出了"孔教与共和乃绝对两不相容之物，存其一必废其一"②"今日之中国，当造今日之文学，不必摹仿唐宋，亦不必摹仿周秦也"③等激进的口号。在这些明确的主张下，相对于之前的中国文学，现代白话文学从形式到内容的变化是十分明显的，其对国外新的思想资源与文学资源的借鉴也是不争的事实。但是，这并不意味着现代白话文学一定能与传统完全割裂。文学主张与文学姿态是一回事，实际达到的效果是另外一回事。实际上，现代白话文学要与中国自身的文化传统与文学传统彻底地切割，就好像一个人想要揪起自己的头发离开地面一样，是根本不可能的。而由于后来大多数研究文学史的学者接受了新文化运动中形成的激进的文化观，把传统文化视为负面的、影响中国文学现代性展开的因素，因此很容易对现代白话文学中存在的传统文化的影响采取排

---

① 习近平：《在文化传承发展座谈会上的讲话》，《求是》2023年第17期。
② 陈独秀：《复辟与尊孔子》，《新青年》第三卷第六号，1917年8月1日。
③ 胡适：《文学改良刍议》，《新青年》第二卷第五号，1917年1月1日。

斥的态度，或者干脆对传统文化影响的存在视而不见。"第二个结合"的提出，为我们提供了一种新的看待现代白话文学的眼光。在"第二个结合"的视域中，现代白话文学与传统文化的关联不再被视为对中国文学现代性的否定，而成为中国文学现代性的文化底蕴，代表着现代白话文学与中国式现代化血脉相连的关系，因此，不仅其价值意义被重新定位，其被遮蔽的状态也会变得澄明。

三

"第二个结合"的提出，建立在充分的文化自信的基础之上，为中国人精神上的独立自主寻找到了文化上的支撑点。习近平总书记在文化传承座谈会上强调，"坚定文化自信的首要任务，就是立足中华民族伟大历史实践和当代实践，用中国道理总结好中国经验，把中国经验提升为中国理论，既不盲从各种教条，也不照搬外国理论，实现精神上的独立自主"。那么，中国文学研究者的文化自信，也应该表现在立足中国文学的历史实践与当代实践，用中国文学的道理总结好中国文学的经验，把中国文学的经验提升为中国文学的理论，实现文学精神上的独立自主。对照我们的文学研究，就会发现其实际状况离这种要求还存在着很大的差距。如果说作为中国式现代化展开的一个重要领域，中国文学的创作实践并没有失去中华优秀传统文化的涵养，割断与中国传统文化的血脉联系的话，我们的文学理论，在建构属于自己的话语体系方面成绩却很不理想。对此种缺失，学界也曾有所意识，20世纪90年代还曾试图通过中国古代文论的现代性转化解决当代中国文学研究与批评的"失语症"问题，但实际效果并不明显，西方话语在中国当代文论中的主导地位并没有被动摇。许多时候，我们仍然在照搬外国的理论解释中国文学的问题。

要把当代中国文学的经验提升为中国文学的理论，首先要求我们把现代白话文学放在中国自身2000多年的文学传统中去重新加以认识与评价。以往，我们经常把中国当下的文学，乃至整个现代白话文学，都放在世界文学的坐标上去认识与把握，看到的多是中国某位作家、某一个文学流派、某一种文学现象与国外作家、国外文学流派与文学现象之间的关系。比如，我们在诗人郭沫若身上寻找到了歌德的影响，在"十七年"文学中寻找到了苏联文学的影响，把莫言称作魔幻现实主义作家，把21世纪以来中国文坛上的纪实文学创作潮称作"非虚构写作"。这种观察问题的角度都有文学史的某些根据，但我们往往忽视了问题的另外一面，那就是许多文学现象，也是可以拿到中国自身的文学传统中加以认识的。斯洛伐克学者玛利安·高利克在他的《中国现代文学批评发生史》一书中就认识到，影响郭沫若"五四"时期诗歌创作与文学批评的"天才"这一观念，"开始形成时，不是凭借于康德和克罗齐，他思想中的中国根源可以追溯至庄子"。[①] 就"十七年文学"而论，来自苏联的社会主义现实主义理论的确对它有直接的影响，但"十七年文学"中浓厚的理想主义情怀，则更多地与中国的"革命的现实主义与革命的浪漫主义相结合"这一口号有关，而这一口号之所以在中国产生，则与中国古典文学一直推崇的抒情传统有直接的关系。关于莫言小说离奇夸张的情节设计与叙事风格形成的文化根源，一些批评家，包括莫言自己，也强调过蒲松龄的影响。至于非虚构写作，只要你将中国作家的作品与国外的非虚构写作比较一下，就会看到其间巨大的差异，而以真实的人与事为依托进行写作的传统，不仅可以跟中国之前的报告文学传统对接，而且可以跟深受中国史传传统影响的古典文学叙事传统对接。

把中国的现代白话文学放在中国2000多年文学传统中去认识，不仅意味着去发掘二者之间曾经被人们忽视的联系，同时也包括从文化传承的角度，去总结百年来白话汉语文学的得失，从而为未来的汉语文学写作寻找方向。尽管现代白话文学没有，也不可能彻底割断与中国文学传

[①] ［斯洛伐克］玛利安·高利克：《中国现代文学批评发生史（1917—1930）》，陈圣生等译，社会科学文献出版社1997年版，第30页。

统、文化传统的联系，但是，白话与文言、传统与现代相对立的文学观念，也确实使得中国现代白话文学与中国自身的文化传统与文学传统之间深层次的融合始终存在着障碍，从而限制了中国20世纪文学的文化厚度与历史深度。"第二个结合"的提出，则为破除"新"与"旧"、"文"与"白"的对立，建立一种更具包容性的汉语文学观念，促使汉语文学的现代形态与传统形态共生共融，相互促进，提供了理论上的支撑。从这个意义上讲，"第二个结合"给文学研究也将带来一次新的思想解放。

就文学理论与文学批评而言，要与中国自身的文学传统打通，就必须破除长期以来对西方文论的迷信，以及对西方理论话语的依赖。西方许多影响很大的文学理论，放在特定的语境中，都有其深刻合理之处，介绍到国内之后，对我们认识与思考自己的文学问题也会产生很大的启发。但是，在运用国外的各种文艺理论观照中国的文学现象时，我们往往会忘掉其所生成的语境与中国语境之间的差异，忽视中国文学自身的特殊性。中国的文学理论在20世纪经历了两次比较大的"西化"浪潮，一次发生在现代白话文学建立之初，一次发生在20世纪80年代。而且，第二次"西化"浪潮声势更大，对今天的影响也更直接。外来的理论在很短的时间里大量涌入，却没有时间消化，曾经导致中国当代文论话语新名词、新概念泛滥，但对问题的讨论却常常流于表面，难以深入。而且，许多西方理论在中国存在"水土不服"的问题，中国当代文论界对这些理论的热炒，很容易使文艺理论研究脱离中国现实，让一些论题在中国成为"伪命题"。更为严重的问题在于：当外来理论的引介成为中国当代文艺理论研究者的主要工作时，很容易造成思维的惰性，使得中国当代文论研究不再习惯于提出自己的问题，形成自己独特的表述，创造出属于自己的文论范畴，放弃把中国文学的经验提升为中国文学理论，用以指导中国文学实践的努力。

党的《十八大》以后，以习近平同志为核心的党中央不断强调对中国特色社会主义的道路自信、理论自信、制度自信、文化自信，并指出要"着力构建中国特色哲学社会科学，在指导思想、学科体系、学术体系、话语体系等方面充分体现中国特色、中国风格、中国气派"①。这一切，已经为"第二个结合"的提出奠定了思想的基础。在这一背景下，中国当代文艺理论研究的情况也已经开始有所改变。特别是张江教授以"强制阐释"这一概念为突破口对西方文论进行了富有学理性的批判。在这个过程中，张江还写出了《"理""性"辨》《"解""释"辨》《"衍""生"辨》《"通""达"辨》等文章，把他对中国阐释学思想的发掘工作进一步展开。在这组文章中，作者通过训诂学的方法，令人信服地说明了中国古代阐释学的不同路径、内在精神、哲学智慧怎样包含在几组汉字的字义之中，由这几组汉字的本义生发开去，形成了层次丰富、内容深刻、对当代阐释学极具启发性的阐释学思想。张江甚至还提出了建立"训诂阐释学"的构想，希望"充分发挥训诂学与阐释学各自的优势，互为根基，互为支撑，互为动力，为阐释学的发展奠定可靠的中国基础"。② 这种努力，代表了在新的历史语境中，中国的文学研究者学术主体意识的回归。

然而，中国学者文学研究精神上的独立，学术主体意识的重建，还有很长的路要走。在以往的文学理论研究与文学批评中，强调的多是西方文学史知识、文学理论知识与文学批评方法的学习与训练。这给人一种错觉，对于从事文学理论研究、文学批评写作，甚至是现代白话文学写作的人而言，中国古典文学素养、传统文化知识似乎是可有可无的。而在"第二个结合"的视域中，当我们试图借助中国自身文化传统资源的开掘，寻求话语的转型与理论的突破，重建中国当代文学理论与文学批评的主体性时，并不是仅仅靠观念的转变就可以实现的，这种努力要想取得成功，同时还需要研究者知识背景的转换。而知识背景的转换将是一种更为深刻的改变，绝不是一朝一夕间就可以实现的，它需要学者付出很多的时间与精力，甚至需要从文学教育内容与方式的改变入手。从这个意义上讲，"第二个结合"对未来中国文学学术的影响，将会极为深刻而且久远。

---

① 习近平：《在哲学社会科学工作座谈会上的讲话》，新华网 2016 年 5 月 18 日。
② 张江：《"训诂阐释学"构想》，《学术研究》2022 年第 12 期。

从"经典"走向经典

——马克思主义文艺理论经典阐释的方法、视角与问题

华南师范大学　段吉方[*]

马克思主义文艺理论研究已经经历了一个半世纪的发展,其哲学理论观念、方法论精神与理论形式特征在研究阐释中不断深化,马克思主义文艺理论的基本问题和理论实践价值得到了更深入的认识。进入21世纪之后,当代学界对马克思主义理论研究更加丰富,随着各种理论专题研究的不断深入,马克思主义研究展现出日益回归经典理论的态势,"重读马克思""马克思归来""回到马克思"等理论声音日益高涨,并产生实质性的研究影响,《马克思归来》《21世纪,重读马克思》《理解马克思》《回到马克思》《马克思以后的马克思主义》等理论著作相继出现,并日益凸显"回到马克思"对当代社会和文化发展的重要意义。在理论上,"回到马克思""马克思归来"的研究热潮重视马克思主义经典文献的重读、精读、深读,展现出在经典阐释上的马克思主义理论研究的"再发动"。经典阐释对马克思主义中国化时代化大众化也产生了重要影响,马克思主义中国化时代化大众化是中国马克思主义理论研究的重要方向。党的二十大报告指出:"实践告诉我们,中国共产党为什么能,中国特色社会主义为什么好,归根到底是马克思主义行,是中国化时代化的马克思主义行。"[①] 马克思主义中国化时代化大众化经验是中国式现代化发展的理论结晶,经典阐释也让马克思主义中国化

---

[*] 本文原载《湖北大学学报》2024年第3期。

① 习近平:《高举中国特色社会主义伟大旗帜　为全面建设社会主义现代化国家而团结奋斗——在中国共产党第二十次全国代表大会上的报告》,人民出版社2022年版,第16页。

时代化大众化研究有了新的理论研究方式。

马克思主义文艺理论是马克思主义思想的重要组成部分，是马克思恩格斯等马克思主义经典作家关于文艺问题的哲学论述与思考，在马克思主义中国化时代化大众化研究中发挥着重要作用，也为中国式现代化发展提供了文艺理论经验。经典阐释一直也是中国马克思主义文艺理论研究的主导性和主线性内容，对中国马克思主义文艺理论的研究格局与发展态势有直接影响。中国马克思主义文艺理论在经典阐释中同样做出了鲜明的成绩，在回归马克思思想中展现出文本研究范式的创新，并在文献精读、历史考证、理论深描、当代解读等方面展现了积极的学术影响。在马克思主义文艺理论研究中，经典阐释是一种基本方法，也是一种理论深化的路径，经典阐释不是摘句式、照搬式、引用式的研究，蕴含着从"经典"走向经典的广阔视野与理论空间，其中前一个"经典"是马克思主义思想的文本依据所在，后一个经典则蕴含着问题性、开放性与实践性的形式，从"经典"走向经典也是中国当代马克思主义文艺理论展现理论阐释效力的方式。

一 经典阐释与新的学术结构的出现

马克思主义文艺理论研究中的"经典阐释"是从研究性、学理性的角度而言的。由于特殊的学科性质、理论特性及发展历程，马克思主义文艺理论研究中一直存在着"经典马克思主义"一说，特别是随着20世纪中叶以来的国外马克思主义文艺理论的发展，马克思主义文艺理论的"经典性""经典化"问题常被提及。20世纪20年代，匈牙利学者卢卡奇在著名的《历史与阶级意识》中提出"正统马克思主义"的概念，卢卡奇说："正统马克思主义并不意味着无批判地接受马克思主义研究的结果，它不是对这个或那个论点的'信仰'，也不是对某本'圣'书的注解。恰恰相反，马克思主义问题中的正统仅仅是指方法。"① 卢卡奇说"马克思主义问题中的正统仅仅指方法",特别是他用了"正统"一词,这有明显的区别意识,即在经典马克思主义与马克思主义的发展研究之间作出区分。恩格斯也曾说:"马克思的整个世界观不是教义,而是方法。它提供的不是现成的教条,而是进一步研究的出发点和供这种研究使用的方法。"② 显然,卢卡奇的理解与恩格斯略有不同。恩格斯是在马克思主义作为一种整体方法论的层面上而言的,且仅仅是指辩证的方法,而卢卡奇的说法则指向了另一层深意,即包括卢卡奇在内,柯尔施、葛兰西以及更大范围的国外马克思主义者,他们在马克思主义理论研究中都带有该如何对待马克思理论遗产的思虑,这也是国外马克思主义理论研究在对待经典阐释上的重要思考。比如,柯尔施在研究马克思的阶级理论时提出,马克思是"以适应变化了的历史境况的方式继续发展了社会学说古典创始人的革命理论"③;在《狱中札记》中,葛兰西从实践哲学的角度理解马克思的哲学理论,虽然他强调"对于实践哲学的系统论述,不能忽略它的创始人(马克思)的学说的任何组成部分"④,但同时,他又说"这一点应该如何理解呢?它应涉及所有的一般哲学部分,接着是一种首尾一贯的方式展开历史和政治,还有艺术、经济学和伦理学的方法论的所有一般概念"。⑤ 这些理论观念都包含着对马克思主义理论发展性研究的认识,在这种发展性的研究中,作为"原典"⑥ 的马克思思想体现出多种形

---

① [匈]卢卡奇:《历史与阶级意识》,杜章智等译,商务印书馆1999年版,第47—48页。
② [德]恩格斯:《致韦尔纳·桑巴特》(1859年3月11日),《马克思恩格斯文集》(第10卷),人民出版社2009年版,第691页。
③ [德]卡尔·柯尔施:《卡尔·马克思——马克思主义的理论和阶级运动》,熊子云等译,1996年版,第5页。
④ [意]安东尼奥·葛兰西:《狱中札记》,曹雷雨等译,中国社会科学出版社2000年版,第347页。
⑤ [意]安东尼奥·葛兰西:《狱中札记》,曹雷雨等译,中国社会科学出版社2000年版,第347页。
⑥ 本文之所以用"经典"而不用"原典",就是考虑到在马克思主义文艺理论的发展性研究上,经典性的研究内容更契合马克思主义文艺理论的当代研究,而"原典"更多指向马克思本人的著作或论述。

态，产生了多种理论阐述方向，出现了佩里·安德森所说的"革命的理论完全起了变化"，"在历史唯物主义发展内部，实际上已经形成了一个完全崭新的学术结构"。①

经典阐释是这种新的学术结构出现的动因，也是结果。新的学术结构的出现一方面说明马克思主义理论的发展研究取得了鲜明成就，另一方面，也正是在这种研究中，马克思主义文艺理论的"经典性""经典化"开始作为一个学理问题进入理论研究范围，说明随着新的历史条件的变化，马克思主义思想产生了新的理解动力与阐释效能，经典阐释可以成为更深刻地"回到马克思"的方式。"回到马克思"是当代马克思主义理论研究的重要方向，既代表了当代马克思主义理论研究对马克思思想的某种阅读方式的变化，同时也展现出了对经典阐释的重视，体现了"一种在肯定了马克思思想发展内在连续性之上的非连续性解读"。②"回到马克思"不是简单的理论重读或者思想还原，而是代表了一种新的理解框架的建立。比如，美国学者乔恩·埃尔斯特就从这个角度提出"理解马克思"，并从哲学和经济学、历史理论两个层面对马克思的哲学人类学、经济学、自由主义、生产方式、阶级、政治和国家、意识形态理论等作出新的阐释，以说明"马克思提供了一个可供选择的、允许更为精确和丰富的分析的框架"；③ 中国学者张一兵从经济学语境中探究马克思哲学话语的思想内蕴，提出马克思思想解读的五大模式、马克思理论写作的三类文本、马克思哲学思想发展中的三个理论制高点，是国内坚持马克思主义文本学研究的重要代表性成果④。

新的学术结构的出现还存在另外一种维度，那就是随着马克思思想

---

① ［英］佩里·安德森：《西方马克思主义探讨》，高铦等译，人民出版社 1981 年版，第 36 页。

② 张一兵：《回到马克思：经济学语境中的哲学话语》（第 4 版）（第一版序言），江苏人民出版社 2020 年版，第 29 页。

③ ［美］乔恩·埃尔斯特：《理解马克思》，何怀远等译，中国人民大学出版社 2016 年版，第 5 页。

④ 参见张一兵《回到马克思：经济学语境中的哲学话语》（第 4 版），江苏人民出版社 2020 年版，第 2—24 页。

的文本学研究的深入,在经典阐释中引发了马克思主义文艺理论研究问题性与问题域的改变。这一点对马克思主义文艺理论研究尤其重要。由于特殊的研究对象和学科属性,马克思主义文艺理论研究有着近乎天然的经典阐释的传统和历程。自马克思思想诞生以来,马克思主义文艺理论研究经过了复杂的变化,马克思恩格斯本人对文艺问题、美学问题有着深刻的认识,对人、人性、人的本质、审美形式与审美规律等问题提出了具体意见,马克思恩格斯论文艺问题的系列通信本身是马克思主义文艺理论研究的重要成果,《1844年经济学哲学手稿》《〈政治经济学批判〉导言》《德意志意识形态》、"人类学笔记"等又包含对文艺本质、艺术生产、文艺创造规律、文学批评原则、审美形式、现代悲剧等问题的理论把握方式,这些哲学理论观念和理论把握方式是推动马克思主义文艺理论不断发展的"理论原生态",在某种程度上,也是在"不断回到马克思"的理论框架中激活的新的理论问题。从这个基本的理论逻辑原点出发,马克思主义文艺理论研究经历了几个重要阶段,产生不同的理论形式,如苏联的马克思主义文艺理论、西方马克思主义文艺理论、中国马克思主义文艺理论,出现了"社会学研究的马克思主义""存在主义的马克思主义""精神分析的马克思主义""文化马克思主义""人类学的马克思主义"以及晚近的文化研究、西方新左翼文化批判理论等,这些理论研究在某种程度上都是行进在经典阐释的道路上的,只不过视角和方法各异,特别是一些新的理论观念与形式,如"文化马克思主义"以及晚近的文化研究、西方新左翼文化批判理论,还蕴含着与马克思思想的"理论原生态"不同的理解、观念,这意味着在所谓的新的学术结构中,经典阐释也在发展变化,经典阐释不是凝固的、不变的。

当然,在新的学术建构中,马克思主义文艺理论的经典阐释也面临着何为经典、阐释什么的问题。马克思主义文艺理论研究中曾发生过"是否存在马克思主义文艺理论""马克思主义文艺理论是否存在理论体系"的争论,那么自然,也会有"是否有马克思主义文艺理论研究的经典"这样的疑惑。对于前两个问题,在多年前的讨论中已经解决。

马克思自己曾说:"我们且不谈完全属于艺术领域的作品,因为按事物的性质来说,这不属于我们讨论的范围。"① 而且马克思确实对文艺问题寄寓理想与期望。《马克思传》的作者戴维·麦克莱伦曾谈道,在学生时代,"马克思的榜样是海涅、歌德和席勒"②,"他还想写一个滑稽剧,题目是《费希尔·瓦普兰斯》"。③ 对于后一个问题,如果从经典阐释的角度来看,可以有另外一种解答方式,那就是,我们要承认马克思的文艺思想研究也是经历了一定的发展变化,在不断变化的语境中,文艺思想的经典阐释也可以展现出不同的理论观念与形式,这恰恰是马克思主义文艺理论的系统性、统一性、连贯性在具体问题研究上发挥作用的表现,这种经典阐释不应该是怀疑是否存在马克思主义文艺理论经典的理由,而应该成为马克思主义文艺理论研究"再发动"的契机。

确实,20 世纪以来,直到今天,作为一种理论的马克思主义文艺理论发生重大变化,经典阐释面临复杂格局,但经典阐释不是原书、原地、原观念不动的,随着新的社会文化语境以及理论研究观念与方法的变化,马克思主义文艺理论经典阐释的方法、路径与问题也应该变化,这是对"新的学术结构"的内在呼应。在当代历史条件下,马克思主义文艺理论研究需要继续完善深化,特别是要从马克思主义文艺理论经典阐释出发,重新厘清马克思主义文艺理论的基本理论形态与问题,并对马克思主义文艺理论的当代建构及其批评实践做出切实工作。在这个过程中,马克思主义文艺理论的经典阐释也需要实现转型,现实的发展一方面需要马克思主义文艺理论研究更深刻回到经典阐释,吸收当下马克思思想文本学研究范式的新成果与方法启发,另一方面也需要通过经典阐释呼应当代的问题,以提升理论的生命力。

---

① [英] 希·萨·柏拉威尔:《马克思和世界文学》,梅绍武等译,生活·读书·新知三联书店 1982 年版,第 417 页。
② [英] 戴维·麦克莱伦:《马克思传》,王珍译,中国人民大学出版社 2010 年版,第 25 页。
③ [英] 戴维·麦克莱伦:《马克思传》,王珍译,中国人民大学出版社 2010 年版,第 43 页。

二 经典阐释的问题性深化与论域更新

马克思主义文艺理论并不是一个完全封闭的理论体系，它孕育着经典阐释的开放性空间。马克思主义文艺理论的经典阐释不是老生常谈，而是从马克思恩格斯的理论本源出发探讨马克思主义文艺理论的新问题与新论域。卢卡奇在写作《审美特性》的时候谈道："如果认为将马克思主义经典作家的言论加以搜集和系统排列就可以产生一部美学，或者至少是构成美学的一个完整骨骼，只要加入连贯的说明性文字就能产生出一部马克思主义美学，那就完全是无稽之谈了。"① 他接着提到了一个更加意味深长的说法："马克思主义美学既存在又不存在。"② 虽然卢卡奇是在自己已然对马克思思想作出不同于他所提出的"正统"的理论拓展情况下说这番话的，但也指出了马克思主义文艺理论与美学研究的一个重要的常识性问题，那就是马克思主义文艺理论和美学研究不是马克思恩格斯文艺论述的简单集合和梳理，马克思主义文艺理论研究的问题与论域既有一定的规范性，同时又是开放的，是根据时代文化症候的变化更新发展的，这也意味着马克思主义文艺理论的经典阐释也面临问题性深化与论域更新的现实。

问题性深化是在经典阐释中不断推动问题研究的深化与发展，展现经典阐释与问题性研究的有效连接。马克思自己曾经说："感觉在自己的实践中直接成为理论家。"③ 经典阐释也是在马克思恩格斯文艺论述的哲学把握中不断实现感觉的新突破，适应新问题新实践，进而推动新的理论发展。法国学者阿尔都塞也曾提出马克思主义理论研究的"总问题"的理论观念，他提出"运用马克思主义哲学来研究马克思"，认为

---

① [匈]卢卡奇：《审美特性》，徐恒醇译，社会科学文献出版社 2015 年版，第 4 页。
② [匈]卢卡奇：《审美特性》，徐恒醇译，社会科学文献出版社 2015 年版，第 4 页。
③ [德]马克思：《1844 年经济学哲学手稿》，《马克思恩格斯文集》（第 1 卷），人民出版社 2009 年版，第 190 页。

这"不但对于理解马克思,同时对于建立和发展马克思主义哲学,都是绝对的前提条件。但是,这个循环过程如同任何这类循环一样,无非是辩证的循环,这是从一个理论总问题出发,向一个对象提出关于其本质的问题,而总问题在考验其对象的同时,自己也受到对象的考验"。[1] 阿尔都塞是在一种哲学总体性视野中来看待马克思思想的,他提出的问题与我们今天谈到的马克思主义文艺理论的"经典阐释"有一定的差别,但也有关联,在问题性深化层面,卢卡奇提出的"马克思的美学既存在又不存在",阿尔都塞提出的"运用马克思主义哲学来研究马克思"都没有脱离马克思思想的基本理论精神,也说明经典阐释是再次、多次深化这种理论精神的方式。

论域更新是问题性深化的递进。经典阐释的过程是推动马克思主义文艺理论不断拓展问题域、不断回应当代文化美学发展中的新问题的过程,从而不断将马克思主义文艺理论研究导向新的问题领域,实现论域更新。马克思主义文艺理论在时代变化中已经产生出若干新的理论阐述方向,这些新的理论阐释方向本身是经典阐释导引论域更新的结果。20世纪90年代英国学者特里·伊格尔顿就提出马克思主义文学理论的阐释已经有人类学的模式、政治学模式、意识形态论模式以及经济学模式等,并分别以普列汉诺夫、乔治·卢卡奇、路易·阿尔都塞、雷蒙·威廉斯等人为代表。[2] 现在看来,伊格尔顿当初的概括还是较为粗略和简单了。又经过了20年的发展,当代西方马克思主义文艺理论与美学的研究早已超越了这几种理论阐释方向,论域也更加宽广了。就人类学马克思主义而言,当代马克思主义研究已经走向"人类命运共同体"的研究,大卫·哈维、格尔茨等人的人类学美学早已超越了普列汉诺夫的时代;就政治学模式而言,以朗西埃、齐泽克等人为代表的"审美政治""生命政治"已经将马克思主义美学引向新的审美政治论域;马克思主义文艺理论的意识形态论与经济学模式更是产生很多新的理论发展

---

[1] [法] 路易·阿尔都塞:《保卫马克思》,顾海良译,商务印书馆2006年版,第22页。
[2] Terry Eagleton、Drew Milne, *Marxist Literary Theory: A Reader*, Oxford, UK: Blackwell Publishers, 1996, pp. 7 – 14.

方向，文化资本、审美时尚理论引领马克思主义理论进入新的理论视野，"从马克思到福柯的社会理论家都倾向于强调有关诸如阶级和性别的主导话语影响行为与态度的方式"。① 但"最近，社会学家已经开始了解人工制品的力量，以便践行一种文化'议题'，它往往以我们意识不到的方式影响着社会行为和态度"。② 当代社会数字资本主义、技术虚拟与仿真、生成型 AI 技术引发商品生产与价值批判新的逻辑，产生生产劳动和非生产劳动的区别，"今天世界上只有很小一部分的活动创造了剩余价值，而剩余价值仍然是资本的燃料。生产劳动力的减少也是由剩余价值不断增加造成的"。③ 马克思的劳动和生产理论也面临新的局面。这并不是马克思主义文艺理论一味追新慕新，而是社会和生产语境变化孕育了新的议题。

马克思主义文艺理论和美学研究的论域更新也是当代社会文化语境的变化带来的。马克思主义思想的产生本身与 19 世纪以来的社会文化语境有密切关系，在《德意志意识形态》中，马克思恩格斯把自己的世界观称为"实践的唯物主义"。马克思曾经引用过歌德《浮士德》中的一句名言——"任何理论都是灰色的，唯有事业之树才常青"，并且感叹"信服这一点为时太晚了"。④ 马克思强调全部社会生活在本质上是实践的，并坚信："理论一经群众掌握，也会变成物质力量。"⑤ 马克思主义思想与社会现实之间有着"持续的张力"，这种"持续的张力"既是马克思主义美学与文艺理论研究中的问题特性，同时也是推动马克思主义文艺理论论域更新的内在因素。

---

① ［美］戴安娜·克兰：《时尚及其社会议题——服装中的阶级、性别与认同》，熊亦苒译，译林出版社 2022 年版，第 108 页。
② ［美］戴安娜·克兰：《时尚及其社会议题——服装中的阶级、性别与认同》，熊亦苒译，译林出版社 2022 年版，第 1 页。
③ Anselm Jappe, *The Adventures of commodity: For a Critique of value*, London: Bloomsbury, 2023, p. 88.
④ ［英］戴维·麦克莱伦：《马克思传》，王珍译，中国人民大学出版社 2010 年版，第 344 页。
⑤ ［德］马克思：《〈黑格尔法哲学批判〉导言》，《马克思恩格斯选文集》（第 1 卷），人民出版社 2009 年版，第 11 页。

论域更新首先表现在随着时代语境的变化,新的阐释对象和内容要求马克思主义文艺理论不断更新阐释形式与阐释手段,从而引发理论论域理论的增殖。在《波拿巴的雾月十八日》中,马克思谈道:"在罗马共和国的高度严格的传统中,资产阶级社会的斗士们找到了理想和艺术形式,找到他们为了不让自己看见自己的斗争的资产阶级狭隘内容、为了要把自己的热情保持在伟大历史悲剧的高度上所必需的自我欺骗。"[1]马克思接着举例说,在 100 年前,克伦威尔和英国人为了资产阶级革命就借用过旧约全书的语言、热情和幻想,但当他们达到目的的时候,"当英国社会的资产阶级改造已经实现时,洛克就排挤了哈巴谷。"[2] 马克思主义思想诞生之后,对当时工业革命以后的资本主义社会现实产生多方面的批判影响,《〈政治经济学批判〉导言》《〈政治经济学批判〉序言》《资本论》等经典理论著作深入批判了资本主义社会的文化生产与现实,奠定了马克思主义理论对当时的研究对象与内容的基本阐释形式。马克思主义文艺理论也是如此,它对海涅、歌德和席勒诗歌与小说的分析,对哈克奈斯、敏·考茨基的小说、拉萨尔的悲剧等进行理论阐述,提出马克思主义的现实主义文学批评的诸种概念、范畴和理论观念,但它的批判对象和阐释内容也是随着时代发展而变化的,特别是进入 20 世纪以后,资本主义社会的政治、经济、意识形态发生复杂变化,文艺创作也不断出现新的内容与表达形式,这客观上也要求马克思主义文艺理论不断适应新语境、新问题、新的艺术表达形式,推动马克思主义文艺理论论域的更新。

论域更新其次还表现在随着理论研究格局的变化,马克思主义文艺理论在把握新问题的过程中,不断丰富自身的理论实践经验,从而引发理论论域的拓展。国外马克思主义美学和文艺理论在这方面表现出了积极的作用。20 世纪 20—30 年代,随着卢卡奇的《历史与阶级意识》、

---

[1] [德] 马克思:《波拿巴的雾月十八日》,《马克思恩格斯文集》(第 2 卷),人民出版社 2009 年版,第 472 页。
[2] [德] 马克思:《波拿巴的雾月十八日》,《马克思恩格斯文集》(第 2 卷),人民出版社 2009 年版,第 472 页。

柯尔施的《马克思主义和哲学》、葛兰西的《狱中札记》等理论著作的出版以及三四十年代以来"法兰克福学派"理论影响的扩大，马克思主义文艺理论的格局发生变化，马克思主义美学和文艺理论的论域大大拓展了，出现了"形式的转移"①"主题的创新"②。佩里·安德森指出，由于美学和艺术研究上的出色表现，西方马克思主义推动了马克思主义理论论域的拓展，由原来重视政治经济学的研究转向重视美学和艺术等上层建筑研究，这是一种理论变迁的客观事实，但佩里·安德森也只是论述到20世纪70年代，到了21世纪的马克思主义阶段，马克思主义文艺和美学理论论域又有所不同。1972年比利时学者厄尔奈斯特·曼德尔已经提出"晚期资本主义"的概念，率先提出资本主义社会发展的"三阶段"学说，认为："晚期资本主义的时代，已经不是资本主义发展的新时期。它只不过是帝国主义的、垄断资本主义时期的进一步发展。"③1976年，美国学者丹尼尔·贝尔又提出"后工业社会"理论，认为当代资本主义社会已经突破了马克思所强调的历史发展分期观念，"文化已成为我们的文明中最具活力的成分，其能量超过了技术本身"。④而进入21世纪以来，"机器资本主义""数字资本主义""人工智能生产"等新的生产问题的出现，马克思主义文艺和美学的论域也已经超越了佩里·安德森所概括的西方马克思主义美学阶段，新的生产实践、新的理论问题推动了马克思主义文艺理论论域的变迁与更新，马克思主义文艺理论的问题性深化与论域更新也对经典阐释与当代发展提出了新的研究课题。

---

① [英]佩里·安德森：《西方马克思主义探讨》，高铦等译，人民出版社1981年版，第65页。
② [英]佩里·安德森：《西方马克思主义探讨》，高铦等译，人民出版社1981年版，第96页。
③ [比利时]厄尔奈斯特·曼德尔：《晚期资本主义》，马清文译，黑龙江人民出版社1983年版，第4页。
④ [美]丹尼尔·贝尔：《资本主义文化矛盾》，赵一凡等译，生活·读书·新知三联书店1989年版，第79页。

三 经典阐释的文本层次和内容

经典阐释不可避免会涉及文本，这也是马克思主义文艺理论文本学研究要面临的首要问题。有学者提出："完整的马克思主义研究应该包括四个相互关联但也有各自独立的、不能完全混淆、更不能相互替代的方面：（1）文本；（2）历史（包括思想发展史和社会运动史）；（3）原理；（4）现实化。不同的研究者当然有不同的侧重点，但过去普遍看重的是后两个领域或方面，文本和历史研究则主要是为阐释和论证原理、现实服务的。"① 他进而提出："文本、文献研究中最困难的还不是原始资料的搜集，以及据此对作者写作情境、过程的梳理和还原，而是如何对文本内容做出准确、客观而到位的解读和阐释。"② 马克思主义文本研究取得鲜明成绩，产生一大批重要成果。③ 马克思主义文本

---

① 聂锦芳：《文本研究与当代中国对马克思思想的新理解》，2022年7月29日，中国社会科学网：https：//www.cssn.cn/zx/zx_rdkx/202207/t20220729_5435842.shtml，2023年8月20日。

② 聂锦芳：《文本研究中的细节甄别与思想阐释——以马克思、恩格斯著述为例》，《西北师大学报》（社会科学版）2024年第1期，第15页。

③ 主要成果有中央编译出版社出版的马克思主义经典著作研究读本系列共40种，包括曹典顺：《马克思〈人类学笔记〉研究读本》、林进平、杨金海：《马克思〈论犹太人问题〉研究读本》、聂锦芳、彭宏伟：《马克思〈资本论〉研究读本》、姜海波、杨金海：《马克思〈哲学的贫困〉研究读本》、裴晓军、李惠斌：《马克思〈哥达纲领批判〉研究读本》、李惠斌：《马克思〈法兰西内战〉研究读本》、李义天、田毅松：《马克思〈路易斯·亨·摩尔根《古代社会》一书摘要〉研究读本》、吕梁山、潘瑞：《马克思〈詹姆斯·穆勒《政治经济学原理》一书摘要〉研究读本》、薛俊强：《恩格斯〈社会主义从空想到科学的发展〉研究读本》、袁雷、张云飞：《马克思恩格斯"论东方村社"研究读本》、白云真：《马克思〈路易·波拿巴的雾月十八日〉研究读本》、刘长军：《列宁〈俄国资本主义的发展〉研究读本》、臧锋宇：《恩格斯〈论住宅问题〉研究读本》、白云真：《马克思〈十八世纪外交史内幕〉研究读本》、姜海波：《恩格斯〈国民经济学批判大纲〉研究读本》、莫凡：《恩格斯〈傅立叶论商业的片段〉研究读本》、姚颖：《恩格斯〈反杜林论〉研究读本》、李怀涛：《马克思〈1861—1863年经济学手稿〉研究读本》、李百玲：《马克思〈历史学笔记〉研究读本》、张广照：《马克思〈博士论文〉研究读本》、江洋：《恩格斯〈家庭、私有制和国家的起源〉研究读本》、史清竹：《马克思〈政治经济学批判〉研究读本》、林进平：《马克思〈论犹太人问题〉研究读本》、靳书君：《列宁〈论新经济政策〉研究读本》、张梧：《马克思恩格斯〈德（转下页）

研究既强调整体，又突出个案，并"具有与国家发展紧密相连、注重从整体出发进行研究、学者研究意识日益增强等主要特点"。① 马克思主义文艺理论研究应最大限度地吸收这些文本学研究经验，强化文本研究的经典意识，使经典文本研究成为新的增长点。近年来，中国马克思主义文艺理论的文本学研究也取得鲜明经验，特别是《马克思恩格斯全集》"历史考证版"（简称 MEGA2）的陆续出版，为马克思主义文艺理论的文本学研究提供了重要参考，有的研究者提出"重读、细读和精读马克思主义的经典文本，是推进马克思主义文艺理论建设的重要方面"。② 中国马克思主义文艺理论在经典文本研究中提出"经典重铸""中国形态"等概念，强调"中国形态的'问题域'和整体性特征"。③ 但同时也认识到："国内马克思主义美学的文本学研究尚处于相对滞后状态。例如，近年来关于'审美意识形态''实践存在论美学'等问题的讨论，难以深入到文本生成的内部历史之中，仍停留在理论论争或学派论争的层面上。"④

（接上页）意志意识形态〉研究读本》、吴克明：《列宁〈共产主义运动中的"左派"幼稚病〉》、杨学功：《马克思〈黑格尔法哲学批判〉研究读本》、王旭东、姜海波：《马克思〈克罗茨纳赫笔记〉研究读本》、王代月：《马克思"〈莱茵报〉政论文章"研究读本》、薛晓源、刘宁宁、汪海燕：《马克思〈1844 年经济学哲学手稿〉研究读本》、贾向云：《马克思〈马·柯瓦列夫斯基〈土地公社占有制、其解体原因、进程和结果〉一书摘要〉研究读本》、史清竹：《马克思〈工资、价格和利润〉研究读本》、赵学清：《马克思〈1857—1859 年经济学手稿〉研究读本》、姜海波：《马克思恩格斯〈神圣家族〉研究读本》、杨金海：《马克思恩格斯〈共产党宣言〉研究读本》、舒小韵、高麦爱、褚书达：《恩格斯〈英国工人阶级状况〉研究读本》、田毅松：《恩格斯〈路德维希·费尔巴哈和德国古典哲学的终结〉研究读本》、乔瑞金、闫洪秀：《恩格斯〈自然辩证法〉研究读本》、刘长军、韩海涛、李惠斌：《列宁〈帝国主义是资本主义的最高阶段〉研究读本》、胡兵：《列宁〈国家与革命〉研究读本》、李楠明：《列宁〈哲学笔记〉研究读本》。

① 仰海峰：《马克思主义哲学文本研究回顾与展望》，《人民日报》2020 年 1 月 13 日第 9 版。

② 陆贵山：《重读经典文本对发展马克思主义文艺理论的重要意义》，《中国人民大学学报》2011 年第 5 期。

③ 胡亚敏：《马克思主义文学批评中国形态的当代建构》，人民出版社 2020 年版，第 8 页。

④ 宋伟：《文本学解读：马克思美学研究的新路径》，《光明日报》2013 年 7 月 24 日第 11 版。

马克思主义文艺理论的文本研究之所以重要，是因为它对文艺问题研究具有直接应答功能，是马克思主义文艺理论研究的首要依据，在这方面，马克思主义文学批评的文本学研究理应受到重视。马克思主义文学批评的文本学研究也是经典阐释的一种重要的理论与形式，"马克思主义文学批评的文本学研究无意重新建立一种新的文学批评研究范式，而是经典研读、批评阐发和方法应用的应有之义"。[①] 马克思主义文学批评的文本学研究首先需要厘清马克思主义文艺理论的文本层次。在文本层面上，马克思主义文艺理论经典阐释既包含马克思主义文艺理论的体系性构成文本——所谓"体系性构成文本"是指奠定马克思主义文艺理论哲学基础和基本观念的文本，这些文本虽然也提出了马克思主义文艺理论的基本问题和观点，但哲学基础的阐释及其理论价值的定位是重点，这是构成马克思主义文艺理论的哲学依据的内容，如《德意志意识形态》《〈政治经济学批判〉导言》《〈政治经济学批判〉序言》《1844年经济学哲学手稿》等；也包括提出马克思主义文艺理论观念的具体文本，相对于"体系性构成文本"，"具体文本"是展现文学批评实践经验与文艺理论具体观念的文本，这些文本是经典阐释的主要对象和内容，构成了马克思主义文艺理论的问题性来源，如恩格斯在《真正的社会主义》《诗歌和散文中的德国社会主义》中对"青年黑格尔派"和"真正社会主义"批判，就对具体的文艺问题有重要启发；马克思恩格斯在《德意志意识形态》中提出的精神生产论，在《致拉萨尔》中提出的现实主义和悲剧问题，在《致哈克纳斯》《致明娜·考茨基》中提出的莎士比亚化和典型理论，都是谈具体的文艺理论观点和问题的，是具体文本阐释中的核心所在。另外，马克思在"人类学笔记"、《关于费尔巴哈的提纲》《神圣家族》《资本论》等一系列重要的经典著作中提出的意识形态论、现代悲剧理论、美的规律理论、神话理论等，也是马克思主义文艺理论研究不可回避的内容。

---

① 段吉方：《回到语境与文本重读——推动与建设马克思主义文学批评的文本学研究》，《中国文学研究》2021年第3期，第1页。

当然，在马克思主义文艺理论的"体系性文本"和"具体文本"之间不必存在截然相分的界限，马克思主义文艺理论是一个整体，其理论文本也具有整体性，文本层次的分析仍然要服从于问题性探究和思想性阐释的原意。马克思主义文艺理论对人类审美意识、美与艺术的本质及其发展规律等问题的整体性观念、对现实主义文艺的真实性和倾向性问题的深刻见解、对悲剧和喜剧等问题的深入辨析、对人性价值和人类审美活动的复杂性的基本认识等，是深植于这些理论文本之中的。马克思主义文艺理论研究中的主体观念、审美自由、美的规律、神话、意识形态、审美形式等重要问题，也需要通过系统性、专门性和具体性的文本研究得到深化。因而，马克思主义文艺理论的文本层次研究是一个系统整理与文本分类及个案研究相结合的综合研究过程，是马克思主义文学批评的文本学研究的基本工作，其目的是梳理把握马克思主义美学、文艺思想的基本内容，把握当代马克思主义文艺理论的最新形态与发展方向。

马克思主义文艺理论的文本研究也面临着复杂的情况，马克思主义文艺理论的文本研究与马克思主义哲学的文本研究还有些微差别。这主要是因为，一方面马克思在大量哲学、经济学著作中提出了很多关于文艺和美学的论述，存在着从哲学、经济学文本中析出文艺理论、美学的状况。马克思逝世以后，恩格斯和其他学者又相继整理并出版了大量马克思的著作，从文献学的角度来看，除了马克思恩格斯共同写作的《德意志意识形态》《共产党宣言》《神圣家族》等著作之外，恩格斯在马克思逝世之后对他的很多著作进行了整理和校订，还为很多著作写了导言和序言。这显然非常有利于马克思主义文艺理论的形成与传播，但也存在着从马克思本人和他的理论阐释者编撰者中辨别经典文本的任务。另一方面是马克思主义文艺理论问题的延展和构成也较为复杂。从马克思主义文艺理论的发展来看，马克思恩格斯直接地提出了很多文艺理论观念，深入论述了文艺的意识形态性、艺术生产、神话、现代悲剧、劳动与美的规律、艺术典型塑造、典型环境和典型性格、真实性和倾向性、美学的和历史的批评标准以及历史唯物主义的正确理解、辩证唯主义运用等问题，但在马克思恩格斯之后，这些理论问题的经典阐释仍在继续，列宁论述了"党的组织和党的出版物"以及意识是物质的反映等问题，普列汉诺夫提出了艺术起源于劳动的观点，还有很多西方马克思主义者的观点，这些观点一方面是对马克思恩格斯文艺思想的继承，另一方面则是论述者基于所处的具体历史语境对马克思恩格斯文艺思想的进一步阐释和发展。与马克思恩格斯的哲学文本研究不同，马克思主义文艺理论的文本研究如果仅限于马克思恩格斯，恐怕会忽视相关问题的发展性与延伸性，所以，经典阐释就不仅仅是解读马克思恩格斯的文本，更主要的是从这些文本出发，探究由马克思主义经典文献所构筑的经典马克思主义文艺思想及其理论内容，总结马克思主义经典文艺思想的理论范式，努力从学理层面剖析马克思主义经典文艺思想的基本问题与阐释经验，能够从中概括出马克思主义文艺思想从经典形态到当代形态发展的理论意义与价值。

无论是经典阐释还是文本研究，关键是走深走实，既要强调马克思恩格斯的经典文本研究，也要重视问题性与生发性，要体现四个结合：经典阐释与批评研究的结合，学理研究与问题意识的结合，宏观理论探讨与具体问题的结合，理论研究与批评实践的结合。经典阐释与文本研究是相向而行的研究思路，从文本视域更新与理论建构路径变迁角度提炼并总结马克思主义文艺理论的多重理论范式变革，努力从马克思恩格斯关于文艺问题的思想内核出发，进一步激活经典马克思主义文艺理论的内在活力，不断推动当代马克思主义文艺理论的理论建构，这是经典阐释与文本研究共同的目标。

四 经典阐释的路径选择与问题

经典阐释是原则也是方法，需依据一定的路径展开。其一是经典阐释的系统性路径。马克思主义文艺理论的经典阐释是一个系统工程，需要依据马克思主义的系统性的文艺思想展开，整体上把握马克思主义文艺理论的思想体系、逻辑体系与理论体系。卢卡奇强调："马克思主义美学和文学史的最普遍的原则我们能在历史唯物主义的学说中找到。"①从马克思主义文艺理论诞生的时刻开始，马克思主义文艺理论的经典阐释就一直在这些最普遍的原则下进行，也是在马克思主义思想体系、逻辑体系和理论体系下展开，包括恩格斯、列宁，他们对马克思主义的体系性有充分阐述，恩格斯肯定马克思提出的历史唯物主义是人类历史发展中的重大理论突破，认为"正像达尔文发现有机界的发展规律一样，马克思发现了人类历史的发展规律"；②列宁用"辩证唯物主义"来概括马克思主义哲学的基本方法观念，强调"马克思和恩格斯几十次地把自己的哲学观点叫做辩证唯物主义"。③与此同时，在这种普遍原则的统领下，马克思主义文艺理论经典阐释的系统性路径得到加强。仅以马克思的《1844年经济学哲学手稿》研究为例，在《手稿》的经典阐释中，马克思主义文艺理论的哲学基础与理论观念研究得到深化，马克思主义文艺理论的一些基本概念和范畴，如"劳动""生产""人的本质理论对象化""异化""美的规律""两种生产"等得到系统研究，起到了对马克思主义文艺理论研究的系统把握的作用，客观上增强了马克思主义文艺理论的系统性研究的功能。中国学界在20世纪50年代、80年代的"美学讨论"中形成"《手稿》研究热"充分展现了经典阐释的价值，李泽厚、朱光潜、蒋孔阳、刘纲纪等学者也在《手稿》的经典阐释中得出"实践"观、"人的本质力量的对象化"等理论内容，为中国马克思主义文艺理论的体系性、系统性研究提供了重要的理论经验。

其二是经典阐释的问题性研究路径。经典阐释中的重读、细读和精读的目的都是问题阐释，经典阐释的目标是达成问题研究之过程与境界的提升，深化和突出马克思主义文艺理论的问题性，在马克思主义文艺

---

① ［匈］卢卡奇：《卢卡契文学论文集》第1卷，邵荃麟译，中国社会科学出版社1980年版，第275页。

② ［德］恩格斯：《在马克思墓前的讲话》，《马克思恩格斯文集》第3卷，人民出版社2009年版，第601页。

③ ［苏联］列宁：《唯物主义和经验批判主义》，《列宁专题文集 论辩证唯物主义和历史唯物主义》，人民出版社2009年版，第2页。

理论经典阐释中把握马克思主义文艺理论的历史生成过程及其理论体系特征,从而确立马克思主义文艺理论的整体性论述框架和问题性解析方式。马克思主义文艺理论具有从历史唯物主义和辩证唯物主义理论出发探究文艺问题的"总问题"特性,"它对艺术创造以及人对客观世界各种表现形式审美感受的实践方式提供了一种天才的、科学的理论。"①在经典阐释中,马克思的唯物史观、经济基础/上层建筑理论、艺术生产论、历史悲剧理论、典型理论、现实主义批评、美学和历史的批评标准等问题有新的理论发展和促进。特别是随着马克思主义文艺理论论域的更新,马克思主义文艺理论的问题性得到相应的深化。比如,马克思主义的唯物史观、辩证法思想向来是经典阐释的目标,但随着西方马克思主义文化批判理论的出现,这个问题得到了"法兰克福学派"学者的重视,他们提出了启蒙辩证法等新的思想;威廉斯发展了马克思的经济基础/上层建筑理论,提出文化唯物主义理论;本雅明、布莱希特发展了马克思的艺术生产论,伊格尔顿沿着马克思悲剧理论提出现代悲剧阐释……所有这些都是通过经典阐释拓展问题性研究路径的表现,而且在这些研究中,经典阐释开始走向问题深层,凸显出各种新的阅读方式和理论派生形式,这些都是经典阐释的问题性路径取得的理论成效。

其三是经典阐释的批判性路径。经典阐释也需要批判,而且在批判中产生新的问题灵感。马克思思想本身是在不断批判中走向成熟的。在《〈黑格尔法哲学批判〉导言》中马克思曾说:"批判不是头脑的激情,它是激情的头脑。它不是解剖刀,它是武器。"② 在致卢格的信中,马克思提出:"新思潮的优点又恰恰在于我们不想教条式地预期未来,而只是想通过批判旧世界发现新世界。"③ 恩格斯在致约瑟夫·布洛赫的信中也说:"历史是这样创造的:最终的结果总是从许多单个的意志的

---

① [苏联] A. 齐斯:《马克思主义美学基础》,彭吉象译,中国文联出版公司1985年版,第17页。
② [德] 马克思:《〈黑格尔法哲学批判〉导言》,《马克思恩格斯选文集》第1卷,人民出版社2009年版,第6页。
③ [德] 马克思:《马克思致阿尔诺德·卢格》,《马克思恩格斯选文集》第10卷,人民出版社2009年版,第7页。

相互冲突中产生出来的，而其中每一个意志，又是由于许多特殊的生活条件，才成为它所成为的那样。这样就有无数互相交错的力量，有无数个力的平行四边形，由此就产生出一个合力，即历史结果，而这个结果又可以看做一个作为整体的、不自觉地和不自主地起着作用的力量的产物。"① 批判不是不赞成，批判也是一种理论的重读和反思，马克思主义文艺理论的批判研究是一个重要的问题，当代马克思主义文艺理论研究需要通过马克思主义文艺理论经典阐释，批判当代研究中对马克思主义文艺理论的怀疑、误解和片面理解的倾向，特别是吸收相关学科的研究成果，体现创新性和前沿性。经典阐释的批判路径也需要在国外马克思主义美学和文艺理论批判中得到有效展现，国外马克思主义美学和文艺理论本身带有批判性，国外马克思主义学者在批判资本主义社会的新生产经验与新的文化现实过程中，提出了新的理论问题，如资本主义社会的文化工业问题、空间生产问题、日常生活转向问题、文化消费问题、媒介变革问题、文化资本问题等等，很多理论研究是在批判性地分析当代资本主义社会新的现实所得出的，是建设性、发展性的成果。但国外马克思主义美学和文艺理论也存在很多理论缺陷，他们在经典马克思主义哲学层面上展开理论探讨，从文化和美学层面上进入资本主义社会的文化逻辑研究，在马克思主义哲学内涵的理解和阐释中存在明显的文化解读的意味，他们过于强调文化和美学层面上的批判价值，忽视了马克思主义理论的建构性意义；国外马克思主义文化批判理论对文化和美学的重视是在 20 世纪二三十年代以来的西方资本主义的社会现实中得出的理论思考，不一定适合包括中国在内的其他国家的社会语境，这些问题都应该予以批判性的审视。

其四是经典阐释的对话路径。在马克思主义文艺理论的经典阐释上，不可避免地涉及马克思主义文艺思想与现当代其他文艺思潮、美学思潮、文化思潮的理论对话，在马克思主义文艺理论的发展中，存在主

---

① ［德］恩格斯：《恩格斯致约瑟夫·布洛赫》，《马克思恩格斯选文集》第 10 卷，人民出版社 2009 年版，第 592 页。

义的马克思主义、精神分析学的马克思主义、文化社会学的马克思主义、人类学的马克思主义、后现代主义的马克思主义等均是理论对话的结果。没有理论对话性的探究，就容易将马克思恩格斯等人的思想封闭在固有的理论体系和观念之内，而事实上，无论马克思恩格斯以及他们以后的理论发展，都存在着与现当代其他文艺思潮的理论对话过程，这个理论对话是马克思主义文艺思想能够有效深入当代艺术生产问题的原因与动力。比如在当代马克思主义文艺理论研究中，齐泽克就充分将马克思、弗洛伊德、拉康的理论结合起来，让他们的理论思想展开彼此对话，并用以探究当代文化与意识形态美学中的新问题，从而产生理论研究的"视差之见"，这方面的研究成果对当代马克思主义文艺理论研究的启发是多方面的，也是积极的。

其五是经典阐释的当代路径。马克思主义文艺理论的经典阐释呼应当代问题，这是新时代马克思主义文艺理论研究的核心命题。通过马克思主义文艺理论的经典阐释，深入当代美学文艺学研究的具体过程，推动当代马克思主义文艺理论与美学研究的进程，提升学术品质，可以促使马克思主义文艺理论研究不断从"经典"走向经典。在一般情况下，马克思主义文艺理论界喜欢采用"马克思主义经典作家"的说法，"经典作家"通常指马克思、恩格斯和列宁，认为他们的理论著作才是"经典"。但随着马克思主义文艺理论研究的当代发展，这种观念应该被打破，应该具有从"经典"走向经典的意识。比如说，国外马克思主义的很多理论著作现在看来也有经典价值，如卢卡奇的《历史与阶级意识》、葛兰西的《狱中札记》、柯尔施的《马克思主义与哲学》、阿尔都塞的《读〈资本论〉》以及英国文化研究学派、德国法兰克福学派学者的代表作如威廉斯的《文化与社会》、霍克海默·阿多诺的《启蒙辩证法》等，这是从经典阐释的当代路径中得出的成果，也是从"经典"走向经典的理论结晶，这些理论成果对马克思主义文艺理论的当代发展具有积极的意义。在中国当代文艺理论与美学研究中，经典阐释的当代路径也发挥了重要作用，这个"当代"既有"当下"之意，但又不限于"当下"，而是一个发展的"当代"。经典阐释的当代路径的选择，主要是考虑到语境问题与文化生产、审美意识形态发展现状,"当代路径"就是希望能够通过马克思主义文艺思想的文本研究与经典阐释,既回到马克思,又在当代问题论域中,通过经典阐释得出当代发展的理论经验,积极呼应当代的文学艺术问题,在经典阐释、问题介入与批评实践的合理融合中对马克思主义文艺理论的当代建构及其学理建设提供建设方案,我们认为这是一条可以走下去的经典阐释路径。

论中国当代马克思主义文艺理论话语"史学观点"的"人民性"内涵*

华中师范大学 万娜

习近平总书记在中国共产党第二十次全国代表大会上的报告中强调要"开辟马克思主义中国化时代化新境界",必须做到"两个结合",六个"必须",其中第一个"必须"就是"必须坚持人民至上"[①],足以见出"人民性"对于各领域大力推进中国化时代化的马克思主义发展的根基性地位。马克思主义文艺理论建设是意识形态领域、文化思想领域、学科话语领域共同关注的重大课题,必须将"人民性"置于这一课题的核心地位,才可能取得实质性进展。人民性,是中国共产党人对马克思主义本质属性作出的符合中国具体实际的实践经验总结,是历史唯物主义视野在中国马克思主义话语体系中的具体表现形态,是中国当代马克思主义文艺研究中"史学观点"的起点和归宿。

一 "人民性"是文艺理论研究中"史学观点"的中国化表述

马克思、恩格斯在论述中也曾使用过"人民"及其相关概念,来

---

* 本文为国家社科基金社科学术社团主题学术活动"数字劳动视野中艺术生产的'产业化'问题研究"【22STA014】的阶段性成果。

① 习近平:《高举中国特色社会主义伟大旗帜 为全面建设社会主义现代化国家而团结奋斗——在中国共产党第二十次全国代表大会上的报告》,《人民日报》2022年10月26日。

指称遭受压迫的广大革命力量,并在文学批评实践中立足于那个时代人民的阶级属性,对包括农民、城市革命分子、工人阶级等在内的人民群众为社会历史发展做出的巨大贡献给予肯定。但是在经典作家所属的时代语境中,关于"人民"的文学言说更多时候让位于"无产阶级",以直击当时紧张的阶级冲突现实。而在中国当代文艺语境中,"人民"在现实意义上作为当代中国历史的创造者和承担者,这一身份被反复书写在文艺作品中,被投射在文艺批评实践中,成为典型的具有中国特色的马克思主义文艺批评的重要术语。可以说马克思主义文艺理论人民性的"人民"这一概念"虽然不是中国形态独有的概念,却是中国文学批评中运用频率最高的词汇之一"①。

中国马克思主义文艺思想围绕"人民性"建构的源头,普遍被认为应追溯至1942年毛泽东《在延安文艺座谈会上的讲话》中提出的人民本位文艺观。后经几代共产党人的努力,文艺的"人民性"一直被从文艺政策的高度加以肯定、贯彻和执行。关于这方面的历史脉络和文献材料,已有学者做过较为详尽的考察。②但是需要更为细致探究的是,"人民"作为一个具有鲜明政治身份属性定位的概念,想要将其从中国当代文艺批评实践的重要术语、文艺政策层面的重要指导思想,转化为中国当代马克思主义文艺理论思想体系的学科话语,其间需要完成一个从"人民"到"人民性"的过渡。

"人民性"内涵的最新表述是党的二十大报告中所指出的理论应

---

① 胡亚敏:《马克思主义文学批评中国形态的当代建构》,人民出版社2020年版,第11页。在论述中,胡亚敏教授对马克思、恩格斯所阐述的"人民"概念做了三个层面的梳理:"一是阶级集合体,二是与统治阶级有别的广大劳动者,三是社会的所有人",并指明经典作家也偶尔在论述中将人民大众等同于无产阶级(第14页)。

② 这方面的论述较多,例如冯宪光:《文艺人民性是马克思主义文艺理论的核心思想》,《文艺报》2015年1月12日第3版;张玉能、张弓:《从新时期"人民性"讨论到"以人民为中心"的文艺观》,《艺术百家》2019年第2期;张福贵:《"人民性"文艺思想生成的逻辑基础与理论建构》,《文学评论》2022年第3期;胡亚敏:《马克思主义文学批评中国形态的当代建构》第一章"人民——中国形态的出发点和归宿",人民出版社2020年版。

"来自人民、为了人民、造福人民"①。"人民性"是"人民"的历史规定性释放在文艺理论领域的表现形态，探讨"人民性"的根本意义在于看取中国马克思主义文艺理论的核心思想与马克思主义文艺理论之间所形成的具体与一般的关系，一方面承认中国当代文艺理论对"人民性"的阐释是一个伴随着对历史唯物主义视野不断深入理解而摸索变化的历史过程，另一方面凸显"人民性"为丰富历史唯物主义视野所贡献的中国形态。故而，就现阶段中国马克思主义文艺理论的"人民性"属性而言，它需要承担的是对文艺理论的来源、动力和效用作出切中历史唯物主义基本原则的阐释，并且是在将马克思主义与中国具体的文艺实际相结合的前提下承担这一使命。从文艺思想史的角度来看，文艺理论的"人民性"问题归根结底是对中国当代马克思主义文艺理论话语建构的历史观的探讨，是对这一话语体系中的"史学观点"在马克思主义文艺思想中国化、时代化的不同历史阶段上的具体表现形态的指认。

诚然，马克思主义文艺理论中的"史学观点"，在经典作家笔下最初是作为文学批评标准与"美学观点"一起出现的②。20世纪80年代，当"美学观点和史学观点"重回中国当代文学理论界的视野，最初的身份也是文学批评标准。随着理论工作者对马克思主义文艺思想研究的深入，以及中国特色文艺理论体系建构的需要，这一组范畴不止于批评标准的理论框架性意义被提出来。客观地说，任何一种文艺理论的建构都必须将自身放到某种对历史的叙述角度中，才能完整地表达对于文艺的理解以及对待文艺的方法。就文艺理论话语体系的建构而言，历史观的差异将是它们相互区别的标志之一。其中，关于"史学观点"的理解，中国当代文艺理论界普遍认同应将其置于历史唯物主义视野中加以阐释，但对于如何在中国的具体实际中阐发历史唯物主义，对于"史学

---

① 习近平：《高举中国特色社会主义伟大旗帜　为全面建设社会主义现代化国家而团结奋斗——在中国共产党第二十次全国代表大会上的报告》，《人民日报》2022年10月26日。
② 恩格斯在评论斐·拉萨尔的文艺创作时，明确使用了"美学观点和史学观点"的评价标准。《恩格斯致斐·拉萨尔（1859年5月18日）》，《马克思恩格斯全集》第二十九卷，人民出版社1972年版，第586页。其中"美学的和历史的观点"在1995年版的《马克思恩格斯选集》中被译为"美学观点和史学观点"，本文从1995年版译文。

观点"如何与中国当代文艺理论研究的具体实践相结合，则在理论史上呈现出认识层面的分歧和推进。

今天，我们站在中国化时代化的马克思主义立场上，可以很清楚地识别出"史学观点"的"人民性"内涵，以此为基础鼓舞信心开辟中国当代马克思主义文艺理论的新疆界。但是回首过往，在对"社会—历史"观认识有限、对"人民性"内涵提炼不足的情况下，想借助这样的"史学观点"推进文艺理论话语体系的建构，中国当代文艺理论其实走过一段较为曲折、反复试探的道路。回顾来路，两相对比，才能对具有"人民性"内涵的"史学观点"在理论认识层面达致的深刻性有更真切的认识。

二 曾被片面理解的"人民性"：反映论文艺观和主体性文艺观的论争

自 20 世纪初叶马克思主义学说传入中国思想界，"社会—历史"观就成为研究者们较为常用的一种认识历史的角度和方法。一方面由于马克思主义在社会历史研究方面用力甚著，另一方面也是因为很长一段时间内研究者和革命者均侧重于从社会历史层面理解并运用唯物史观，这使得社会历史观实际上成为很多人在理解唯物史观时的主要着眼点，并在很长一段时间内主导了中国文艺理论界对马克思主义文艺理论的建构。"在马克思主义的理论系统中，中国知识分子面对的也许是源于19世纪欧洲思想的最为全面的'变革的社会学'，它毫不含糊地断定社会是历史研究的出发点，并在社会的发展过程中寻求历史发展的动力。在中国这个新的语境中，马克思主义的历史编纂将'中国的过去'的概念革命化，代表了一种将历史根植于社会结构之上的前所未有的使命"[1]，这段论述

---

[1] ［美］阿里夫·德里克：《革命与历史：中国马克思主义历史学的起源，1919—1937》，翁贺凯译，江苏人民出版社2008年版，第1页。

或许可以看作对社会历史观在中国思想界被广泛接受的深层心理的解释。

概括来说,反映论文艺观是一种将文艺放在哲学层面的"存在/意识"的关系结构中加以理解的文艺理论话语,其中"存在"在这一关系结构中的主导地位在反映论文艺观中通过"反映"一词表现出来。也正因为如此,在中国当代文艺理论史上,反映论文艺观的周遭不断响起警惕机械反映论、强调主体在"存在/意识"的关系结构中具有重要意义的呼声①。从某种意义上讲,这些呼声对主体或主体性的强调是对哲学意义上的"人民性"的召唤,但后者很显然还不具备将主体阐释为具有历史深度的"人民"的能力,只是可以视为当时的文艺理论界还不太彻底地近似于"人民性"思想的表达。

从历史观的角度看,反映论文艺观体现出来的是一种力求在文艺与社会历史之间建立起某种联系的思路。文艺处于"存在/意识"中的"意识"一端,对"存在"着的社会历史进程予以"反映",并以这种方式参与到社会历史进程中去。这种文艺观在中国当代文艺理论中一直居于主流地位,它的逻辑起点是社会,或者更具体地说是已经发生、正在发生以及可以预见的社会现实。由这种文艺观延伸而来的文艺价值评价体系以社会功能性为主导,注重文艺的认识功能、宣传功能和教育功能等。但这种反映论文艺观中存在的一个问题是,从文艺到社会现实,无论怎样强调"反映"所具有的主观能动性,都难以完全排除处于文艺观核心地位的社会现实具有主导性地位的印象。而对反映论文艺观持怀疑态度的论者,一方面可以从马克思、恩格斯的著述中考证出两位创始人从未使用"反映"去界定文艺与社会现实的关系②,从而否定这种文艺观所秉持的社会历史观在马克思主义文艺理论中的合法性。另一方

---

① 这些呼声中最为曲折、悲壮的应该是胡风文艺思想中的"主观战斗精神"。
② 恩格斯在致敏·考茨基的信中曾写过这样的话,"如果一部具有社会主义倾向的小说,通过对现实关系的真实描写,来打破关于这些关系的流行的传统幻想……"(《马克思恩格斯选集》第四卷,人民出版社1995年版,第673页),这里用到"真实描写",但不是"反映"。

面也可以从反映论文艺观被误读的可能性中,指责这种文艺观在逻辑结构上的不完善,即主体性在"反映"概念中的不突出,"我们与艺术反映理论的分歧就在对主体能动作用和意义的认识"①,从而改写反映论文学观偏向于承认客观现实主导性的逻辑起点。

因而主体性文艺观被提出的时候,"社会—历史"观中的逻辑起点发生了从社会向"人"的转移,这被认为是在马克思主义文艺理论话语内进行的革命。因为从表面上看,马克思主义对社会与人的关系的理解支持着这种文艺观的逻辑起点,即"人的本质不是单个人所固有的抽象物,在其现实性上,它是一切社会关系的总和"②——这使"人"有理由代替反映论文艺观中的社会现实,成为更能凸显"主体能动作用和意义"的文艺观的逻辑起点。但主体性文艺观中的"人"尽管格外强调了主体的能动性和超越性,却因无法真正理解马克思主义将"人"放在特定历史阶段内看待的深意,从而最终没能将"主体性"表述为具有中国具体实际规定性的"人民性"。因此也可以说主体性文艺观虽然有改革反映论文艺观相对机械、僵化、教条等缺点的初衷,却在自身的逻辑结构上表现出颠覆"社会—历史"观的取向,甚至有可能走向"史学观点"的对立面。

值得探讨的是,反映论文艺观和主体性文艺观在理解"史学观点"时各有侧重,在同属的"社会—历史"观内部发生了理论重心"从社会向人的转移",如果这里的"人"既能避免反映论文艺观不够凸显主体性的弊端,又能符合人在"现实性上"表现为"社会关系的总和"的要求,那会生成怎样的文艺理论话语?或者换种提问方式,逻辑起点"从社会向人的转移"对于"社会—历史"观中的文艺观而言意义何在?首先必须承认,"社会—历史"观进入中国思想界是一次革命动力学的启示,将历史纳入以社会形态为单位的发展变化过程中考量,这带来了各个思想领域对自身历史划分依据的认知调整,文艺理论也是其中

---

① 朱技:《文艺批评和文化心理结构》,《红旗》1986 年第 14 期。
② 《马克思恩格斯选集》第一卷,人民出版社 1995 年版,第 56 页。

之一。社会形态发生变化的最明显表征是社会中各阶级政治经济关系的改变，按照社会形态的变化划分文艺理论自身的历史，文艺观的演变将会比较容易与革命斗争的阶段性任务相匹配。但与此同时，文艺观也很难避免受到政治经济关系调整的牵制，从而在文艺理论的相对自律性方面做出让步。"从社会向人的转移"对于文艺观而言，主要的任务就是将被过度引用的政治经济关系从文艺理论领域内淡化至一般程度，而不是取消"社会—历史"观作为文艺理论的一种历史观的合法地位。从"社会—历史"观本身而言，对社会历史进程中各种社会形态的关注是这种历史观的出发点，它本身所占有的视角的优势和盲区必须通过其他视角的补充才可能得以完善。

三 审美意识形态文艺理论话语中曾被淡化的"人民性"

与反映论文艺观和主体性文艺观相比，意识形态文艺观所依据的主要不是哲学层面"存在/意识"或"主体/客体"的关系结构，而是马克思主义的社会结构理论"经济基础/上层建筑/意识形态"为文艺理论话语寻找"史学观点"的支撑。实际上，将意识形态理论引入文艺理论话语建构，赖以生成的文学观的深刻性应当来源于意识形态的复杂性内涵。

在"社会—历史"观的视野中，意识形态文艺观将文艺看作社会意识形态的形式之一，在结构上相对靠近哲学、宗教、道德等社会意识形态领域，因而流露出意识形态性。这种属性在历史维度上的规定性就在于它与处于变化中的经济基础之间有着互动的关联："经济基础是社会结构中的最终决定力量，它制约着上层建筑；同时，上层建筑也不是完全被动的，它反作用于经济基础"，以及"文艺作为意识形态，一方面最终决定于社会的经济基础，也就是说，对于文艺的情形归根到底要由经济基础来说明；另一方面，它与经济基础的关系不是直接的，而是间接的有距离的,它往往要与上层建筑中政治、法律等中介的环节与经济基础发生联系,而经济基础对于文艺的作用也不是直接的,也要通过政治等中介环节才能发生支配性的作用"①。这种互动关联将文艺与社会历史的最终决定力量"经济基础"之间的力学结构用明确的理论语言表述出来,从宏观结构上来说的"决定"与"反作用于"的互动,到具体内部结构中"中介的环节"对这种互动力量的过渡——倚借这一力学结构,文艺一方面得以说明自身在社会结构中所处的位置,另一方面也可以将理论思辨对社会整体的注意力由宏观结构引向具体结构,从而达到对文艺作为一种"意识形态的形式"的独特性进行专门研究的目的。

值得注意的是,意识形态文艺观尽管在历史观上仍旧处于"社会—历史"观之内,但其实已然隐含着"社会—历史"层次向"意识形态—审美"层次的转移,中国当代文艺理论史上的审美意识形态文艺观可以看作对这种转移的回应。

文艺的审美意识形态属性,是指文艺的审美表现过程与意识形态相互浸染、彼此渗透的状况,表明审美中浸透了意识形态,意识形态巧借审美传达出来。

如果从目的、方式和态度三方面来看,文艺的审美意识形态表现为无功利性与功利性、形象性与理性、情感性与认识性的相互渗透状况。②

这里的"审美意识形态"将"社会—历史"层次所不足以明确表达的"无功利性"、"形象性"和"情感性"等文艺属性用"审美"概括,而"意识形态"则基本将"社会—历史"层次所着重强调的一些文艺属性划归自己名下。在"相互浸染、彼此渗透"的关系中,审美性与意识形态性力求达到保留传统的"社会—历史"观中的合理部分,同时又使审美视角对"社会—历史"观的盲区加以补充的效果。

---

① 童庆炳主编:《文学理论教程》(修订2版),高等教育出版社2004年版,第57—58页。
② 童庆炳主编:《文学理论教程》(修订2版),高等教育出版社2004年版,第61页。

因此，审美意识形态文艺观能否达到与"社会—历史"观视野兼容的关键就在于这一文艺观对文艺的社会历史属性表述能力的高下，以及这一文艺观是否在对"意识形态"的理解上有所推进或突破。从审美意识形态文艺观对自身的定位来看，将其划归在"社会—历史"观的范围内毋庸置疑，因为从"文艺具有审美意识形态属性，这实际上告诉我们……文艺具备审美与社会双重属性；既是审美的又是社会的"①的表述来看，意识形态性与社会性具有互释性，审美意识形态文艺观仍旧没有放弃将社会历史作为自身的宏观视野。不过，在意识形态性的内容规定上，"功利性""理性"和"认识性"三个层面的解释却不太能够充分展示"意识形态"的复杂性与深刻性。可以说以这三个层面解释的"意识形态"显示出了文艺的社会属性，却也止于社会属性而没有其他。"功利性""理性"和"认识性"实际上是以"理性"为核心构成的对"社会—历史"观的另一种表述方式，是在承认"理性"能够对社会历史进程的规律作出某种程度概括的前提下，将文艺对社会历史的认知水平（"认识性"）和价值符合程度（"功利性"）统一起来的历史观，它并非完全意义上的马克思主义文艺理论话语中的"史学观点"。文艺的意识形态属性中关于"虚假的意识"②的存在，以及对这种"虚假的意识"的揭示能力，甚至包括意识形态的阶级性、欺骗性还有对社会历史进程的干预能力等，这些在审美意识形态文艺观中都还没有获得更有力的说明。究其根本，原因出在这种文艺理论话语对"审美"所做的非意识形态性的处理方式上，将审美关系看作是超然于社会历史进程以外的某种形式属性，选择性地忽视了对审美关系中统治阶级与被统治阶级在思想文化方面悬殊力量对比的解读，一定程度上缺乏对劳动人民以物质生产的方式共同参与审美关系的历史生成的关注，概而

---

① 童庆炳主编：《文学理论教程》（修订2版），高等教育出版社2004年版，第67页。
② 恩格斯在致弗·梅林的信中对意识形态做了这样的说明："意识形态是由所谓的思想家通过意识、但是通过虚假的意识完成的过程。推动他的真正动力始终是他所不知道的，否则这就不是意识形态的过程了"（《马克思恩格斯选集》第四卷，人民出版社1995年版，第726页）。

言之，对审美意识形态的理解距离以"人民性"为内涵的"史学观点"还有一段距离。

通过上述对"社会—历史"观中的文艺理论话语的简略回溯，可见"社会—历史"观毕竟只是中国当代文艺理论界对唯物史观不尽全面的一种理解方式，其中的症结在于对"人民性"内涵把握上存在相对片面化和淡化的处理。"社会—历史"观并没有全面而深刻地阐释唯物史观在社会历史层面的全部内涵，唯有以"人民性"为核心的"史学观点"才能担当起建构中国当代马克思主义文艺理论话语的重任。从"史学观点"反观"社会—历史"观，将会对中国当代文艺理论从社会历史层面阐发文艺观念起到一定的补正作用。

首先是对历史的认识问题。"社会—历史"观将人类历史看作一个由社会形态的更替而渐进发展的过程，推动这一发展过程的动力源于生产力和生产关系之间关系的变化，并且在生产关系领域还有更为复杂的社会经济结构与上层建筑之间的互动关系参与进来。但唯物史观对社会历史进程的理解并不是将所有人类社会历史发展路径都纳入到某种抽象的规律中，也不止于以线性的社会形态更替模式来看待全部人类社会发展的路径。在马克思本人的思想观点中，唯物史观并不因为对西欧的社会历史进程做了阶段递进式的描述，就可以成为一个任意"套用"到其他社会历史进程中的公式，唯物史观对历史的看法不等于要将一切社会历史进程都编织进西欧模式。这样看来，唯物史观实际上是一种开放的历史态度，它并不强迫历史按照马克思和恩格斯通过繁复的历史考证和理论描述所得出的认识去发展。因此，文艺研究中的"史学观点"也不会强迫文艺按照某种仿佛可以参考的社会历史进程的目标去达成阶段性的功利目的，而只是将文艺引导到正常状态，"那它就能直接变成现代文艺理论所趋向的那种文艺观念的出发点"[①]。

[①] 这里对马克思在《给维·伊·查苏利奇的复信》第三稿中的一句话做了移用，原文为"如果它（指的是俄国当时的公社制度）在现在的形式下事先被引导到正常状态，那它就能直接变成现代社会所趋向的那种经济体系的出发点，不必自杀就能获得新的生命"。(《马克思恩格斯全集》第二十五卷，人民出版社2001年版，第479页)

另外，在意识形态文艺观方面，"史学观点"也必须给出谨慎而必要的忠告。尽管中国当代文艺理论中的意识形态文艺观在从意识形态理论中获取比社会历史层面更深入的认识方面还有所欠缺，但西方马克思主义的美学和文艺理论却已经在这方面取得了相当程度的进展，并且这些美学和文艺理论资源也在中国当代文艺理论界引发了不同程度的回响。从社会功能性层面来说，西方马克思主义的意识形态理论是在西方特定的社会历史语境中，由一些不同程度持有马克思主义立场观点的学者对西方社会历史进程做出的思想领域内的"革命"；这种"革命"基本上没有动摇西方资本主义国家的社会结构，但却在文化艺术领域制造了观念上的革新。正因为西方马克思主义独特的"革命"方式，使得美学这条自启蒙时代以来就是"哲学通过具体世界的最便捷的桥梁，它对西方马克思主义理论家始终具有一种经久不衰的特殊吸引力"[1]，"在文化本身的领域内，耗费西方马克思主义主要智力和才华的，首先是艺术"[2]。在这些发人深省的同时也令人困惑的意识形态理论面前，我国研究者本着唯物史观的基本原则对它作出了比较中肯的概括和评价："意识形态理论是西方马克思主义的主要内容。它的视域来自第二国际理论和列宁主义。其初始理论是卢卡奇等人探索无产阶级革命道路中思考的意识形态问题。而文化批判和文化革命是它的基本理论倾向，虽然阿尔都塞等人对此进行反思和批判，但依然没能走出学理性的抽象探索的羁绊。从逻辑进程来看，西方马克思主义的意识形态理论本质上是逐渐远离现实革命的学术慰藉。"[3] 这也就是说，意识形态理论对于文艺研究的影响，一方面以其理论思辨的深刻性和对资本主义社会现实的批判姿态，将文学艺术的美学功能与社会历史进程更加紧密地关联起来，另一方面也因其理论思辨的抽象性和精神"革命"的局限性，使文学

---

[1] ［英］佩里·安德森：《西方马克思主义探讨》，高铦、文贯中、魏章玲译，人民出版社1981年版，第100页。
[2] ［英］佩里·安德森：《西方马克思主义探讨》，高铦、文贯中、魏章玲译，人民出版社1981年版，第97页。
[3] 周宏：《西方马克思主义意识形态理论的逻辑进程》，《南京社会科学》2004年第2期。

艺术的审美世界与社会历史之间重新变成彼岸与此岸的关系，并且由于对意识形态的社会实践功能做了放大处理，使得这种祈望对社会历史进程加以干预的理论重新又回到"在纯粹的思想领域中发生"① 的境地。

现阶段的中国马克思主义文艺理论正处于守正创新的关键时期，坚定不移地以"人民性"为内涵的"史学观点"对四十余年来的理论积累做出回顾与反思，关系到此后文艺理论话语建构的走向。马克思主义文艺理论的"史学观点"本就诞生于现代性语境中，它展现出极为迷人的自我批判品格，同时也始终向非西方现代性文艺理论话语保持着开放姿态。

---

① 《马克思恩格斯选集》第1卷，人民出版社1995年版，第62页。

当代马克思主义文艺理论的时代意涵*

西安外国语大学　韩伟

中国马克思主义文艺理论是马克思主义理论智慧和中国当代文艺创作相凝聚的伟大结晶,是世界马克思主义文艺理论的重要组成部分。党的十八大以来,中国特色社会主义进入新时代,开启了新命运和新征程。新时代有着新内涵和新使命。文艺作为时代的先导,这一时期反映时代新风新貌的作品大量涌现。故而,马克思主义文艺理论应该站在新的历史方位,以时代性的历史重大问题为导向,直面文艺创作的现实状况,提炼出文艺理论的新内涵与新质素。新时代我们需要坚持用马克思主义的立场、观点和方法来观察当代中国,把握新时代中国文艺,引领新时代中国文艺走向世界。新时代文艺实践的三个重要主题词分别是"百年党史""以人民为中心""小康中国",马克思主义文艺理论应该囊括这些新的文艺创作实践的理论内涵,并梳理出新的创作规律,抽象和演绎出新范式,用文艺现实激活文艺理论,文艺理论指导文艺现实,从而更好地表征新时代中国的"历史进程"和人民的"心灵历程"。正如蒋述卓提出的,新时代的文艺创作者应该"从历史的、时代的精神中重新构造出新的感性意象,呈现人民创造和人类命运共同体精神……创造出不辜负时代与人民的经典文学作品"[①]一样。马克思主义文艺理论也应该积极介入文艺现场,主动回答文艺的"历史性""当代性"和"审美性"问题,从而实现"马克思主义文艺理论何为"与"马克思主

---

* 本文系国家社会科学基金重大项目"中国当代文艺审美共同体研究"(18ZDA227)阶段性成果。

① 蒋述卓、李石:《新中国精神与文学经典的生成》,《中国社会科学》2021年第2期。

义文艺理论为何"的形而上学与形而下学的理性思辨。

一 "百年党史":马克思主义文艺理论与当代文艺的同构共振

对中国共产党的百年光辉历程进行回顾和总结,既是从以往的党的奋斗实践中汲取经验教训,也是提醒后来者坚定理想信念,坚持中国道路,继续不懈奋斗。以"百年党史"为研究起点,观照马克思主义文艺理论和文艺创作的具体实践,强调文化建设的政治立场、工作导向和意识形态问题,不仅有利于在文艺创作领域正本清源,还有利于推进马克思主义文艺理论进一步深化。一方面,我们站在新的历史起点,回望百年来中国文学艺术的发展历程,尤其是这一百年来,党是如何领导中国文学艺术发展的?文学艺术又是如何服务党的工作的?另一方面,为纪念党成立的一百周年,中国的文学艺术界涌现出大量反映党的百年奋斗历程的文艺作品。中国共产党成立一百年来,不仅成功将马克思主义文论与中国文艺实践相结合,还推进了马克思主义文学理论的中国化。具体来讲,以"党史人物""党史故事"为题材和内容的"党史文学""党史文艺"在中国现当代文艺创作中占主导地位。在"党史精神"的引领下,我国创作出了卷帙浩繁且极具艺术性的文艺作品,"所谓'党史精神'的引领……是指改造旧中国、建设新中国的'党史精神'以潜移默化的方式渗透在文艺创作的各个环节中,影响了百年来中国新文艺的内在品质。"[①] 中国新文艺和党的百年发展历程具有一致性。这种一致性源于百年党史折射的是百年中国社会发展史,而新文艺创作始终坚持主旋律,用社会主义先进文化和革命文化书写中国百年来的发展变迁。

从20世纪和21世纪文艺发展的历史来看,文艺和百年党史始终保

---

① 张福贵:《百年党史与中国新文艺的逻辑演进及艺术呈现》,《文艺研究》2021年第7期。

持着紧密的互动关系。马克思主义在中国一经传播，就以巨大的政治理想感召力影响着新文艺的发生和发展。而马克思主义文艺理论以一种历史整体性观念重构了文艺与政治的关系。文艺的革命历史记忆激活了中国人民的国家情感认同和民族文化自信。党的十九届六中全会审议通过了《中共中央关于党的百年奋斗重大成就和历史经验的决议》，将中国共产党的百年奋斗历史划分为四个时期。每个历史时期的时代特征，党的历史任务都不一样。文艺在书写和反映的内容和方式也存在较大的差异。以马克思主义文艺理论"历史整体性"的眼光来考察四个时期的文艺问题，既要强化形而上学的理论抽象的统摄力，也要充分注重和挖掘出形而下学的文艺实践中的丰富性、普遍性和特殊性。我们要以马克思主义的历史观，从文艺创作的具体实践中，深刻揭示出中国共产党带领中国人民走中国道路、圆中国梦的历史必然性。从而体现出"我们党将人类历史发展的普遍性与中国历史发展的特殊性相统一……以创造性实践极大丰富和发展了马克思主义"[1]。这实际上也是马克思主义文艺理论创新性发展的意旨所在。

伴随着百年党史的中国当代文艺创作，可以简单地分为党员创作的文艺作品、非党员创作的文艺作品，或者以党的革命事业为内容和题材的文艺作品。这些文艺作品在不同的时期，表达的主题也有所不同。我们要以大历史观和整体历史观来看待四个时期的文艺创作，并就文艺的本质、功能、发展、生态与批评，以及中国的文艺精神等作出理论思考。"任何重大的理论问题都源于重大的现实问题，任何重大的现实问题都深层地蕴含重大的理论问题。"[2] 我们对百年党史的中国当代文艺创作的"马克思主义文艺理论"思考，目的就是从各个时期的文艺创作中提炼出反映时代精神的主题，以此践行习近平总书记《在哲学社会科学工作座谈会上的讲话》精神，立于时代潮头，走在世界前列，发出

---

[1] 曹清波：《坚持唯物史观和正确党史观的典范——学习党的十九届六中全会〈决议〉》，《史学理论研究》2022年第2期。

[2] 孙正聿：《当代中国马克思主义哲学的使命与担当》，《中国高校社会科学》2019年第6期。

思想先声，从而塑造和引导新的时代精神。

第一阶段新民主主义时期，其文艺主题可以归纳为"革命""阶级斗争""反抗"。如鲁迅的《为了忘却的记念》、郁达夫的《沉沦》、田汉的《梅雨》《回春之曲》、方志敏的《可爱的中国》、周立波的《暴风骤雨》等。革命文学和无产阶级文学是应时运而生，要求文学为民主革命服务，而在革命文学向无产阶级文学进行话语转换的过程中，从理论到文学、再到行动的文学实践品格也逐渐被确立，围绕革命与文学的相关论争极大地促进了马克思主义文学理论在中国范围内的传播与发展。第二阶段社会主义革命和建设时期，其文艺创作主题可以归纳为"爱国主义""民族团结""独立自主、自力更生、艰苦奋斗"。"爱国主义"主题，如胡风的《时间开始了》、贺敬之的《放声歌唱》、何其芳的《我们最伟大的节日》等。还有十七年革命历史题材的小说和影视剧，如《红岩》《红日》《红旗谱》《保卫延安》《青春之歌》等。"民族团结"的主题如搜集、整理和翻译的少数民族口头文学《格萨尔王传》《江格尔》《玛纳斯》。少数民族作家玛拉沁夫的长篇小说《茫茫的草原》、李乔的长篇小说《欢笑的金沙江》则对20世纪四五十年代少数民族的生活进行了深入描写。"独立自主、自力更生、艰苦奋斗"主题的文艺作品从题材上来讲，可以分为"十七年农村题材"和"十七年工业题材"。"十七年农村题材"文学作品影响较大的有《创业史》《三里湾》《山乡巨变》等，"十七年工业题材"文学作品影响较大的如《百炼成钢》《铁水奔流》《乘风破浪》等。第三阶段文艺创作主题可以归纳为"伤痕、反思""改革开放""与时俱进"。"伤痕、反思"是新时期文艺重新赓续五四精神的思想文化表达，是沐浴着新时期思想解放的春风在文艺界的具体体现，是对人性问题、人道主义问题，以及人的价值问题反思的艺术书写。在文学领域，标志性的文学事件有刘心武的《班主任》、张贤亮的《灵与肉》、宗璞的《我是谁》、戴厚英的《人啊，人！》、王蒙的《蝴蝶》，以及卢新华的《伤痕》。"改革开放"主题最为典型的就是蒋之龙的《乔厂长上任记》和张洁的《沉重的翅膀》。"与时俱进"主题主要指的是文艺与时代同频共振，在巨大的改革开放洪流中革新观念，突破僵化的模式和审美惯性。阿城的《棋王》、韩少功的《爸爸爸》、贾平凹的《商州》，以一种文化寻根的方式构筑新的文学世界。可以说，改革开放不仅带来了经济繁荣，在文学和思想领域更是不断寻求突破和创新，实现了文学思想观念的与时俱进，并丰富和拓展了文学中的新中国精神。第四阶段文艺创作主题可以归纳为"人文精神""大众文化""主流意识形态""新时代""人民创造""人类命运共同体"。这一时期，由于改革开放进程的加速和媒介的变革，中国社会整体上呈现出多元文化共存的态势。既有以"人文精神"反思为背景的"精英文化"，如《白鹿原》《尘埃落定》《长恨歌》《秦腔》《推拿》《一句顶一万句》等，也有悬疑类小说《暗算》和科幻小说《三体》，尤其是《暗算》拍成电视剧、《三体》拍成电影，让人们重新认识通俗小说的娱乐功能和价值。"新时代"是党的十八大以来中国特色社会主义面临新形势和新机遇的严谨表述，也是我们在应对新矛盾和新挑战时，进行科学研判之后提出的有效称谓。代表性的作品有《人民的名义》《这边风景》《人世间》等，尤其是电视剧《人民的名义》《人世间》《岁岁年年柿柿红》的热播，从侧面印证了"新时代，文学事业与中国特色社会主义事业的关系，应纳入人民创造与人类命运共同体的精神构建中来理解。"①

"一个时代有一个时代的文艺"，习近平总书记《在文艺工作座谈会上的讲话》中指出，"文艺是时代前进的号角，最能代表一个时代的风貌，最能引领一个时代的风气"。② 党的百年光辉发展历程与文艺创作的同构共振，给文艺创作和文艺理论的互动与融合带来深刻的启示。一是文艺创作要紧贴时代，做时代的先导。文艺理论应该以马克思主义为指导，正确把握历史发展的规律和态势，以作为方法的马克思主义文艺理论来分析和阐释文艺实践。二是只有深刻领悟到马克思主义文艺理论的理论内涵和精神要义，才能指导当下的文艺实践，才能顺应历史发

---

① 蒋述卓、李石：《新中国精神与文学经典的生成》，《中国社会科学》2021年第2期。
② 习近平：《在文艺工作座谈会上的讲话》，《人民日报》2014年10月15日第02版。

展的规律和大势，才能真正做到文艺书写时代。三是要将马克思主义文艺理论的大历史观贯穿到对当前的文艺现象的研究之中，从而能够准确把握文学中的"中国与世界"。四是要以马克思主义文艺理论的社会历史批评为方法论，分析文艺作品中的社会矛盾和变化规律，从而把握时代发展的规律和大势。五是要充分重视马克思主义经典作家关于文艺理论的论述，要以这些论述深化认识，从而创造性地引领时代文艺的发展。

二 "人民性"：中国当代马克思主义文艺理论的"根"与"魂"

为民族谋复兴，为人民谋福祉，是中国共产党矢志不渝的使命。党的十八大以来，"以习近平同志为核心的党中央坚持以人民为中心的根本立场，尊重人民群众的历史主体地位，以人民对美好生活的向往作为党的奋斗目标"①。中国现当代文学自从与党结缘就始终将"人民"放在首位，正如张炯指出的，五四时期知识分子所提出的"平民文艺""国民文学"，便已经"初步体现人民文艺的方向性要求"②。李大钊自觉地拿起手中的笔，大声疾呼"我们不能从苦痛里救出他们，还有谁何能救出他们，肯救出他们？"③ 1947年党的七大更是直接将"为人民服务"写入党章，自此"全心全意为人民服务"成为马克思主义理论中国化的实践成果。"人民立场是中国共产党的根本政治立场，是马克思主义政党区别于其他政党的显著标志。"④ 这也是新文学区别于旧文学所在。新文学从与党结缘开始就自觉地确立了"以人民为中心"的宗旨，书写人民的生活、感情和精神。人民成为文学审美塑造的主体和对

---

① 于化民：《中国共产党根本宗旨的科学内涵与时代意义》，《中国社会科学》2021年第7期。
② 张炯：《马克思主义文论中国化的光辉里程碑——纪念〈在延安文艺座谈会上的讲话〉发表80周年》，《文学评论》2022年第3期。
③ 李大钊：《李大钊全集》第2卷，人民出版社2013年版，第440页。
④ 习近平：《习近平谈治国理政》第2卷，外文出版社2017年版，第40页。

象，体现出马克思主义文学审美的"人民性"。

纵观党与文学缠绕百年的历史，是不断地与时俱进，坚持"人民文艺为人民"的创作史。从具体表现而言，一是人民成为文艺书写的主体，反映的是"人民群众才是历史的创造者"的观点。譬如，2018年上映的电视剧《大江大河》以主人公宋运辉、雷东宝为叙事中心，以1978年高考改革、改革开放、新世纪以来的经济改革等一系列社会变革为主线贯穿全剧，描摹了普通人在改革浪潮中的生活轨迹，突出了文艺刻画人民、文艺为人民的主题。二是文艺反映的主题是"人民对美好生活的向往"。邓小平指出，"正确的政治领导的成果，归根结底要表现在社会生产力的发展上，人民物质文化生活的改善上"①。比如，20世纪80年代中期，路遥创作的长篇小说《平凡的世界》书写了孙少平、孙少安两兄弟通过辛勤劳作改变命运的故事，反映了乘着改革开放东风的人民群众为了美好生活不懈奋斗的美好愿景。江泽民指出，"不断改善人民生活，是我们党全心全意为人民服务宗旨和'三个代表'要求的最终体现"②。比如，20世纪90年代，以刘震云、池莉等为代表的新写实主义小说，其以小人物的奋斗史和致富史来表征党在新的历史时期矢志不渝地改善人民生活的决心，这也是"文艺为人民服务"的真实写照。胡锦涛指出，我们要"通过扎实有效的工作，实实在在为群众谋利益，带领群众创造自己的幸福生活"③。比如，在2008年四川汶川大地震以后，文艺界涌现了诸多缅怀逝世同胞、讴歌在抗震救灾中奔赴一线人民子弟兵、对灾后重建进行书写的文艺作品。在国家遭受艰难困苦面前，文艺工作者应当坚定地与党和人民站在一起，发挥功能，完成使命。

"为人民谋幸福、为民族谋复兴，这既是我们党领导现代化建设的出发点和落脚点，也是新发展理念的'根'和'魂'"④。比如，以人

---

① 邓小平：《邓小平文选》第2卷，人民出版社1994年版，第128页。
② 江泽民：《论"三个代表"》，中央文献出版社2001年版，第90页。
③ 胡锦涛：《胡锦涛文选》第2卷，人民出版社2016年版，第9页。
④ 习近平：《深入学习坚决贯彻党的十九届五中全会精神　确保全面建设社会主义现代化国家开好局》，《人民日报》2021年1月12日第1版。

民为中心、以爱国主义为核心的电影《我和我的祖国》奏响了人民和祖国同呼吸共命运的主旋律，影片以小见大，通过七个具有历史意义的事件重温新中国成立以来的 70 年峥嵘岁月，展现了党带领全国各族人民奔向幸福生活的奋斗历程。正如习近平指出，"人民既是历史的创造者、也是历史的见证者，既是历史的'剧中人'、也是历史的'剧作者'"。"只有牢固树立马克思主义文艺观，真正做到了以人民为中心，文艺才能发挥最大正能量。"[1] 习近平总书记以人民为核心，坚持马克思主义以人为本的原则，对马克思主义文艺理论内涵进行了"人民性"的补充和完善，并阐述了文艺与人民的深刻关系。中国当代文艺的发展给马克思主义文艺理论提供了实践性文本，同时也受马克思主义文艺理论的指导。可以说，"作为科学世界观的马克思主义指导着文艺实践，有着最为可靠的历史材料和科学知识为支撑，是对人类文艺实践全面而深刻的反映；以文艺实践为基础的马克思主义文论，往往最能直面时代发展所出现的新情况、新问题，从而让其理论永远葆有活力"。[2] 马克思主义文艺理论是时代文艺实践的理论升华，是中国特色社会主义文艺书写的理论凝铸和表征，是对世界马克思主义文艺理论的丰富和发展。

在党的文艺政策的引领下，文艺工作者将"以人民为中心"作为创作的出发点和落脚点，在文艺创作导向和文艺追求方面结出累累硕果。21 世纪以来，我们仍然需要坚持从马克思主义的立场和方法出发，对文艺创作和马克思主义理论进行适时分析和评价，"以使新世纪的文艺理论批评有效地参与到社会主义核心价值话语体系建构中来"[3]。新时代文艺创作更是自觉践行和贯彻落实了习近平总书记有关文艺工作的系列重要讲话精神。新时代的文艺创作者们自觉反映伟大时代，创作出中华民族的新史诗。诚如谷鹏飞所言："'人民'作为社会主义文艺的

---

[1] 习近平：《在文艺工作座谈会上的讲话》，《人民日报》2014 年 10 月 15 日第 1 版。
[2] 韩伟：《作为"学术共同体"的马克思主义文论》，《社会科学战线》2019 年第 10 期。
[3] 党圣元：《马克思主义文论中国形态化的问题意识及其提问方式》，《贵州社会科学》2012 年第 9 期。

创造者与阐释者，正在成为文艺的真正主体。"[1] "以人民为中心"的文艺创作不仅表现了人民是艺术作品反映的主体，也是文艺作品消费的主体，更凸显出了"人民也是文艺欣赏和评价的主体"。诚如马克思所言："人民历来就是作家'够资格'和'不够资格'的唯一判断者"[2]。习近平总书记也说，文艺工作者需要"虚心向人民学习、向生活学习，从人民的伟大实践和丰富多彩的生活中汲取营养"[3]。与此同时，广大文艺工作者要"不断推进文艺创新、提高文艺创作质量，努力为人民创造文化杰作、为人类贡献不朽作品"[4]。强调文艺的"人民性"是马克思主义文艺理论的本质内涵，习近平"以人民为中心"的马克思主义文艺观，是针对新时代中国文艺出现的具体现象、具体问题提出的解决办法，体现了鲜明的马克思主义的观点、立场和方法，是马克思主义文艺理论的"具体化"和"中国化"。"以人民为中心"的思考和论述，是习近平总书记关于文艺工作的重要论述对"文艺与人民关系"的"活化"，激活了马克思主义文艺理论的生命力和人民向度。新时代的文艺，必须代表时代风貌，引领时代风气，鼓舞广大人民群众奋勇奔向美好未来。这种表达时代诉求、体现时代精神、反映时代矛盾、关注时代内涵的艺术作品，才是真正能够流芳百世的艺术作品，才是具有感染力和生命力的经典之作，才能真实再现一个时代的艺术高度和艺术智慧。用董学文的话来讲，我国"鲜明的人民立场、强烈的使命担当、勇敢的创新作为、求真务实的作风、充盈的中国作风和中国气派、开阔的世界眼光和博大襟怀，不仅把马克思主义文艺理论中国化带入新的境界，而且为广大文艺工作者正确认识客观世界、自觉改造主观世界提供了强大的思想武器"[5]。这种突破的力量，源自于习近平总书记关于文

---

[1] 谷鹏飞：《"人民"与社会主义文艺阐释共同体的建构》，《文学评论》2022 年第3 期。
[2] ［德］马克思、恩格斯：《马克思恩格斯选集》第一卷，人民出版社2012 年版，第90 页。
[3] 习近平：《在文艺工作座谈会上的讲话》，《人民日报》2014 年10 月15 日第1 版。
[4] 习近平：《在中国文联十大、中国作协九大开幕式上的讲话》，《光明日报》2016 年12 月1 日第02 版。
[5] 董学文：《习近平文艺思想对马克思主义文艺理论的贡献》，《中国高校社会科学》2018 年第3 期。

艺工作的重要论述对马克思主义指导思想的不懈坚持。可以说，习近平"以人民为中心"的文艺思想和新时代文艺创作实践的有机结合与互动，为马克思主义文艺理论"中国化"提供了极富有价值的案例。

三 "小康中国"：当代马克思主义文艺理论的审美反映与文学书写

当代马克思主义文艺理论直面文艺新实践，用文艺现实激活文艺理论，用文艺理论指导文艺现实，这也是中国当代马克思主义文艺理论的创新基础和重大使命。"小康中国"是符合社会主义初级阶段的历史现实，也是中国特色社会主义道路的阶段性目标。"小康中国"正处在新时代发展的历史方位上，小康社会的全面建成既标志着"小康中国"的历史性实现，同时也是一种新的开启。文艺紧贴时代，与时代同频共振，书写了整个"小康中国"的展开和实现过程。"小康中国"是中国现代化建设的题中应有之义，也是"中国现代化事业和马克思主义中国化进程的组成部分"[1]，这也恰恰契合了马克思主义文艺理论的内在精神，尤其是"实践性"品格。从"实践性"和现实主义视域来审视当下文艺创作和文艺批评，既是对习近平总书记重要讲话精神的践行，也是对创作现实的烛照，又是重建和激活马克思主义文艺理论与"现实主义"批评的有效路径。这一时期的文艺创作体现出"从'文学是社会生活的形象的反映'到'文学是社会生活审美的反映'，再到'文学是社会生活的审美反映'的嬗变态势。"[2] 新时代的文艺创作和马克思主义文艺批评应积极回应现实和时代重大主题，"以文弘业、以文培元，以文立心、以文铸魂，把文艺创造写到民族复兴的历史上、写在人民奋

---

[1] 吴晓明：《"小康中国"的历史方位与历史意义》，《中国社会科学》2020 年第 12 期。
[2] 张永清：《马克思主义文学反映论在 20 世纪 80 年代中后期的发展与深化》，《文学评论》2022 年第 3 期。

斗的征程中"。① 由此，我们更应该以一种全新的问题意识和思想自觉直面"小康中国"的文艺书写，进行深刻的总结与反思，生成新的理论问题。

"小康中国"的文艺书写，其范围涵盖中国特色社会主义现代化建设的整个进程，而对国家"脱贫攻坚"战略方针的文艺书写更是意义深远。这种书写"全面建成小康社会"的历史性实践，对于中国特色社会主义的当代命运有着深远意义。这种意义既基于中华民族，也基于世界社会主义和人类整体进步。中国特色社会主义进入新时代，"意味着近代以来久经磨难的中华民族迎来了从站起来、富起来到强起来的伟大飞跃，迎来了实现中华民族伟大复兴的光明前景"。② 中国特色社会主义现代化建设的整个展开和实现进程的文艺书写，充分体现了实现"小康中国"的"历史性"过程。譬如，2022年春节期间，根据作家梁晓声长篇小说《人世间》改编的同名电视剧在中央电视台综合频道一经播出就引发热议。这部电视剧以"光子片"社区周家三兄妹的人生故事为叙述主线，折射了中国现代化建设进程中最动人心魄的近五十年奋斗岁月。该剧立足现实主义创作手法，最大限度地还原了个体命运与时代变迁如何交汇的过程，而在这一过程中"小康中国"的构建无疑占据了重要篇幅。"全面建成小康社会意味着某种完成，意味着小康中国的历史性到达。"③ 这也意味着中国人民进入了新时代美好生活。譬如，关仁山的长篇小说《金谷银山》以京津冀协同发展为大背景，展现党的十八大之后中国北方农村的一幅波澜壮阔的生活画卷。小说以燕山白羊峪青年农民范少山的个人经历为线索，图绘了一代人脱贫致富、迈向小康生活的奋斗历程和精神肖像。新时代美好生活是全体中国人民共同创造的，也是为全体人民共享的，"共创"与"共享"是其本质特征。这也是马克思主义哲学"改变世界"的题中之义。"人民对美好生

---

① 习近平:《在中国文联十一大、中国作协十大开幕式上的讲话》，《光明日报》2021年12月15日第02版。
② 习近平:《习近平谈治国理政》第3卷，外文出版社2020年版，第8页。
③ 吴晓明:《"小康中国"的历史方位与历史意义》，《中国社会科学》2020年第12期。

活的向往，就是我们的奋斗目标。"① 因而反映和描绘"人民对美好生活的向往"就是新时代文艺工作者的使命。马克思主义文艺理论面对这种新文艺实践，要及时进行归纳、概括和总结，提炼出具有思想性和学理性的新理论，并以文艺创作实践检验理论的有效性。

贫困，是长期以来困扰世界各国的普遍问题。全球治理最大的难题之一就是如何摆脱贫困。党的十八大以来，党部署并实施了一系列"脱贫攻坚"重大决策，约 1 亿农村人口实现"真脱贫"，解决了困扰中华民族上千年的历史问题，即绝对贫困的问题。中国的"脱贫攻坚"经验为世界解决贫困问题提供了新的方向、新的选择、新的方案和新的智慧。中国解决贫困问题的理念、政策、制度和模式，"或能为世界范围内消减贫困的发展议题提供一个认同度更高、接受度更广的发展中国家脱贫样本"。② 为了阐释脱贫政策，展示脱贫成就，向世界讲述中国脱贫故事，表现中国人民自强不息、努力奋斗的精神风貌，树立全球治理的大国形象，文学艺术界涌现出一批优秀作品。譬如，阿克鸠射的长篇报告文学《悬崖村》讲述了位于四川大凉山昭觉县支尔莫乡的阿土勒尔村脱贫攻坚的奋斗历程。阿土勒尔村因其地势险要、出入不便而被称为"悬崖村"，是脱贫攻坚的重中之重。习近平总书记曾多次表达对这个彝族山村的深切关注，体现出党中央脱贫攻坚的坚定决心。2020 年，"悬崖村"通过易地搬迁的方式实现了历史性脱贫。

"脱贫攻坚"取得全面胜利，是中国共产党人把握历史发展规律的重大历史性成就。"小康中国是中国特色社会主义的一个具有决定性意义的阶段性成果，更加广泛地说，是中华民族伟大复兴的一个具有决定性意义的前进步伐"③。如何讲好中国故事、传播好中国声音、展现出中国风貌，把中国社会主义制度的优越性推介出去，"为人类对更好社

---

① 习近平：《习近平谈治国理政》，外文出版社 2014 年版，第 4 页。
② 牛慧清、丁韬文：《论中国脱贫攻坚纪录片国际传播的叙事逻辑》，《现代传播》（中国传媒大学学报）2022 年第 3 期。
③ 吴晓明：《"小康中国"的历史方位与历史意义》，《中国社会科学》2020 年第 12 期。

会制度的探索提供中国方案"。① 而文艺工作者以小说、影视剧改编作品、报告文学等形式，以创作记录现实、创作深描现实、创作浓缩现实的方式，为脱贫攻坚的全面胜利做出了强有力的时代注脚。同时也是对习近平总书记关于文艺工作重要讲话的回应，也是对社会主义文艺事业的时代性把握，更是创造性地丰富和发展了马克思主义文艺理论，充分地体现了马克思主义文艺理论的"实践性"品格。

"小康中国"的文艺书写和"脱贫攻坚"的文艺表达离不开典型事件的选择和典型人物的塑造。习近平总书记说："只有创造出典型人物，文艺作品才能有吸引力、感染力、生命力。"② 这是对马克思主义文艺理论"典型"观的新发展和再阐释。诚如董学文所言，"习近平的'典型'理论，使马克思主义文艺典型论'老树开出新花'"。③ 譬如，2021年初反映"脱贫攻坚"的热播剧《山海情》，成功塑造了以马得福为代表的一众扶贫干部的典型形象。这些鲜活而接地气的人物真实地再现了"脱贫攻坚"的历史现场，将脱贫攻坚这一任务的复杂性、艰巨性和必要性逐一呈现，在西海固这一典型环境中将"移民吊庄""闽宁模式"等脱贫攻坚的典型案例进行集中呈现。

"小康中国"的实现，尤其是"脱贫攻坚"这一重大战略举措，对于中华民族、其他社会主义国家乃至人类进步都具有一定的启示意义。这意味着中国以自己的独特方式和道路，真正承担起了促进世界发展的重要历史任务。可以说，中国在探索新的现代化道路的进程中，创造了一种新文明类型。这种新文明类型就是"大道之行，天下为公"的中国式表达。这也要求我们要建成经济上更加富强，治理更科学，社会更和谐，人民生活幸福安康，进而为全世界的社会发展给出切实可行的中国方案。如何以文艺的方式书写、表达和传播这种新文明类型，有效地

---

① 习近平：《习近平在庆祝中国共产党成立95周年大会上的讲话》，人民出版社2016年版，第14页。
② 习近平：《在中国文联十大、中国作协九大开幕式上的讲话》，《光明日报》2016年12月1日第02版。
③ 董学文：《中国马克思主义文艺理论的创新性发展——习近平文艺思想的当代价值研究》，《中国文艺评论》2017年第4期。

连接起中国与世界共通的意义空间，建立起中国扶贫与国际社会的关联性，成为文艺工作者共同面对的课题。比如，中国脱贫攻坚纪录片的国际传播。《摆脱贫困》《一亿人的脱贫故事》将抽象的扶贫政策与具象的扶贫故事相结合，全景式地呈现了脱贫攻坚的全面胜利。《我的扶贫年》以千百万个"第一书记"中的伊学义的脱贫工作为视频表现内容，真实再现了基层脱贫工作的鲜活场景。《走进大凉山》和《做客中国——遇见美好生活》以"他者"视角真实记录扶贫故事，前者以"他者化"视角呈现出大凉山精准扶贫的巨大变化，后者以"他塑"的方式让三位美国主持人深入中国扶贫一线，零距离感受中国人民生活的巨大变化。

总之，马克思主义文艺理论是与时俱进的理论，对时代重大文艺问题积极主动指导，并从反映中国特色社会主义伟大实践的文艺书写中概括出新的理论命题。正如《习近平在文艺工作座谈会上讲话》中所指出的，要将马克思主义的基本原理与中国具体实际、中华优秀传统文化相结合，凝练并创造出扎根大地、聚焦实践，反映时代特色的指导思想。从而筑牢中国特色的道路根基和文化根基，增强文化自信，既要实现中国文艺实践与马克思主义文艺理论的有机对话与融通，也要生成具有中国特色的马克思主义文艺理论。与此同时，"第二个结合"（与中华优秀传统文化相结合）的适时提出，还为世界马克思主义文艺理论的发展与深化提供了中华优秀传统文化沃土的滋养，从而为世界提供"中国经验"和"中国方案"贡献中国智慧。

全世界受苦的人
——马克思主义经典文本与汉字美学传统相融合的范例

南京师范大学　骆冬青

马克思主义基本文献的研究，不仅在原典层面不断进步，而且，近年来，对于马克思主义经典文本中译的研究，无论是从文献学角度，还是翻译文本角度，也有了长足的进展。那么，在解读文献的基础上，如何对马克思主义经典文本作细读研究，考察马克思主义文本中国化的过程中诸多事件；尤其是在语言文字层面，马克思主义经典文本的迻译，经"汉字"这一媒介转换，具有更深层次的文化震撼与激荡，中西语言、文字的差异，既造成了文化、文艺"交换"、"沟通"的某些难度，又在克服困难中，创造出新的表征方式。

《共产党宣言》的最后一句："全世界无产者，联合起来！"[①]《国际歌》（L'Internationale）开头："Debout！les damnés de la terre！/Debout！les forçats de la faim！"[②] 和《中华人民共和国国歌》，亦即《义勇军进行曲》开端："起来！不愿做奴隶的人们！"[③] 三者之间，有着相通的精神底蕴，恰好从一个侧面，反映马克思主义进入中国的美学历程。细究其中语言、文字的翻译和创造，从语言哲学和汉字美学方面进行探究，可以感悟、理解马克思主义如何和中华民族传统文化精神的根

---

① ［德］马克思、恩格斯：《共产党宣言》，中共中央马克思恩格斯列宁斯大林著作编译局编译，人民出版社2014年版，第66页。

② 伍铁平编著：《国际歌（注释和研究）》，外语教学与研究出版社1982年版，第23页。

③ 中国电影出版社编辑：《五四以来电影歌曲选集》，中国电影出版社1980年版，第1页。

源相结合的深度层面。

黑格尔曰:"一个人要是擅长一种语言,同时又知道把它和别的语言比较,他才能从一个民族的语言的文法,体会这个民族的精神和文化;同样的规则和形式此时就有了充实的、生动的价值。他就能够通过文法认识一般精神的表现,逻辑。"① 马克思主义经典文本在不同语言文字中的转译,尤其是,从拼音文字到表意文字汉字的变换,表现的中国文化意蕴的体现,值得我们由"解字"而"说文(化)",品味其中的精神文化,以及由此认识人类"一般精神的表现"。

一 语言即行动

《共产党宣言》的最终一句,《国际歌》《国歌》(《义勇军进行曲》)起首一句,似乎有着桴鼓相应的郁勃激荡:那是久久压抑着的情感,一旦获得爆裂后炽热的火山岩浆划过钢铁的闷响;那是仇恨凝成的锋刃无声地杀向黑暗的力量;那是邃古的幽魂突破了神灵的镇压游向人间……

更重要的,这三句,都是行动的号令,是"以言行事"的典范。

《国歌》开端之"不愿",即《尚书·无逸》之:"民否则厥心违怨,否则厥口诅祝。"是"不"的崩发!孔颖达疏曰:"'违怨',谓违其命而怨其身。'诅祝',谓告神明令加殃咎也。以言告神谓之'祝',请神加殃谓之'诅'。"②《国歌》中,和《国际歌》一样,都有"从来就没有什么救世主,也不靠神仙皇帝。要创造人类的幸福,全靠我们自己"③的意识,但是,这种意识中,仍然有着某种祝愿和诅咒的内在心力的悸动和鼓舞。《国际歌》中,"全世界受苦的人",原文 les damnés

---

① [德]黑格尔:《逻辑学》上卷,杨一之译,商务印书馆1966年版,第40页。
② (汉)孔安国传,(唐)孔颖达正义,黄怀信整理:《尚书正义》,上海古籍出版社2007年版,第639页。
③ 伍铁平编著:《国际歌(注释和研究)》,外语教学与研究出版社1982年版,第21页。

de la terre，les damnés，恰是"诅咒"之义。但是，指代的却是"民"自身。这令此句具有复杂的文化构成和美学意蕴。

不懂得法语的人或许很难体验到《国际歌》在法语原文韵律中那种愤激。通行的歌唱本中，这两句的中译，却是颠倒的。考察《国际歌》中译过程中，起首这两句的文本差异，可以体会到语言转变中所蕴含的文化根柢和文化精神。

1926年3月18日，国民革命军第三军政治部印发的《国际歌》传单，萧三、陈乔年译文："起来，饥寒交迫的奴隶！起来，全世界上的罪人！"萧三、陈乔年翻译的文本，将起首两句的前后顺序做了颠倒："les forcat de la faim"一句的汉语对译是"饥寒交迫的奴隶"，而"les damnés de la terre"一句对应的才是"全世界的罪人"。也就是说，萧、陈将"les damnés"（而非les forcats）译成了"罪人"。

1923年6月15日，《新青年》杂志刊出的瞿秋白译文："起来，受污辱咒骂的！起来，天下饥寒的奴隶！"是与原文顺序相同的。1926年3月18日，萧三、陈乔年译文已如上述，改变了语序。1939年，适逢十月革命二十二周年纪念之际，正在延安的萧三又在吕骥、冼星海的帮助下对《国际歌》译词进行了修改。这两句译为："起来，饥寒交迫的奴隶！起来，全世界的罪人！"1956年，沈宝基翻译的《巴黎公社的诗人》（Les Poètes de la Commune）一书中，鲍狄埃的《国际歌》这两句译文："起来！全世界受罪的人！起来！饥饿的囚徒！"萧三在1962年10月写的"公社的歌声响遍全世界"一文中，顺带公布了他新修订的《国际歌》第一节。内容如下："起来，饥寒交迫的奴隶！起来，世界受罪的人！"

然而，在萧三推出他的新译之前，中国音乐家协会与中央人民广播电台已经联合公布了一个由"有关专家"修订的《国际歌》版本。这个修订本最初发布在《人民日报》1962年4月28日第六版，并由中央人民广播电台通过电台几次进行广播教唱。同年，《人民音乐》杂志12月号再次刊发。这个新修订本中，这两句是："起来，饥寒交迫的奴隶！起来，全世界受苦的人！"那么，是谁，把"受罪的人"，改为"受苦的人"？一字之差,意蕴具有更多的变化。李放春据于光远文章,定为出自胡乔木。而又根据一个回忆文章,认为这种译法或出自并不懂法文的彭德怀。

后来,1999 年,诗人绿原重新翻译过法文版《国际歌》,开头为:"起来!全世界的受苦人!起来!饥饿的囚犯们!"恢复了原文的语序。①

李放春先生曰:"不妨再来回顾一下诗人施蛰存的'爆料'。据老先生透露,周恩来曾将'受苦(的)人'这一翻译改动誉为'重大贡献'。如果确有此事(不论是否针对沈宝基)的话,当然不会仅仅是由于这一汉语对应词比'受污辱咒骂的'、'罪人'等等更为准确地表达了 les damnés 的法文原意。实际上,'受苦人'恰恰没有拘泥于法文原意,而是一个食洋而化、落地生根的'翻译'。也许,更准确的说法应该是'对接'。因为'受苦人'这一带着浓浓土气的表述本身凝聚了中国革命的话语—历史性,而不仅仅是一个被抽掉了时间维度的汉语词汇。可以说,'受苦(的)人'这一范畴上所刻烙着的革命印记,才是它最终被采纳的深层原因。"②

请教法语专家,却说,翻译为"受苦的人"正符合原文。并以辞典为证。自己查了一下,果然,此词可译为入地狱的;该死的,要命的;入地狱的人;受苦的人。

有例句为证:

Est – ce que par hasard nous n'entendons pas les cris des damnés de

---

① 按:关于《国际歌》的翻译引荐情况以及各种汉译版本的考证,均引自李放春:《从 les damnés 到"受苦人":〈国际歌〉首句汉译的历史演变》,《开放时代》2008 年第 4 期,第 34—43 页。李文注曰:《国际歌》的翻译引荐情况以及各种汉译版本的考证,参见培熙:"国际歌的故事",《人民日报》1959 年 4 月 23 日;高陶:"《国际歌》是怎样翻译过来的",《翻译通讯》1983 年第 3 期,第 37—40 页;李科文:"瞿秋白与《国际歌》",《中国青年报》1992 年 4 月 12 日;秦杰、沈路涛:"响彻寰球的永恒旋律:《国际歌》及其中文译者",《解放日报》2001 年 7 月 4 日;秦弓:"《国际歌》的中文翻译",《湖南社会科学》2005 年第 2 期,第 112—115 页;北塔:"《国际歌》:到底谁是第一个汉译者?"《中华读书报》(网络版)2006 年 2 月 27 日;等等。尤其是高陶一文中首次公布了列悲、张逃狱、耿济之与郑振铎(合作)、瞿秋白等先后翻译的诸版本全文,弥足珍贵。

② 李放春:《从 les damnés 到"受苦人":〈国际歌〉首句汉译的历史演变》,《开放时代》2008 年第 4 期,第 43 页。

la Terre, des victimes disparues et des déshérités?

我们能够听不到那些穷人、被剥夺了权利的人、失踪的人和凄凉的人们的呐喊吗?

Nousvoulons être le porte-parole des faibles, des plus vulnérables, des désemparés et des damnés de la Terre.

以此身份,我们将力争为世界上那些弱小、不受保护无处容身、遭遗弃者代言。

Aujourd'hui, l'ONU fait figure de Moïse des temps modernes, guidant les peuples jusqu'à leur patrie et distribuant le pain nécessaire pour calmer la faim des damnés de la terre.

联合国必须引导人民回家,并为平息世界穷困者的饥饿而提供食粮。

诅咒义仍有,但似乎已在使用中磨损,损之又损,译为"受苦的人",置于特定语境中,颇为顺畅——不过,"受苦的人"为汉语,其意义与法文"les damnés"未必贴合。那么,李放春先生的看法,仍然有值得考虑的地方。毕竟,从瞿秋白、萧三、陈乔年等,都有"受罪的人"的译法。甚至,这种译法,看到了翻译背后的东西,即原文具有的西方文化渊源。那么,原文中的意义是否有损失呢?

二 汉字图像:意义与感觉

受苦,受罪,其实在汉语中,意义上有相通的方面。受苦,很多时候,即是"受罪",是命运的惩罚。当然,"苦"之意蕴,在中国文化中,佛教进入后,还与"众生皆苦"相关。"受"也有佛学蕴含。但是,佛教进入中国,乃汉代之后,若回归"受苦""受罪"原意,则当以汉字初形求本义。受苦,有着"无辜"的情形。受罪,则法语"les damnés"所指被判罚地狱之刑的人,所涵之意中,恐怕未免有"可怜之人，必有可恨之处"；甚至，也具有一定的法律意涵。受罪、受苦，其相同意义在一定语境下，可以顺畅地被接受。受罪，受累，乃至"受活"，等等，在汉语中语义模糊情况下，可以忽视其间差异。

汉字"苦"，与"吃"相关。许慎《说文》曰："苦，大苦，苓也。从艸，古声。"① 郭沫若曰："今按字固是苦味之苦，然就字形而言不得说为形声字，盖'古'字实即'苦'之初文，字本作凸，象吐舌之形，味苦则吐舌也。……从艸之苦字乃'大苦'，草名，用为苦味字，实出叚借也。"② 金祥恒曰："苦非大苦，亦非苓也，乃苦菜也。……苦菜，所谓荼也。"③ 荼之毒，实即荼之道，和咖啡等苦味食物，均别有奇效："要得补，吃点儿苦。"④

至于"罪"，本字应是"辠"，许慎曰："犯法也。从辛，从自。言辠人蹙鼻苦辛之忧。秦以辠似皇字，改为罪。"⑤《尔雅·释诂》："辜、辟、戾，辠也。"⑥ 金文辠亦用作罪。杨树达曰："'辠人蹙鼻'，鼻释自字，辠人即释辛字也。"⑦ 郭沫若曰："字乃象形，由其形象以判之，当系古之剞劂。说文云'剞劂，曲刀也。'……辛辛本为剞劂，其所以转为愆辠之意者，亦有可说。盖古人於异族之俘虏或同族中之有罪而不至于死者，每黥其额而奴使之。"⑧ 吴其昌曰："是故'辛'之本义，亦斧属也。亦兵刑器也。"⑨ 陈独秀曰："契刻艰难，刑人大苦，故辛用为艰

---

① （汉）许慎撰，（宋）徐铉等校：《说文解字》，上海古籍出版社2007年版，第25页。
② 郭沫若：《臤觯》，《两周金文辞大系图录考释》下册，上海书店出版社1999年版，第61—62页。
③ 转引自李圃主编《古文字诂林》第1册，上海教育出版社1999年版，第411—412页。
④ 按：李放春在《苦、革命教化与思想权力》（参见李放春：《苦、革命教化与思想权力——北方土改期间的"翻心"实践》，《开放时代》2010年第10期，第5—27页。）一文中，对于"苦"字在北方土改中的思想教化中的重要作用进行的描述，说明了"苦"字所含的感受、难以言表，以及承受、命运等意涵，与"吃苦"的密切联系，在革命教化中的障碍作用。
⑤ （汉）许慎撰，（宋）徐铉等校：《说文解字》，上海古籍出版社2007年版，第739页。
⑥ （晋）郭璞注，王世伟校点：《尔雅》，上海古籍出版社2015年版，第3页。
⑦ 杨树达：《文字形义学》，《中国文字学概要 文字形义学》，上海古籍出版社2006年版，第155页。
⑧ 郭沫若：《甲骨文字研究·释干支》，《郭沫若全集（第一卷·考古编）》，科学出版社1982年版，第181—184页。
⑨ 吴其昌：《金文名象疏证》，《国立武汉大学文哲季刊》1936年第3期，第535页。

辛、辛苦字；辣字从辛，谓其味之刺舌。"① 这些学者，皆训"辛"字为施加肉刑的金属利器，窃以为得之。以金属利器刺向最为敏感的鼻子，表示自己的"自"，则其"滋味"可想而知是何等酷烈！那么，最重要的概念 les damnés，译为"受污辱咒骂的"，也未能很好传达出"受诅咒的灵魂"意义。因为，"诅咒"之后，是刑罚，是酷烈的惩治。

"辛"字甲骨金文举例②

---

① 陈独秀：《小学识字教本》，新星出版社 2017 年版，第 187 页。
② 李圃主编：《古文字诂林》第 10 册，上海教育出版社 2004 年版，第 1018 页。

也就是说，"受罪"较之"受苦"，具有更强的烈度。那些被欺凌与被侮辱的人，犯了什么"罪"？为什么要"受罪"？

"饥寒交迫的奴隶"，"不愿做奴隶的人们"，把被压迫者的身份——奴隶——鲜明地显示出来。"不愿做奴隶的人们"，与"不当亡国奴"，是"救亡"，是主题。法语中"forcat"直译为"囚犯""苦役犯"，例如《悲惨世界》中的冉阿让；也可引申为"奴隶"，形容生活的苦难。例如，法语中有一句俗语"travailler comme un forcat"，意即"像奴隶般地劳作"。那么，汉语中，"奴才"为清代以来常用语，奴隶则在古代社会具有颇为模糊的语义区域，但是，均指失去人身自由，并被他人任意驱使做事者。"奴"字已见于甲骨文。《说文》："奴，奴婢皆古之辠人也。《周礼》曰：'其奴，男子入于辠隶，女子入于舂藁。'从女，从又。㚢，古文奴，从人。"① 奴隶的"隶"，繁体作"隸"。"隶"字，则始见于春秋金文。《说文解字》"隶，及也。从又，从尾省。又持尾者，从后及之也。""隸，附箸也。从隶。柰声。"② 马叙伦曰："隶为追捕。故即名被追捕之人曰隶。……臣为俘虏，是被逮者也。古以臣房服役。故周礼司隶注曰：隶，给劳辱之役者。……此皆可证隸为隶之转注字。"③ 这里，汉字图像所表征的，正是世界历史上因战争、犯罪、破产等原因成为奴、隶，奴隶的现象。奴隶一词，包含着被欺凌与屈辱，以及受罪、受苦的形态，毋宁更为生动形象地在文字图像本身中表现了出来。

三　崇高的政治美学

《共产党宣言》中，以"一个幽灵"开头，表现的那种郁勃沉着而

---

① （汉）许慎撰，（宋）徐铉等校：《说文解字》，上海古籍出版社2007年版，第620页。
② （汉）许慎撰，（宋）徐铉等校：《说文解字》，上海古籍出版社2007年版，第142页。
③ 马叙伦：《说文解字六书疏证卷六》，《说文解字六书疏证》第2册，上海书店出版社1985年版，第93页。

幽玄深湛的精神，结之以"全世界无产者，联合起来"，体现的宏大庄严，展示着一种崇高的政治美学精神。

"这是最后的斗争"，"中华民族到了最危险的时候"。《国际歌》和《国歌》两首歌中，都指出"奴隶"们所面临的极端情境。革命与救亡，处于千钧一发的关头。

这是两首歌曲产生崇高感的关键。康德、席勒、黑格尔等均有关于崇高的论述，揭示出崇高感中包含的绝望中产生的逆向的抗争的精神力量。但是，《国际歌》《国歌》中，这种精神力量的来源，却具有了坚实的、现实的力量源泉，那就是"全世界受苦（罪）的人""饥寒交迫的奴隶""不愿做奴隶的人们"所凝结的群体的力量，和信仰的力量。值得指出，"起来"唤醒的对象，"不愿做奴隶的人们""饥寒交迫的奴隶"，两者之间有着惊人的相通。《国际歌》开端的诗句，很大程度上，是《国歌》开头歌词意识或无意识的灵感源泉。

读法农的《全世界受苦的人》，惊见另一译本为"大地上受苦的人"。豆瓣上，却有人诟病，认为，应当翻译出"诅咒"，应是"大地上受诅咒的人"。李放春先生文曰："法语词 damné 原本是一个基督教色彩浓重的神学术语，指受诅咒的灵魂。法语中有句俗语 souffrir comme un damné，就是通过'受诅咒的灵魂'这一形象比喻来形容人们蒙受苦痛的深重。此外，damné 一词的含义也可引申为被社会抛弃的人或社会与政治体系中的'贱民'。《国际歌》中的 les damnés 指的就是尘世间的不幸者"。[①] 但是，"尘世间的不幸者"，似乎以宏大概念吞噬了特指概念。而 la terre 乃指地球。"大地"则也是经过了"翻译"的概念。译为"全世界"，似乎无可非议，但是，地球／大地／世界／全世界，其间区别，显然也值得思忖。

"全世界受苦的人"，在中国化语境中，获得了更深广的心灵共振。

"全世界无产者"，是"全世界受苦的人"之哲学抽象；"全世界受

[①] 李放春：《从 les damnés 到"受苦人"：〈国际歌〉首句汉译的历史演变》，《开放时代》2008年第4期，第34页。

苦（罪）的人"，则是"全世界无产者"具有感性具体的中国话语。经由汉字图像的表现，则更是淀积着深厚的文化蕴含，政治美学情韵。

郭台辉《无产者从何而来，向何处去？》一文，考索了"无产者"一词在西方文字中的原委，论述了无产者的历史地位，在西方文明进程中的主要经历，即负面污名化、正负混沌与正面化三个阶段。① 郭台辉说，"无产者"的英语与德语原文是 proletariat，法语是 proletariat，均从古拉丁语 proletarius 演化而来。古拉丁语的"无产者"（proletarius），其词干是 proles，由 pro 与 alo（抚养）的词根 al 组合而成。该词最早出现在公元前六世纪的"塞尔维乌斯法令"（Servian Constitution）中，认为"无产者"唯有在国家危急状态下才发挥作用。罗马共和国晚期的西塞罗在分析王政时期的社会等级时指出，无产者是"家产不足一千五百铜币或除了人丁之外没有任何财产"的人，他们上至小商人，下至被解放的奴隶，除了拥有子女，没有任何财产，被称为"生育子女者"（proletarios），表明国家"从他们那里可期待的只有'后代'，即国家的人丁的维系"。也就是说，此词原初含义，乃是以人本身的无财产和人的"再生产"来考虑其"无产"；"无产者"除了生一堆孩子之外没有任何本领。

在"无产者"到"无产阶级"的转换和创新中，马克思与恩格斯经历了一个不断扬弃和抽象升华的过程。具体表现为，早期的恩格斯所使用的"无产者"术语可以交替指代其新旧两种地位；马克思提出"流氓无产者"的概念，以甄别非产业工人的社会边缘群体。"流氓无产阶级是旧社会最下层中消极的腐化的部分，他们在一些地方也被无产阶级革命卷到运动里来，但是，由于他们的整个生活状况，他们更甘心于被人收买，去干反动的勾当。"② 而无产阶级的主体力量，是现代工人阶级，他们具有反抗资产阶级的正当性、推翻资产阶级统治的革命

---

① 参见郭台辉：《无产者从何而来，向何处去？——马克思到西塞罗的历史倒溯》，《南京大学学报》（哲学·人文科学·社会科学）2018 年第 5 期，第 12—25 页。
② ［德］马克思、恩格斯：《共产党宣言》，中共中央马克思恩格斯列宁斯大林著作编译局编译，人民出版社 2014 年版，第 38 页。

性、建立无产阶级政权的科学性以及人类解放的必然性："在无产阶级的生活条件中，旧社会的生活条件已经被消灭了。无产者是没有财产的，他们和妻子儿女的关系同资产阶级的家庭关系再没有任何共同之处了，自现代的工业劳动，现代的资本压迫，无论在英国或法国，无论在美国或德国，都是一样的，都使无产者失去了任何民族性。法律、道德、宗教在他们看来全都是资产阶级偏见，隐藏在这些偏见后面的全都是资产阶级利益。"① 马克思的理论创新，已经扬弃无产者的负面历史形象与地位，把无产者塑造为独立的、进步的政治力量，对西方资本主义制度及其文明体系构成了严峻的挑战。

"无产者"概念变化的历史过程，体现出某种美学契机。无产者如何从"饥寒交迫""囚徒""被诅咒的人"相似的所指中，转换为一种正面的形象？深重的历史感和内在的美学精神的结合，是重要因由。

而这一概念迻译到中国文化中，如何被顺畅接受，则与中国文化中最为深刻的精神相关。其中，最重要的，是中国文化中存在的仁爱、自由、平等、正义等观念，令"无产者"概念获得正面接受，具有深厚的历史、文化基础。

这句话的德文原文和英、法译文：

德文：Proletarier aller Länder, vereinigt euch!
英文：Workers of all lands, unite! 另译为：Working men of all countries, unite!
法文：Proletaires de tous les pays, unissey vous!②

那么，proletarier 的中译文，则有 16 种：平民、贫民、贫工、兄弟、劳民、劳动者、劳働者、劳工、劳工们、工人、工人们、无产民众、无产阶级、劳动阶级、无产者、以工资自活人。上面所引德文原文

---

① ［德］马克思、恩格斯：《共产党宣言》，人民出版社 2014 年版，第 38 页。
② 高放：《"全世界无产者，联合起来!" 74 种中译文考证评析》，《文史哲》2008 年第 2 期，第 10 页。

和法文的原意都是"无产者"。只有英文除 Proletarian 之外，还另译为 Working men 或 Workers。照此，中文如改用"工人"、"工人们"或"劳动者"也是可以的。"劳动者"在政治上有广义、狭义之分：广义，包括小资产阶级（手工业者、农民），甚至参加劳动的富农也属于劳动者；狭义就是指现代产业工人。

译为"无产者"还是"劳动者"，曾经有过争论。我认为，"无产者"具有特殊的力量，既有历史所赋予的深厚积淀，又具有美学的敏锐奇崛。尤其是，当这一概念与中国文化观念中关于生、产、财产等观念相撞击，竟会水乳交融，融化无间。

《说文》："产，生也。""生，进也。象艸木生出土上。"[1] 或谓产乃生之转注字，颇有道理。生即性；孳乳为姓，女所生也。刘恒有云，"'百姓'，实源于上古时期的'多生'，……古书亦以'多子'、'百姓'相提并论。《逸周书·商誓》记王曰：'尔多子其人自敬助，天永休于我西土；尔百姓其亦有安处。'这是周武王对殷商贵族所讲的话。其在西周金文则'宗子'与'百生'相并提，善鼎：'余其用各我宗子雩（义同'与'）百生。'凡此表明'多生'、'百姓'、'百生'与'多子'或'宗子'大约属于同一个阶层。"[2] 可见，在西周乃至先秦，"百姓"所具有的尊严意识，沉淀在中国文化中，成为后世人们体认"百姓""老百姓"身份所具有的生生不息的生命意识。

简体"产"已无"生"字，但"生产"中，仍然包含着"生"意。不过，去掉"生"之"产"，更多地与财产相关。这就是"无产者"一词中，最为醒目的事情。但是，"産""产"，却都具有某种与生育相关的庄严和"进"化力量。"无产者"在汉语中，没有西方文化中那种污名化历程，却同样有可能产生和"流氓无产者"相似的一些联想。"无恒产无恒心"，《孟子》中，对"无产者"的描述："苟无恒心，放辟邪侈，无不为已。及陷乎罪，然后从而刑之，是罔民也。焉有

---

[1] （汉）许慎撰，（宋）徐铉等校：《说文解字》，上海古籍出版社 2007 年版，第 297 页。
[2] 刘恒：《试说"多生"、"百生"与"婚媾"》，周天游主编：《陕西历史博物馆馆刊》第 2 辑，三秦出版社 1995 年版，第 136 页。

仁人在位，罔民而可为也?"又曰："为富不仁矣，为仁不富矣。"① 提示了"富"与"无产者"之间复杂的关系，尤其是情感冲突。西方谚语：骆驼穿过针的眼，比财主进神的国还容易呢。无疑也成为"无产者"形象从负面到正面的文化依托。而中国文化中，无论是儒家、道家、墨家，还是佛教文化中，均有"赤条条来去无牵挂""视富贵如浮云"的超越境界。这也是"无产者"在中国文化语境中，具有接受根柢的缘由。

但是，无产者，措辞的彻底，也提示着绝望的感觉。生无立锥之地，人却在生生不息之中。这就具有了悖谬的冲击力、震撼力，甚至令人战栗的动情力。无产者，如何定义？无产，而能"生""产"，是"生产力"，却无消费力。是生产"剩余价值"的人，却是被剥削、被剥夺、被欺凌、被损害的"一无所有"的人。马克思说："形成一个被戴上彻底的锁链的阶级，一个并非市民社会阶级的市民社会阶级，形成一个表明一切等级解体的等级，形成一个由于自己遭受普遍苦难而具有普遍性质的领域，这个领域不要求享有任何特殊的权利，因为威胁着这个领域的不是特殊的不公正，而是普遍的不公正，它不能再求助于历史的权利，而只能求助于人的权利，它不是同德国国家制度的后果处于片面的对立，而是同这种制度的前提处于全面的对立，最后，在于形成一个若不从其他一切社会领域解放出来从而解放其他一切社会领域就不能解放自己的领域，总之，形成这样一个领域，它表明人的完全丧失，并因而只有通过人的完全回复才能回复自己本身。社会解体的这个结果，就是无产阶级这个特殊等级。"②

代表着全世界无产者的共产主义运动，却是以"幽灵"形象出现在《共产党宣言》开头："一个幽灵，共产主义的幽灵，在欧洲游荡。为了对这个幽灵进行神圣的围剿，旧欧洲的一切势力，教皇和沙皇、梅

---

① （宋）朱熹集注：《孟子》，上海古籍出版社2013年版，第64页。
② ［德］马克思：《〈黑格尔法哲学批判〉》导言，《马克思恩格斯文集》第一卷，人民出版社2009年版，第17—18页。

特涅和基佐、法国的激进派和德国的警察,都联合起来了。"①

"幽灵",从贬义到褒义的转换,所蕴含的美学意蕴,已经有许多分析探讨。鲁迅《摩罗诗力说》,以"摩罗"标示一种诗派,曰:"摩罗之言,假自天竺,此云天魔,欧人谓之撒但,人本以目裴伦(G. Byron)。今则举一切诗人中,凡立意在反抗,指归在动作,而为世所不甚愉悦者悉入之……凡是群人,外状至异,各禀自国之特色,发为光华;而要其大归,则趣于一:大都不为顺世和乐之音,动吭一呼,闻者兴起,争天拒俗,而精神复深感后世人心,绵延至于无已。虽未生以前,解脱而后,或以其声为不足听;若其生活两间,居天然之掌握,辗转而未得脱者,则使之闻之,固声之最雄桀伟美者矣。然以语平和之民,则言者滋惧。"②

这个称作"共产主义"的"幽灵",正属于鲁迅所言之"摩罗"。"立意在反抗,指归在动作",那些暂时生活在光天化日之中的政治力量,所进行的"神圣的围剿"下,这个"幽灵"命运如何?

我们知道,"不愿做奴隶的人们"、"全世界受苦的人"在"争天拒俗"中的愤起,历经了复杂的历史过程。如今,这一历程仍在指向未来。而其中所蕴含的崇高的"动吭一呼,闻者兴起"的精神,正与那种从郁勃而升华的"摩罗诗力"的伟大拓展。

中国最为振聋发聩的"起来,饥寒交迫的奴隶"莫过于"王侯将相宁有种乎"。而中国最早的"无产"者,则是那些被以种种残忍的刑罚杀戮的人牲、人殉,或刑余幸存的"刑天"者、"兀者"、"劓者"……一句话,相对于阿甘本所谓的"神圣人"。

失去土地,失去生产工具,失去生存所需一切,只有人自身作为唯一赖以生存的可能性,"人"的价值方能以一种奇崛的存在奔走于大地之上。

也因为没有任何附属、没有利益集团,所以此类人的革命意志又最

---

① [德]马克思、恩格斯:《共产党宣言》,人民出版社2014年版,第26页。
② 鲁迅:《摩罗诗力说》,《坟》,人民文学出版社1980年版,第59页。

为坚定且无有妥协与放弃的余地。毕竟人自身作为了最后的武器，是没有什么不能割舍的。而在此基础上的"呼号"，是背离了一切社会准则的最后的疾呼，此即歌词中所谓"最后的斗争"。

没有退路，没有重开的可能，也并不需要再想明天，能把握的只有今天和此时的时候，失去了贵族式的延宕的心理，人类回归本质，"赤条条来，赤条条去"，这是赤子的呼叫，这是赤旗的世界。

而在剥离一切社会属性之后，团结似乎也就成为理所当然，英特纳雄耐尔的联合在"人类"的大属性下具有了无限的合并同类项的能力。《国际歌》相较于《义勇军进行曲》，前者指向人类发展的可能性，而后者经由指向民族存亡的救赎而同样具有指向未来的境界。就两首歌的实际发展而言，前者，目前的斗争仍处在"正在进行时"，而后者则取得了阶段性的成果。

"国际悲歌歌一曲，狂飙为我从天落。"[①] 马克思主义文本中，具有的那种巨大的逻辑力量和美学崇高，就这样百川入海、九九归一，凝成这金刚石般汉语：

"全世界无产者，联合起来！"[②]

---

① 中共中央文献研究室编：《毛泽东诗词集》，中央文献出版社1996年版，第29页。
② ［德］马克思、恩格斯：《共产党宣言》，人民出版社2014年版，第66页。

朱光潜马克思主义理论和美学的翻译研究活动

北京外国语大学　李世涛

中国的指导思想是马列主义，马列主义对于国家的意识形态和学术研究的重要性不言而喻，作为其基础的马克思主义经典论著的翻译则尤为重要。如果中文理论文本质量不高，其宣传、传播、研究的基础就不牢固，更遑论其他？但不可否认的是，新中国成立以后（特别是新中国成立初期），中国的马列主义经典论著的翻译、研究确实存在着不少问题，尽管当时基础薄弱，原因也很多，但当务之急仍然是正视问题、纠正错误、查漏补缺、迎头赶上。当然，国家也采取了不少措施，做了很多改进，但因为条件的限制，加上十年动乱的耽误，所以，直到20世纪80年代，这项工作的问题仍然很多，并严重影响到学术研究。朱光潜作为一名向往进步、追求真理、治学严谨的学者，其使命感、责任心促使他直面问题，力争有所作为。

朱光潜精通英文、德文、法文，又自学了俄语，懂意大利语，语言优势为他翻译、介绍、深入研究马列主义提供了得天独厚的条件。同时，他也善于利用这些优势、创造条件。为更好地学习马列主义，朱光潜从20世纪50年代初就自学俄语，参加了北大俄语系的"速成班"突击学习，进而能够阅读、翻译俄文书籍。据朱光潜的学生方敬回忆，他1952年在做亚洲及太平洋区域和平大会英文笔译的时候，见到担任会议顾问的朱光潜经常挤时间阅读俄文版的《唯物论与经验批判论》，听刚突击学了俄语的朱光潜说，自己这样做既能够同时学习俄语和列宁的经典著作，又能相互促进。① 朱光潜极为关注马克思主义论著的中文翻译的准确性，为了提高准确性，他发挥外语的特长，以原版著作为基础，参考英文、法文、俄文等译本，尽量吸收这些语种的选本、翻译的优点，克服其缺陷，纠正中文译本的失当、错误之处，从而极大地提高了翻译的准确性。

朱光潜有多年留学的经历，深入研究过西方文艺、文化、心理学、哲学，具有开阔的视野、广博的知识、深厚的理论修养，这些素养都奠定了其马克思主义翻译、研究的基础。他感受力敏锐，善于理论联系实际。同时，他还具有强烈的反思意识，善于总结自己学习、研究马列主义的经验教训，既教育了他人，也督促了自己。

一 马列主义论著的翻译、研究活动

北平解放后，留在北京大学教书的朱光潜在组织的领导、同事们的影响下，开始阅读马克思主义著作，如《共产党宣言》、《联共（布）党史》、《毛泽东选集》、唯物主义与辩证法的著作。之后，他又接触到更多的马列主义论著，并结合专业研究认真研读。朱光潜学习马列主义，既是政治形势、思想改造的要求，又是在新的环境下进行学术研究的要求，他逐渐把最初的外在的压力和被动性转化为内在的动力和主动性。当他认真阅读马列主义经典论著中文译本的时候，发现这些论著存在不少翻译、理解方面的问题。他就迎难而上，不但自己认真学习，而且试图纠正错误，解决问题。

北平解放前，朱光潜就开始翻译美籍学者路易·哈拉普（Louis Harap）的马克思主义文论著作《艺术的社会根源》，新中国成立不久，上海的新文艺出版社就于1951年出版了这部译著。他充分肯定了作者用马列主义研究文艺的成绩："象读者自己可以看得出的，这部书是从

---

① 方敬：《意气尚敢抗波涛——忆朱光潜先生》，《群言》1986年第10期。

马列主义观点出发,把文艺上一些活的问题提出,根据艺术史与社会发展史的具体事实,详加剖析,然后得出结论。他对马列主义掌握得很稳,对于各种艺术的历史发展又有很渊博的学识,所以能把理论和实际结合得很好。"① 通过翻译这部著作,他深入了解了马克思主义、马克思主义文论,也以此为契机介入到马克思主义美学、文论的译介和研究中。

新中国成立后的十七年间,朱光潜学术研究和翻译工作既重要又高产。这个时期,朱光潜认真而系统地阅读、钻研马列主义经典论著,在此基础上,一方面,他以马列主义指导美学和文论研究;另一方面,他吸收了诸如意识形态理论、反映论、实践论等马列主义理论,服务于其理论建构。他从1956年开始参加了旷日持久的美学大讨论,以马列主义为指导、理论资源,撰写了大量论辩性的论文,在论争中认真地辨别、分析、学习马列主义并运用于美学,极大地推动了中国当代美学、马克思主义美学的发展,1958年作家出版社把这些论文结集出版了《美学批判论文集》。在美学辩论的过程中,他学习了大量的马列主义中文文献,包括初步学习《1844年经济学哲学手稿》并运用其观点分析美学问题,由此注意到马列主义经典论著翻译的质量问题,并长期思考、关注这个问题。在此期间,他翻译、出版了《艺术的社会根源》、柏拉图的《文艺对话集》(1954)、黑格尔的《美学》第一卷(1958)的中文译本,出版了专著《西方美学史》上卷(1963)、《西方美学史》下卷(1964),翻译了莱辛的《拉奥孔》(1965)、黑格尔的《美学》第二卷(没彻底完成),还翻译发表了不少西方美学、马克思主义美学的重要文献。需要强调的是,1958年,朱光潜翻译、发表了英国马克思主义美学家克·考德威尔(Cristopher Caudwell,1908—1937)的论文《论美——对资产阶级美学的研究》(《译文》1958年第5期),同时还发表了论文《关于考德威尔的〈论美〉》,考德威尔在分析人与环境

---

① 朱光潜:《〈艺术的社会根源〉译后记》,《朱光潜全集》(第11卷),安徽教育出版社1989年版,第513页。

（主体与客体）关系时所表现的辩证思想及其对美、对资产阶级美学的看法，都深深地吸引、影响了他，这篇文章与《艺术的社会根源》、《1844年经济学哲学手稿》、列宁的《唯物主义与经验批判主义》等论著对他产生了相当大的冲击，这种影响迥异于他此前长期接受的西方美学的影响，逐渐发展、内化为一种自觉，促使他走上了一条探索马克思主义美学的道路。当然，他还有一条接近马克思主义美学的路径，即通过西方美学论著的翻译和《西方美学史》的写作，接触到马列主义或者与马列主义有联系的理论家的论著，直接或间接地促进了他对马列主义论著的翻译、理解、研究，诸如莱辛、黑格尔、别林斯基，等等。不同理论资源的影响，使他能够在各种思想遗产的比较中提高反思意识、批判意识，自觉选择，走向成熟。

"文化大革命"中，朱光潜认真钻研当时要求必读的《共产党宣言》、《哥达纲领批判》、《国家与革命》、《反杜林论》、《费尔巴哈与德国古典哲学的终结》和《唯物主义与经验批判主义》等论著。当他读不懂中文版本时，就对比德文、俄文、英文的版本反复阅读。而且，他只要发现中译本有需要纠正的错误、修改的地方，就冒着篡改马列主义"罪名"的危险，克服困难，亲自重新翻译、纠正，并把校改的意见、建议逐条全都写到中译本上。后来，他还不顾个人安危把写满意见、建议的六本马恩著作寄给了中共中央马列著作编译局，努力为准确地翻译、理解与传播马列主义发挥作用。①

新时期之后，朱光潜老当益壮，重新焕发青春，以更大的雄心投入到学术翻译、研究之中。一方面，他继续钻研美学理论，撰写了一些高质量的学术论文，深化了原来的理论研究成果，还出版了《谈美书简》等普及性的美学书籍和文章，为普及、提高全民的美学知识和审美感知做出了巨大的贡献；另一方面，他把更大的精力投入到翻译事业中，校改、出版了黑格尔的《美学》第二卷（1979）、莱辛的《拉奥孔》（1979），翻译、出版了黑格尔的《美学》第三卷（1981）、《歌德谈话

---

① 朱世嘉：《带着永恒的感念……》，《光明日报》1986年3月30日。

录》(1978)、《新科学》(1986)。此外，他还深入研究了《1844年经济学哲学手稿》《关于费尔巴哈的提纲》《资本论》《自然辩证法》等经典论著，发掘马克思主义对美学的指导意义。可贵的是，朱光潜根据其理解、研究成果重新翻译了一些重要的文章或章节，并做了详细的注释、全面而准确的评介。例如，他不满意《关于费尔巴哈的提纲》的中译本，发表了《对〈关于费尔巴哈的提纲〉译文的商榷》一文，重新翻译了原文，他把题目译为《费尔巴哈论纲》，对中文版的译文提出了不同的意见、建议，还提出了对马克思主义实践论的理解。他纠正了《1844年经济学哲学手稿》中译本翻译的错误，节译了重要的两章，发表了研究其美学思想的论文《马克思的〈经济学—哲学手稿〉中的美学问题》。他针对《共产党宣言》中译本的翻译问题，撰写了《〈共产党宣言〉译文校对的小结》的文章，系统地阐述了对中译本的意见、建议，并附上"建议校改译文"或"新译片断"。他翻译、发表了《马克思和恩格斯论典型的五封信》(《外国研究》1978年第2期)。这些工作加深了对马列主义经典论著的理解，促进了学界对异化、人道主义、实践论等问题的研究，具有重要的现实意义。据说，他晚年计划重新翻译《1844年经济学哲学手稿》，甚至在译完《新科学》、身体严重透支的情况下，还试图在以前的基础上重新翻译《共产党宣言》。[1]

由此可见，马列主义、马列主义美学经典论著的翻译和研究，是新中国成立后朱光潜学术研究的重要内容、学术活动的重要组成部分，成为中国当代马列主义、马列主义美学与文论研究不可分割的一部分，理应引起我们的重视。

二 马列主义基本理论论著的翻译、研究活动

马列主义由历史唯物主义、辩证唯物主义和科学社会主义组成，是

---

[1] 杨辛：《悼念朱光潜先生》，《艺术研究》1986年第2期。

一个内容丰富、多学科的学术领域。尽管马列主义可以划分为哲学、社会学等多个学科，但最重要的还是其世界观、方法论。其次才是马列主义关于其中各个问题的具体论述、结论。其中，马列主义美学、文论是马列主义重要的组成部分，是马列主义理论在审美、文艺领域内的运用和延伸，深入研究马列主义美学、文论既是学科发展的要求，又有利于丰富、深化对马列主义的理解和研究。研究马列主义美学、文论，需要研究马列主义对文艺、审美问题的具体看法，也需要掌握马列主义世界观、方法论，离开了马列主义理论的指导，前者就成了无源之水、无本之木。朱光潜深谙此理，为了深入地研究美学、文论，他认真地钻研马列主义基本理论。在学习的过程中，他发现马列主义经典论著的中文译文有不当或错误之处，就及时地指出并予以纠正。

（一）纠正马列主义经典著作书名翻译的错误

《费尔巴哈和德国古典哲学的终结》是马克思的重要著作，也是马克思主义的经典之作。但是，中译本的书名却翻译错了。《费尔巴哈和德国古典哲学的终结》的书名中"终结"这个词，马克思原著和德文"终结"原词都是"Ausgang"，这个词有两个含义，即"出路"或"结果"、"终结"或"终点"。其中，俄文、法文、英文的译本都把这个词译为"终结"或"终点"，中文本也译为"终结"。但是，东德的辞典以这部书为例把这个词解释为"一个时间段落"，美国纽约国际出版局《1844年经济学哲学手稿》的译本中把这个词译为 Outcome "结果"或"成果"。而且，从马克思主义自身来看，作为其核心的唯物辩证法和唯物史观建立在对黑格尔、费尔巴哈的批判继承之上。综合考虑，俄文、法文、英文、中文译本都是错误的，应该译为"结果"，否则，就会错误理解、评价这部著作。[①]

列宁名著《国家与革命》书名翻译的错误。"国家"是由俄文Г

[①] 朱光潜：《黑格尔的〈美学〉译后记·文艺论丛编辑部·文艺论丛》（第7辑），上海文艺出版社1979年版。

осуДарсТВо 翻译而来的，英文版译作 State，不是 country，也不是 nation；中文版的翻译不妥，应该译为"政权"或"国家政权"。原因在于，"国家"的含义很丰富，包括通常的"政权"的含义，也有"疆土""民族""人口"的含义，列宁主要指的是"政权"，而且，根据马克思恩格斯的"国家消亡论"，共产主义实现后，"政权"就会消亡，但空间意义上的疆土及其居住民则不会消失。①

书名是理解一部著作的关键，如果书名翻译错了，不仅影响了对书名的理解，还会导致对全书基本理论、结论的错误理解。由此可以看出，朱光潜的纠错具有多么重要的意义。

（二）纠正具体的翻译错误

朱光潜针对《关于费尔巴哈的提纲》中文译本提出了修改意见、建议，附上"建议校改译文"。在他看来，中译本有很多错误。首先，标题的翻译不妥，根据原文和文章写作的实际情况，应该翻译为《费尔巴哈论纲》。其次，还存在着多种类型的翻译错误。有的属于词语翻译不准确、错误，这种类型很多。例如，把"理论的活动中"中 Theorie 翻译为"理论"是错误的，应当译为"认识"；"是否具有客观的真理性"中，把 zukomme 译为"具有"不当，应该译为"是否能达到客观的真理"；应该把 Gesellschaftsform 译为"形态"而不是"形式"。有的属于一词多义的翻译不当，例如，原文 Der Gegenstand 有"事物""对象""客体"的含义，应该根据具体语境选取准确的含义，为此，他建议一律译成"对象"，而不能如中文译本那样译为"事物""客体""客观"。有的属于理解所导致的句子的整体意义的不妥或错误。"并不是单个人所固有的抽象物"的翻译不准确，应该译为"并不是某一个人生来固有的抽象的东西"，其中，把 einzelnen 译为"单个人"不妥，孤立的"个人"（法译本）较准确，Abstraktum 指抽象的属性而不是事

---

① 朱光潜：《建议成立全国性机构，解决学术名词译名统一问题》，《出版工作》1979 年第 1 期。

物,不应该译为"抽象物";把"问题在于改变世界"中 es kommt darauf an 翻译为"问题"是错误的,应当译为"关键"。最后,应该从马克思主义思想发展史的宏观视野准确理解原文的主旨、翻译。翻译应该基于对马克思主义的整体理解,否则,就容易出问题。对于《费尔巴哈论纲》原文中深奥的、全文关键性的第一条的翻译也应该这样。正因为缺乏整体性观照、准确的理解,中文译本就出现了一些不妥、错误的翻译,及其导致的晦涩难懂和理解上的问题。具体而言,《费尔巴哈论纲》写于《1844 年经济学哲学手稿》之后、《德意志意识形态》之前,应该把这三部著作联系起来并结合其后的《政治经济学批判》的"导论"和"序言"、《资本论》、《费尔巴哈与德国古典哲学的终结》等著作进行理解、翻译,尤其要注意著作之间的联系和发展。根据这种理念、思路,他修改某些词、短语和句子的误译,重译了这一条,提供了比较贴近原文的、妥当的、准确的译文。①

(三) 纠正基本概念、术语翻译的错误

人道主义、人文主义、人本主义,这几个术语的含义非常丰富且有区别,其语义也有一个演变的历史过程:这个词自文艺复兴时期开始流行,最初指区别于神学的人文学科;人文主义指文艺复兴运动,包含了对其反教会反封建的进步意义的肯定,其精神与人道主义相通,但这个词的使用很有限,把它用于文艺复兴运动之前、之后,均不恰当;人道主义强调了"人的尊严"的新兴资产阶级的理想,其政治内容是自由、平等、博爱,马克思不但继续使用这个概念,而且还赋予新的含义,即要充分地肯定、发展人特有的本质力量和能力。因此,应当根据人道主义的语义演变的不同含义,结合其使用的语境,准确地理解其含义再进行翻译。否则,就可能出现误解、误译的现象。常见的错误有:把"人文主义"错用于文艺复兴运动之外;混淆人文主义和人道主义的含义,使用混乱。他还总结出使用规律,即通常用"人道主义"即可,用

---

① 朱光潜:《对〈关于费尔巴哈的提纲〉译文的商榷》,《社会科学战线》1980 年第 3 期。

"人文主义""人本主义"时要谨慎辨析语义和语境。① 而且，除了语义外，准确的翻译还必须依赖广博的知识。费尔巴哈和车尔尼雪夫斯基都使用过"anthropological principle"，有人译为"人道主义原则""人本主义原则"。朱光潜认为，前者不恰当，后者是误译，准确的答案是"人类学原则"。朱光潜对此从不同角度进行了辨析。1. 从语义上讲，anthropol 的含义是"灵长"或"类人猿"而不是"人"，研究原始人的学科、学者分别是"人类学"、"人类学家"，而不能是"人本主义"或"人道主义"、"人本主义者"或"人道主义者"。2. 维柯把文明人视为人类长期演变的结果，朱光潜认同这个看法并深信，"人本主义""人道主义"只能存在于文明人而不是此前的时代。3. 人类学是西方近代发展起来的一门重要的新学科，马克思也受到其经典著作《新科学》和摩尔根的《古代社会》的影响。4. 马克思、恩格斯批判地继承了费尔巴哈的"人类学原则"，既有肯定，又有否定，假若把"人类学原则"译为"人本主义原则"或"人道主义原则"，则无法理解马克思对费尔巴哈的批判了。因此，翻译必须综合地考虑各种因素，否则，就会犯不当或误译的错误。②

朱光潜并不满足于一般性地阅读、接受马列主义经典论著的中文译本，而是立足原著，认真学习，对照其他版本仔细甄别，发现错误，及时纠正。这种态度值得我们认真学习。

三 马列主义美学与文论的翻译、研究活动

朱光潜不但重视马列主义基本理论的学习、翻译，而且也非常重视作为其终生志业的马列主义美学、文艺理论论著的翻译、研究。在他钻研马列主义美学、文艺理论论著的过程中，一旦发现中译本的不当或错

---

① 朱光潜：《谈一词多义的误译》，《中国翻译》1980 年第 1 期。
② 朱光潜：《略谈维柯对美学界的影响》，《文艺研究》1983 年第 5 期。

误,就立即指出,予以纠正。这些工作主要表现在以下三个方面。

(一) 纠正缺少基本的语言学常识所导致的错误

中西很早就关注"想象",也都有丰富的论述。在西方,俄国的别林斯基和德国的费肖尔开始用"形象思维"来解释"想象",即"think in image"。但是,有人把这个短语错误地译为"在形象中思维",导致了对"形象思维""想象"的错误理解,留下了笑柄。实际上,这个短语应当译为"用形象来思维",它的意思是"Imagination",即中文的"想象"。① 由此可见,语言学及其常识之与翻译的重要性。

(二) 纠正缺少基本的专业知识所导致的错误

马克思在《政治经济学批判》第二章中谈到了金银货币的"ästhetische Eigenschaftten"(德语原词),有美学家把这个概念翻译为"美学属性"。朱光潜认为,这个翻译是错误的,正确的译文是"审美属性",虽然是一词之差,但抹杀了"审美"与"美学"的区别,前者指美学活动,后者指美学学科,进而歪曲了马克思的原意,即错误地认为,具有"审美属性"的东西也具有"美"的客观属性。就金银而言,金银有"审美属性",指金银可以起到审美的作用或引起美感,并非指金银必然是美的,或美是金银(事物)的必然属性,而且,还是不以人的意志为转移的客观属性,这些马克思都有具体的论证。详细地说,"审美"作为范畴,还有美与丑、雄伟与秀媚、喜剧性与悲剧性之分。②

(三) 纠正没能从马克思主义思想发展史和马克思主义的精神实质把握问题所导致的错误

《1844年经济学哲学手稿》是马克思从人本主义向成熟的马克思主义过渡的一部重要著作,因其涉及大量的美学问题引发了哲学界和美学

---

① 朱光潜:《谈美书简》,上海文艺出版社1980年版,第97页。
② 朱光潜:《我学美学的一点经验教训》,《美学拾穗集》,百花文艺出版社1980年版,第189—191页。

界的广泛关注、讨论。鉴于其现实意义及其对于美学发展的潜在意义和中译本的晦涩、错误，他重译了《1844年经济学哲学手稿》中与美学有密切关联的"异化的劳动""私有制与共产主义"两个重要章节，发表了研究其美学思想的论文《马克思的〈经济学—哲学手稿〉中的美学问题》。他深入分析了青年马克思关于劳动导致异化、艺术起源于劳动、美的规律、艺术与劳动的关系等问题，尤为系统地论述了与美学密切相关的实践论思想，从正面阐述了自己的看法。当时，国际学界关于《1844年经济学哲学手稿》有三种基本看法，即极端否定的"过时论"、过分夸大的"顶峰论"和介于前二者之间的"转折论"。朱光潜反对前者，因为《手稿》的许多具体观点仍然正确、具有指导意义，他反对后者，因为马克思后期的不少思想是从《手稿》发展出来的，而且，马克思主义思想仍然是会继续发展的。他基本持第三种看法，即《手稿》是马克思思想的转折点，马克思澄清、抛弃了黑格尔和费尔巴哈的思想方式与表达方式，但仍然继承、发展了《手稿》的一些基本观点，诸如，建立共产主义的前提是废除私有制，生产劳动是历史发展的动力，人与自然的相互依赖、统一，人的全面发展是共产主义的理想，认识源于实践，等等。尽管马克思在《手稿》之后很少使用"异化"概念，但一直承认、关注这个事实，反对异化也是其从事工人运动、无产阶级革命运动的动力。① 当时的朱光潜不顾年事已高，仍然冒着积雪从燕南园到西语系办公室翻译《手稿》，途中不幸摔跤受伤，但包扎后继续工作，他的认真、执着、责任感令人肃然起敬。②

朱光潜为准确、深入地理解《手稿》做了大量艰苦的工作。首先，他的《马克思的〈经济学—哲学手稿〉中的美学问题》文章后面加了附录，即"新片译断"，重新翻译了《手稿》中极为关键的、与美学关系非常密切的"异化的劳动"和"私有财产和共产主义"两部分。其次，他在注释中对"异化的劳动"等问题进行了详细的讲解，并且发

---

① 朱光潜：《马克思的〈经济学—哲学手稿〉中的美学问题》，《美学》1980年第2期。
② 郝铭鉴：《我心中的美学老人》，《杂家》1986年第4期。

表了自己的见解，虽然是注释，但考证、论述详细而严谨，类似于学术论文。最后，他认真、准确地纠正了中译本里不准确、错误的翻译及其原因，表现了极其严肃、追求真理的学术态度。例如，在"异化的劳动"部分中，"从物质方面来说"中，把 physic 译为"物质"是错误的，应该译成"肉体"，"物质"的外延更大；"在这样一个规定里"中的"规定"不准确，应该翻译为"定性"；在"人在实践和理论两方面"中把"Theorie"翻译成"理论"是错误的，应译成"认识"。在"私有财产和共产主义"部分中，"就等于人文主义，作为完善化的人文主义"中"人文主义"的翻译是错误的，应译成"人道主义"；"我的一般意识"，"一般意识"的翻译是错误的，与原意相距甚远，应译成"意识形态"；"社会性的心（消费）"，英文译本中"mind（心）或 Consumption（消费）"的翻译都不恰当，应该充分考虑到劳动的乐趣和文艺欣赏的特点而译成"享受或者乐趣"。诸如此类的例子还很多，朱光潜尽管只是翻译了这两章中最重要的部分，但在这些翻译中就加了 38 个注释，足见其认真、严谨。

实际上，这些成果并不仅仅是他在"文化大革命"后取得的，而是经历了漫长的过程，是朱光潜多年深思熟虑的结果。我们知道，在 20 世纪五六十年代的美学大讨论中，他开始学习《1844 年经济学哲学手稿》，并运用于其美学理论的建构中，这些成果应该追溯到那时。其中，发表于 20 世纪 80 年代的节译部分的几个校改，他在 60 年代就明确校正过。例如，"异化的劳动"部分的"人是类的存在物"，把 Gattung 译为"类"不准确，应译成"物种"（与英文 Species 对应）；"私有财产和共产主义"部分中"感觉在自己的实践中成了理论家"，也欠妥，"Theoretiker"只能译为"认识者"或"认识器官"；中译本的"因为苦恼是人用以感知自己的自我的手段之一"中，有意对"Selbstgenuss"视而不见，没有忠实原作。[①] 而且，难能可贵的是，朱光潜不

---

① 丁枫：《长歌当哭——纪念朱光潜先生逝世一周年·朱光潜纪念集》，《朱光潜纪念集》，安徽教育出版社 1987 年版，第 231 页。

仅认真校改，还详细说明了校改的原因。

朱光潜即使在晚年精力不济的时候，仍然认真钻研对马克思产生了巨大影响的意大利思想家扬姆巴蒂斯塔·维柯（Giambattista Vico, 1668—1744）。他在研究维柯与马克思主义的关系时发现，当时中国流行的中央马恩编译局翻译的《资本论》第十三章的"89"号脚注存在严重问题，而弄清这个注释的准确含义对于解决这个问题又极为关键。他特意翻译了国际出版局、美国国际出版社的《资本论》的这个脚注，与国内的译文进行比较。结果，两个国外版本的译文比较接近，也较为准确，与国内译文的出入很大。他据此做出判断："我们断定脚注的中译文（马恩编译局的版本）是粗制滥造的，错误百出的，读者细心核对，当不难看出，最严重的错误在没有抓住人类史是由人类自己创造的，而自然史却不是自然界动植物自己创造的这一条马克思和维柯都着重的基本原则。"① 尤其是，"自然史不是我们自己创造的"的翻译是错误的，应该把"我们"改为"自然界"。他还指出了国内译本的三个严重疏忽，即没有提瓦特，没有说明动植物如何用器官作为生产工具，没有对维柯作必要的注解。②

朱光潜对这些问题的发现、纠正，很有针对性、借鉴意义，也值得我们认真对待。

四　呼吁加强马列主义论著的翻译、研究工作

朱光潜的写作时间多达六十余年，是我国现当代著名的大师级的美学家、文论家、外国文学研究家、翻译家、教育家。他成果卓著、论著丰富，在专业领域影响极大，也因其论著获得了巨大的社会声誉，还是

---

① 朱光潜：《对马恩全集》23卷《资本论》第十三章标明"89"号脚注的说明。《朱光潜全集》（新编增订本，第14集），中华书局2013年版，第319页。
② 朱光潜：《对马恩全集》23卷《资本论》第十三章标明"89"号脚注的说明。《朱光潜全集》（新编增订本，第14集），中华书局2013年版，第319页。

当代中国极为罕见的具有国际影响的学者之一。新时期以来，他担任全国政协常委、民盟中央委员、中国社科院学部委员、中华美学学会会长与名誉会长、中国作协顾问、中国文联委员等职，具有相当大的社会影响力。他利用其独特的社会地位、影响力，强烈呼吁提高马列主义经典论著中文翻译的质量，加强对马列主义的研究。

（一）正视马列主义经典论著中文翻译中所存在的问题，努力提高翻译质量，为马列主义的宣传、传播、学术研究奠定牢固的基础

我们应该承认、正视马列主义著作的中文翻译存在着许多问题，有的还比较严重。当然，我们也应该实事求是地看待导致这些问题的原因，公正、客观地评价其得失。1. 从客观方面来看，翻译工作大都是在革命斗争的艰苦年代进行的，当时外部环境异常恶劣、艰难，缺乏最基本的物质保障、文化氛围、工作条件。2. 从翻译者的情况来看，他们的外语水平、文化修养都有很大的局限，较多译者的外语不过关，进一步的深造、业务提升也受到限制，影响到翻译的质量。其中，由于俄语水平高些，列宁著作翻译的质量好些。但是，马恩著作的中文翻译堪忧，如果核对原著仔细校对，几乎每一页都存在问题，需要纠正。3. 翻译工作者克服重重困难，翻译出版了全集，满足了宣传、革命斗争、学习的需要，为人民理解、掌握马列主义提供了基础，他们已经尽了最大的努力，取得这些成果实属不易，理应感谢他们的辛勤工作。4. 由于主客观方面的原因，译文的不准确、错误在所难免，有的错误相当严重（如果仔细译校，几乎每一页都存在问题），这是事实，应该正视这些局限，积极寻求各种办法弥补不足、纠正错误、解决问题。[①]而且，随着时代的发展，我们已经认识到以往理解马列主义的局限、错误，现在也理应比过去更准确地理解马列主义，但旧的译文的局限日渐凸显，为了满足时代发展的需要，应该有更为全面、准确的译文。

---

① 朱光潜：《对马恩全集》23卷《资本论》第十三章标明"89"号脚注的说明。《朱光潜全集》（新编增订本，第14集），中华书局2013年版，第3页。

5. 语言是不断变化、更新的，从开始翻译到现在，时间已经比较长了，时过境迁，应该根据语言的变化调整、改进译文。此外，"经典著作及其翻译往往是语言规范化的一个重要的动力"，应该认真、准确、规范地翻译马列经典，通过读者的阅读，为提高汉语规范化发挥作用。①

（二）建立科学、长效的翻译工作机制，促进马克思主义经典论著中文翻译工作的长远发展

1979年，他专门就这个问题给商务印书馆外国哲学编辑室陈兆福编辑写信，并要求把这封信转交给国家出版事业管理局。这封信以《建议成立全国性机构，解决学术名词译法的统一问题》为题发表在人民文学出版社的内部刊物上，很快，就公开发表在1979年1月国家出版局编的《出版工作》（第19期）上，以实际行动推动了中国的翻译工作。他在信中提出，希望国家组织、成立一个全国性的常设机构，出版一部比较准确的译名词典，以解决学界长期存在的学术名词译名的缺乏规范性、统一性的问题，既能够节省翻译工作者、编者的精力，又能够减少、避免一些不必要的争论，提高翻译的效率、质量；为了从根本上提高我国的翻译水平，建议国家有意识地、集中力量培养翻译人才，即"集中现尚分散的编辑和翻译两方面的骨干人才，把培养新生力量当作头等大事来抓。抓的办法是翻译和科研结合"；建议恢复出版《翻译通报》之类的关于翻译问题的刊物，便于翻译界的争鸣、讨论、交流，求得译界自行解决一些问题。其中，这封信就举例说明了马克思主义经典论著翻译中存在的问题。②

1981年，朱光潜就阅读张契尼同志新译的《〈黑格尔法哲学批判〉导言》的体会专门给《中国社会科学》编辑部写了一封信，更加深入、系统地思考了这个问题。他总结了翻译出现错误的原因："（1）对马克

---

① 朱光潜：《怎样学美学》，全国高等院校美学研究会、北京师范大学哲学系合编：《美学讲演集》，北京师范大学出版社1981年版，第3页。

② 朱光潜：《建议成立全国性机构，解决学术名词译名统一问题》，《出版工作》1979年第1期。

思主义本身的全面掌握不够;(2)对外文的掌握不够;(3)对中文的掌握不够。"① 在他看来,马克思主义经典论著翻译中出现的问题,与旧的翻译工作方式有很大关系,亟待调整、改进旧的工作方式,并采用新的工作方式:"在动手翻译之前应有个学习和讨论阶段,最好由一个三人到五人小组来进行,把原文吃透了,再由一人动手译,由小组讨论定稿,印行后要不断地广泛征求校改意见。"② 他针对问题提出了两个重要的忠告:第一,"任何一篇文章或一个论点都不能就它本身孤立地看,要找到它的来龙去脉。"第二,"经典著作的各种译文不一定都很正确,本例俄、法、英译文都不很正确,应深入研究,作出自己的判断。在研究中应特别注意上下文乃至前后文相关联的意义(contextual meaning),也绝对不能孤立地看"。③ 而且,鉴于马列主义在中国的意识形态的指导地位,及其经典著作的普及性,理应认真、准确、高质量地翻译马列论著,借助于大众阅读,提高汉语的规范性。为此,朱光潜深谋远虑地强调:"我们就不应忽视译文对汉语规范化所必起的作用。"④ 同时,他在马列主义经典论著统一译名的具体问题上,还提出了更为宏大、深远的设想,现在应该充分总结、借鉴历史上佛教经典翻译的经验,出版一种类似于佛典中的"翻译名义集"之类的著作供译者参考。⑤

(三)重视马列主义经典论著的选本工作,提高选编、翻译的质量,充分发挥其独特的社会作用

1977年,朱光潜结合自己研究马克思主义美学、文论的成果,对

---

① 朱光潜:《怎样学美学》,全国高等院校美学研究会、北京师范大学哲学系合编:《美学讲演集》,北京师范大学出版社1981年版,第3页。
② 朱光潜:《怎样学美学》,全国高等院校美学研究会、北京师范大学哲学系合编:《美学讲演集》,北京师范大学出版社1981年版,第3页。
③ 朱光潜:《怎样学美学》,全国高等院校美学研究会、北京师范大学哲学系合编:《美学讲演集》,北京师范大学出版社1981年版,第3页。
④ 朱光潜:《怎样学美学》,全国高等院校美学研究会、北京师范大学哲学系合编:《美学讲演集》,北京师范大学出版社1981年版,第3页。
⑤ 朱光潜:《怎样学美学》,全国高等院校美学研究会、北京师范大学哲学系合编:《美学讲演集》,北京师范大学出版社1981年版,第3页。

照德文、法文版本认真校改了《马克思恩格斯论文学和艺术》中文译本的错误。1980年，朱光潜在《武汉大学学报》中发表《对"马克思恩格斯论文学和艺术"编译的意见》，全面、直率地说明了对这类选本及其中译本的意见。他明确认同"我们的理论基础是马克思主义"，同时强调落实更重要。同样，经典马克思主义作家的文艺思想对我们也非常重要，但目前国际学界的这类选本的问题较大，我国文论界通用的《马克思恩格斯论文学和艺术》（俄文原版及其中文版）也存在严重的问题，应该引起我们的重视。鉴于此，朱光潜提出了自己的意见和建议。首先，这类选本的总体情况是良莠不齐，有好的选本，如民主德国 Lifschitz 的选本（已有中译本）、苏联国家出版社编的《马克思恩格斯论文学》、Thorez 撰写引论的法共的选本，也有比较差的，最差的是俄文四卷本的选本（我国已经翻译正在通用）。其次，这些选本存在的共同问题是，按照专题选文、结构全书，整章整段地割裂马恩原著，盲目挑选、拼凑成专题，肢解了原著的整体性、有机性，破坏了前后顺序、内在观念关联性。其中，俄文四卷本的这种弊病更严重。俄文四卷本忽视马恩论文学的辩证唯物主义、历史唯物主义的指导思想和方法论（尤其是辩证唯物主义），用"艺术创作的一般问题"取代之，选取了过量的"革命悲剧""现实生活中悲剧和喜剧""黑格尔的美学"等内容，错误地把这些内容作为艺术的一般问题，而且，选目零碎、错乱，标题也有不少错误，选文缺乏系统性，漏选了不少重要篇目，根本无法看出马克思主义美学的体系。再次，编者不能准确理解马克思主义，导致了俄文四卷本对文论的错误理解，一定程度地表现在选本的序言中，进而误导读者。缺少辩证唯物主义的指导，贬低或否认马克思主义实践论，片面地理解人与自然、主体与对象、人性与阶级性、阶级性与共同美、文艺与政治、政治标准与艺术标准、人道主义与自然主义的关系，例如，把人道主义与无产阶级革命绝对对立起来，错误理解艺术的起源，否定《1844年经济学哲学手稿》的学术价值，等等。最后，俄文四卷本中文版的翻译也不准确，甚至有不少错误。例如，该书"艺术与马克思主义"部分的"劳动与游戏"(应该译为"论劳动")中,源自《资本论》的这段文字不仅不应该放在这部分,而且,译者随意删除、颠倒原文,译文也晦涩难懂。其中,德文原词 Spiel(英译 Play)有"游戏"、"发挥作用"的意思,但中译本却错误地理解、翻译为"游戏",艺术起源于游戏是德国美学家席勒和英国经验主义者斯宾塞尔的观点,主张艺术起源于劳动的马克思是反对这种观点的,导致中译本出现了张冠李戴的错误。① 总之,上述问题不但影响了国人准确地理解马克思主义及其文艺思想,还造成了马克思主义文论零散、琐碎、没有完整体系的印象。为此,朱光潜提出了合理的建议,即应该克服旧的认识和条条框框的束缚,纠正理解和翻译的错误,与时俱进地更新内容,增加新的部分,诸如学术热点、前沿问题;重要的问题,如马恩关于"异化"的论述;重要的篇章,如《费尔巴哈论纲》《手稿》的"私有制与共产主义"部分中人道主义与自然主义结合的章节、《〈政治经济学批判〉导言》关于掌握世界的方式的论述;《资本论》中"劳动过程"部分的关键语句,等等。而且,鉴于俄文四卷本的弊病和中译本翻译的错误,以及国内有些选本仅仅依赖马克思主义经典作家评论具体作家、作品的有限的信件的狭隘性,我们应该解放思想,积极吸收文论界的研究成果,重新编写选本,准确地翻译,反映并帮助读者系统、准确地掌握马克思主义的史论结合的完整的美学体系,有效地指导文艺创作、文艺史的编纂、文艺与文论研究,满足现实的需要。同时,也能够减少或避免以讹传讹,误导读者。应当说,他的意见有的放矢、切中时弊,建议也是及时可行、意义非凡的。②

其实,文艺理论选本只是一个例子,马克思主义其他学科的选本、翻译也存在类似的问题。应该以此为戒,端正思想,钻研业务,提高编选、翻译的质量,推动教育和学术的发展。

---

① 朱光潜:《马克思的〈经济学—哲学手稿〉中的美学问题》,《美学》1980 年第 2 期。
② 朱光潜:《对〈马克思恩格斯论文学和艺术〉编译的意见》,《武汉大学学报》(哲学社会科学版)1980 年第 5 期。

（四）从根本上提高马克思主义的研究水平

朱光潜在研究美学、马克思主义的过程中发现我国马克思主义研究存在的问题和落后状况，对此深感不安，多次表达过忧虑、担心和希望改变现状的决心，并付诸实际的行动。他在对照中译本重译马克思《1844年经济学哲学手稿》重要章节时发现了许多问题，真切地体会到，我国马克思主义经典著作的翻译工作"刻不容缓"，而且，"已有的表现和我们社会主义祖国的地位太不相称了"。① 1980年10月11日，他在全国高校美学进修班的演讲中严肃地指出："我们美学处于落后状况，是情有可原的。但对马克思主义的研究也处于落后状况，则是说不过去的。"② 甚至暮年的他在遇到错误频发的译文时还苦口婆心地劝勉译者端正态度："我们是马列主义的信徒，对马列主义的经典著作的翻译还应该持更严肃的态度，付出更大的努力，否则就会造成精神污染！我前已呼吁过三、四次了：'人之将死，其言也善，鸟之将死，其鸣也哀！'"③ [朱光潜《对〈马恩全集〉23卷〈资本论〉第十三章标明"89"号脚注的说明》，《朱光潜全集》（新编增订本，第14集），中华书局2013年版，第319页。——应该删掉] 不仅如此，他还认真地分析了原因。1. 马列著作的中文翻译出现了很多不当、错误，这些问题极为严重地妨碍了正确的理解、研究和掌握马列主义的质量。2. 错误地指认马克思主义美学缺乏完整的体系。一方面，这与一些缺乏义理、零碎、混乱的选本有非常大的关系，亟待科学、系统、反映马克思主义精神实质和真实全貌的选本；另一方面，马克思主义美学具有博大精深的潜体系，但是，研究者满足于做表面文章，浅尝辄止，没能深入研究、发掘出这个涉及文艺各个方面的完整的体系，反而局限于表面的、

---

① 朱光潜：《马克思的〈经济学—哲学手稿〉中的美学问题》，《美学》1980年第2期。
② 朱光潜：《对〈马恩全集〉23卷〈资本论〉第十三章标明"89"号脚注的说明》，《朱光潜全集》（新编增订本，第14集），中华书局2013年版，第3页。
③ 朱光潜：《对〈马恩全集〉23卷〈资本论〉第十三章标明"89"号脚注的说明》，《朱光潜全集》（新编增订本，第14集），中华书局2013年版，第319页。

错误的观念而不能自拔:"写过或没有写过美学专著,和有没有完整的美学体系并不是一回事。马克思主义创始人没有写过美学专著,这是事实;说因此就没有一个完整的美学体系,这却不是事实。"① 而且,马克思主义美学还以其包容性、深刻性获得了巨大的阐释力,不但能够深刻地解释文艺现象及其来源、与社会的联系,而且还能够分析其他美学理论(尤其是唯心主义美学理论)的局限。3. 国内的整体研究水平确实不高、亟待提高。缺乏对国外学术前沿问题的关注、研究,如对国际学界关于马克思《1844年经济学哲学手稿》的新的研究成果,马克思对异化问题的处理,对国外马克思主义学和新的马克思主义流派的研究。不能够及时回应、有效解决国内外学界的一些争议问题,诸如,两个马克思问题,马克思主义与异化的关系问题,马克思主义与人道主义的关系问题,等等。不能坚持马克思主义的大前提,即辩证唯物主义、历史唯物主义及其统一,在具体的美学研究中,难以贯彻马克思主义的精神实质和方法论的指导意义。缺乏对马克思主义的整体观照,忽视马克思主义理论之间、马克思主义与其他理论之间的有机联系,错误地把人性论、人道主义与马克思主义对立起来,斥之为资产阶级的专利,否认马克思主义对德国古典哲学的继承。具体理解、研究中尚存在不少错误。例如,否认马克思主义的实践观及其派生出的实践论美学,否定美是主客观的统一及其对自然美、现实美之间的关系的正确处理,等等。② 4. 开阔视野、解放思想,加强对于马列主义有关的其他学术思想的研究。他发自内心地说,"只学马克思主义而不学其它,也决学不通马克思主义。美学也是如此。"③ 这里所说的"其它",自然也包括对马克思主义思想来源的研究、马克思主义与其他思想、马克思主义与资产阶级思想家关系的研究。唯有如此,才能提高我们的研究水平。

　　朱光潜根据其仔细观察、亲身体会,有的放矢地指出了当时我国马

---

① 朱光潜:《谈美书简》,上海文艺出版社1980年版,第38页。
② 朱光潜:《对〈马恩全集〉23卷〈资本论〉第十三章标明"89"号脚注的说明》,《朱光潜全集》(新编增订本,第14集),中华书局2013年版,第3—8页。
③ 朱光潜:《谈美书简》,上海文艺出版社1980年版,第43页。

克思主义译介、研究中存在的问题，指出了改进的方案。可贵的是，他在年事已高、健康欠佳的情况下，不顾个人得失，利用其社会影响，以一己之力强烈呼吁国家有关部门、个人正视问题，采取措施，解决问题，充分体现了知识分子的良知、报效国家的责任心。

朱光潜具有追求真理的勇气、扎实的专业素质、深厚的文化修养、丰富的翻译经验、认真地传播和发展马克思主义的使命感，能够发自内心地尊重马列主义。这些因素使他能够认真地翻译、研究马列主义理论和马列主义美学文献，为当代马列主义的发展做出了不可替代的贡献，也走出了一条独特的翻译与研究相互结合、良性互动的道路。实际上，他的翻译是一种在论争、比较、辨析中进行的特殊的研究，也具有重要学术价值、普及意义。当然，他的翻译、结论并非都完全正确，仍然需要进一步的研究、甄别。值得肯定的是，在新时期及其之后的美学研究中，他的马列主义美学、文论的译介成果，确实得到了学术界的重视，包括他自己在内的很多研究者都在研究中吸收了这些成果，在诸如《1844年经济学哲学手稿》的美学思想、实践论美学和其他马列主义美学思想的讨论中都有所反映。而且，随着学界对朱光潜的译介、研究的认识的深化，这些成果将发挥越来越大的作用。但实事求是地说，他的翻译、研究的成果确实没有得到学术界应有的重视，更缺乏必要的清理，尤其是他对于马列主义经典论著的翻译错误的纠正，至今仍然没能得到有关部门的认真对待，甚至缺乏最基本的回应。例如，仅就朱光潜提出的马列主义经典著作的书名、论文的题目这些最基本的问题而言，现在通行的、新版的马列主义经典著作大都仍然沿用旧的译法，基本上没做修改，更谈不上吸收他的研究成果了。

当前，时代又一次提出了切实推进马克思主义发展的历史使命，在推动马克思主义中国化的背景下，我们理应及时而认真地清理他的马克思主义的译介、研究的遗产，由此总结其得失，以促进马列主义、马列主义美学和马列主义文论的译介、研究，进而有效地指导、带动整个人文社会科学的发展，回应现实的理论需求和挑战。

物质阐释学文论及其对于"两个结合"的意义

兰州大学　张进[*]

在世界范围内，20 世纪 60 年代对物质性（materiality）研究的兴趣，部分来源于物质技术领域。分析哲学和技术哲学的"经验转向"[①]，将关注重点从语言逐渐转向具体实践，对物质性问题变得敏感起来。同时，技科学（technoscience）的进一步发展，强调"许多科学实践在功能上都是阐释学的"，科学哲学无法回避阐释学，且阐释学可以通过关注技术得到扩展。[②] 20 世纪末发生的"事物转向"（turn to things），对物质性问题的关注也与日俱增。阐释学与实证主义的二元对立（hermeneutics – positivism binary）导致的"狄尔泰鸿沟"[③]，在对物质性的关切中被解构。物质、事物与诗学的交互影响，彰显出现实主义和唯物主义在人文和人类科学领域的回归。

在此背景下，美国"技科学"阐释学家唐·伊德（Don Ihde）拒绝接受"狄尔泰鸿沟"，认为某些类型的解释活动（广义的阐释学）是自然和人文科学的共同特征。在对科学研究、科学社会主义和女性主义科

---

[*] 本文系国家社会科学基金重大项目"丝路审美文化中外互通问题研究"（17ZDA272）的阶段性成果。

① Hans Achterhuis, *American Philosophy of Technology – the Empirical Turn*, Robert P. Crease Trans., Bloomington: Inidiana University Press, 2001, p. Viii.

② Don Ihde, *Expanding Hermeneutics: Visualism in Science*, Evanston: Northwestern University Press, 1998, pp. 3 – 4.

③ 张进、蒲睿：《论"狄尔泰鸿沟"》，《西北师大学报》（社会科学版）2021 年第 5 期，第 40—48 页。

学进行批判后，伊德提出了"扩展阐释学"（Expanding Hermeneutics），强调实践、仪器和实验室等物质而非理论的重要性。他声称，在科学中使用的仪器和技术以阐释学的方式运行。研究早期，他试图展示物质文化、人工物、技术等是如何通过人与技术的关系被带到人类经验中的。20世纪70—80年代，伊德更加关注技术在科学以及文化情境中的作用，并基于现象学和阐释学来探讨技术哲学问题，考察"具身性"（embodiment）如何在仪器中被暗示（imply）出来。20世纪90年代后期开始，他从仪器扩展到更复杂的技术阐释学问题，突出了阐释活动中的物质性，认为物质阐释学是"技科学"领域诸多实践活动的特点。进入21世纪，经过伊德和其他学者的共同努力，物质阐释学实现了从单纯的自然科学向人文或人类科学的"跨越"，逐步演变为一种普遍适用的阐释学理论学说，[1] 也为诗学研究提出了新的参照范式。

一 物质工具的阐释作用：让事物说话

基于技术和跨学科研究方法的物质性阐释实践经历了从技科学、后现象学到事物阐释学、物质阐释学的变化。技术哲学的"经验转向"以来，后现象学本身经过了技术调节（technologically mediated），因此难以直接、真正地掌握技术的本质。伊德在现象学研究中，对马丁·海德格尔（Martin Heidegger）的技术概念进行批评，拒绝了海德格尔对整体技术（technology at large）的悲观观点，从调节概念发展了"技科学"。正是基于技科学，他发现自然科学本身具有阐释学传统。在世纪之交，伊德在对物质技术（成像技术）的阐释实践中，发展出"事物阐释学"（Hermeneutics of things），并与保罗·利科（Paul Ricoeur）阐

---

[1] 张进、王红丽：《物质阐释学：一个概念史》，《福建师范大学学报》（哲学社会科学版）2022年第5期，第92—104页。

释学现象学拉开距离,从文本阐释学转向了物质阐释学。

(一) 人与技术的经验性关系

伊德在《技术与实践:技术哲学》(1979) 中系统地关注了技术哲学问题,[①] 强调了"仪器"(instruments) 的重要作用。该书认为仪器或工具(tools) 不是一种"对象"(objects),而是人与环境或世界互动的方式。由此,人与技术的关系变成了一种经验性—行动关系(experiential – actional relations),技术是身体—知觉(bodily – perceptual) 发现新现象的方式。在这个维度上,伽利略(Galileo Galilei) 的望远镜是转化和增强视觉的调节手段,并因此发现了新现象,使托勒密的地心说转向了哥白尼的日心说。此时,伊德关注较多的是技科学和后现象学中成像技术的阐释效果,他把成像作为一个技术嵌入科学的例子,揭示了世界实用的、工具的"上手状态",解释了在人与世界的关系中,技术工具如何传达了人体验和解释世界的方式。

这种思路在《技术与生活世界:从伊甸园到尘世》(1990) 一书中得到延续。伊德开始在技术的文化情境中,系统地重构有关技术的框架和问题,关注了科学和技术与人类文化经验的联系,尤其是在多元文化背景中,试图避免技术解释中的乌托邦和"敌托邦"的极端倾向。他认为"技术是我们在环境中以各种方式使用的那些物质文化的人工物。"[②] 这种技术概念不仅是宽泛的,而且是具体的和经验性的。人工物只有被使用才能成其所"是",正是在使用中,其属性变成了人与技术相关性的一部分。伊德把人与技术之间的生存关系概括为四种:具身关系、阐释学关系、它异关系和背景关系。当技术与世界结合在一起时,人与世界的关系就是阐释学关系,即人——(技术—世界)。[③] 在阐释学关系中,

---

[①] Don Ihde, *Technics and Praxis: A Philosophy of Technology*, Boston Studies in the Philosophy of Science, Dordrecht: D. Reidel Pub. Co., 1979, p. 103.

[②] [美] 唐·伊德:《技术与生活世界:从伊甸园到尘世》,韩连庆译,北京大学出版社2012年版,第1页。

[③] [美] 唐·伊德:《技术与生活世界:从伊甸园到尘世》,韩连庆译,北京大学出版社2012年版,第77—130页。

人工物使世界在感知中显现，世界被转化为技术"文本"①，而文本是可阅读且需要阐释的。

在这种技术文本的形成过程中，"诠释学关系所实现的转化恰恰是通过文本和所指之间的差异而发生的转化。所需要的是特定的一组文本清楚的知觉，这种知觉可以'还原'为直接可读的东西。"② 正是如此，技术事实是材料本身已经经过各种转化的物品，技术属性在使用情境中获得了意义。③ 比如，温度计应用了圆柱管中水银的物理性质，而刻度则非同构地（nonisomorphic）展示了温度，作为可视的温度文本（刻度）和所指（温度）之间是非同构关系。对温度的"阅读"是通过温度计进行的，是"阐释的阐释"，这样的物质连接及其所指，揭示出新的阐释关系。物质阐释学关系突出了阅读过程中物质连接的重要性，世界以物质技术文本的方式显现。这种阐释学关系，特别是那些远离了知觉同构而产生的视觉文本，将提供更多的、超出语言文字文本记载的信息。

（二）技术建构的阐释学框架

在阐释学关系中，物质技术潜在地具有灵活性。伊德认为这种灵活性就像在语言的各种用法中的灵活性一样，因此，他主张用多元稳定性（multistability）④ 的期望去接近经验。不同于解读文学作品，阅读物质技术文本保持了某种对阅读的指示或阐释学的透明性。也就是说，阐释集中在技术文本上，而不是技术仪器本身。它关注的是温度计上水银指示的刻度而不是温度计本身。通过此类物质技术文本，可以把阅读到的

---

① 张进：《从"文本阐释学"到"物质阐释学"》，《中国文学批评》2022 年第 4 期，第 137—146 页。

② [美] 唐·伊德：《技术与生活世界：从伊甸园到尘世》，韩连庆译，北京大学出版社 2012 年版，第 93 页。

③ [美] 唐·伊德：《技术与生活世界：从伊甸园到尘世》，韩连庆译，北京大学出版社 2012 年版，第 74 页。

④ Robert Rosenberger, Peter - Paul Verbeek (eds), *Postphenomenological Investigations: Essays on Human - Technology Relations*, Lanham, Boulder, New York, London: Lexington Books, 2015, pp. 25 - 26.

东西转化进可感知的范围,所以借助阐释学关系,我们仿佛能够将自己置身于任何可能的不在场的情形中来理解。[1]

伊德把阐释学视为科学内部的核心方法之一,以此来解构"狄尔泰鸿沟"。在对"事物性阐释学"/技术建构主义的研究中,伊德借鉴了约瑟夫·劳斯(Joseph Rouse)的阐释学方法和布鲁诺·拉图尔(Bruno Latour)的建构主义,指向他所称的科学中的"技术建构"。伊德所言的仪器现实主义(instrumental realism)的技术建构,产生了"事物阐释学"(Thingly Hermeneutics;Hermeneutics of Things),即在当代科学中的一种阐释学认识论。其结论是,当代科学已经超越了早期的现代主义框架而在一个建构主义阐释学框架中运作。[2] 技术建构重新打开了事物阐释学或技术建构主义的空间。

在此阶段,伊德并未使用"物质阐释学"术语,但已经把对现成物、人工物(锤子、手杖、帽子上的羽毛等)的解释扩展到了技科学的研究实践中。基于阐释学在科学实践和技术建构方面的作用,伊德将其运用到对科学的阐释学的恢复中。这种研究方式反映在其系列论文和《扩展阐释学:科学中的视觉主义》[3](1998)中,"扩展阐释学"把解释活动引入"技科学",试图以阐释学的术语来构建对科学实践的理解,以确定科学实践的阐释学维度。伊德将利科关于文本阐释的独特传统应用于物质的阐释,以科学中的视觉主义为切入点,分析了科学技术文本的物质性对于技科学阐释学的重要作用。这接续了埃德蒙德·胡塞尔(Edmund Husserl)"回到事物本身"以及意向性的某些观念。在后

---

[1] [美]唐·伊德:《技术与生活世界:从伊甸园到尘世》,韩连庆译,北京大学出版社2012年版,第97页。

[2] Don Ihde, "Thingly Hermeneutics/Technoconstructions," *Continental Philosophy Review*, Vol. 30, No. 3, 1997, pp. 369–381.

[3] Don Ihde, *Expanding Hermeneutics: Visualism in Science*, Evanston: Northwestern University Press, 1998。该书是从1993年开始逐渐形成的,是伊德参与一系列欧美的阐释学和科学学会(SOHS)的结果,起源于在匈牙利的思考。伊德认为科学存在一种阐释学,在解释科学实践中的成像技术时,它已经是阐释学过程了。后来,伊德明确提出,"扩展阐释学"是为了产生"物质阐释学"。(Don Ihde, *Material Hermeneutics: Reversing the Linguistic Turn*, London and New York: Routledge, 2022, p. 126.)

现象学的诸多发展中,他将"多元稳定性"作为真正现象学方法的口号,视其为认识论和本体论的准则。① 对他来说,我们应该带着发现"多元稳定性"现象的期望去接近经验,这也是经验关系反复强调的。

(三) 让事物"说话"或变得"可视"

科学实践不仅需要测量、量化以及数学化的分析,也需要对"事物本身"经验关系的解读,这种经验关系往往通过仪器对初级感知(primary perception)的技术扩展进行。② 伽利略正是通过技术仪器(望远镜)扩展初级感知(裸眼观察),得到了一种调节性的和仪器性的"真实"。同样,诸如二氧化碳、臭氧之类的对象,也可通过技术,在仪器上显现为可感知的物质实体(material entities)。正是此类技科学实践将世界调节为技术文本,让我们可以"直接"阅读。只是后来技术被提升到形而上的视觉模式,反而使科学成为了一种技术。实际上,正如技科学提倡的那样,科学是技术化的体现(technologically embodied)。③《扩展阐释学》的副标题"科学中的视觉主义",应该是为了突出这种区别和联系。

同时,伊德认为阐释学关系表明,"指示物(referent)由数码、数字或有序的结果调节,结果与所指项目本身不是同构的"。④ 比如温度计的读数被输入计算机,然后经过数学分析并最终形成图形或视觉图像,用以确定温度及其变化轨迹,数据图像与现实温度是非同构的关系。阐释学关系是指与身体同构性(bodily isomophism)(包括空间和时

---

① Robert Rosenberger, Peter‐Paul Verbeek, "A Field Guide to Postphenomenology", in Robert Rosenberger, Peter‐Paul Verbeek (eds), *Postphenomenological Investigations*: *Essays on Human‐Technology Relations*, Lanham, Boulder, New York, London: Lexington Books, 2015, pp. 9–41.

② Don Ihde, *Expanding Hermeneutics*: *Visualism in Science*, Evanston: Northwestern University Press, 1998, p. 53.

③ Don Ihde, *Expanding Hermeneutics*: *Visualism in Science*, Evanston: Northwestern University Press, 1998, p. 54.

④ Don Ihde, *Expanding Hermeneutics*: *Visualism in Science*, Evanston: Northwestern University Press, 1998, p. 58.

间因素）相差很大的关系，它更像"文本"或"语言"，而不是像身体（body-like）。① 把阐释学引入技科学，展示了科学如何通过把事物变成科学对象来实现"事物阐释学"。因此，实验室不仅作为铭文的抄写场（scriptorium）为科学文本的出现做了准备，而且是使事物（科学对象）变得可读的地方。② 借此，技术建构得以发生，并为物质阐释学提供了对象。

在《扩展阐释学》中，物质阐释学的讨论是围绕仪器的技科学实践形成的。维贝克（Peter-Paul Verbeek）认为《扩展阐释学》是物质阐释学提出的大纲。他认为伊德基于对莫里斯·梅洛-庞蒂（Maurice Merleau-Ponty）和利科作品的研究发现，阐释学不应仅指向语言，也应该指向解释的感知方面。③ 2006 年，伊德在北京大学开展了有关后现象学和技科学的系列讲座，后结集出版为《让事物说话：后现象学与技术科学》，④ 这是对"扩展阐释学"的进一步细化。伊德从欧洲现象学和阐释学以及美国实用主义传统中，发展了后现象学。他认为后现象学用具身性代替了主体性，这样就把早期哲学中的身体/精神问题变成身体/身体问题（这也是梅洛-庞蒂所做的工作）；而且把现象学置于具体的和身体的环境中进行研究，也回应了存在主义和实用主义的一些问题。⑤ 由此产生的阐释学，不是文本阐释学，而是物质性的阐释学（hermeneutics of materiality），一种让"事物"去"说"或者变得"可

---

① Don Ihde, *Expanding Hermeneutics: Visualism in Science*, Evanston: Northwestern University Press, 1998, p. 95.

② Don Ihde, *Expanding Hermeneutics: Visualism in Science*, Evanston: Northwestern University Press, 1998, pp. 149-150.

③ Peter-Paul Verbeek, "Material Hermeneutics," *Techné: Research in Philosophy and Technology*, Vol. 6, No. 3 2003, pp. 91-96.

④ ［美］唐·伊德：《让事物说话：后现象学与技术科学》（*Let Things Speak: Post-Phenomenology And Technology*），韩连庆译，北京大学出版社 2008 年版。2006 年伊德访问北京大学并进行了 5 次演讲，本书收录的 4 篇文章是伊德的讲稿，由韩连庆翻译。2009 年本书英文版：*Postphenomenology and technoscience: the Peking University lectures*，由纽约州立大学出版社出版。

⑤ Don Ihde, "Postphenomenology-Again?" *Working Papers from Centre for STS Studies, Department of Information & Media Studies*, University of Aarhus, 2003, pp. 11-12.

视"的方式。①

尤其是那些产生非同构图像的技术，如当代断层扫描（contemporary tomography）技术可以把数据转换成图像或把图像转换成数据，这一过程是一个编码量化过程，伊德称之为"阐释学"，更准确地说是物质阐释学，因为它构成了来自物质的意义。② 这种非同构性的视觉图像是经过设备转译而来的一种与原来事物非同构的物质形式。它不仅建立了理解事物的新方式，而且就像文本一样，只有受过训练的人才能对其进行"阅读"。

二 理解人类科学的方法：具身感知模态

物质阐释学研究的"问题都是由观察借助于物质化的手段（工具手段）提出来的。物质性在双重意义上充溢着自然科学：一种是在所研究对象的形式上，另一种是在研究得以进行的工具模式上"。③ 在伊德研究路径上，自然科学是阐释学的，是从现象学阐释学出发的，有关感知、实践和具身问题的讨论。④ 某种程度上，他所谓的人文和人类科学包含了自然科学。伊德努力把物质阐释学（用科学工具制造知识）⑤ 扩展到更广泛的人文和人类科学领域，试图发展出一种与文本阐释学不同的阐释方式。

---

① Don Ihde, "Postphenomenology – Again?" Working Papers from Centre for STS Studies, *Department of Information & Media Studies*, University of Aarhus, 2003, p. 17.

② Don Ihde, *Husserl's Missing Technologies*, New York: Fordham University Press, 2016, pp. 83 – 84.

③ [美] 唐·伊德：《让事物说话：后现象学与技术科学》，韩连庆译，北京大学出版社2008年版，第103页。

④ Don Ihde, *Expanding Hermeneutics: Visualism in Science*, Evanston: Northwestern University Press, 1998, pp. 39 – 41.

⑤ [美] 唐·伊德：《让事物说话：后现象学与技术科学》，韩连庆译，北京大学出版社2008年版，第107页。

（一）可具身的阐释学技术

在伊德的论述中，仪器引发的调节性感知和裸眼感知虽然有不同的标准，但却有互动和重叠，都通过具身来塑造当代生活世界的纹理。[1] 这与人文和人类科学研究有共通之处。在传统文学观念中，作家通过对物质的感知、描述、叙事来塑造自己和当时的世界。通过阅读欧洲中世纪一位罕见的百科全书式思想家提乌·曼利厄斯·塞维林·波爱修（Anicius Manlius Severinus Boethius）的作品，可以发现"波爱修的文本为中世纪晚期读者提供的物质阐释学：这是一个思考世界变化的机会，与他们自己对物质商品（material goods）的特殊使用、他们自己不断变化的审美以及他们目睹的相应变化有关"。[2] 近些年兴起的"物叙事"研究，也彰显了仪器或人工物在语言文字叙述中的作用。

在更广泛的人文和人类科学视域中，物质阐释将产生新的、独特的理解视角。梅迪纳（Leandro Rodriguez Medina）认为，物质阐释学是理解政治科学的新方法。他聚焦于物质性以及人类行为的物质背景，在政治科学实践中看到了统计图作为工具与文本阐释相似的作用。这既体现在阅读和解释实践中，也体现在具体的政治实践的空间和流动性（motility）中，不同的政治行为在物质阐释学解释中变得可被理解。其理论出发点是"物质符号行动者"（material-semiotic actor）嵌入复杂的语言和文本意义，以及物质性的具体秩序中。[3] 例如，我们既可以通过阅读语言文字接触到书籍文本中的"世界"，也可以将书籍作为物质对象，揭示出关于印刷与制作的历史。

在这种意义上，统计图不仅可以解释具体化的政治活动，尤其是立法活动，而且揭示政治的体制、机构、建筑、雕塑等历史。解释任务总

---

[1] Don Ihde, *Expanding Hermeneutics: Visualism in Science*, Evanston: Northwestern University Press, 1998, p.157.

[2] Andrea Denny-Brown, *Fashioning Change: the Trope of Clothing in High- and Late-Medieval England*, Columbus: the Ohio State University, 2012, p.55.

[3] Leandro Rodriguez Medina, *Material Hermeneutics in Political Science—A New Methodology*, Lewiston, Queenston, Lampeter: The Edwin Mellen Press, 2013, p.2.

是与任何参与者或行为的物质、符号维度的确定有关,将注意力转向行动者的物质性方面,研究的关系或现象至少可以引导我们进行更精确的解释。① 但这不是要取代文本阐释学,而是要增强社会科学家解释社会事件的能力,并扩展阐释学的内涵。在某种程度上,该研究对应了兰塞姆(Tailer G. Ransom)和加拉格尔(Shaun Gallagher)强调的"体制的批评理论"②——物质实践是必要的社会实践,它塑造了人类认知过程和社会互动等行为。

实际上,考古学、人类学、物质文化研究等领域都包含了物质阐释学实践。某种程度上,伊德早期的物质阐释学是一种自然科学的"考古学",因为考古学不仅把人工物当作解释的对象,而且在对那些超出人类感知的艺术实践进行"看"或"听"时,还需要借用物质人工物(material artifacts)进行解释。后来,经过维贝克、梅迪纳、凯瑟琳·哈桑(Cathrine Hasse)、马拉福利斯(LambrosMalafouris)以及伊德等人的发展,物质阐释学逐渐成为关注物质文化和技术具身的阐释方式,即"物质阐释学处理被物质文化和技艺以具身化方式解释的艺术"。③也即一种具身化感知模态的阐释方式。

(二)实践活动的物质性

在纪念保罗·利科百年诞辰之际,伊德发表《物质阐释学序曲》的演讲,认为物质阐释学隐喻地来看是一种通过新的科学成像技术"让事物说话"的解释方式,并指出这样的物质阐释学也许会取代由保罗·利科改良的常用语言—文本阐释学(linguistic - textual hermeneutics)。④

---

① Leandro Rodriguez Medina, *Material Hermeneutics in Political Science—A New Methodology*, Lewiston, Queenston, Lampeter: The Edwin Mellen Press, 2013, pp. 8 - 9.

② Tailer G. Ransom, Shaun Gallagher, "Institutions and Other Things: Critical Hermeneutics, Postphenomenology and Material Engagement Theory", *AI & SOCIETY*, published online, 18 May 2020, https://doi.org/10.1007/s00146 - 020 - 00987 - z, 10 March 2023.

③ A. K Tripathi, "Erratum to: Culture of Sedimentation in the Human - Technology Interaction", *AI & Society*, Vol. 31, No. 2, 2016, pp. 233 - 242.

④ Don Ihde, "A Prelude to Material Hermeneutics", *Acta Baltica Historiae et Philosophiae Scientiarum*, Vol. 8, No. 2, 2020, pp. 5 - 20.

实际上，无论是早期现代科学、文艺复兴艺术，还是当代学科，都存在物质性的解释痕迹，这证明了物质性和技艺阐释实践的重要性，它们经常被以语言阐释模式为核心的研究所忽视。

《物质阐释学：反转语言转向》（英文版2022年，中文版2023年）整理了有关物质阐释学的理论和实践案例，揭示了物质阐释学对语言论转向的"反转"，并在对现象学的修正中关注到了物质阐释学的批判性、解释性活动。书中指出物质阐释学可转化或转译人文和人类科学实践，让其进入我们的感知范围，并强调了物质性在意义和知识生产和转化过程中具有重要作用。

首先，当没有语言或文本证据时，物质证据让事物说话。物质生产知识的方式随着技术的变化而变化，对物质证据的阐释能力和技术发展水平正相关。伊德根据技术水平的高低，把对奥兹冰人的研究分为业余阶段、物质对象阶段和物质阐释学阶段。直到物质阐释学阶段，奥兹冰人及其人工物、周边环境等物质才被相对准确地"还原"，成为历史知识。那些无法被裸眼直接识别的事物，如肠胃内的花粉等，可以通过技术成像，用物质阐释学的方式揭示奥兹死亡前后的状况。[1] 物质阐释学可对无语言文字记载的事件进行揭示并解释。

其次，对事件的早期解释是局部的，主要与历史和文本证据有关，物质阐释学可对其进行修正、补充。一方面，对文化事件进行更加物质性的分析，赋予事物一种"声音"，改变或至少丰富了叙述。[2] 文字记载中，维京人入侵了英格兰，他们是强盗、掠夺者、纵火犯和文盲（illiterate），但是物质阐释学却注意到了他们的造币技术、丧葬仪式和语言系统。这表明维京人也是商人、法律制度的引入者和迅速同化到撒克逊文化中的移民。物质阐释学揭示了文字记录的片面性，并以某种方式

---

[1] Don Ihde, *Material Hermeneutics: Reversing the Linguistic Turn*, London and New York: Routledge, 2022, pp. 17–36.

[2] Don Ihde, *Material Hermeneutics: Reversing the Linguistic Turn*, London and New York: Routledge, 2022, p. 12.

表明了一些与其相矛盾的现象。① 从文字记载得来的固有认知，被物质阐释学瓦解，历史得以重新"书写"。而且，在对物质进行阐释时，物质阐释学揭示的文明先后顺序与语言文本记载相异。例如，科罗纳多对印第安人的"征服"常被认为是文明对野蛮的征服，但在物质阐释学视域中，凭借系列物质证据发现，印第安的文明历史要比所谓的征服者更加悠久、丰富。这再次说明了物质阐释学可修改经由语言文字叙述的历史。另一方面，即使器物上的文字无法被识别，其物质材料也能借助物质阐释学"说话"。在回答文明为何崩溃这一问题时，物质阐释学能提供不同的视角。古巴比伦灭亡的原因大多归于战争，但对楔形板物质材料（硅藻）的物质阐释学解读后，得出是两河流域的农业灌溉系统使土地盐碱化，破坏食物供应，而导致了文明崩溃。所以，文明崩溃的原因不仅是战争，也可能与不合理的灌溉系统有关。

随着技术的发展，越来越多的实践行为需要物质阐释学进行解释。比如，探测雷达发现了"超级巨石阵"，可用于理解中世纪时代的文化。激光雷达（LiDAR）、穿透的视觉技术等，发现了被埋葬的金字塔、城市和丝绸之路的各个支路痕迹。同时，技术人工物本身在物质阐释学的帮助下"说话"，我们可借此检查验证历史叙述的真实性，并修正丰富历史知识。在实践活动中长久被忽视的物质性进入阐释学的视野，并以物质阐释学之名实现前景化。

（三）技艺术：重组的艺术形式

伊德认为可视化在科学和艺术中有相似的用途，并从物质阐释学的角度把艺术命名为"技艺术"（technoart）。② 物质技术嵌入艺术之中，艺术的形成、发展、流通等都与技术交互影响。物质阐释学对技艺术作

---

① [美] 唐·伊德：《让事物说话：后现象学与技术科学》，韩连庆译，北京大学出版社2008年版，第111—112页；Don Ihde, *Material Hermeneutics*: *Reversing the Linguistic Turn*, London and New York: Routledge, 2022, pp. 37 – 42.

② Don Ihde, *Material Hermeneutics*: *Reversing the Linguistic Turn*, London and New York: Routledge, 2022, pp. 78 – 127.

品及其技艺进行解释，强化了物质性在艺术作品意义生产过程中的重要性。

一方面，技艺术作品本身可被物质性地解读。比如在维苏威火山爆发中遭受严重破坏的手卷文本，可以用纳米显微成像技术恢复对其的阅读。在马蒂斯（Henri Matisse）和毕加索（Pablo Picasso）的画作中，物质阐释学借用技术将重叠画层逐一成像，发现了作画顺序所反映的主题变化，以及物质材料赋予画作的独特性。这展示了画家们的绘画状态、社会关系以及某些难以直接表达的诉求。① 另一方面，创作作品的技艺也可被物质性地解读。如南非的布隆波斯洞穴（Blombos Cave），技术把调色板和工具包从物质形态转化为数字形态，将其纳入人类的感知及知识结构中，确定其日期为距今100000年，从而提供了关于前现代艺术实践的新知识。② 文艺复兴时的绘画艺术和暗箱技术息息相关，经过技术转换的现实世界被画家绘制成画，产生了"现实主义"的绘画风格。

另外，以数字技术为技艺的数字阐释学，也是一种物质阐释学。③ 在这种研究路径上，数字技术是一种书写技术，而书写不仅仅是技术上的事实，更是阐释学行为，是物质阐释学活动。④ 它不是一系列"死"的符号，而是"活的物质"（living matter），它有自主性，能够让我们发现世界上的新事物。只是物质阐释学在文学文本研究中几乎消失了，但在数学语言和软件中获得了最大限度的表现。⑤

物质阐释实践不仅改变了科学史，而且改变了人文和人类科学的历

---

① Don Ihde, *Material Hermeneutics：Reversing the Linguistic Turn*, London and New York：Routledge, 2022, pp. 67-77.

② Don Ihde, *Material Hermeneutics：Reversing the Linguistic Turn*, London and New York：Routledge, 2022, pp. 78-86.

③ Alberto Romele, *Digital Hermeneutics：Philosophical Investigations in New Media and Technologies*, London and New York：Routledge, 2020, p. 38.

④ Luca M. Possati, *Software as Hermeneutics：A Philosophical and Historical Study*, Cham：Palgrave Macmillan, 2022, p. 8.

⑤ Luca M. Possati, *Software as Hermeneutics：A Philosophical and Historical Study*, Cham：Palgrave Macmillan, 2022, p. 100.

史。因为所有的科学都有一个阐释学维度，并以物质调节的形式体现。现象学阐释学正是从技科学的角度，重新考虑了"生活世界"的概念。物质阐释学的基本论点是成像技术已经在科学实践中出现，不同的科学形式中有不同的成像方式，通过技术调节人类的感知和经验得到了提升。① 另外，科学仪器对壁画进行的物质阐释学分析，可以找到关于"原始科学"（protoscience）起源的证据。原始科学源于冰河时代洞穴上的、有关阴历的一幅壁画，距今 32000 年。② 这种与月亮周期相关的日历形式，绘刻在石头、骨头、鹿角和其他坚硬材料表面，分布在世界各地。此类壁画和雕刻不仅是仪式艺术，还是掌握时间周期的科学方式。最早的时间形式常与此相关，后来才被标准化为时间知识体系。

由此，我们会发现，艺术情境中物质技术本身的意义被凸显，这昭示了物质性在阐释活动中的基础地位和价值。在梅迪纳、波萨蒂（Luca M. Possati）等人的引导下，除了通过望远镜、显微镜等仪器让我们"看到"具体的某物，日常惯例、文化规范、伦理要求、政治常识、艺术实践和体制等也可以在经验上被"易于察觉"（experientially palpable）。当事物以技术文本的方式得到"阅读"，这一活动就可以被视为物质阐释学实践。

三 物质性作为诗学研究的基座和框架

通过伊德的物质阐释学研究，我们看到了语言文字文本与经由物质技术仪器调节的文本，在阐释学上的内在相似性和统一性。在把阐释对象从技科学实践转向范围更大的人文和人类科学领域时，诗学研究也关注到了物质性。伴随 20 世纪以来物性诗学研究趋势，物质阐

---

① Don Ihde, *Material Hermeneutics: Reversing the Linguistic Turn*, London and New York: Routledge, 2022, p. 113.

② Don Ihde, *Material Hermeneutics: Reversing the Linguistic Turn*, London and New York: Routledge, 2022, p. 119.

释学不仅转化自然科学实践,而且可进一步转化诗学实践。这为重新界定并理解诗学创造了独特的视角,是具有创新意义的物性诗学理论探索和实践。

(一) 作为物质建构实践的文学

在物质阐释学的视域中,文学是物质技术(书写)得以嵌入的存在。一方面书写需要把语言(语音或口语)"转译"为非言语形式;另一方面工具的调节性被应用到书写行为中,即书写通过物质技术工具进行并写到某种物质载体上。语言的技术化和物化(materialization)使文学文本可重复、可传递。书写的诞生,意味着能够反复阅读一篇文章,并伴随着解释、评论、传输、翻译等的扩散。① 因此,文学是用具体化的技术手段进行的物质建构实践。

书写的设备工具是语言、甚至某种社会现象实现物质化转译的主要手段,也是其意义显现的方式。这不仅体现在语言叙述中,也体现在诸多的人文和人类科学现象中。贡巴尼翁(Antoine Compagnon)认为作家的书写工具(笔)的变化同样体现了历史进程对作家的影响,波德莱尔(Charles Baudelaire)诗中的拾荒者以及他们使用铁钩在垃圾堆中寻找宝物的形象,隐喻了作家使用笔在词语中翻检合适的修辞和韵脚的努力,作家们的工具从羽毛笔转到铁笔,构成了19世纪后半叶作家们书写的特殊的现代性经验。②

物质阐释学让我们可以用唯物主义和经验主义的方式,在实验室的场景中阐释文学作品。这不仅涉及语言及其所指,而且还有字素(graphemes)本身,即构成它们的墨水、纸张的纤维等具体的铭文要素。此时,阅读和书写、观察和制造(fabrication)、意识和物质通过身体器官和仪器的调节相遇,放大了"共谋"的事实。文学作品的形式

---

① Don Ihde, *Expanding Hermeneutics: Visualism in Science*, Evanston: Northwestern University Press, 1998, p. 187.
② [法]安托瓦纳·贡巴尼翁:《铁笔:隐喻与现实》,见李春青、赵勇主编:《文化与诗学:文体与意识形态》,华东师范大学出版社2019年版,第2—16页。

成为物质结构问题,语言符号的物质性将处于更大的物质性领域。[1] 如果在实验室里用纳米技术扫描一本诗集,会得到一个实体的集合(assemblage of entities)。正是在这一维度上,物质科学和唯物主义诗学(materialist poetics)成为物质研究和制造的分支。[2] 可视化技术以图像的形式凸显出文本的物质结构,对图像的阅读、审美欣赏也成为物质建构实践活动。"诗作为一种制作,是一种物质建构实践。"[3] 这一特别的唯物主义立场,是经由物质技术的阐释过程得来的。文学作品的物质性成为考察意义及其与现代物质语境关系的一种方式。

物质阐释学揭示了语言的物质性和文本的物质性。语言的物质性是指所采用的具体形式和配置,这产生了非符号性(nonsymbolic)和非同构性的关联。它不仅关注语言隐喻或符号象征等的意义,也关注了物质性建构的意义。语言书写的物质性凸显不同文本中语言形式的相似性,"建立了跨越语法和修辞单位的连接,并创建了在不传达任何既定或预定信息的情况下具有重要意义的模式"。[4] 也就是在无法对语言文字文本进行阐释时,物质性因素可以并已经传达了某种意义。从物质性来阅读文学作品,会发现与传统阅读不一样的策略和进路,它不仅聚焦于语言形式,还涉及政治、生态等更具现实维度的问题。同时,语言的物质性也可以作为识别文学形式或体裁的方式。在中国传统的文学形式中,形成了诗、文、小说、传奇等不同的文体书写模式。单就诗体而言,都有四言、楚辞、五言、七言、律绝、词等不同形式。[5] 实际上,每种文体都有自己独特的视觉模式,甚至仅凭字数、语言排列形式等就可以对其进行识别并确定其文体。

---

[1] Nathan Brown, *The Limits of Fabrication: Materials Science, Materialist Poetics*, New York: Fordham University Press, 2017, pp. 1 - 2.

[2] Nathan Brown, *The Limits of Fabrication: Materials Science, Materialist Poetics*, New York: Fordham University Press, 2017, p. 10.

[3] Nathan Brown, *The Limits of Fabrication: Materials Science, Materialist Poetics*, New York: Fordham University Press, 2017, p. 11.

[4] Craig Dworkin, *Radium of the Word: A Poetics of Materiality*, Chicago and London: The University of Chicago Press, 2020, p. 1.

[5] (清)王国维:《人间词话》,施议对译注,岳麓书社2015年版,第80页。

文学作品物质性的结构配置和组成元素不仅体现在语言的物质性,也体现在文本的物质性上。其中最明显的是页面的物质性(the materiality of page)和物理性,即构成页面的物质材料。它可以是楔形泥板、莎草纸等单一材料,也可以是媒介生态意义上的多种材料。文本的物质材料从背景中脱颖而出,变为阐释学"设备",不仅制造意义而且将文本带入更大的生态范畴。页面的物质性暗示了一种文本生态学(the Ecology of Texts)的概念[1]。生态因素借助物质阐释学得到解释,此时文本是混合的物质技术的结果,它也包括物质材料相关的事件、语境和关系网络。物质阐释学表明可以把语言、文本的物质性和事物的物质性联系起来,共同创建交替叙事的可能性。

(二) 文学的物质性及其阐释准则

书写是具身的阐释学技术,[2] 这种技术化的书写转化了经验结构的方式,改变了我们对口语的知觉和理解。例如,象形文字保持了它所表象东西的同构性,而表意文字打破了同构性并逐渐抽象,隐含在文字形式转化后的是书写技艺或技术的变化。某种层面上,书写技术和工具,以及文本的物质材料决定了作者创作何种文体。也就是说,书写借助技术工具创造了非同构的视觉图像,我们需要阅读和阐释这些图像。

德国学者布雷默(Thomas Bremer)曾在《物质性与文学:导论》[3]一文中强调了文学的物质性研究。他指出物质研究最初在博物馆学、文化人类学(物质文化)和哲学(海德格尔关于"the thing"、the "thingness of objects")领域中进行,后来才进入社会研究领域。但在艺术理论中,艺术与物质性的关系探讨长期存在。文学研究汲取这些理论资源,认为文学与物质性的关系不仅涉及"物质的事物",而且包含物质

---

[1] Joshua Calhoun, *The Nature of the Page: Poetry, Papermaking, and the Ecology of Texts in Renaissance England · Introduction*, Philadelphia: University of Pennsylvania Press, 2020, p. 1.

[2] [美] 唐·伊德:《技术与生活世界:从伊甸园到尘世》,韩连庆译,北京大学出版社2012年版,第89页。

[3] Thomas Bremer, "Materiality and Literature: An Introduction", *Neohelicon*, Vol. 47, No. 2, 2020, pp. 349–356.

性和文本之间的相互作用，可区分为"文学的物质性"和"文学中的物质性"两个方面。前者对应可见、可触的维度，相当于绘画中的物质材料和载体，通常意义上被看作文学"外部研究"的一部分。后者分析了"说话的事物"被整合进文学文本中的方式，即文本中事物的表现方式，与"内部研究"有交叉点。这里的"事物"可以是一个人、一种情况或社会环境。在这个意义上，文学可被理解为文化记忆的方式，是社会历史知识生产和流通的一部分[1]，也即文学凭借内外部的物质性元素参与了知识的生产、流通。

文学的物质性研究开创了新的阐释视角，也对考证原始文本具有重要意义。物质阐释学通过对手稿及其修改过程的揭示，重新把手稿文化（Manuscript Culture）纳入研究范围。[2] 这与语文学、文本学研究内容相似。以音乐语文学为例，物质阐释学关注的重点在于音乐页面形式（如残页、整页、乐谱页）、页面的排列和装订技艺、记录音乐的方式、手稿或印刷纸的材料等。这些物质因素不同于演奏家表演出的音乐，它产生了对音乐文本的独特理解。那些后期对文本原始状态的修改痕迹也会成为意义的一部分，"邮票、目录号、拥有者的手稿和收购备注，有时可以提供拥有者继承的信息，在最有利的情况下，还可以提供原始来源的信息"。[3] 当阐释学把重点转移到物质性时，有利于对原始版本及其原始意义的识别和保护，同时把握了文本意义的演变历史。

近年兴起的数字诗学，是基于网络的电子书写实践而言的。从代码、超文本到可视化文本，书写经历了非同构的现象学变更，网络中的书写技术和媒介不仅使诗得以显现，而且对书写本身作了新的定义。数字诗学调查了电子书写的物质性，集中于电子文本的三种主要形式：超

---

[1] Peter Burke, "A Social History of Knowledge Revisited", *Modern Intellectual History*, Vol. 4, No. 3, 2007, pp. 521-535.

[2] Anna Catharina Horn, Karl G. Johansson (eds.), *The Meaning of Media: Texts and Materiality in Medieval Scandinavia*, Berlin/Boston: DE Gruyter, 2021, p. 1.

[3] Georg Feder, *Music Philology: An Introduction to Musical Textual Criticism, Hermeneutics, and Editorial Technique*, Bruce C. Macintyre Trans., HILLSDALE, NY: Pendragon Press, 2011, p. 47.

文本、可视/动态文本（visual/kinetic text）和在可编辑媒介中的文本。该研究把电子文本技术视为书写本身，以研究电子书写的物质性如何改变了书写观念，此种书写在网络和现实世界中是如何发挥作用的，以及当电子媒介被激活时，书写会变成什么。[1] 正如伊德对实验室的研究策略一样，此时网络空间是电子书写的"实验室"、抄写场，数字仪器是阐释学的设备。

由此会发现技术变革不仅生成了新媒介，产生了新的诗学范式，而且通过特定媒介塑造了新的感知经验，这需要与文本阐释学不同的阐释策略。一旦电子文本库或数字诗学的物质性拓扑结构（a topology of electronic materiality）被建立，就会把阐释活动变得更加复杂。有可能在学院和硬盘之间形成一个电子生态（E‑cology），这利于教育和体制机构的创新实践。[2] 而且计算机在与扫描仪、打印机等设备形成的网络生态中，可以对文本实现自行校对、打印、传输，发挥了物质的主动性和能动性。仪器到仪器之间的信息交流暗示了物联网意义上的动态的、扩展的书写空间，揭示了网络媒介生态中数字诗学的物质基础。

（三）通向一种物性诗学

当代理论把符号学研究扩展到了一切事物，使文化理论中的物质（materialization）问题显得多余。[3] 实际上，物质性自古就是文学的参照系，20世纪以来，文学研究领域物质性批评实践与文本、互文本和超文本概念相关合，凸显出了诗学的符号物质性、社会物质性和历史物质性等观念的演替。[4] 在这些从物质性角度阐释文学活动的理论流派中，

---

[1] Loss Pequeno Glazier, *Digital Poetics: The Making of E‑Poetries*, Tuscaloosa: The University of Alabama Press, 2002, p. 6.

[2] Loss Pequeno Glazier, *Digital Poetics: The Making of E‑Poetries*, Tuscaloosa: The University of Alabama Press, 2002, pp. 171–179.

[3] Casper Bruun Jensen, Peter Lauritsen, "Reading Digital Denmark: IT Reports as Material‑Semiotic Actors", *Science, Technology & Human Values*, Vol. 30, No. 3, 2005, pp. 352–373.

[4] 张进：《论物质性诗学》，《文艺理论研究》2013年第4期，第11—18页。

逐渐汇聚成一个物性诗学的批评趋势。

针对具有系统性、融通性的物性诗学的体系化研究,[①] 伊德的物质阐释学聚焦了具体的物质性因素和维度。在这一意义上,文学作品是技术在转化各种物质材料的过程中综合而成的结果。物质技术的属性体现在具体的作品上,并在特定的情境中获得意义。现代技术仪器和设备为文学作品的物质阐释学创造了特定的阐释情境。

物质阐释学是物性诗学理论研究的具体开展,文本现象都可以通过物质阐释学得到理解。也正是如此,画作上的印章、题名等都直接提供了版本信息,创造了画作价值。特别是面对多重变更形式的、多样的版本时,物质阐释学会影响对文本的识别、接受、流通、消费或珍藏等过程的理解。不同的版本指向了不同的行为实践,物质性提供了行为的基础和参照。因此,每个版本上的物质痕迹都需要得到解释。这种痕迹超越了书写行为,甚至超越了作者的生命,揭示了物质阐释学是如何工作的,此时文本成为世界里的一种痕迹。[②] 物质阐释学强调基于文本的诸多物质性而产生的痕迹或信息,它们往往借助技术手段呈现出来,并生产意义和知识。

物质阐释学视域下,诗学在某种程度上被物质化了,并将自身置于一种生态学的思考范畴中。物质性不仅是一种重要的工具,而且被作为增强身体能力的一套设备。[③] 当这种物质性进入诗学范畴时,它不仅体现在作为"工具"的媒介生态上,还包括了"物质性的诗学内涵"和"物质性的文学维度"等诸多方面。[④] 概而言之,诗学的物质性研究扩展了伊德在实践活动中强调的双重的物质性要素,而物质阐释学突出了诗学中可具身的物质要素的阐释力度。面对新的阐释对象和语境,物质阐释学更多表现为一种基于物质性而不断发展的阐释学的认识论和方法论。

---

① 张进:《物性诗学导论》,人民出版社2020年版,第8页。
② Galit Wellner, "Material Hermeneutic of Digital Technologies in the Age of AI", *AI & SOCIETY*, Vol. 3, No. 0, 2020, pp. 1–8.
③ Leandro Rodriguez Medina, *Material Hermeneutics in Political Science—A New Methodology*, Lewiston, Queenston, Lampeter: The Edwin Mellen Press, 2013, p. 2.
④ 张进:《活态文化与物性的诗学》,人民出版社2014年版,第146—207页。

结语：物质阐释学对于"两个结合"的意义

物质阐释学不仅有着"物质科学""唯物主义诗学"传统,[①] 而且与新世纪文论的文本间性向事物间性的范式转换,[②] 以及物性诗学、物性美学[③]的追求同气相求。通过物质阐释学，诗学实践的阐释集中在其物质材料和经验的转变上。物质（技术）嵌入诗学中，诗学通过物质承载和显现，并在物质情境中得到解释。此时书写工具、媒介载体是诗学的阐释学设备或仪器，生态（页面生态、物质生态、网络生态、媒介生态等）则是诗学的阐释学情境。

在这个层面上，诗学已经是对阐释进行的阐释，它从对语言文字文本意义的编织转向对诗学现象的物质技术转译、配置，这不仅重新审视了物质性在文本意义生成中的作用，而且也创造了理解物质文化及其诗学的新方式。虽然物质阐释学不是唯一的阐释方案,[④] 但却改变了我们思考诗学和唯物主义关系的方式，凸显出形式和物质结构之间的诗学问题；同时促使我们进一步思考对物质的使用、改造、操纵、配置如何改变了诗学的物质性，以产生新的诗学范式。物质阐释学视域内，诗学的发生和发展，彰显了唯物论诗学在当代的复归和复兴。

众所周知，作为唯物论诗学的马克思主义文论，立足于物质性，重点对资本主义物化、异化和拜物教现象展开了深刻的社会批判，从而形成了一种物质性批判的文论体系；中国传统文论立足于物质性，重点强调"称物""物与""与物为春""以物观物"，追求人与物"生态共

[①] Nathan Brown, *The Limits of Fabrication: Materials Science, Materialist Poetics*, New York: Fordham University Press, 2017, p.14.
[②] 张进、王垚：《新世纪文论：从文本间性到事物间性》，《兰州大学学报》（社会科学版）2017年第3期，第120—126页。
[③] 张进、徐滔：《物性美学范畴研究》，人民出版社2021年版，第335—356页。
[④] 张进、王红丽：《物质阐释学：一个概念史》，《福建师范大学学报》（哲学社会科学版）2022年第5期，第92—104页。

存"的美好愿景；与前二者不同的是，当代物质阐释学立足于物质性，重点强调物质和技术在人类知识生产和意义建构过程中所发挥的隐秘作用，揭示文艺审美的"具身性"意义和物质性内涵。从一定意义上说，三种诗学在一定程度上皆立足于物质性，而关注层面和价值取向各有不同，但它们之间并不是不相容的，而是可以对话和沟通的。物质阐释学将触角探入物质技术深处，发掘其运作机制和诗学价值，一定意义上可以充当马克思主义与中华优秀传统文化相结合的中介和桥梁。的确，不管是对物质技术工具进行社会批判还是对其进行一种生态共存愿景方面的擘画，对其进行深入的阐释都是不可或缺的环节。

在新时代语境中，"中国式现代化"进一步凸显了"人与物"的协调，是"物质文明和精神文明相协调的现代化，人与自然和谐共生的现代化"；也是"物的极大丰富与人的全面发展"的协调发展。在"两个结合"的历史进程中，物质阐释学文论应该能在马克思主义文论与中国优秀传统文论的"第二次结合"过程中充当中介和桥梁，从而通过物质阐释学文论而增进马克思主义文论与中国优秀传统文论之间的协同与"共轭"，实现物性批判/物性阐释/物性愿景的"三元辩证"研究。

如何理解"艺术生产与物质生产不平衡"?

南京师范大学　江守义[*]

艺术生产与物质生产不平衡,是马克思在《〈政治经济学批判〉导言》中提出来的。《导言》是马克思为计划撰写的"经济学巨著《政治经济学批判》写的总的导言"[①],是未完成的提纲式草稿,共四个部分。第四部分谈论"生产",提及需要"注意"的八点内容,后面有一篇未完成的短文。其中第六点说:"物质生产的发展例如同艺术发展的不平衡关系……这里要说明的真正困难之点是:生产关系作为法的关系怎样进入了不平衡的发展。"[②] 短文说:"关于艺术,大家知道,它的一定的繁盛时期决不是同社会的一般发展成比例的,因而也决不是同仿佛是社会组织的骨骼的物质基础的一般发展成比例的。例如,拿希腊人或莎士比亚同现代人相比。就某些艺术形式,例如史诗来说,甚至谁都承认:当艺术生产一旦作为艺术生产出现,它们就再不能以那种在世界史上划时代的、古典的形式创造出来;因此,在艺术本身的领域内,某些有重大意义的艺术形式只有在艺术发展的不发达阶段上才是可能的。如果说在艺术本身的领域内部的不同艺术种类的关系中有这种情形,那么,在整个艺术领域同社会一般发展的关系上有这种情形,就不足为奇了。"[③]

---

[*] 本文为国家社科基金重大项目"马克思主义文学理论关键词及当代意义研究"(18ZDA275)的阶段性成果。本文已发表于《文艺争鸣》2023年第12期。
① 《马克思恩格斯选集》(第2卷),人民出版社2012年版,"说明"第9页。
② 《马克思恩格斯选集》(第2卷),人民出版社2012年版,第710页。
③ 《马克思恩格斯选集》(第2卷),人民出版社2012年版,第710页。

学界对"艺术生产与物质生产不平衡"（下文简称"不平衡"）的讨论，正是从这两点论述开始的。

应该说，马克思是从政治经济学的角度来切入不平衡讨论的，并没有将其作为一个文艺学命题，他关注的是"生产关系作为法的关系怎样进入了不平衡的发展"。"物质生产的发展例如同艺术生产的发展的不平衡"中的"例如"，明确显示了他想讨论的是经济基础和上层建筑、意识形态之间的不平衡，艺术生产只不过是一个例子而已。但不平衡毕竟涉及艺术生产和物质生产的关系问题，在后人的研究中，它成为文艺学的一个重要命题，被视为马克思对文艺理论的一个重要贡献，成为马克思主义文论的一个"关键词"，有必要进行深入讨论。

一　物质生产和艺术生产

讨论"艺术生产与物质生产不平衡"，首先需要明白物质生产和艺术生产究竟是什么。从马克思的政治经济学来看，物质生产是物质资料的生产，涉及生产力和生产关系，这当是学界共识；但不平衡中的物质生产究竟指什么，学界颇有分歧。侧重物质生产的哪个方面来理解物质生产，直接影响到对不平衡的理解。不平衡是艺术生产与生产力的不平衡？还是艺术生产与生产关系的不平衡？抑或是艺术生产与生产力和生产关系总和的不平衡？从既有的研究情况看，学界三种意见都有。

第一种意见认为不平衡中的物质生产是社会生产力，张怀瑾可为代表。他明确表示："'物质生产'这个术语，同样也是指的社会生产力。整个一篇《导言》都是以生产力为中心，作为它的研究对象，其他许多问题，都是从这里派生出来的。"[①] 不平衡问题也是派生出来的。仔细阅读《导言》，不难发现，《导言》并非像张怀瑾所说的那样"都是

[①] 张怀瑾：《再论艺术生产与物质生产发展不平衡——兼答何国瑞、刘世钰诸同志》，《学术月刊》1981年第4期。

以生产力为中心"。《导言》讨论"生产、消费、分配、交换（流通）"之间的关系，包括四个部分："1. 生产""2. 生产与分配、交换、消费的一般关系""3. 政治经济学的方法""4. 生产。生产资料和生产关系。生产关系和交往关系。国家形式和意识形式同生产关系和交往关系的关系。法的关系。家庭关系"，后三个部分显然不是以"生产力为中心"。对不平衡的讨论是第四部分中的内容，谈的是生产中的各种关系以及随之而来的其他关系，不平衡是这些关系中出现的一个现象。这样看来，《导言》并非"以生产力为中心"，以此为依据所认为的物质生产是生产力的观点也就值得怀疑。

第二种意见认为不平衡中的物质生产是生产关系，杨名中、李中一可为代表。杨名中在论述不平衡时，特别强调"分工"的意义，认为不平衡"最根本的原因，就是社会分工。而不平衡的反复出现，正是物质生产同精神生产正式分离后的必然结果"。[1] 李中一则认为，和艺术生产相对而言的物质生产，主要指基于分工的生产关系下的物质生产。考虑到《序言》是在《导言》基础上对相关问题进一步思考的实际情况，《导言》所说的物质生产和艺术生产的不平衡，其中的"物质生产"和《序言》中所说的"生产关系"的确息息相关。

第三种意见认为不平衡中的物质生产是生产力和生产关系的总和，朱立元和陈竹可为代表。朱立元在和张怀瑾商榷的文章中，明确表示物质生产"是一定的生产力与生产关系的总和———定的物质生产方式"。陈竹直接认定马克思的物质生产就是社会生产方式。他在和张怀瑾商榷的文章中说："至于'物质生产'，马克思从来不把它'当作一般的物质财富的生产'，而看作是'生产的一定的、历史地发展的和特殊的形式'，也就是我们习称的社会生产方式。生产关系是它的社会形式，生产力则是它的物质内容。所谓'物质生产的发展'，就是指包括生产关系和生产力在内的社会生产方式的变化和发展。"[2] 需要补充的

---

[1] 杨名中：《对物质生产与艺术生产发展不平衡的再认识》，《四川大学学报》（哲学社会科学版）1995 年第 4 期。

[2] 陈竹：《艺术的曲线与经济的轴线——也谈物质生产与艺术生产不平衡问题》，《江汉论坛》1980 年第 2 期。

是，马克思后来在《资本论》手稿（《政治经济学批判（1861—1863年手稿)》）中指出，要理解"精神生产与物质生产之间的联系"，需要"从物质生产的一定形式产生：第一，一定的社会结构；第二，人对自然的一定关系。人们的国家制度和人们的观念由这两者决定，因而人们的精神生产的方式也由这两者决定。"①"一定的社会结构"是生产关系的体现，"人对自然的一定关系"是生产力水平的体现，它们既然是构成物质生产的形式，物质生产自然可以理解为生产力和生产关系的总和。综合《导言》论述不平衡的具体情况、《序言》对经济基础和上层建筑关系的论述以及《资本论》手稿对物质生产和精神生产关系的分析，将物质生产理解为生产力和生产关系的总和，最贴近马克思的原意。

相较于物质生产，艺术生产更为复杂。说艺术生产复杂，是因为在马克思那里，艺术生产不止一种含义。《导言》第四部分的短文论及不平衡时说："当艺术生产一旦作为艺术生产出现，它们就再不能以那种在世界史上划时代的、古典的形式创造出来。"② 有论者指出："这句话中前一个'艺术生产'是指作为人类精神生产方式的一般艺术活动；而后一个'艺术生产'则是指作为资本主义生产体系下的精神生产部门所进行的生产劳动。"③ 从《导言》第四部分短文的上下文看，艺术生产和物质生产不平衡中的"艺术生产"显然是前一个"艺术生产"，即作为人类精神生产方式的一般艺术活动。

问题在于，进入资本主义社会后，要讲清楚艺术生产和物质生产的不平衡，首先要解决的问题是资本主义条件下如何来确定作为精神生产方式的艺术生产？《导言》只是笼统地说不平衡，没有考虑到艺术生产进入资本主义后如何界定其精神产品的属性，但在《资本论》手稿中，对此问题有所考虑。一方面，以是否创造剩余价值为标准，区分了生产

---

① 《马克思恩格斯全集》（第33卷），人民出版社2004年版，第346页。
② 《马克思恩格斯选集》（第2卷），人民出版社2012年版，第710页。
③ 姚文放：《两种"艺术生产"：马克思"艺术生产"理论新探》，《中国社会科学》2020年第6期。

性劳动的艺术生产和非生产性劳动的艺术生产①；另一方面，不追求商品价值的艺术生产属于精神生产，追求商品价值的艺术生产又可对其商品属性忽略不计（即可以将其视为精神生产）。以此衡量，不平衡中的"艺术生产"，在资本主义社会条件下，指的是大规模追求剩余价值之外的艺术生产，这就将资本主义条件下很多艺术家的活动都纳入到艺术生产范围内，为不平衡研究提供了足够多的研究对象。

二 不平衡的内涵

在弄清楚物质生产和艺术生产的内涵之后，接下来的问题是要弄清楚物质生产和艺术生产的不平衡究竟是什么。这仍然需要从马克思的表述入手。不妨对《导言》中的相关表述加以解读。

《导言》第四部分短文说："关于艺术，大家知道，它的一定的繁盛时期决不是同社会的一般发展成比例的，因而决不是同仿佛是社会组织的骨骼的物质基础的一般发展成比例的。例如，拿希腊人或莎士比亚同现代人相比。就某些艺术形式，例如史诗来说，甚至谁都承认：当艺术生产一旦作为艺术生产出现，它们就再不能以那种在世界史上划时代的、古典的形式创造出来；因此，在艺术本身的领域内，某些有重大意义的艺术形式只有在艺术发展的不发达阶段上才是可能的。如果说在艺术本身的领域内部的不同艺术种类的关系中有这种情形，那么，在整个艺术领域同社会一般发展的关系上有这种情形，就不足为奇了。困难只在于对这些矛盾作一般的表述。一旦它们的特殊性被确定了，它们也就被解释明白了。"② 这里值得注意的地方有四处：（1）艺术的"一定的繁盛时期决不是同社会的一般发展成比例的，因而决不是同仿佛是社会组织的骨骼的物质基础的一般发展成比例的"。这句话的大意是艺术的

---

① 《马克思恩格斯全集》（第33卷），人民出版社2004年版，第140—142页。
② 《马克思恩格斯选集》（第2卷），人民出版社2012年版，第710—711页。

繁盛时期与物质基础的发展不成比例。就"繁盛时期"和"不成比例"看，下这样的判断，其前提是要有一种宏观的历史视野，单独某一个时期，无从知晓其是否为"繁盛时期"，更谈不上是否"成比例"。(2)"某些有重大意义的艺术形式只有在艺术发展的不发达阶段上才是可能的。"这句话说的是艺术内部发展的不平衡，在艺术发展不发达阶段可以出现在艺术史上有重大意义的艺术形式。马克思所举的例子是：和现代相比，希腊时代的艺术总体上是不发达的，但希腊时代出现的史诗和神话，却成为现代不可企及的范本。这从艺术形式的角度对不平衡加以阐述，和"一定的繁盛时期"的不平衡无关，二者形成互补关系。(3)"艺术本身的领域内部"和"整个艺术领域同社会一般发展的关系"。此处明确指出不平衡存在于不同领域。不同领域中的不平衡，关注的侧重点不同：艺术领域内部的不平衡关注的不是全部的艺术形式，只是艺术发展的不发达阶段出现的有重大意义的艺术形式，在艺术发展过程中，这只能算特例。换言之，就艺术形式乃至艺术发展而言，发达阶段和不发达阶段相比，总体上是平衡的。"整个艺术领域同社会一般发展"之间的不平衡，关注的是不同社会发展中艺术发展的总体情况，马克思谈到的是艺术发展好而社会发展不好的情况，其中也包含有反过来的情形，即社会发展好而艺术发展不好的情况，因为对不同地域而言，此处的艺术发展好而社会发展不好，对彼处来说，就是社会发展好而艺术发展不好。这样一来，不平衡就不仅存在于时间维度，也存在于空间维度。综合时空因素，不平衡至少有三种情况：同一地域中不同历史时期（或时间段）的不平衡、同一历史时期（或时间段）不同地域的不平衡、不同历史时期（或时间段）不同地域的不平衡。(4)"困难只在于对这些矛盾作一般的表述。"这意味着将上文所说的艺术发展和社会发展之间的矛盾、艺术形式与艺术发展阶段之间的矛盾抽象出来后加以表述比较困难，如果将它们具体化后，表述就不困难了，即"一旦它们的特殊性被确定了，它们也就被解释明白了"。困难在于"一般的表述"，还意味着"一般"背后有许多具体情形，不平衡是通过这些具体情形抽象出来的共同点。

不平衡是马克思在《导言》中提出来的，后来在《资本论》手稿中也有相关论述。《导言》主要阐述政治经济学的对象和方法，论述了生产、分配、交换、消费之间的关系，指出首先要研究的对象是物质生产，现代资产阶级生产是"研究的本题"①，艺术生产和物质生产的不平衡就是在这样的前提下展开的。《资本论》手稿在批评施托尔希无历史内涵的精神生产时指出："历史地考察物质生产本身"，才能够"理解一定社会形态下的自由的精神生产"，才能够理解资本主义生产"同某些精神生产部门如艺术和诗歌相敌对"的复杂情形②。就这些情况来看，马克思是在分析资本主义生产过程中，顺带涉及不平衡问题。有论者指出：马克思所说的不平衡关系，"其目的并不在于说明物质生产是否决定艺术生产，而在于通过二者间的不平衡关系来揭示资本主义生产的不合理性，进而把批判的矛头指向造成艺术生产与物质生产相对抗的资本主义生产方式。"③应该说，这样跳出不平衡本身来看不平衡的目的对理解不平衡有一定的启示意义。既然不平衡是为了批判资本主义生产方式，那么它关注的就是艺术生产和物质生产的相互关系问题，就不会关注艺术自身的艺术性问题，即使谈及艺术形式，也是着眼于艺术形式在社会中的意义。

综合上文对物质生产、艺术生产的辨析以及对马克思"不平衡"思想的解读，不平衡的内涵大致有以下三个方面：（1）不平衡说的是不同时空中艺术生产和物质生产不成比例，同一时空中的艺术生产和物质生产由于无从比较，谈不上成比例不成比例的问题。（2）不平衡大致有两个层面，包括艺术领域内部的不平衡和艺术同社会发展关系的不平衡。艺术领域内部的不平衡关注艺术不发达阶段具有重大意义的艺术形式，艺术同社会发展关系的不平衡关注艺术的精神属性和物质生产的不平衡，但不关注精神属性的艺术表现，即不关注艺术自身的艺术性。（3）不平衡是马克思在政治经济学研究中提出来的问题，是在批判资

---

① 《马克思恩格斯选集》（第 2 卷），人民出版社 2012 年版，第 685 页。
② 《马克思恩格斯全集》（第 26 卷），人民出版社 2004 年版，第 346 页。
③ 孙秀昌：《关于马克思"不平衡关系"问题的两次论争》，《河北学刊》2009 年第 1 期。

本主义生产过程中提出来的问题，反映了社会发展过程中社会结构内部关系（经济基础和上层建筑关系）演变的复杂性。这三个方面的内涵各有侧重：第一个方面是不平衡的前提条件，为不平衡设定了讨论范围；第二个方面是不平衡的具体表现，展示了不平衡的复杂性；第三个方面是不平衡的历史语境，指向不平衡的意义所在。

三 不平衡是特殊表现还是基本规律？

在弄清楚不平衡的内涵之后，接下来问题是：不平衡是一种特殊表现还是一种基本规律？学界的研究概括起来无非是两种：或认为它是特殊表现，或认为它是基本规律。由于每个人的具体论述不同，总体上显得众说纷纭。

主张不平衡是特殊表现的论者（下文称"特殊论者"），认为艺术生产的发展和物质生产的发展总体上是平衡的，不平衡只是平衡的特殊表现。特殊论者主要有三种情形：（1）认为艺术生产和物质生产发展的关系是一种"宏观平衡和微观不平衡的关系"[1]。周忠厚可为代表。他援引恩格斯的论述作为其立论的依据。恩格斯在给瓦·博尔吉乌斯的信中说："我们所研究的领域越是远离经济，越是接近于纯粹抽象的意识形态，我们就越是发现它在自己的发展中表现为偶然现象，它的曲线就越是曲折。如果您画出曲线的中轴线，您就会发现，所考察的时期越长，所考察的范围越广，这个轴线就越是接近经济发展的轴线，就越是同后者平行而进。"[2] 艺术生产适用于这种情况，它总体上看和物质生产的发展大体平衡，不平衡只是微观的。平衡是相对平衡，是必然的，不平衡是绝对的，是偶然的。在此基础上，他还从唯物主义和辩证法出

---

[1] 周忠厚：《试论艺术生产与物质生产发展的宏观平衡和微观不平衡的辩证关系》，《求索》1991年第1期。
[2] 《恩格斯致瓦·博尔吉乌斯》，《马克思恩格斯选集》（第4卷），人民出版社2012年版，第650页。

发,认为"从更长时间、更大范围承认艺术生产同物质生产的发展的大体平衡关系是唯物的,而从偶然性和绝对意义的角度承认两者的不平衡关系是辩证法的"。这样的论述符合马克思主义精神,但对不平衡而言,意义有限。(2)认为不平衡是艺术生产与物质生产之间的特殊关系。纪怀民在讲解《序言》《导言》时,认为不平衡是"特定历史时期内物质生产同艺术生产发展的特殊关系"①,这种特殊关系的根源仍在于经济基础,他以18世纪末19世纪初德国文学的繁荣为例。18世纪末的德国,经济落后,资产阶级软弱、妥协,"他们受法国革命的鼓舞……又没有勇气把这种革命的愿望变成革命的行动……唯一的出路就是把应该在实践中解决的革命任务转移到意识形态领域……于是,文学和唯心主义哲学便成为这个时代最繁荣的部门"。② 这种分析有些牵强,因为恩格斯明确表示:"不论在法国或是在德国,哲学和那个时代的普遍的学术繁荣一样,也是经济高涨的结果。"③ 恩格斯认为德国哲学繁荣,主要是由于先驱者传下来的"现有思想材料"④。(3)认为不平衡是平衡关系的"补充和表现形式"。朱立元认为:"艺术的发展一般地为一定的物质生产方式所决定并与这种生产方式相适应、相平衡,才是两种生产相互关系的普遍规律,而由于艺术生产相对独立性及其对物质生产的反作用等因素形成的某种暂时、局部、相对的不平衡关系,则是两种生产相互关系的特殊现象。"这里,朱立元将"平衡"和"适应"等同起来,没有深究马克思对平衡和适应的区别使用;认为不平衡是基本平衡关系的"补充和表现形式",其实指向了周忠厚的"宏观平衡和微观不平衡"。但朱立元比周忠厚通达,他在认定不平衡是特殊现象的基础上,指出不平衡是"反复出现的历史现象……也是有规律可循的"⑤。

---

① 纪怀民等:《马克思主义文艺论著选讲》,中国人民大学出版社1982年版,第193页。
② 纪怀民等:《马克思主义文艺论著选讲》,中国人民大学出版社1982年版,第195页。
③ 《恩格斯致康·施米特》,《马克思恩格斯选集》(第4卷),人民出版社2012年版,第612页。
④ 《恩格斯致康·施米特》,《马克思恩格斯选集》(第4卷),人民出版社2012年版,第613页。
⑤ 朱立元:《艺术生产与物质生产的不平衡关系——与张怀瑾同志商榷》,《复旦学报》(社会科学版)1982年第1期。

主张不平衡是基本规律的论者（下文称"规律论者"），主要也有三种情形：（1）认为不平衡是普遍规律，是马克思主义文艺理论的基石。张怀瑾可为代表。他认为不平衡是"马克思主义观察文艺现象的一个基本的原理……是马克思主义文艺理论的基石"，并从多方面展开论证。他从哲学的角度出发，认为"不平衡就是矛盾"，平衡"是事物相对静止的状态"①。既然不平衡是矛盾，平衡是静止，而矛盾是绝对的，静止是相对的，不平衡自然是普遍存在的，有其必然的规律属性。但他的观点需要商榷。说"不平衡就是矛盾"，忽视了不平衡的多样性，只要物质生产水平类似、艺术生产差异明显，就出现不平衡，但可以不是矛盾。虽然马克思所说的艺术形式中没有这类情况，但同一历史时期不同国家的不平衡完全可以出现这种情况。说平衡是"相对静止"，忽视了艺术生产和物质生产发展的不平衡和平衡都是发展过程中的情况，动态性是考察平衡不平衡的前提。此外，他将不平衡视为马克思主义文论的基石，也拔高了不平衡的学术价值。马克思主义文论的基石应该是文艺来源于生活，不平衡也是以文艺来源于生活为基础的。（2）对"艺术生产"加以分析，从而得出不平衡是必然的结论。高楠可为代表。他认为，艺术生产具有物质和精神双重属性。从艺术生产的物质属性出发，可以用经济基础决定上层建筑来理解艺术生产和物质生产的"基本平衡"；但是一旦将艺术生产纳入到"总体性的社会实践活动"中，艺术生产和其他生产就互为生产，这些生产就其历时性发展而言，"彼此间很少出现'大体平衡'或'基本平衡'的实在状况"，它们之间的不平衡反而是常态。就艺术的精神属性看，精神属性具有对现实的超越性，它"总是用形象化的征服自然的想象力超然于并引导着现实社会生活"。马克思所说的不平衡，主要是就艺术生产的精神属性而言的，"艺术生产以其生产的艺术而必然地超越社会发展"，这就决定了不平衡的必然性。②高楠的思考，自成一说，但没有区分不同时期的"不平

---

① 张怀瑾：《再论艺术生产与物质生产发展不平衡——兼答何国瑞、刘世钰诸同志》，《学术月刊》1981年第4期。
② 高楠：《马克思的"不平衡"理论要对艺术生产说什么》，《文学评论》2019年第1期。

衡"和同一时期的"不适应",多少有点将"不平衡"和"不适应"相混淆的嫌疑。（3）认为精神生产和物质生产有各自的"自然规定性",它们的发展必然是不平衡的。杨名中可为代表。他认为精神生产和物质生产是分工的结果,分工让精神生产和物质生产沿着各自的"自然规定性"发展,它们的"自然规定性"不同,发展过程中必然会出现不平衡情况,因而不平衡是必然的。他将艺术生产纳入到精神生产之中,认为只要精神生产和物质生产的"加工方式、加工对象和发展的先决条件迥然不同,只要使它们相互脱离的基本条件还存在,那么在向前发展的过程中,两者之间便会产生各种不平衡"。① 如果严格按照马克思所说的不平衡是艺术生产和物质生产发展"不成比例",杨名中的推论没有问题。但问题在于：如果说"平衡"就是严格按照"比例"发展,艺术生产和物质生产发展不可能还有任何的平衡；马克思用"不成比例"来说不平衡,只是在比喻的意义上说的,他实际上表达的不是艺术生产和物质生产发展的不一致,而是艺术生产和物质生产发展的错位。以此来看,杨名中从"自然规定性"出发来说明艺术生产和物质生产发展的不平衡是普遍规律,其实是回避了问题。

特殊论者和规律论者,都有各自的理由。马克思所说的不平衡究竟是特殊表现还是基本规律,还是要回到《导言》中的这段话："关于艺术,大家知道,它的一定的繁盛时期决不是同社会的一般发展成比例的,因而也决不是同仿佛是社会组织的骨骼的物质基础的一般发展成比例的……就某些艺术形式,例如史诗来说……在艺术本身的领域内,某些有重大意义的艺术形式只有在艺术发展的不发达阶段上才是可能的。如果说在艺术本身的领域内部的不同艺术种类的关系中有这种情形,那么,在整个艺术领域同社会一般发展的关系上有这种情形,就不足为奇了。"② 就不平衡是特殊表现还是基本规律来看,这段话有四处值得注意。（1）艺术的"一定的繁盛时期"。如何理解"一定

---

① 杨名中：《对物质生产与艺术生产发展不平衡的再认识》,《四川大学学报》（哲学社会科学版）1995 年第 4 期。

② 《马克思恩格斯选集》（第 2 卷）,人民出版社 2012 年版,第 710 页。

的",是理解这句话的关键。"一定的"可以是和"全部""所有"相对立的"有些""个别"的意思,也可以是"特定""某个""那个"的意思。如果将"一定的"理解为"有些""个别"的意思,这句话的意思是不平衡只是历史"有些时候""个别阶段"的事情;如果将"一定的"理解为"特定""那个"的意思,这句话的意思就成了"那个繁盛时期的物质生产和艺术生产是不平衡的","那个"由于其所指的模糊性和通约性,成为"全部"的代称,这就意味着"所有繁盛时期的物质生产和艺术生产是不平衡的"。显然,将"一定的"理解为"特定""那个"时,不平衡显然是个普遍规律;将"一定的"理解为"有些""个别"时,不平衡是特殊表现还是基本规律,就要看"有些""个别"在"整体"中的情况了。当"有些""个别"在"整体"中是偶然出现时,它只能是特殊表现;当"有些""个别"在"整体"中反复出现时,它可以是一种规律。(2)两个"决不是"。肯定的语气说明了一定的艺术繁盛时期和物质生产、社会一般发展的不平衡是毋庸置疑的,上文已分析"一定的"显示出不平衡是一种规律,此处两个"决不是"则强化了不平衡的存在。(3)"艺术本身的领域内部的不同艺术种类"。不同的艺术种类是泛指所有的艺术形式还是特指以史诗为代表的"某些艺术形式",对理解意识领域内部的不平衡至关重要。从上下文看,艺术形式的不平衡,特指神话、史诗这些有重大意义的艺术形式只能出现在社会一般发展不发达的阶段。(4)"在整个艺术领域同社会一般发展的关系上有这种情形,就不足为奇了。"这句话字面意思很清楚。就整个艺术领域和社会一般发展关系而言,"这种情形"指的不再是神话、史诗与社会发展不平衡本身,只能是神话、史诗所反映出来的不平衡现象,这种现象之所以"不足为奇",是因为它很常见。不平衡在此就不再是个别现象,而是基本规律。

按照经济基础决定上层建筑的原理,属于上层建筑的艺术生产应该与属于经济基础的物质生产总体上保持一致,不平衡只能是一种特殊表现而不能是一种基本规律。特殊论者认为不平衡是特殊表现,最根本的理由就在此。说不平衡是基本规律,必须说清楚经济基础决定的上层建筑和不平衡之间的关系。

不平衡是不同时期艺术生产和物质生产发展比较的结果，需要落实到每个时期艺术生产和物质生产的关系，每个时期的艺术生产和物质生产的关系，又离不开经济基础与上层建筑是否相适应的关系，因此，有论者认为："艺术生产与物质生产平衡与否的关系实质上就是上层建筑与经济基础是否适应的问题"[1]。就不平衡的原因来看，这句话没有错，就不平衡的表现来看，这句话没有区分不同时期的平衡问题和同一时期适应问题的差别。就是说，经济基础决定上层建筑，是任何时候都起作用，不管是上层建筑适应经济基础还是不适应经济基础。同理，不同历史时期艺术生产和物质生产发展无论是不平衡还是平衡，也都不能否认经济基础对上层建筑的决定作用。这样看来，经济基础决定的上层建筑和不平衡，根本就是两个维度的问题。一个是制约与反制约的发展博弈问题，一个是平衡与不平衡的表现状况问题，"两者之间并不存在矛盾和对立。制约不是平衡，不平衡也不是失去制约"[2]。经济基础决定上层建筑是基本原理，并不妨碍艺术生产和物质生产发展不平衡是基本规律；同时，艺术生产和物质生产发展的不平衡，也不妨碍艺术生产和物质生产发展有平衡的时候。

四　不平衡的原因

不平衡之所以众说纷纭，是因为马克思只是简单地指出了这一现象，对其原因没有具体说明。但要很好地理解不平衡现象，就必须弄清楚不平衡的原因。

不平衡的原因究竟何在？马克思只在说明希腊艺术何以会给我们艺

---

[1] 朱立元：《艺术生产与物质生产的不平衡关系——与张怀瑾同志商榷》，《复旦学报》（社会科学版）1982年第1期。

[2] 吴效刚：《"不平衡关系"与艺术的特性》，《兰州大学学报》（社会科学版）2005年第1期。

术享受,成为我们高不可及的范本时,说出其中的原因在于"希腊人是正常的儿童。他们的艺术对我们所产生的魅力……是同这种艺术在其中产生而且只能在其中产生的那些未成熟的社会条件永远不能复返这一点分不开的"。① 相对于现代社会而言,古希腊是未成熟的,生产力水平低下,人们对社会生活的理解,很大一部分依靠想象力,这如正常的儿童一样,对生活有自己的想象性理解。神话和史诗主要是想象的产物,与古希腊的社会状况吻合,随着社会生产的发展,这种依靠想象来理解社会的状况不复存在,神话和史诗的土壤也就没有了,但在想象基础上的神话和史诗,勾起了人类对童年时代的回忆以及童年时代对社会的美好憧憬,是人们生活所需要的东西。这里,马克思解释了艺术形式不平衡的原因,不过,艺术形式不平衡在马克思这里是特例。对特例的解释,只能就事论事。但整体艺术领域与社会发展不平衡的原因何在,马克思没有任何说明,这就导致不平衡原因的众说纷纭。

如上文所言,不平衡现象的本质是经济基础与上层建筑之间的不适应,不适应是由于二者之间不是直接的相互作用,而是经过诸多中间环节,这也是很多人将不平衡归于中间环节的原因。就"中间环节"而言,周忠厚、曾簇林认为它是多个因素的"合力"②,包忠文、田文信认为它主要是政治③,赵炎秋认为它是生活范式④。根据艺术所反映的对象和马克思主义对社会结构的分析,造成不平衡的中间环节最主要的可能是社会心理⑤。

---

① 《马克思恩格斯选集》(第 2 卷),人民出版社 2012 年版,第 712 页。
② 周忠厚:《试论艺术生产与物质生产发展的宏观平衡和微观不平衡的辩证关系》,《求索》1991 年第 1 期;曾簇林:《试论艺术形式发展的不平衡》,《湘潭大学学报》(社会科学版) 1992 年第 1 期。
③ 包忠文:《艺术生产与物质生产发展的不平衡是文艺发展的客观规律吗?——和张怀瑾同志讨论》,《外国文学研究》1979 年第 1 期;田文信:《试论艺术生产与物质生产发展不平衡规律》,《学术月刊》1980 年第 3 期。
④ 赵炎秋:《生活范式与文学类型——艺术生产与物质生产不平衡原因再探》,《中外文化与文论》2009 年第 2 期。
⑤ 何国瑞在谈及社会意识对不平衡的作用时,曾提及"社会心理",但他对此没有任何说明,似乎是随口说说。参看何国瑞《论物质生产与艺术生产不平衡问题》,《江汉论坛》1979 年第 2 期。

就艺术所反映的对象而言，艺术属人文学科，反映对象主要是人。黑格尔说："艺术用感性形式表现最崇高的东西，因此，使这最崇高的东西……更接近我们的感觉和情感。"① 这意味着，最崇高的东西是通过人心感觉出来的东西。艺术是在现实生活基础上的创造，现实生活，如车尔尼雪夫斯基所言，"不单是人对客观世界中的对象和事物的关系，而且也是人的内心生活；人有时生活在幻想里，这样，那些幻想在他看来就具有（在某种程度上和某个时期内）客观事物的意义；人生活在他的情感的世界里的时候就更多；这些状态假如达到了引人兴趣的境地，也同样会被艺术所再现"。② 艺术表现人的心理，主要是社会心理，这是艺术能打动人的主要原因，也是艺术有时代特色的原因。所谓社会心理，说的是某一时代中能直接反映现实关系的社会精神状况，是一定社会群体的感觉、情绪、愿望以及习俗、风尚的总和。通常所谓"民心""人心"，主要就是指某一时期的社会心理。

社会心理是某个时代的社会心理，当然和这个时代的经济基础有关，这就涉及马克思主义对社会结构的理解。恩格斯在 1890 年 10 月 27 日《致康·施米特》中称意识形态领域是"更高地悬浮于空中"③，与经济基础不直接发生作用。艺术属于意识形态领域。到普列汉诺夫《马克思主义的基本问题》④，明确提出"五项因素公式"。"五项因素公式"指"（一）生产力的状况；（二）被生产力所制约的经济关系；（三）在一定的经济'基础'上生长起来的社会政治制度；（四）一部分由经济直接所决定的，一部分由生长在经济上的全部社会政治制度所决定的社会中的人的心理；（五）反映这种心理特性的各种思想体系。"⑤ 在经济基础和上层建筑的社会结构中，普列汉诺夫将经济基础

---

① ［德］黑格尔：《美学》（第一卷），朱光潜译，商务印书馆 1979 年版，第 10—11 页。
② ［俄］车尔尼雪夫斯基：《艺术与现实的美学关系》，《车尔尼雪夫斯基选集》（上卷），周扬、缪灵珠、辛未艾译，生活·读书·新知三联书店 1958 年版，第 93 页。
③ 《马克思恩格斯选集》（第 4 卷），人民出版社 2012 年版，第 611 页。
④ ［俄］普列汉诺夫：《马克思主义的基本问题》，《普列汉诺夫哲学著作选集》（第三卷），生活·读书·新知三联书店 1962 年版，第 134—214 页。
⑤ ［俄］普列汉诺夫：《马克思主义的基本问题》，《普列汉诺夫哲学著作选集》（第三卷），生活·读书·新知三联书店 1962 年版，第 195 页。

分为生产力和经济关系，是照搬马克思主义创始人的思想，将上层建筑区分为社会政治制度、社会心理（"社会中的人的心理"）和各种思想体系，在上层建筑中明确区分出政治的上层和思想的上层，道出了上层建筑内部的复杂性，有他自己的思考。将社会心理单列出来，可说是普列汉诺夫对文艺与经济基础关系的突出贡献。一方面，社会心理是在一定的经济基础上形成的，"某一经济结构所产生的法权的和政治的关系，对于社会人类的全部心理有着决定的影响"①，社会心理的形成有一个过程，同时社会心理形成后有一种惯性，它不是随时因经济基础的变化而变化；另一方面，艺术作品直接体现出来的社会心理（有时为时代精神，有时为超时代的人性诉求）最终可以找到其现实土壤，"只有我们把法兰西浪漫主义的心理看做处在一定社会条件和历史条件下的一定阶级的心理的时候，我们才能了解它，这是丝毫没有怀疑的"。② 就这两方面来看，社会心理显然是文艺和经济基础的中间环节。

　　社会心理作为中间环节与上文所说"合力"、政治、生活范式等中间环节相比，更能解释不平衡。原因有三：（1）社会心理是"社会中的人的心理"，这是受诸因素影响而形成的心理。政治、生活范式都在社会心理中有所体现；"合力"过于浮泛（周忠厚所说的"政治、法律、哲学、宗教"等"上层建筑等中介"的合力，可以形成多种不同结果的合力，指向的艺术的"合力"的特色不清晰；曾簇林所说的生产力、生产关系、政治上层建筑、社会意识形态四个层次中诸要素的合力，也有类似问题），社会心理比"合力"要具体。就某个时代或某个时期而言，社会心理可理解为时代精神和某个时期的社会思潮，它比政治或生活范式更能显示社会的整体面貌；由于社会心理主要体现的是精神面貌，它不是经济基础的直接体现，而是在经济基础上慢慢形成的，和"合力"相比，与经济基础的距离更远一些。（2）艺术说到底是人

---

　　① ［俄］普列汉诺夫：《马克思主义的基本问题》，《普列汉诺夫哲学著作选集》（第三卷），生活·读书·新知三联书店1962年版，第171页。
　　② ［俄］普列汉诺夫：《马克思主义的基本问题》，《普列汉诺夫哲学著作选集》（第三卷），生活·读书·新知三联书店1962年版，第197页。

类情感的体现，与社会心理息息相关。艺术可以表现刹那间的感受，刹那间的感受很难说是什么"合力"；艺术也可以不反映政治和生活范式，但艺术离不开情感表现，任何艺术情感最终又是社会心理的折射：或者是艺术情感直接反映某种社会心理，或者是艺术情感超越该艺术产生时代的社会心理但折射出接受者的社会心理。（3）就艺术和经济基础的关系看，建立在经济基础之上的社会心理是艺术表现的对象（所谓"言为心声，书为心象"），艺术所表现出来的社会心理可以折射出经济基础，社会心理是中间环节很容易理解。由于社会心理是一种精神状态，不是经济基础本身，同时艺术又是以各种形式来表现社会心理，艺术和经济基础之间不一致就很正常。转换到不同时期或不同区域的艺术生产和物质生产发展，不平衡就是自然而然的事情了。

总之，艺术生产和物质生产的不平衡，是马克思主义文论关键词之一，对它的理解，需要从艺术生产和物质生产的内涵、不平衡的内涵、不平衡是特殊表现还是基本规律以及不平衡的原因四个方面展开。

作为马克思主义动力学的核心的唯物主义戏剧

南京师范大学　李永新[*]

20世纪下半叶，阿尔都塞的结构主义马克思主义理论对文学研究与文艺理论的发展产生了重要影响。但是，阿尔都塞晚年在谈到他的理论所产生的影响时颇为伤感，强调他的理论像一封意义永远处于延异中的"瓶中信"——"写书就像发送储在瓶中的信息，你根本没法知道你说的话会被谁碰上，又会被他们用作什么意义"[①]。虽然阿尔都塞对国际性的"阿尔都塞主义"现象非常悲观，甚至认为他的理论在某种程度上遭到了"误读"，但是他为了探索并追求"科学性"的马克思主义理论，努力接受历史学、精神分析、语言学与文化人类学理论，积极吸收当时正处于鼎盛时期的结构主义理论。阿尔都塞改变了马克思主义研究的理论视域，提出了具有开放性的结构主义马克思主义理论，也使这一理论在文学、历史、文化研究与美学等领域产生了广泛影响。就因艺术兴趣而写作的一些短论而言，阿尔都塞在他不断发展的彻底摆脱了历史主义和人道主义的"历史唯物主义"的立场上，提出了一种以艺术为具体研究对象的马克思主义理论，发展出一种反对经济简约论并凸显实践性的马克思主义科学艺术观。这些艺术批评虽然也涉及导演、作家、观众与戏剧内容等问题，但是更重视具有物质性特点的戏剧表演过

---

[*] 本文系国家社科基金一般项目"英国马克思主义文论的后结构主义转向研究"（21BZW069）的阶段性成果。

① ［英］弗兰西斯·马尔赫恩：《瓶中信：文学研究中的阿尔都塞》，孟登迎译，参见曹顺庆主编《中外文化与文论》（第18辑），四川大学出版社2009年版，第255页。

程及其所拥有的理论意义。"这些文章超出了对具体对象的讨论,显示出阿尔都塞对于理论和方法等普遍性问题的敏锐觉察。"① 因此,阿尔都塞对贝尔多拉西的剧本《我们的米兰》、布莱希特的史诗剧与克勒莫尼尼的绘画等的批评,既属于结构主义马克思主义的艺术批评,又通过对这些艺术作品的分析不断推动自身结构主义马克思主义理论的发展。

当然,阿尔都塞之所以非常喜爱布莱希特的史诗剧,是因为布莱希特的史诗剧呈现出以结构主义方式叙述历史的底色。布莱希特的史诗剧所追求的改变观众认识的间离效果,与后来兴起的结构主义思潮的理论诉求非常接近。库勒认为,结构主义并不关注创作作品的作家或者作品中的人物,而是把注意力集中在了非个人化的社会体系、文化体系以及受这些体系支配的缺乏个性的"反主角"等方面。与传统的文学再现论相比,结构主义更重视分析世界在文学与生活中的形成过程,甚至有些极端地把世界视为语言,认为世界与语言拥有完全相同的内在结构。"如果我们认为语言是用来组织世界的一种体系,那么文学就成了通过对语言及其联结形式进行变换和改造从而改变世界的一种试验。"② 本雅明在分析布莱希特的史诗剧时也指出,史诗剧的演员并不是为了表现自我,而是将戏剧结构中的行为、动作与语言形式化,通过展示它们之间的关系改变观众对世界的认识。"史诗剧作品的最高任务,是表现被演绎的行动和涉及表演本身的所有事物之间的关系。马克思主义的一般教育方法,是由教与学之间发挥作用的辩证法决定的:类似的事情也发生在带着永恒辩证法的史诗剧中,发生在舞台上被表现的行动以及在舞台上表现行动的态度之间。"③ 史诗剧通过戏剧结构拉开了演员与角色、舞台与观众之间的距离,使舞台上的"当下"与观众所处的"当下"

---

① [英]弗兰西斯·马尔赫恩:《瓶中信:文学研究中的阿尔都塞》,孟登迎译,参见曹顺庆主编《中外文化与文论》(第18辑),四川大学出版社2009年版,第258页。
② [英]库勒:《文学中的结构主义》,张金言译,参见伍蠡甫等主编:《西方文艺理论名著选编》,北京大学出版社1987年版,第535页。
③ W. Benjamin, *Understanding Brecht*, Trans. by A. Bostock, London & New York: Verso, 1998, p. 11.

成为两个既有区别又有联系的要素,让观众意识到历史可以被改变得更加美好。

一　对布莱希特史诗剧的批评及超越

阿尔都塞在一生中共写作了 8 篇论述艺术的文章,其中《皮科罗剧团,贝尔多拉西和布莱希特(关于一部唯物主义戏剧的笔记)》(以下简称《唯物主义戏剧笔记》)《论布莱希特和马克思》分别从不同角度分析了布莱希特的史诗剧,并将之称为"唯物主义戏剧"。阿尔都塞对布莱希特史诗剧的批评,受到很多理论家的关注,其中很多马克思主义理论家主要从艺术与意识形态关系角度分析这一问题。他们认为,阿尔都塞的批评在承认布莱希特史诗剧的认识论价值的同时,更重视史诗剧介入社会的具体过程。英国马克思主义理论家托尼·本尼特指出,阿尔都塞的戏剧批评在接受俄国形式主义关于文艺与意识形态关系论述的基础上,又"通过'消解'绝对主体这一概念而获得'美学效应',就像我们看到的那样,在任何意识形态内部建立识别的焦点"。"在这个意义上,阿尔都塞将布莱希特的《大胆妈妈》看做一种'双向去中心化的总体'。他认为,它所引起的是通过替换人类这一主体的形式,消解了资产阶级人文主义的意识形态,而其中心是对真正生存条件的质问。"[①]《大胆妈妈》通过表现战争的真实状态,使读者既不再对主人公安娜·菲尔琳的困境产生移情,也能够直面战争的残酷与无情,对其价值产生深刻怀疑。与本尼特的马克思主义分析不同,希尔伯曼在从艺术媒介角度分析 20 世纪下半叶"什么是政治艺术"时指出,布莱希特的戏剧既确立了"把文化产品与社会变革联系起来的模式",又明确地体现了"被消解或断裂的主体通过解构和间离手法来颠覆幻象和读者的统

[①] [英]托尼·本尼特:《形式主义和马克思主义》,曾军等译,河南大学出版社 2011 年版,第 102 页。

一性以产生意义"的特点①。这些分析说明，阿尔都塞对布莱希特史诗剧的批评主要关注戏剧结构与接受主体，在阐明两者关系的基础上深入分析了史诗剧的历史价值。

阿尔都塞在1962年发表的《唯物主义戏剧笔记》中运用马克思的唯物主义辩证法分析《我们的米兰》和布莱希特的史诗剧，认为这类戏剧的重要价值在于构成剧本的各基本要素之间的关系。这种与传统戏剧不同的离心结构展现了现实世界的真实境况，实现了对为平民制造神话的资产阶级传统戏剧的深入批判。"不论贝尔多拉西在安排这个结构时是有意识还是无意识，结构毕竟是剧本的本质所在，只有它才能使我们懂得斯特累勒的解释和观众的反应。"② 阿尔都塞认为，与《我们的米兰》完全相同的是，布莱希特的史诗剧及其所追求的间离效果虽然受到很多理论家的关注，但是仍然属于还没有得到完全解决的重要问题，因为这类戏剧拥有不断交替、互不相关的时间结构与戏剧场景，形成一种隐性的"潜在结构"。"我十分惊奇地看到，贝尔多拉西的剧本所具有的那种不对称的和批判的潜在结构，基本上也正是《大胆妈妈》和《伽利略》等剧本的结构。"③ 间离理论是布莱希特提出的新的表演理论与方法，经常被视为文艺介入现实并发挥认识作用的有效途径，但是这些看法主要局限于文艺与社会的关系，其突出特点是强调布莱希特史诗剧能够通过揭示资本主义制度背后的真实境况实现对这一异化的社会制度的批判。在阿尔都塞看来，这些探讨并没有涉及戏剧的内部结构，也没有指明布莱希特史诗剧的戏剧结构的独特性。布莱希特的史诗剧不断凸显作为创作主体的叙述者的作用，努力打破传统戏剧的审美幻象，使观众既不再与剧中人物产生情感共鸣，也能够从不同角度与立场对戏剧中的事件展开理性思考与评价。与此相比，叙述者在传统戏剧中被视为非戏剧性因素，因为叙述者一旦出现，就破坏了传统戏剧的完整性与封

---

① ［美］马克·希儿伯曼：《再现的政治：布莱希特与媒介》，陈后亮译，王杰主编：《马克思主义美学研究》（第15卷·第1期），中央编译出版社2012年版，第178页。
② ［法］路易·阿尔都塞：《保卫马克思》，顾良译，商务印书馆2016年版，第116页。
③ ［法］路易·阿尔都塞：《保卫马克思》，顾良译，商务印书馆2016年版，第117页。

闭性。

　　20世纪60年代中期以后，阿尔都塞在分析了史诗剧的离心结构的前提下，着力探讨戏剧结构与人物之间的复杂关系。他在《论布莱希特和马克思》中通过分析布莱希特提出的间离理论，提出了"移置效果"和"错位效果"的观点。在阿尔都塞看来，马克思与布莱希特的创新之处并不在于他们创造了新的哲学或戏剧类型。"问题在于在哲学内部建立一种新的实践，使得哲学不再是对世界的解释，即神秘化，而是有助于对世界的改造；问题在于在戏剧中建立一种新的实践，使得戏剧不再是神秘化，即烹调术娱乐，而是让它也有助于对世界的改造。"① 马克思提出哲学家的任务不在于解释世界，而在于改造世界。布莱希特在接受了马克思的这一观点的基础上，运用戏剧的间离效果实现了对世界的改造。"在这一点上也一样，马克思和布莱希特的情况非常相似。正是必须在这个意义上理解布莱希特所说的 Verfremdungseffekt，人们相当不错地把它翻译成法语的间离效果（effet de distanciation），但我更愿意把它翻译成移置效果（effet de déplacement），或错位效果（effet de décalage）。"② 这种移置是一种观念的移置，既构成其他一切移置的根本原因，也对其他一切移置形成抽象概括。马克思的哲学与布莱希特的史诗剧既能够对常识性的日常观念进行移置，分别改变了传统哲学对世界的思辨解释和传统戏剧所追求的对人的精神的陶冶和净化，又对自我进行移置，努力发挥政治实践作用，占据一个更为合理的政治位置。布莱希特在戏剧创作与表演层面发展了马克思的哲学的革命实践精神，努力发挥移置作用，促使观众真正认识现实生活中的自己。

　　阿尔都塞在20世纪60年代对布莱希特戏剧的两次分析虽然都属于戏剧批评，但是从他不断发展的结构主义马克思主义理论的角度来看，他的戏剧批评与他的马克思主义理论在认识论层面产生了深层次的共

---

　　① ［法］路易·阿尔都塞：《阿尔都塞论艺术五篇（上）》，陈越、王立秋译，《文艺理论与批评》2011年第6期。

　　② ［法］路易·阿尔都塞：《阿尔都塞论艺术五篇（上）》，陈越、王立秋译，《文艺理论与批评》2011年第6期。

鸣。布莱希特史诗剧的独特美学风貌之所以能够不断激活和丰富阿尔都塞的结构主义马克思主义理论，是因为布莱希特的史诗剧有效促进了阿尔都塞对马克思主义辩证唯物主义的理解。"事实上，如果我们在意识形态讨论的语境中看一看布莱希特关于批评介入的理论和实践，那么，这一棘手的问题就会自行显现出来。研究幻觉的现实实际上是研究再现的意识形态和这种意识形态所决定的主体位置。这是抨击认同、分离、净化、被动性的关键所在，而间离就是这种抨击的辩证实现；从戏剧——或影片——的内部与外部思考，置身其中或超然于外的思考，乃是一种批评置换的方式：戏剧再现事物——被寓于意识形态之内，但那种再现，那一系列公认的构形，本身也是被再现的（所以，用布莱希特的话说，我们仿佛无数再现的复合体），而这把作品置于一种客观具体的政治知识（在理论—间离—及其客体—意识形态的确切语境中定义的知识）之中，而非置于'真理'之中。"① 布莱希特的史诗剧通过发挥潜在作用的离心结构把观众从具有想象性特点的意识形态唤问机制中间离出来，使其对现实产生出一种新的认识。阿尔都塞在批评布莱希特史诗剧的过程中，也充分把握了史诗剧艺术的后形而上学特点，将其与马克思主义认识论联系起来，分别提出了结构因果性、意识形态唤问与历史无主体的观点。

　　朗西埃在分析阿尔都塞对布莱希特史诗剧的批评时指出，阿尔都塞打破了书本的神话，努力以"不在场会通过在场而公开地呈现自身"的方式阅读马克思和布莱希特的史诗剧，把艺术、哲学与政治等同起来，为建立起新的感性共同体而不断突破语言所造成的迷幻。"为了使马克思主义者成为共产主义者的运动等同于共产主义者成为马克思主义者的运动，就必须从那个将书写的孤独与失语人群的孤独分离开来的空间中，制造出由问题和回答紧密织成的编织物。为此就必须把文学引向戏剧的边界，在那里，无关系被断然地清除了，现实通过诛杀意识形态

----

① ［英］史蒂芬·希思：《布莱希特的教导》，陈永国译，参见弗朗西斯·马尔赫恩编《当代马克思主义文学批评》，刘象愚等译，北京大学出版社2002年版，第260页。

一举赢得胜利。阿尔都塞将戏剧（某一类戏剧）的程序，视为马克思主义动力学的核心。由此出发，阿尔都塞创造了双重的戏剧化：他将理论文本戏剧化为对话，并将理论与现实的关系戏剧化为戏剧与其结局的关系。"① 阿尔都塞在实现哲学与戏剧对话的过程中，努力促使两者走向政治，使其见证它们所属的时代。首先，阿尔都塞将哲学文本戏剧化，运用首字母大写的词汇与引号分析马克思的政治经济学与哲学，使其成为"会说话的概念"。"这样的排印术显然成了戏剧意义上同时又是宗教意义上的拓扑学标记。它制造了一种道成肉身的戏剧，把书上的每一页的对话者组织到现实中：阶级与阶级斗争、马克思列宁主义、工人运动，等等。"② 其次，阿尔都塞将戏剧文本哲学化，使布莱希特的史诗剧等唯物主义戏剧努力与真实生存条件相遭遇，成为生产出新的现实的出口。"这个出口被孤立在舞台的角落，在形式上赶走了意识的辩证法或实践的道德主义。文本的戏剧旨在保存这种现实，它只有在戏剧舞台上所有的出路都已被封闭之后，才会从那个封闭的本身中作为最后的出路被打开。"③ 在阿尔都塞看来，戏剧批评与哲学研究都应该打破现代性语境中的学科分化，成为政治介入的有效途径。

二　潜在性：从离心结构到结构因果性

在《唯物主义戏剧笔记》中，阿尔都塞在观看了《我们的米兰》演出以后认为，这部戏剧拥有一种使虚假的"情节剧意识"破灭的戏剧辩证法。"情节剧意识"是传统戏剧为演绎资产阶级的意识形态而形成的意识辩证法，是基于现实环境形成的"异己意识"。这种意识一方

---

① ［法］雅克·朗西埃：《词语的肉身：书写的政治》，朱康等译，西北大学出版社2015年版，第207页。
② ［法］雅克·朗西埃：《词语的肉身：书写的政治》，朱康等译，西北大学出版社2015年版，第209页。
③ ［法］雅克·朗西埃：《词语的肉身：书写的政治》，朱康等译，西北大学出版社2015年版，第210页。

面来自资产阶级主导的外部环境，具体表现为资产阶级所倡导的人性、善良与信仰等，另一方面又在生存于一定环境中的下层平民身上表现出来。"情节剧一旦脱离开真实的世界，便产生出各种千奇百怪、扣人心弦的冲突和此起彼伏的闹剧。它把这种喧闹当作命运，把这种紧张当作辩证法。辩证法在这里不起实际的作用，因为它只是同真实世界隔绝的空洞的辩证法。这种异己意识虽然同它的条件不矛盾，但它不能由自己、由它的'辩证法'所产生。它必须进行一次决裂，即要发现这种辩证法的非辩证性，并承认这种辩证法的虚无性。"① 阿尔都塞认为，"情节剧意识"的辩证法类似于黑格尔提出的绝对精神的辩证运动，主要通过充满矛盾的剧情的发展推动"情节"的发展，借助剧情创构的虚幻审美世界创造出一个与真实境况完全隔绝的道德幻境。阿尔都塞在强调《我们的米兰》与布莱希特的史诗剧都拥有唯物辩证法的革命精神的同时，也延续了他早年对黑格尔哲学的批判。他认为，黑格尔的辩证法是一种目的论哲学，它在预先设定了目的的基础上使研究对象在自己内部发展，而不是脱离自身通过直接发现它物才达到真实。这种辩证法是一种为意识形态服务的方法论，在传统戏剧中既构成了通过其自身矛盾运行的虚假闹剧，又成为维护资产阶级意识形态的"情节剧意识"。

阿尔都塞在批判"情节剧意识"的基础上详细分析了布莱希特的《大胆妈妈》《伽利略》等作品并指出，以布莱希特的史诗剧为代表的唯物主义戏剧通过离心结构实现了意识与现实的对抗，这种对抗具体表现为受自发意识形态异化的自我意识与其所处的真实条件之间的不平衡关系。"我们必须讨论剧本的结构，因为一个剧本的批判力归根到底既不在于它的演员又不在于演员所表现的关系，而在于被自发意识形态所异化了的自我意识（大胆妈妈、她的儿子们、厨师、牧师等）同这些人物所生活的真实环境（战争、社会）之间存在的生动关系。"② 这种关系是存在于史诗剧的离心结构中的"具体的"抽象关系。这种关系

---

① [法]路易·阿尔都塞：《保卫马克思》，顾良译，商务印书馆2016年版，第115页。
② [法]路易·阿尔都塞：《保卫马克思》，顾良译，商务印书馆2016年版，第120页。

通过具体的人物及其行动、行为与故事展示出来,在具体表演过程中对其形成不断超越。这种关系的"抽象性"表现为它包含着具体,又通过具体走向了抽象的结构要素,促使抽象的结构要素通过不平衡的方式不断发挥作用。布莱希特的史诗剧通过"具体"与"抽象"的相互作用,打破了传统戏剧着力表现的演员与演员之间的关系,通过演员的行动、生活与动作将自我意识与其真实条件之间的潜在关系暗示出来,抛弃了情节剧自身蕴含的完全符合"否定之否定"逻辑的唯心主义意识辩证法,使观众超越了具体的舞台表演,通过理性思考把这种抽象的潜在关系具象化,充分体悟到自我意识与现实之间的不平衡。作为自我意识表象的演员表演在布莱希特的史诗剧中被转化为其离心结构的重要构成部分,史诗剧在通过离心结构表达意义时将演员及其相互关系隐没于意识与现实的不平衡关系中。演员及其表演只能成为意识与现实的不平衡关系的表征,否则就失去了其存在的价值。

布莱希特史诗剧的离心结构在打破传统戏剧的"情节剧意识"的过程中发挥了至关重要的作用。除了指明布莱希特戏剧结构的独特性,阿尔都塞还深入分析了具有离心结构的史诗剧发挥批判作用的具体过程。"布莱希特想用间离效果在观众和演出之间建立一种新关系:批判的和能动的关系。"[1] 传统戏剧充分体现了亚里士多德的悲剧观念,既突出了戏剧主角在戏剧表演中的重要地位,也促使观众通过具体情节与结局形成与戏剧主角之间的情感共鸣。布莱希特的史诗剧具有"生产性"特点,努力打破观众与戏剧表演之间的共情关系,使观众在与演出保持一定距离的同时又积极介入剧情,把史诗剧的离心结构所追求的间离效果引入现实生活。阿尔都塞认为,布莱希特史诗剧产生间离效果的根本原因,与布莱希特在编剧和导演过程中追求的技术条件毫无关系,也与戏剧的主角和配角的设置毫无关系。布莱希特要求戏剧表演大量使用灯光、字幕等现代技术,这些技术的确能够分散观众的注意力,有利于渲染戏剧的情感氛围并凸显社会背景。但是,从戏剧的离心结构的角

---

[1] [法] 路易·阿尔都塞:《保卫马克思》,顾良译,商务印书馆2016年版,第121页。

度来看，这类技术条件属于戏剧的重要构成部分，与其他要素一起构成整部戏剧。此外，布莱希特也为戏剧设置了主角，例如《大胆妈妈》中的安娜·菲尔琳是一个产生了重要影响的主角。"正是在剧本的内部，在剧本内部结构的推动下，产生和出现了这个距离，它既是对意识幻想的批判，又是对意识的真实条件的阐述。"① 与传统戏剧相比，充分使用现代技术的史诗剧拥有拉开观众与演出之间距离的潜在结构，努力打破体现"主奴辩证法"的主角的自我意识，通过戏剧结构促使主角与现实不断产生无法调和的冲突，借助真实的世界图景展示出拥有"意识的辩证法"的主角的意识的荒诞与虚假。

阿尔都塞关于布莱希特史诗剧的离心结构的特点与作用的分析，与他后来提出的"结构因果性"观点有直接关系。罗伯特·雷施认为，阿尔都塞关于社会结构问题的分析深受布莱希特史诗剧的影响。"社会结构由于只能通过其具体作用而呈现出来，因此成为一种'空缺的原因'。阿尔都塞和巴利巴尔努力使用蒙太奇或'表现'等现代主义隐喻表现这种社会关系，这种现代主义隐喻主要存在于'没有作者'的戏剧的舞台表演中。(这显然是与布莱希特联系在一起的；阿尔都塞对布莱希特的赞赏可以与福柯对阿尔托和巴塔耶的赞赏相对照。)'传递'因果性（相互独立的要素呈现出直线型的原因与结果）只能把舞台上的演员与效果视为独立的主体与现实，'表现'因果性（每一个要素都简明地表现着本质）将演员与舞台效果视为戏剧导演和剧作者观点的传达，结构因果性将演员与舞台效果视为没有作者或主体介入的剧场；因此阿尔都塞理论研究的基本目标既不是努力凸显各自独立的要素的多样性，也不是简单地展示出一种内在的本质，而是着力分析呈现舞台效果的结构化机制。换句话说，因果性是处于结构中的要素相互作用而通过结构产生的效果。因此，这种结构化的效果既不是一种线性重复（一切皆为原因），也不是一种表现性总体（所有的要素都被简化为一种内在的规则），而是一种结构化的总体。处于结构中的要素既不能发挥同样

---

① [法] 路易·阿尔都塞：《保卫马克思》，顾良译，商务印书馆2016年版，第122页。

的作用，也不能发挥同等重要的作用，只能存在于与统治集团或统治阶级的相互作用中。整体的结构是一种'处于统治地位的结构'；结构中的一部分与处于'最终'决定地位的经济结构一起发挥决定作用。"[1] 这一分析把史诗剧的离心结构与阿尔都塞后来提出的"结构因果性"观点联系起来，指明了两者之间的内在关联。

受布莱希特史诗剧的影响，阿尔都塞在《读〈资本论〉》中提出了"结构因果性"概念，认为这一概念"最接近于马克思在既表示空缺又表示存在即结构通过其作用表现出来的存在时所设想的概念"[2]，是马克思在理论层面引发的巨大认识论革命。马克思为避免古典政治经济学的传递因果性与表现因果性分析，积极运用比喻说明结构通过其作用表现其存在。阿尔都塞指出，结构是内在于经济现象并对其发挥重要作用的本质，因为它除了能够改变经济的形式、表象与运行过程，还作为一种不在场的空缺外在于经济现象并对其发挥直接作用。"在结构对它的作用的'替代性因果关系'中的原因的空缺，不是结构与经济现象相比而言的外在性的结果，相反，是结构作为结构内在于它的作用中的存在形式本身。这里包含的意思是，作用不是外在于结构的，作用不是结构会打上自己的印记的那些预先存在的对象、要素、空间。相反，结构内在于它的作用，是内在于它的作用的原因。"[3] 结构并没有任何具体的形式，只是通过各种具体要素的分离与结合形成不断发挥的作用，并借助作用的形式而显现为存在。阿尔都塞借助布莱希特史诗剧的离心结构理论解释马克思的政治经济学思想，指出这一理论改变了古典政治学所坚持的现象与本质对立的经验主义二律背反关系，努力从不断发挥作用的结构的角度分析社会存在，强调社会中的不同要素的相互作用是社会存在的基本形态。阿尔都塞的这一分析，是对其在 1962 年提出的

---

[1] R. P. Resch, "Modernism, Postmodernism, and Social Theory: A Comparison of Althusser and Foucault", *Poetics Today*, Vol. 10, No. 3, 1989, pp. 511 – 549.

[2] [法] 路易·阿尔都塞、埃蒂安纳·巴利巴尔：《读〈资本论〉》，李其庆等译，中央编译出版社 2001 年版，第 219 页。

[3] [法] 路易·阿尔都塞、埃蒂安纳·巴利巴尔：《读〈资本论〉》，李其庆等译，中央编译出版社 2001 年版，第 220 页。

"多元决定论"的发展。"'矛盾'在其内部受到各种不同矛盾的影响，它在同一项运动中既规定着社会形态的各方面和各领域，同时又被它们所规定。"①

三 实践性：从接受主体到意识形态唤问

与20世纪60年代早期主要关注戏剧结构与社会结构等问题不同，阿尔都塞在20世纪60年代后期努力分析处于社会结构中的人的地位和价值。当然，他在《唯物主义戏剧笔记》中论述剧本中的自我意识时已经注意到观众意识构成的复杂性，认为观众在观看传统戏剧演出时能够与主角产生情感共鸣，是因为观众与剧本以及剧中人物一样生活在意识形态神话中，其自我意识受到社会、文化与意识形态等制约。"剧本本身就是观众的意识，其根本理由是：观众除了剧本的内容（这一内容事先把观众同剧本结合在一起）以及这一内容在剧本中的展开以外，没有别的意识。"② 就自我意识而言，观众的意识与传统戏剧的剧本存在相互确证、相互作用的关系：观众的意识受到作为意识形态载体的剧本的影响，剧本也正是通过观众的意识实现了其意义传达，由物质性的文化载体转化为观众的思想和观念。即使观众对传统戏剧剧本提出了尖锐批评，也是在与剧本保持自我意识同一性的基础上的自我承认或自我不承认，而不是对剧本的自我意识产生了新的认识与反思。与此完全不同的是，布莱希特的史诗剧改变了传统戏剧剧本的自我承认的意识形态结构，努力打破其所创构的虚幻审美世界和道德幻境，通过发挥潜在作用的离心结构引导观众自觉审视其所处的文化环境与其所拥有的意识形态观念，使观众把史诗剧本身蕴含的具有生成性特点的意识转化为他们的新意识，在完成史诗剧演员未完成的任务的同时也对自我产生出新的认

---

① ［法］路易·阿尔都塞：《保卫马克思》，顾良译，商务印书馆2016年版，第78页。
② ［法］路易·阿尔都塞：《保卫马克思》，顾良译，商务印书馆2016年版，第125页。

识。观众在观看史诗剧并变成拥有新的认识的观众这一过程中，也实现了对戏剧的潜在性地赋形，使戏剧自身蕴含的批判性、革命性力量得到有效实践。

　　阿尔都塞在1968年发表的《论布莱希特和马克思》中把布莱希特的"间离效果"发展为"移置效果"和"错位效果"，更为深入地指明布莱希特史诗剧的革命实践意义。不过，与《唯物主义戏剧笔记》不同，阿尔都塞在《论布莱希特和马克思》中首先深入分析了布莱希特的史诗剧与马克思的哲学的相似性，认为"马克思的哲学革命在各方面都与布莱希特的戏剧革命相像：这是一场哲学实践中的革命"[①]。布莱希特的史诗剧与马克思的哲学虽然属于两种不同的文化实践，但是都与政治保持非常紧密的联系，在认识和介入现实方面存在着完全相同的性质和机制。马克思通过改造世界的哲学与政治建立起一种内在关联。与此完全相同的是，布莱希特通过具有间离效果的史诗剧与政治保持紧密联系。从表面看来，他们都不承认政治对他们产生的影响，甚至竭尽全力地维护哲学和戏剧的独立性。但是，马克思的哲学与布莱希特的戏剧都以政治为基础，在对政治进行批判的过程中也消解了对其发挥决定作用的政治。"哲学和戏剧总是为了掩盖政治的声音说话。它们很好地做到了一点。我们甚至可以说，在绝大多数情况下，哲学和戏剧的功能，就在于压低政治的声音。它们只是由于政治才存在，同时，它们又是为了废除其存在所仰仗的这个政治而存在的。"[②] 在阿尔都塞看来，这种与政治保持距离的立场是哲学和史诗剧以其特有的方式所坚持的政治，是一种通过思辨或审美的方式实现的政治介入行为。但是，马克思的哲学与布莱希特的史诗剧拥有完全相同的目标："马克思那里批判了对世界的思辨——解释，布莱希特那里批判了戏剧或烹调术歌剧，二者无非是同一种批判。"[③]

---

　　① [法] 路易·阿尔都塞：《阿尔都塞论艺术五篇（上）》，陈越、王立秋译，《文艺理论与批评》2011年第6期。

　　② [法] 路易·阿尔都塞：《阿尔都塞论艺术五篇（上）》，陈越、王立秋译，《文艺理论与批评》2011年第6期。

　　③ [法] 路易·阿尔都塞：《阿尔都塞论艺术五篇（上）》，陈越、王立秋译，《文艺理论与批评》2011年第6期。

阿尔都塞在分析了马克思的哲学与布莱希特的史诗剧的革命实践作用——"移置效果"和"错位效果"的基础上，还指出史诗剧的移置主要表现为"对戏剧进行移置""对关于剧作的观念进行移置""对演员表演进行移置"三个方面。"所有这些移置的结果，在场景和观众之间造成了一种新的关系。这是一种被移置的关系。"① 布莱希特通过史诗剧的间离效果实现了对戏剧、剧作观念和演员表演的移置，使观众不再与剧本、导演与演员产生任何情感与观念认同，而是从批判的立场上审视这种没有主角的戏剧表演，在此基础上激发出观众自身的主观性与能动性，在对戏剧做出选择性接受的同时也结合具体的历史文化语境对其形成创造性的转化。阿尔都塞认为，与布莱希特的史诗剧完全相同的是，马克思的哲学也能发挥这种移置作用，让深受马克思的哲学影响的人在认清事实的前提下作出自己的决定。不过，与马克思的哲学不同的是，布莱希特的史诗剧是追求娱乐的艺术，使观众在观看戏剧过程中既实现了对意识形态自我的承认，又通过戏剧的意识形态镜像看到戏剧的虚构特点，形成了从旁观者的立场上审视戏剧、自我与社会的心态，产生了与作为理论的哲学完全不同的游戏快感。阿尔都塞在分析观众存在的"入乎其内"与"出乎其外"的两种对立心态的过程中，更重视"出乎其外"的观众对戏剧的虚构与剧场所采取的现实人生态度。在他看来，观众在观看史诗剧过程中并没有受到"虚构的凯旋"的影响，而是借助戏剧这面镜子感受到"虚构的风险"，通过作为他者的戏剧中发生的一切认识到"如戏"的现实人生面临的种种问题。

阿尔都塞在20世纪60年代关于布莱希特史诗剧的分析，特别是在《论布莱希特和马克思》中关于史诗剧发挥移置作用的论述，成为他在1969年写作的《意识形态和意识形态国家机器》中所探讨的主体唤问问题的预兆。"阿尔都塞通过那些文章，持续地研究了主体的想象性构成，把它当作是根本的'意识形态后果'，或更确切地说，当作意识形

---

① ［法］路易·阿尔都塞：《阿尔都塞论艺术五篇（上）》，陈越、王立秋译，《文艺理论与批评》2011年第6期。

态结构的后果（但很显然），这里存在着一个循环，因为意识形态结构的真正后果恰恰就是构成'诸主体'。"① 阿尔都塞在《意识形态和意识形态国家机器》中打破了作为现代哲学基石的主体观念，从生产关系再生产的角度指明意识形态把个人唤问为主体。"意识形态把个人唤问为主体。"② 作为社会结构的意识形态是一种非历史的现实，不具有任何时间意义。"意识形态总是——已经把个人唤问为主体，这就等于明确指出，个人总是——已经被意识形态唤问为主体。我们从这里必然得出最后一个命题：个人总是——已经是主体。因此，这些个人与他们总是——已经是的那些主体相比，是'抽象的'。"③ 阿尔都塞认为，从马克思主义历史唯物主义的科学立场来看，意识形态作为一种不断发挥作用的结构，永远以相同的形式处于人类历史的发展过程中，不断通过各种物质实践的方式将个人唤问为主体。主体与意识形态实践构成相互生成的关系，意识形态实现了对主体的唤问，主体也在这个过程中实现了由个人到主体的转换。这种转换具体体现为，个体通过与其实在存在条件的想象性关系实现了对自我的"误认"。

阿尔都塞在《论布莱希特和马克思》中分析马克思的哲学与布莱希特的史诗剧的差异时认为，布莱希特的史诗剧在再现意识形态材料的过程中也体现出观念与行为相结合的特点。"戏剧的材料，就是意识形态的东西。意识形态的东西，不仅仅是一些观念，或观念的体系，而且正如葛兰西很明确地看到的那样，它们同时是观念和行为，是行为中的观念，二者形成了一个整体。"④ 这一从表面看来接受了葛兰西的观点的分析，在《意识形态和意识形态国家机器》中得到了进一步深化，

---

① ［法］埃蒂安纳·巴利巴尔：《法文版序：阿尔都塞和意识形态国家机器》，［法］路易·阿尔都塞：《论再生产》，吴子枫译，西北大学出版社2015年版，第15页。
② ［法］路易·阿尔都塞：《论再生产》，吴子枫译，西北大学出版社2019年版，第490页。
③ ［法］路易·阿尔都塞：《论再生产》，吴子枫译，西北大学出版社2019年版，第490页。
④ ［法］路易·阿尔都塞：《阿尔都塞论艺术五篇（上）》，陈越、王立秋译，《文艺理论与批评》2011年第6期。

被更加具体地表述为"意识形态的存在和把个人唤问为主体完全是一回事"①。阿尔都塞在分析意识形态观念与唤问行为的统一时指出:"意识形态的后果之一,就是在实践上运用意识形态对意识形态的意识形态性加以否认……谁都知道,对身处意识形态当中的指责从来都是对人不对己的(除非他是真正的斯宾诺莎主义者或马克思主义者,在这一点上,两者的立场完全是一样的)。"② 这一分析把马克思的理论与斯宾诺莎的思想结合起来,形成了一种对马克思的意识形态理论的斯宾诺莎式的解读。"从斯宾诺莎的角度看,是'社会实体'把个体与社会联系起来(这种联系既是身体的,也是心理的,它既是个体'我'的自我意识的基础,同时也是'我'从中建构认识和概念的世界之基础)。"③ 史诗剧是一种文化实践,也是"社会实体"的重要构成部分。作为个体的"我"在观看史诗剧过程中,既实现了身心与社会的关联,也实现了"我"对自我与社会的重新认识。

四 非历史:从去中心化到历史无主体

在阿尔都塞看来,布莱希特的史诗剧能够发挥批判作用的重要原因是这一戏剧改变了传统戏剧的统一、有机结构,将各种异质、分离要素统合在一起,有效打破了传统戏剧的"情节剧意识"。布莱希特的史诗剧通过离心结构把不同的时间形式分开,使其同时并存、交错进行,还使不同的事件相互独立、相互作用,借助内在分离与相异的结构实现去中心化的过程,有意识地打破了传统戏剧的意识幻觉,在使其与现实相对立的同时努力拆解存在于意识领域的唯心主义辩证法。阿尔都塞在分

---

① [法]路易·阿尔都塞:《论再生产》,吴子枫译,西北大学出版社2019年版,第489页。
② [法]路易·阿尔都塞:《论再生产》,吴子枫译,西北大学出版社2019年版,第489页。
③ [美]杰夫·普菲弗:《新唯物主义:阿尔都塞、巴迪欧、齐泽克》,陈慧平译,当代中国出版社2022年版,第55页。

析布莱希特史诗剧的过程中,凸显了作为"过程"与"变化"的辩证法的实践性功能,使作为抽象概念的唯物主义辩证法成为一种直面现实的理论,展示作为复杂整体的戏剧结构的复合性与不平衡性,强调这一戏剧是超越所有剧中人物的行动、生活和动作的抽象寓言。"布莱希特的剧本具有离心性,因为它们不能有中心,因为尽管布莱希特把充满幻想的天真意识作为出发点,但他不愿让这种意识成为它想要成为的世界中心。所以,我大胆认为,在他的剧本里,中心始终是偏斜的,既然这些剧本的目的是要破除自我意识的神话,它们的中心便在克服幻觉走向真实的运动中始终姗姗来迟和落在后面。"① 布莱希特的史诗剧通过离心结构把各种戏剧要素集中在统一的结构关系中,形成处于结构中的要素之间的相互作用。每一个独立的戏剧要素并不能单独表现自己,而是通过处于整体结构中的要素之间的关系表达其意义。布莱希特的史诗剧通过这种独特结构实现了去中心化的艺术表达,使观众充分认识到结构与要素之间的不平衡关系,借助对发挥作用的结构的把握、反思并介入现实。

阿尔都塞除了明确指出布莱希特史诗剧的离心结构的基本特点及其发挥的"破除自我意识"的批判作用,还详细分析了史诗剧对传统剧作观念的去中心化过程,从戏剧史的角度说明史诗剧的中心在戏剧之外的特点。史诗剧的去中心化过程是其发挥移置作用的过程,观众在这一过程中无法借助观看戏剧对其冲突与结局以及现实生活形成相对单一、固定的看法。"我们可以在概括这种移置的同时,举出一个完全是象征性的例证,并且说明剧作所具有的中心不应该在自身之中,而应该在自身之外,或者说在剧作中不应该再有主角,在剧作中不应该再有那种一切都在场并得到概括的大场面、那种经典冲突的大场面。"② 布莱希特的史诗剧既要把观众排除在戏剧之外,努力采取多种措施避免他们在情感层面对戏剧产生感动和认同,也不再设置剧烈的戏剧冲突并据此凸显

---

① [法]路易·阿尔都塞:《保卫马克思》,顾良译,商务印书馆2016年版,第120页。
② [法]路易·阿尔都塞:《阿尔都塞论艺术五篇(上)》,陈越、王立秋译,《文艺理论与批评》2011年第6期。

主角的价值与意义,甚至着力淡化主角在戏剧中作用。这种在剧作层面对观众与戏剧主角的去中心化是史诗剧的基本表达方式,也是史诗剧超越形式主义的陌生化并在认识论层面发挥作用的重要原因。阿尔都塞还以布莱希特的史诗剧《伽利略传》为例指出,这部戏剧既没有在舞台上设置一个审判伽利略的情节,也没有凸显伽利略的"日心说"的科学意义,而是把这位重要科学家的"传记"搬上舞台,在较为客观地叙述伽利略的经历的同时凸显了追求真理与反对愚昧之间的共生关系以及科学伦理的重要价值。布莱希特受两次世界大战的影响,对西方启蒙理性所倡导的科学观念展开批判,在20世纪30年代让伽利略提出了一个振聋发聩的观点——"我认为科学唯一目的就是减轻人类生存的苦难"。这也必然启迪观众深入思考西方启蒙理性观念的成就与不足,使其对资产阶级长期坚持的"真理"产生怀疑。

布莱希特史诗剧虽然没有直接描写或表现历史,但是通过去中心化的艺术表达清晰地传达出关于历史的具体看法。"正是意识(这种意识按照辩证和戏剧的方式体验其自身的地位,并认为整个世界由意识的动力所推动)和现实(这种现实在意识辩证法看来是无关的和异己的,显然是非辩证的)之间的这种含而不露的对抗,才使对意识幻觉的内在批判成为可能。至于这种批判是否用言辞说出来(在布莱希特的剧本中,批判是以格言或韵文的形式说出来的),这并不重要。因为,批判归根到底不是由言辞进行的,而是通过剧本结构各要素间的内在关系和非内在关系进行的。"[①] 罗兰·巴尔特也认为,布莱希特的史诗剧是一种结构主义戏剧,其内部的结构关系是史诗剧产生间离效果的根本原因。"布莱希特已经靠近了某种意义的极限(我们可以称之为马克思主义的意义),但是,在这种意义'成型'(即固结成正面的所指)的时刻,他将其作为问题悬挂了起来(我们在他于戏剧中再现的历史时刻并且是一种尚未出现的时刻的特殊品质中会重新看到这种悬念)。一种(充实的)意义与一种(悬空的)意指之间的这种非常精巧的摩擦,是

---

① [法] 路易·阿尔都塞:《保卫马克思》,顾良译,商务印书馆2016年版,第118页。

一种事业,这种事业将先锋派认为对日常言语活动和戏剧惯例作纯粹的颠覆就可以实践的意义悬念,勇敢地、困难地,同时也是必要地远远地抛在了身后。"① 布莱希特的史诗剧并不是通过表意的语言传达出意义或潜在意义,而是借助去中心化的艺术表达实现了剧本意义与其所指之间的张力关系,通过剧本内外的多种矛盾与冲突传达出独特的历史观念。

  不过,与巴尔特对布莱希特史诗剧的分析不同,阿尔都塞更强调处于结构中的要素所发挥的作用,认为布莱希特的史诗剧凸显了受舞台技术与台词等制约的演员的价值。这使阿尔都塞的历史观非常重视历史对个人的"生产性"作用,还对从能动个体的角度理解历史变迁的观点提出了批判。"这使我们想起'表现'这一高度症候性术语,并把它同'机器体系'联系起来考察,把它看作机器体系通过它的作用表现出来的存在本身,看作一出戏剧的舞台指挥的存在方式,而这出戏剧就是舞台、台词和演员的统一。这出戏的观众之所以偶然地成为观众,只是因为他们首先是被动的演员,受到台词和角色的束缚;他们不可能是台词和角色的作者,因为从本质上看,这是一出没有作者的戏剧。"② 布莱希特的史诗剧通过去中心化的艺术表达展示出资本主义制度的运作机制,史诗剧中的演员和戏剧的关系象征着资本主义社会中的个人和历史的关系。在阿尔都塞看来,历史是人们在现实生活中形成的各种社会关系的结构化总和,是一成不变的社会模式的"外化"。作为共时的社会结构的层叠与堆积,历史只能成为各种相互联系的社会要素共同作用的结构模型。他在将历史"非历史化"的同时,积极还原不断发生变形的社会结构,从各种社会习俗与文化现象中抽绎出导致社会变化的"内在结构"。"在马克思那里,生产的社会关系表现的并不是单独的人而是生产过程的当事人和生产过程的物质条件的特殊的'结合'。"③ 人只

---

  ① [法] 罗兰·巴尔特:《文艺批评文集》,怀宇译,中国人民大学出版社2010年版,第314页。
  ② [法] 路易·阿尔都塞、埃蒂安·巴利巴尔:《读〈资本论〉》,李其庆等译,中央编译出版社2001年版,第225页。
  ③ [法] 路易·阿尔都塞、埃蒂安·巴利巴尔:《读〈资本论〉》,李其庆等译,中央编译出版社2001年版,第202页。

能是历史的剧中人,而不是剧作者。"没有作者的戏剧"是由多重复杂因素构成的类似于历史的戏剧,也是与戏剧相似的一直处于生成过程中的历史。

阿尔都塞把"没有作者的戏剧"的观念扩展到社会历史领域,提出了"历史无主体"的观点,指出受多元因素决定的复杂历史结构能够从多个层面对个体发挥建构作用。阿尔都塞分析了马克思提出的"生产"概念,认为这一概念拥有双重意义,既包括作为一种活动的"物的生产"的意义,也涉及社会关系的生产。"但是社会关系的生产应该说是物和个体通过社会关系的生产,在这种生产中,社会关系决定了个体在一种特殊的形式中从事生产,而物则被生产出来。因此,社会关系的生产是社会生产过程的各个职能的规定,是一个无主体的过程。"① 在社会关系的生产中,人并不是生产的发起者,产品也不是物,但是人与物的相互关系作为社会经济关系体系的构成部分,体现了社会关系的生产过程。这些关系在表现为生产方法等多个要素之间的关系的同时,也展示出生产方式的结构构成,还可以被普遍化为一种具体的历史形式。"一切局部历史的真正主体就是各个要素和它们之间的关系所从属的结合,即某种不是主体的东西。"② "历史无主体"的观点主要强调,个人是历史的构成部分,只能根据不同的实践活动在经济、政治与意识形态等领域构成不同的个性形式,形成特定结构中的完成某种特定职能的人。阿尔都塞在1972年答复英国学者刘易斯的批评时指出:"历史'主体'这个问题就消失了。历史是运动中的一个庞大的自然和人的系统,而是原动力的阶级斗争。历史是一种过程,而是一个没有主体的过程。"③ 个人只能是复杂的社会结构关系的构成部分,其作用也必然受到结构关系的制约和影响,无法超越结构关系而发挥个人在历史中的

---

① [法] 路易·阿尔都塞、埃蒂安·巴利巴尔:《读〈资本论〉》,李其庆等译,中央编译出版社2001年版,第334页。
② [法] 路易·阿尔都塞、埃蒂安·巴利巴尔:《读〈资本论〉》,李其庆等译,中央编译出版社2001年版,第305页。
③ [法] 阿图塞等:《自我批评文集·补卷》,林泣明等译,(台湾)远流出版事业股份有限公司1991年版,第96—97页。

作用。

　　阿尔都塞对布莱希特史诗剧的批评是一种结构主义马克思主义的戏剧批评。但是，从后现代语境中的"文学对抗哲学"的观点来看，阿尔都塞作为结构主义马克思主义理论家，从布莱希特的史诗剧中所看到的更多的应该是他终生思考的"什么是哲学""什么是马克思列宁主义哲学"等问题。阿尔都塞在1969年曾指出，哲学不应该被视为唯心主义的、非科学的简单"自我意识"，而应该被从相对客观的立场上探索其作为科学认识的特点："我们就必须求助于别的东西而不是哲学本身：求助于能够让我们科学地认识哲学一般的某门科学或某几门科学的理论原理。我们寻找的正是这些东西。大家会看到，我们将不得不将某些原理阐述得更明确，并尽我们所能地把一些认识向前推进。"[①] 阿尔都塞的形象在近30年来因他的大量遗稿的不断出版而逐渐变得模糊。随着后形而上学的发展，文艺的超越形而上学的特点与文学叙事、文学性等对哲学研究的启示意义逐步在人文社科学研究中成为"常识"。除了关于早期阿尔都塞、晚年阿尔都塞与阿尔都塞"转向"或"发现"的很多哲学论争，阿尔都塞的结构主义马克思主义理论既然有力推动了马克思主义文学理论的发展，那么也应该被从文艺与哲学相统一的角度探查其内部存在的"文学性"成分，这必将为推动马克思主义理论的发展提供不竭的动力。

[①] ［法］路易·阿尔都塞：《论再生产》，吴子枫译，西北大学出版社2015年版，第54—55页。

为民族复兴伟业贡献文艺力量
——学习习近平文化思想的思考

山东师范大学　孙书文

习近平总书记关于文艺工作的重要论述，是其文化思想的有机组成部分。习近平总书记2023年6月2日出席文化传承发展座谈会发表重要讲话时强调，在新的起点上继续推动文化繁荣、建设文化强国、建设中华民族现代文明，是我们在新时代新的文化使命。新使命，新挑战，新担当，文艺的功能与价值何在？文艺的使命担当何在？如何贡献文艺力量？是新时代文艺工作者面临的时代命题。"心系民族复兴伟业"，是习近平总书记在中国文联第十一次全国代表大会、中国作协第十次全国代表大会开幕式上给文艺工作者提出五个"希望"中的第一个"希望"，也是总的要求。中华民族伟大复兴，是当代中国实践发展的根本要求，是时代发展的根本趋向，是现实发展的内在逻辑。文艺源于时代，又反作用于时代，文艺工作者须助力民族复兴伟业，贡献独特的"文艺力量"。

一

晚年恩格斯在《致瓦尔特·博尔吉乌斯的信》（1894年1月25日）中论述了经济基础与上层建筑的辩证关系："政治、法、哲学、宗教、文学、艺术等等的发展是以经济发展为基础的。但是，它们又都互相作用并对经济基础发生作用。"① 习近平总书记指出："一个民族的复兴需要强大的物质力量，也需要强大的精神力量。没有先进文化的积极引领，没有人民精神世界的极大丰富，没有民族精神力量的不断增强，一个国家、一个民族不可能屹立于世界民族之林。"② 在实现中华民族伟大复兴的征程中，文艺大有可为。正如习近平总书记在 2014 年文艺座谈会上讲话中指出的："伟大事业需要伟大精神。实现这个伟大事业，文艺的作用不可替代，文艺工作者大有可为。广大文艺工作者要从这样的高度认识文艺的地位和作用，认识自己所担负的历史使命和责任。"③

"文者，贯道之器也。"习近平总书记在文联十一大、作协十大开幕式重要讲话中引用了唐代人的名句，点明"文"的特质。这句古语出自唐代李汉所作《昌黎先生集序》："文者，贯道之器也；不深于斯道，有至焉者，不也。"这里的"文"指文艺作品的文辞、文采、形式，"道"指思想、道理，"贯"可以理解为贯穿、连接、宣扬、显示。这是对"文"的重要作用的强调。

梦想和道路需要精神的支撑。习近平总书记强调："实现中国梦必须凝聚中国力量。这就是中国各族人民大团结的力量。""中国精神是社会主义文艺的灵魂"，"以文弘业、以文培元、以文立心、以文铸魂"，有中国精神的文艺，方能熔铸文化自信，凝聚人心力量。习近平总书记在文艺工作座谈会上指出，中国精神是社会主义文艺的灵魂。中国精神是社会主义核心价值体系的精髓，是民族精神与时代精神的统一。2022 年 12 月，在中国东方演艺集团的前身——中央歌舞团成立 70 周年、东方歌舞团成立 60 周年之际，10 名艺术家给习近平总书记写信。习近平总书记给艺术家们回信，指出艺术创作要按照党的二十大要求，坚持自信自强、守正创新、踔厉奋发、勇毅前行，将最鲜明、最突出的时代精神用文艺作品表现出来，使其成为当代文艺的主基调，唱响昂扬的时代主旋律。要关注和聚焦新时代新征程，为时代画像、为时代

---

① 《马克思恩格斯选集》第 4 卷，人民出版社 2012 年版，第 649 页。
② 习近平：《坚定文化自信，建设社会主义文化强国》，《求是》2019 年第 12 期。
③ 习近平：《在文艺工作座谈会上的讲话》，《人民日报》2014 年 10 月 15 日。

立传、为时代明德，展示好中国面貌，弘扬好中国精神，阐释好中国价值，传递好中国力量。

习近平总书记有着浓郁的文艺情结，对文艺的重要价值有着丰富深入的论述，指出："鲁迅先生说，要改造国人的精神世界，首推文艺。举精神之旗、立精神支柱、建精神家园，都离不开文艺"；"我国作家艺术家应该成为时代风气的先觉者、先行者、先倡者，通过更多有筋骨、有道德、有温度的文艺作品，书写和记录人民的伟大实践、时代的进步要求，彰显信仰之美、崇高之美，弘扬中国精神、凝聚中国力量，鼓舞全国各族人民朝气蓬勃迈向未来"；① 等等，从不同的方面强调文艺的价值，也是为当代文艺工作者提出了要求和希望。

二

文艺如何做出自己独特的贡献？有厚度、广度、力度的文艺作品方能丰富、立体、深刻地反映我们这个时代。

习近平总书记强调："新时代需要文艺大师，也完全能够造就文艺大师！新时代需要文艺高峰，也完全能够铸就文艺高峰！我们要坚定这个自信！"② 总书记对优秀文艺作品的论述丰富深入，如"思想精深，艺术精湛，制作精良"等。结合当代文艺发展状况，尤其要注意的是习近平对文艺反映时代丰富、淳厚性的论述，他提出："社会的色彩有多么斑斓，文艺作品的色彩就应该有多么斑斓；社会的情境有多么丰富，文艺作品的情境就应该有多么丰富；社会的韵味有多么淳厚，文艺作品的韵味就应该有多么淳厚"③，并曾对"只写一己悲欢、杯水风波，脱

---

① 习近平：《在文艺工作座谈会上的讲话》，《人民日报》2014 年 10 月 15 日。
② 习近平：《在中国文联十一大、中国作协十大开幕式上的讲话》，《人民日报》2021 年 12 月 14 日。
③ 习近平：《在中国文联十大、中国作协九大开幕式上的讲话》，《人民日报》2016 年 12 月 1 日。

离大众、脱离现实"的文艺作品提出批评。

马克思曾言,英国现实主义作家"向世界揭示的政治和社会真理,比一切职业政客、政论家和道德家加在一起所揭示的还要多"。恩格斯也表达过相似的看法,认为自己从巴尔扎克那里学到的东西,要比从"当时所有职业的史学家、经济学家和统计学家那里学到的全部东西还要多"。列宁撰写过多篇关于伟大作家托尔斯泰的文章,认为这一位真正的伟大的艺术家用自己丰富的创作为世界带来了俄国的历史画卷,是俄国革命的一面镜子。

近些年来,我国的文艺工作者贡献了大量优秀的文艺作品,同时,也毋庸讳言,还存在着不少问题,如习近平总书记在文艺座谈会上的讲话中所指出的:"在有些作品中,有的调侃崇高、扭曲经典、颠覆历史,丑化人民群众和英雄人物;有的是非不分、善恶不辨、以丑为美,过度渲染社会阴暗面;有的搜奇猎艳、一味媚俗、低级趣味,把作品当作追逐利益的'摇钱树',当作感官刺激的'摇头丸';有的胡编乱写、粗制滥造、牵强附会,制造了一些文化'垃圾';有的追求奢华、过度包装、炫富摆阔,形式大于内容;还有的热衷于所谓'为艺术而艺术',只写一己悲欢、杯水风波,脱离大众、脱离现实。"[①] 这些现象目前仍不同程度地存在,令人警醒。

马克思、恩格斯主张,文艺应做到"对现实关系的真实描写",要写出"历史的必然性"。当代文艺工作者要体验、思考、反映这个时代本质的方面。党的二十大报告中首次系统阐述了"中国式现代化",指出这一现代化的模式人口规模巨大的现代化,全体人民共同富裕的现代化,物质文明和精神文明相协调的现代化,人与自然和谐共生的现代化,和平发展道路的现代化。这五个特征涉及人与自然、人与社会、人与内心的多个方面的关系,有厚度、广度、力度的文艺作品方能丰富、立体、深入地反映这五个方面的现代化。比如,近些年来方兴未艾的生态文学,体现出生态责任、文化批判、生态理想、生态预警和生态审

---

① 习近平:《在文艺工作座谈会上的讲话》,《人民日报》2014年10月15日。

美，将人类社会与自然生态作为一个整体进行观照，将生态意识和自然伦理精神深深嵌入民族文化，反映揭示人与自然走向和谐共生的道路，"宁要绿水青山，不要金山银山""既要绿水青山，也要金山银山""绿水青山就是金山银山"的进境。

三

遵循"两个结合"，方能充分激发文艺力量。习近平总书记关于"两个结合"、特别是关于"第二个结合"的重要论述，指导当代中国文艺理论的发展。

2023年6月2日，习近平总书记在中国历史研究院出席文化传承发展座谈会，就"两个结合"发表了重要讲话，指出"结合"的结果是互相成就，造就了一个有机统一的新的文化生命体，让马克思主义成为中国的，中华优秀传统文化成为现代的，让经由"结合"而形成的新文化成中国式现代化的文化形态。中国式现代化赋予中华文明以现代力量，中华文明赋予中国式现代化以深厚底蕴。"第二个结合"是又一次的思想解放，让我们能够在更广阔的文化空间中，充分运用中华优秀传统文化的宝贵资源，探索面向未来的理论和制度创新，体现出充分的文化主体性。"第二个结合"，是我们党对马克思主义中国化时代化历史经验的深刻总结，是对中华文明发展规律的深刻把握，表明我们党对中国道路、理论、制度的认识达到了新高度，表明我们党的历史自信、文化自信达到新高度，表明我们党在传承中华优秀传统文化中推进文化创新自觉性达到了新高度。习近平总书记关于"两个结合"、尤其是"第二个结合"的论述，对于中国当代文艺思想的发展有重要的指导作用。

遵循"第二个结合"，方能形成厚重的文艺理论。比如，从创作论来看，中国传统文论主张，"修辞立其诚"。《中庸》对"诚"做了深刻论述："诚者，自成也；而道，自道也。诚者，物之终始，不诚无物。是故君子诚之为贵。诚者，非自成己而已也，所以成物也。成己，仁也；成物，知也。性之德也，合外内之道也，故时措之宜也。"诚，是天地自然之力，没有"诚"就没有世界上的万事万物。所以，君子把"诚"看作是一种高贵的品德，"成己""成物"。这一思想是非常深刻的，讲出了优秀的"修辞立其诚"的作品形成的内在理路。别林斯基曾言，"哲学家用三段论法，诗人则用形象和图画说话，然而他们说的都是同件事。……一个是证明，另一个是显示，但他们都是说服，所不同的只是一个用逻辑结论，另一个用图画而已"①。由此，艺术家用"诚"来体验这个世界，"显示"世界"诚"的运转。马克思主义经典作家，也强调"诚"，如恩格斯给哈克奈斯的信："您的小说，除了它的现实主义的真实性以外，给我的印象最深的是它表现了真正艺术家的勇气"②，这种勇气主要还表现在她叙述故事时使用了"简单朴素、不加修饰的手法"。中国传统文论中的"修辞立其诚"讲出了优秀作品的原因，但未能讲出何以能"诚"，尚掺杂有天人应和的神秘主义的元素。马克思曾说，"凡是把理论导致神秘主义方面去的神秘东西，都能在人的实践中以及对这个实践的理解中得到合理的解决"。作家之"诚"如何显示世界之"诚"，写出历史的"真实"？答案在"实践"。马克思认为，"对象如何对他来说成为他的对象，这取决于对象的性质以及与之相适应的本质力量的性质"③，人的感觉器官以及相应的外部感知的能力不是给定的，而是伴随着人的自我生成的现实过程。"五官感觉的形成是迄今为止全部世界历史的产物"。文艺家对世界的体验，源自于作家包括生活实践、艺术实践等各个方面的实践。马克思主义理论，立基于唯物主义观念之上，给予问题以动力性的回答。在这一问题上，遵循马克思主义基本原理与中华优秀传统文化相结合的原理提出的回答是："真正艺术家的勇气"，是"诚"的表现；尊重内在的情感，是"诚"的过程；揭示出历史必然性，是"诚"的结果。

---

① ［苏联］别林斯基：《别林斯基选集第二集》（第二卷），满涛译，时代出版社1953年版，第429页。
② 《马克思恩格斯文集》第10卷，人民出版社2009年版，第570页。
③ 《马克思恩格斯文集》第1卷，人民出版社2009年版，第191页。

遵循"第二个结合",方能建构丰厚的文艺观。近些年来,文艺观念方面出现一些偏向,如对"纯文学""纯文艺"的强调,具体表现为:用对形式探索的追求遮盖对社会历史的深入思考,用对身体感性的依赖代替"深入生活",用对残酷性的追求代替对"历史必然性"的探索,等等。马克思主义文论,是把文艺视作人成其人的重要方面,强调人的审美享受实质是人在自己创造物上观照到自己的本质、对自由自觉的创造能力而产生的一种感情上的愉悦;审美是人对属人的现实的自我享受之一。中国传统的文学、文艺观念,同样有着丰厚的内涵,如《诗经》中所言,"小子何莫学夫诗。诗,可以兴,可以观,可以群,可以怨。迩之事父,远之事君;多识于鸟兽草木之名";如"诗言志";如"文以载道"等,涉及人与自然、人与社会、人与内心的方方面面。中华优秀传统文化是中华民族的精神命脉,是当代中国文艺的重要根基,是中国文艺得以持续创新的独特宝藏。

一个时代有一个时代之文化。中国共产党从成立之日起就把建设民族的科学的大众的中华民族新文化作为自己的使命,积极推动文化建设和文艺繁荣发展。培育和创造新时代中国特色社会主义文化,是当今的时代命题。坚守文化主体性,熔铸文化自信,为民族伟大复兴"提供强大的价值引导力、文化凝聚力、精神推动力",这是独特的"文艺力量"。

科学主义与中国马克思主义文艺理论早期科学性的发生

中国艺术研究院　刘永明[*]

在现有关于中国马克思主义文艺理论体系根本性质的定性描述中，存在着两种类型。一类是主流的科学性、革命性、人民性（大众化）、民族性（中国化）的定性，学界对这些定性描述没有太大的争议。由此我们也可以看出，当代学者对中国马克思主义文艺理论体系根本性质的认识，还处于毛泽东"民族的科学的大众的"定性论断中。另一类是存在着较大争议的一些定性，比如中国性和非中国性、实践性和非实践性、政治性（规范性）和非政治性、反映论和生产性、内部和外部（规律）研究、人文性和科学性、文学性和非文学性（政策性）、现代性和反现代性等诸多对立描述，这些定性描述虽然不是主流，有的只是在极小范围内得到讨论或争论，但也是一直困扰学界的一些学术问题；对这些问题，学界也迫切需要当年超越"断简残篇"论、构建马克思主义文艺理论体系论这样的研究成果。当然有些问题也早得到解决，比如1990年朱辉军、冯宪光关于实践性的讨论。[①] 在第一类定性描述中，学界对革命性（"批判性""先进性"可以归入革命性）、人民性（大

---

[*] 本文系中国艺术研究院2020年基本科研业务费资助学术研究项目"中国马克思主义文艺理论发生学研究"（编号：2020-1-20）成果。

[①] 参见朱辉军《马克思主义文艺理论与现代中国文学》，《文艺报》1990年1月6日；冯宪光：《中国的马克思主义文艺理论不是从实践中总结出来的吗？》，《文艺报》1990年4月28日；朱辉军：《谈谈中国马克思主义文艺理论的产生——马克思主义文艺理论在中国之一》，《天津社会科学》1990年第6期。

众化)、民族性（中国化）有着异常充分的研究，学术成果非常丰硕，但对于科学性的研究却十分稀少，不仅学术专著疑无，就是学术论文也很少，即便在研究新民主主义文化纲领的学术著作、论文中，对科学性问题的探讨也不多。因为很长时期以来，在中国马克思主义文艺理论研究领域，人们习惯于把"科学性"当作一个完全"自明的（Self-evident)"事实，当作理论的符号、标签来看待，少有人对中国马克思主义文艺理论科学性进行过系统性研究。

那么，什么是中国马克思主义文艺理论体系的科学性呢？从实践是检验真理的唯一标准出发，我们可以认为，理论和实践的统一，亦即理论在实践上的可预见性和可证实性，是中国马克思主义文艺理论的科学性。这并不需要我们额外的论证。"可预见性"虽然不是一个严格的学术术语，但在许多学科都能见到；而"可证实性"是逻辑实证主义区分科学边界的哲学术语，含义较为复杂。本文仅是在很浅显的意义上即逻辑和经验上都可检验证实的意义上使用这两个概念，特指理论指导实践的有效性和预见性，即理论的可实践性。而单纯的理论的科学自洽，在有些学科如法学被称为"可证立性"或"可证成性"，这不在我们发生学研究的谈论范围内。

而在中国马克思主义文艺理论发生期，中国马克思主义文艺理论的科学性在指导创作实践上是有缺陷的、不成熟的，但它本质上也是一种科学性的开始，因此我们将这种"科学性"称之为中国马克思主义文艺理论的早期科学性。

中国马克思主义文艺理论早期科学性的发生，在内涵上是唯物史观和唯物辩证法的确立，比如毛泽东在《新民主主义论》中说，马克思关于意识和社会存在关系、哲学家说明世界和改造世界关系的论述，"这是自有人类历史以来第一次正确地解决意识和存在关系问题的科学的规定",[1] 说的就是这个意思；而在形式上，中国马克思主义文艺理论早期科学性的发生，是中国马克思主义文艺理论作为一个科学主体观

---

[1] 毛泽东：《毛泽东选集》第2卷，人民出版社1991年版，第664页。

念的形成，以及围绕着这个主体的态度（包括价值观、情感甚至是信仰等）。以上二者（或者说三者）共同促成了 20 世纪 20 年代中国马克思主义文艺理论作为科学的文艺论或艺术论观念的发生和确立。

而中国马克思主义文艺理论早期科学性的形成和 19 世纪末至 20 世纪初中国科学观念和科学主义的发展有着紧密联系。[1] 中国近现代科学主义主要指唯科学主义或科学至上主义的科学信仰或崇拜、科学意识形态等世界观、人生观，比如科学救国思潮等。它是一种价值判断，一种"替代性的意识形态"，[2] 它把科学视为一种社会公理、把科学精神视为一种现实主义，是近现代科学观念（思潮、精神）发展的结果，是后者的一种特殊形态。科学主义主要体现在社会科学领域，它有两个主要特征：一是相信"科学万能"，认为科学方法可以认识一切、科学规律/原则可以解释/分析一切、科学途径可以创造一切；二是一种排他性的信仰，具有宗教性，普遍地对人文精神（这里特指玄学性质的人文学）持拒止态度。这两个特征使得科学主义"被看做是一种在与科学本身几乎无关的某些方面利用科学威望的一种倾向"，非职业科学家和非科学领域学者对科学主义反而推崇备至并且影响巨大，[3] 在当时，"中国人的想象力已完全被科学精神所掌握"、"科学精神渗透所有这些运动"，以致"无论是从实际的还是象征的意义，中国是从 20 世纪开

---

[1] 本文将"科学主义""唯科学主义"视为同一概念，并不置褒贬。本文对"（唯）科学主义"的理解类似邱若宏的观点："笔者对上述极端化、片面化的观点实在不敢苟同，因为五四科学思潮是一个比科学主义思潮宽泛得多的概念，凡是传播科学、弘扬科学、赞颂科学的思想都可以归于科学思潮，而科学主义只是科学思潮中将科学价值推到极致的一种倾向。五四时期，科学主义确实是整个科学思潮中一个重要特征，或者说重要组成部分。"（邱若宏：《传播与启蒙：中国近代科学思潮研究》，湖南人民出版社 2004 年版，第 282—283 页。）关于这两个概念的辨析，可参见范岱年《唯科学主义在中国——历史的回顾与批判》，《科学文化评论》2005 年第 6 期。

[2] 吴国盛：《什么是科学》，广东人民出版社 2016 年版，第 13 页。

[3] 这里主要是从社会思想文化领域科学主义角度而来的说法。真正的科学家群体对科学思潮和科学精神的传播有很大贡献，本文对这方面内容（包括科学实践）不做涉及；这方面内容可参见朱华《近代中国科学救国思潮研究》（人民出版社 2010 年版）、李丽《科学主义在中国》（人民出版社 2012 年版）等著作。

始把科学作为一种教条来接受的"。①

虽然科学主义对于中国马克思主义文艺理论科学性的发生具有重要的影响,但不同于将20世纪文艺观念版图主要区分为科学主义、人文主义和马克思主义三大体系的通常做法,我们这里把中国马克思主义文艺理论早期科学性发生的逻辑置于科学主义的影响下(但不是唯一影响),从而将科学主义和中国马克思主义文艺理论的发生研究统一起来。

美籍华裔学者郭颖颐在其著作《中国现代思想中的唯科学主义(1900—1950)》(1965)中,大致描述了唯物主义一元论科学主义成为科学主义最高形式的过程。综合该书的内容可以认为,1900—1950年间,中国现代思想史上的科学主义经历过三次迭代:第一次是20世纪初,尤其是"科玄论战"之后,即便有着第一次世界大战的惨痛教训和罗素等为代表的西方(现代)文明对东方古老文明的加持,科学一元论世界观还是取代传统价值观和器道观成为世界观主潮(在当时主要是用"人生观"这个词),科学主义不仅成为社会公理,而且进入到美与爱等情感要素的分析中(例如心理学家唐钺的科学主义)。第二次是20世纪20—30年代,中国社会性质和中国社会史论战后,由于"辩证唯物论对时代的要求与事件之间矛盾的解释似乎是独具特色、颇合时宜的理论,因而成为在唯物主义哲学流派中占主导地位的观点",② 在科学主义内部,唯物主义一元论科学主义战胜经验论科学主义成为世界观和方法论主潮。后者也称为实验主义、实用主义、经验主义,可以称为是一种"属人"的唯物论科学主义。如果从1919年的"问题与主义"之争算起,二者的博弈历史很长。当然,在对立面看来,唯物主义一元

---

① [美]郭颖颐:《中国现代思想中的唯科学主义(1900—1950)》,雷颐译,江苏人民出版社1990年版,第1、14、10、4页。按:本文并不主要研究科学主义本身,因此没有使用和辨析"唯科学主义"(scientism)概念。作为价值观的科学主义的内涵也是很复杂的,关于这个问题可参见汪晖《科学的观念与中国的现代认同》(见《汪晖自选集》,广西师范大学出版社1997年版)一文对中国现代科学观念(或者说科学意识形态)的深入分析。

② [美]郭颖颐:《中国现代思想中的唯科学主义(1900—1950)》,雷颐译,江苏人民出版社1990年版,第132页。

论科学主义一般会被视为教条主义科学主义,比如中国社会性质论战中双方依据马克思主义社会类型划分理论裁切中国历史所表现的教条主义和直线历史观。第三次是20世纪30年代末到40年代初,经历过对唯物主义一元论科学主义内部教条主义(包括在广义的"主观主义"里面)的一系列批判后,在《实践论》《矛盾论》《新民主主义论》《在延安文艺座谈会上的讲话》等一系列经典文献中,形成了"民族的科学的大众的"新民主主义文化纲领和对艺术科学的新认识。如毛泽东在《新民主主义论》中提出:"这种新民主主义的文化是科学的。它是反对一切封建思想和迷信思想,主张实事求是,主张客观真理,主张理论和实践一致的。在这点上,中国无产阶级的科学思想能够和中国还有进步性的资产阶级的唯物论者和自然科学家,建立反帝反封建反迷信的统一战线;但是决不能和任何反动的唯心论建立统一战线。"[1]《在延安文艺座谈会上的讲话》中,毛泽东提出:"艺术科学的标准。"[2] 再通过后来的延安文艺实践,中国马克思主义文艺理论科学性即理论和实践相统一的可预见性和可证实性得以最终确立,从而在实证论上弥补了归纳法的不足,完成了中国马克思主义文艺理论科学性的逻辑循环和自我确证。

中国马克思主义文艺理论发生于科学主义第二次迭代时期,是当时科学主义倾向、情势的产物。从科学主义一系列的逻辑关联中,人们很早就将马克思主义文艺理论认定为一种科学艺术论,从而在价值论上主观赋予了马克思主义文艺理论在艺术理论体系中高人一等的地位。这是科学性和教条性的一种混合,也就自然形成了中国马克思主义文艺理论早期科学性具有唯物论、决定论、公理论(认为可以按照预定的规则进行分析)等特性。这种早期科学性不仅将自然科学和社会科学、人文科学作简单等同,[3] 将科学等同于进步力量(科学公理等于社会公理,公

---

[1] 毛泽东:《新民主主义论》,《毛泽东选集》第2卷,人民出版社1991年版,第707页。
[2] 毛泽东:《毛泽东选集》第3卷,人民出版社1991年版,第869页。
[3] 我们这里暂且把文学艺术称之为人文科学。

理是革命的力量,科学主义是一种线性历史观等),强调经济决定论,将科学研究方法成果的马克思主义当作教条,反过来对文学艺术作出各种规定性,把文艺理论当作一种可以规范性的科学,同时对文学艺术这类人文现象的精神性、能动性和主体性等方面的特殊性重视不够、认识不深刻,甚至予以攻击。[①] 所以,中国马克思主义文艺理论早期科学性存在着明显的教条主义特性(也可以称之为一种非科学性的科学性),并不具有可证实性(不具有《讲话》后有大量经典作品出现的可实践性)。尽管如此,早期科学性对于中国马克思主义文艺理论科学性的发生和发展起到了特殊作用,对后来一直延伸到新民主主义论中的科学性认识(可联系到中国共产党对自身理论科学性的建构和认识)都有深远影响。[②] 因此,在这里,我们把教条主义科学主义也纳入科学性范畴,一并讨论中国马克思主义文艺理论早期科学性的发生。

中国马克思主义文艺理论早期发生史中,许多问题(比如20世纪20年代的现实主义艺术论乃至80年代的人道主义讨论)都和科学主义有着紧密联系和具体相关,但这里我们只分析一般意义上科学主义对中国马克思主义文艺理论尤其是其早期科学性发生的影响,即在科学主义影响下,中国马克思主义文艺理论作为一个科学主体观念的形成过程。

一 中国近现代科学观念和科学主义的发展

中国近现代科学主义是从近现代科学观念和思潮发展过来的。19

[①] 郭颖颐说:"吴稚晖坚定地相信正是中国文化中这种专注于精神的因素使西方的观察者看到东方文化中的所谓'精神性'。而这种精神性正是愚昧迷信的藏身之所;对他来说没有什么比这更讨厌的了。"参见[美]郭颖颐《中国现代思想中的唯科学主义(1900—1950)》,雷颐译,江苏人民出版社1990年版,第39页。

[②] 近现代科学观念和科学主义对中国近现代思想的形成有着全方面的影响,比如对中国近现代历史观、世界观、人生观、民族国家观念、科学制度化的形成都产生了很大的影响。对这些问题,学界有很深入的研究。可参见[美]郭颖颐、汪晖等人的著作。受议题所限,本节仅从科学主义尤其是唯物主义一元论科学主义对中国马克思主义文艺理论体系科学性发生发展的影响进行梳理。

世纪末 20 世纪初，中国从日本引进"科学"概念并形成一种科学思潮，但在当时特殊的历史时期和国人价值理性、工具理性（"救亡图存""保种图强"）作用下，科学的社会意义和功能得到特别的重视和强调，并且在 20 世纪初期逐步形成了科学等于公理、力量、革命、进步等一系列观念，科学主义开始形成。1915 年，陈独秀在《青年杂志》创刊号发表《敬告青年》大力倡导科学观念后，科学主义在社会文化思想领域产生广泛影响，进一步成为批判传统思想文化、倡导民主与科学的利器，科学主义进入到一个全新发展阶段。20 世纪 20 年代，经历过"科玄论战""中国社会性质论战"等，唯物一元论科学主义取得主导地位，这一方面促进了马克思主义的早期传播和发展，也在发生学意义上形成了马克思主义文艺理论早期机械、教条等特点。

（一）近代科学观念和科学主义的发轫

我国古代虽然有"科学"这个词，但宋元以前的"科学"一词不少是"科举"的讹误或者"科举之学"的略语。最早北宋《文苑英华》收录唐末罗衮《仓部柏郎中墓志铭》和明朝以来的一些典籍、文章中，虽然有确切的"科学"一词，但多数也还是指"科举之学"，少数指"人有医治道教四科学"之类的"分科之学"，这个和后来的总体性的科学概念没什么联系。[①] 尽管中国古代没有现代意义上的科学概念，但并不等于中国古代没有科学观念，这是另外一个话题，在此存而不论。[②] 而后来发展成为类似"科学"概念的"格致"一词，则源自儒家经典《礼记·大学》，最早主要指道德修养方法的"格物致知"说。到了宋元时期，"格致"被理学化（认识论意义，一种唯心主义认识论、方法论、人性论、真理论和价值论的统一理论）之外，也有了科学方法的一些内涵，有了表示考证、研究的意思（科学方法论意义），因此出现了理学和科技相连的最早研究成果："元朝的刘因、许谦重视考订和

[①] 参见周程、纪秀芳《究竟谁在中国最先使用了"科学"一词?》，《自然辩证法通讯》2009 年第 4 期。

[②] 参见吴国盛《什么是科学》（第二版），商务印书馆 2023 年版。

经验知识的积累，许氏弟子朱震亨（1281—1358）以周敦颐和朱子学为指南把医学作格物致知之一事，写成《格致余论》，这是理学与科技直接发生关联的最初例证。"① 到了明代中后期，西方传教士带来的西方科学技术开始影响我国，实证主义思想开始出现；而徐光启首倡"格物穷理之学"，其内涵开始科学化，非常接近后来的自然科学概念，这为后来认为"格致"是"科学"概念源头的说法提供了理据。再后来，在明末清初王夫之等思想家提出"经世致用"等功利主义和实证主义思想的基础上，鸦片战争之后，洋务派不少思想家大力倡导和大兴"格致之学""格致之理"，这时，"格致"一词基本等同于狭义的科学概念了。不过在当时，由于"中学为体"的立场，洋务派以及维新派人士早期阶段都普遍认为西学是源自中学，这是一个共性。② 但在东亚，到了 19 世纪中叶，西方的 science 概念传入日本。1874 年，"科学"概念最早使用者西周（1829—1897）在《明六杂志》上首次将 science 对译为"科学"这一词语形式，③ 并且形成了关于百科学术的统一观的科学价值观。④ 在中国，19 世纪末 20 世纪初，"科学"一词从日本传入中国后，中国人对科学的认识开始超越器与技，走向学与理，"科学""技术"开始分立，"科学"的认识论、方法论、知识论、价值论整体呈现，"功用""进步"意义开始凸显，其意义远在之前强调"分科之学"的"科学"之上。自此，中国人的科学观念开始围绕着科学概念而展开，并逐渐在价值论上由自然科学走上社会科学，发展为科学主义。科学思潮和科学主义不仅对中国传统学术体系造成强烈冲击，还对中国社会演变发生了很大的影响。

---

① 汪晖：《科学的观念与中国的现代认同》，《汪晖自选集》，广西师范大学出版社 1997 年版，第 216 页。
② 参见樊洪业《从"格致"到"科学"》，《自然辩证法通讯》1988 年第 3 期；汪晖：《科学的观念与中国的现代认同》，《汪晖自选集》，广西师范大学出版社 1997 年版，第 210—221 页。
③ 也有学者认为西周的"科学"还不能完全理解为 science 的译词，同时代的中村正直是以"学术"对译 science。参见沈国威《科学》，江苏人民出版社 2023 年版，第 30 页。
④ 参见汪晖《科学的观念与中国的现代认同》，《汪晖自选集》，广西师范大学出版社 1997 年版，第 223 页。

但当代学界对近代中国史上谁最早使用和传播现代意义上的"科学"概念，有康有为（杨文衡、樊洪业、席泽宗、冯天瑜）、梁启超（袁翰青）、严复（汪晖）、王国维（朱发建）、唐廷枢（周程、纪秀芳）等不同说法。① 对这个问题的考辨（以及他们各自科学观念的发展史与比较研究）不是我们这里的重点，② 但可以肯定的是，这些早期启蒙思想家都为近现代科学观念的发展和科学主义的发轫做出了各自的贡献。

首先是1897年，康有为最早将日文"科学"移译为中文。是年，康有为辑译《日本书目志》（上海大同译书局），该书的第一册卷二"理学门"中列有："《科学入门》，普及舍译，《科学之原理》，本村骏吉著。"这是在中文里首次出现现代意义上的"科学"一词。但从条目可以看出，康有为早期基本还是在自然科学和技术意义上使用"科学"概念。

与康有为不同，同时期的严复则更多在思想革命和社会学意义上讨论"科学"问题，只不过他前期主要使用"格致"概念，后来"格致""科学"并用；由"格致"到"科学"，存在着一个过渡情势。由于严复在宣传西学、天演论和进化史观上的影响力，虽然他使用"格致"这个"科学"概念，但他对传统理学和心学的"格致"学的批判和强调科学、引进西学的"群学"立场，使得严复对于中国近现代"科学"概念和观念的传播和发展、科学主义萌芽的贡献尤其大。比如他在《原富》（亚当·斯密原著，1898年开译，1902年出版）中说，"科学中一新理之出，其有裨益于民生日用者无穷"，③ 在更早的《原强》（1895）中说："夫唯此数学者明，而后有以事群学，群学治，而后能修齐治平，用以持世保民以日进于郅治馨香之极盛也。呜呼！美矣！备矣。"④ 在

---

① 参见周程、纪秀芳《究竟谁在中国最先使用了"科学"一词?》，《自然辩证法通讯》2009年第4期；朱发建：《最早引进"科学"一词的中国人辨析》，《吉首大学学报》（社会科学版）2005年第2期。
② 参见李丽《科学主义在中国》，人民出版社2012年版。
③ 严复：《严复全集》第2卷，福建教育出版社2014年版，第515页。
④ 严复：《严复全集》第7卷，福建教育出版社2014年版，第16—17页。

《原强》的修订稿（1901）中，严复说斯宾塞"宗天演之术，以大阐人伦治化之事。号其学曰'群学'，犹荀卿言人之贵于禽兽者，以其能群也，故曰'群学'""又用近今格致之理术，以发挥修齐治平之事"①。因此说，严复"这样的世界观恰恰是在科学知识的基础上，以实证和进化的方法为内核，以群学为指归的。在这样的一个体系中渗透了严复以救亡图存为目的对科学和民主的诉求。正是这样的特殊的爱国热忱使得他对源自于西方的科学寄予厚望，赋予科学救亡图存的使命，导致了对科学的价值化的理解，具有科学主义的特征。"②也正因为如此，我们这里把中国近现代科学主义的源头推到了严复这里。

与康有为、严复同时代的梁启超（虽然他们之间在思想上有代际）也大力倡导"格致"和"科学"。如1902年，梁启超在《新民丛报》上发表《格致学沿革考略》，专门讨论了"格致学"的范围，追述了它的历史，并且在该文中好几处用了"科学"，如"一切科学""科学革新之气运""科学之方针"等，皆系泛指各门学问。③虽然在具体"格致"问题上梁启超的论述不如严复深刻（严复有1877—1879年在英国系统学习西学的经历），但梁启超对求真、客观、自由"科学精神"的发扬却是独树一帜的，④同样对近现代科学观念和科学主义的发展发挥了很大作用。

近来学界也有强调王国维在移译、阐发"科学"概念方面有首功。学者朱发建考察发现，1899年，王国维为日本人著《东洋史要》中译本（樊炳清译）"序"中说："自近世历史为一科学，故事实之间，不可无系统。抑无论何学，苟无系统之知识者，不可谓之科学。中国之所谓历史，殆无有系统者，不过集合社会上散见之事实，单可称为史料而已，不得云历史。""余尤愿读是书者，就历史上诸般之关系，以解释

---

① 严复：《严复全集》第7卷，福建教育出版社2014年版，第24页。
② 李丽：《科学主义在中国》，人民出版社2012年版，第77页。
③ 梁启超：《梁启超全集》第3卷，中国人民大学出版社2018年版，第543—552页。
④ 参见王果明《从"格致学"到"科学"——近代中国对"科学"认识的深化》，《中州学刊》1990年第2期。

东方诸国现时之社会状态,使毋失为科学之研究,乃可贵耳。"文中"科学"一词两见,该文末有王氏自署日期(光绪二十五年十一月),时间明确,且是书有1900年东文学社排印本,不容置疑。又1900年,王国维为徐有成等译著《欧罗巴通史》(日本人箕作元八、峰岸米造合著)"序"中说:"凡学问之事,其可称科学以上者,必不可无系统。"署名日期为光绪二十六年十二月,是书南京大学图书馆收藏有光绪二十六年版,东亚译书会铅印本,该序文后收录于《静安文集续编》。因此他认为:"王国维使用'科学'一词,不仅是有明确时间,而且明确指出'有系统'的知识为'科学',据此可以认为王国维是中国近代最早、含义明确地使用'科学'一词之人。"① 对此本文存而不论。

虽然关于谁最早迻译、阐释"科学"概念有很多说法,但就中国马克思主义文艺理论发生学研究而言,这个问题并不重要。而重要的是,在19世纪末20世纪初,这些早期启蒙思想家虽然一定程度上仍旧受到传统儒家思想尤其是理学思想的羁绊,他们的科学话语还在"修齐治平"等传统话语里打转(这点和西方有把科学置于形而上学、神学之下的传统类似),一方面强调科学和宗教的对立(反宗教迷信),另一方面又把科学宗教化、信仰化,但尽管如此,他们客观上还是对传播现代科学观念发挥了重要的启蒙作用,也为后来科学主义的流行奠定了基础。

(二) 20世纪初期科学主义的形成

进入20世纪后,科学观念和思潮很快被宗教化、历史观化、意识形态化、价值观化,即科学主义正式形成。学者汪晖虽然没有从科学主义形成史来定义这种变化,但他从思想史角度最早或较早指出了鲁迅和早期无政府主义者在这方面的贡献。②

---

① 朱发建:《最早引进"科学"一词的中国人辨析》,《吉首大学学报》(社会科学版) 2005年第2期。
② 参见汪晖《科学的观念与中国的现代认同》,《汪晖自选集》,广西师范大学出版社1997年版,第208—305页;《"科学主义"与社会理论的几个问题》,《去政治化的政治:短20世纪的终结与90年代》,生活·读书·新知三联书店2008年版,第161—230页。

1907年6月，张静江、李石曾和后来在1923年"科学与人生观"论战即"科玄论战"中发挥了重要作用的吴稚晖在巴黎创办了无政府主义刊物《新世纪》，他们形成了无政府主义的一个重要派别。从创刊始，他们便从人类进化（即历史）、革命和公理的角度来谈论科学并主张科学革命、思想革命和社会革命："人类进化，脑关改良，科学以兴，公理乃著，此新世纪革命之本原。与科学乃公理为反对者，即迷信与强权也。"① 他们认为，"科学"等于"公理"，"公理"等于他们所谓"革命"的目的，"革命"又是实现"科学"和"公理"（在他们理解是一种理想社会秩序）的途径或者工具："科学公理之发明，革命风潮之澎湃，实十九、二十世纪人类之特色也。此二者相乘相因，以行社会进化之公理。盖公理即革命所欲达之目的，而革命为求公理之作用。故舍公理无所谓革命，舍革命无法以伸公理。""凡不合于公理者皆革之，且革之不已，愈进愈归正当。故此刻进化之革命，乃图众人幸福之革命"。② 这可算是20世纪中国"科学革命化"的早期源头。虽然他们主张的革命是无政府革命，但这种科学加革命的科学公理等于社会公理的科学主义范式却在中国近现代思想史上确立起来了。所以郭颖颐认为《新世纪》"第一期包含的一个信条预示着随后几十年的趋向"。③

但和无政府主义者将科学和"迷信与宗教"完全对立不同，同时代的鲁迅则看到了科学宗教化的积极一面，为20世纪初期科学主义提供了一种不同的范式，亦暗示了科学主义的最终归宿。与无政府主义者认为"迷信与宗教为一流，与彼相反者，则科学之真理"不同，④ 鲁迅看重宗教迷信后面的精神力量，认为宗教信仰对于人类生存和发展来讲是必不可少的（严复、梁启超也持类似观点）。1908年，鲁迅在日本东京发表的《破恶声论》中说："人心必有所冯依，非信无以立，宗教之

---

① 真（李石曾）：《祖宗革命》，《新世纪》1907年第2期。
② 《新世纪之革命》，《新世纪》1907年第1期。
③ ［美］郭颖颐：《中国现代思想中的唯科学主义（1900—1950）》，雷颐译，江苏人民出版社1990年版，第9页。
④ 真（李石曾）：《三纲革命》，《新世纪》1907年第11期。

作，不可已矣"，"伪士当去，迷信可存，今日之急也"。① 这对于主张科学的鲁迅来讲，显然不是为了提倡旧式宗教迷信，而是提倡"以科学为宗教"："特为易信仰，而非灭信仰昭然矣"。而他理解的宗教化的科学或者科学化的宗教指的又是什么呢？鲁迅借用海克尔《作为宗教和科学之间的纽带的一元论》一书中主张建立"一元论的宗教"的观点，认为这种新宗教就是"理性之神祠，以奉十九世纪三位一体之真者。三位云何？诚善美也"。② 对此，汪晖认为："这是笔者所见最早、最明确地把'科学'同宗教相提并论的文章。"③ 而后来的历史也正好印证了科学宗教化的趋势。

所以说，在科学概念传入不久的辛亥革命之前的 20 世纪初期，宗教化、历史观化、意识形态化、价值观化的科学主义思潮就开始形成。尤其是鲁迅对海克尔"终立一元之说"的介绍，也契合后来一元论科学主义的发展趋势。当然，在初期，科学主义的这些特性在量或程度上的发展还比较弱，随着主体性（比如情感性）的增加，这些特性逐渐增强并扩散到社会思想文化的方方面面，逐渐成为一种权威，使得科学主义发展成为一种运动形态即盛行状态。

（三）五四新文化运动与科学主义的普遍认同

科学主义虽然在 20 世纪初期已经形成，但其影响力范围主要限于当时的思想精英，甚至还是身处海外的思想精英，所以在国内不可能立即产生很大的影响。因此，在辛亥革命前后以及后来的军阀统治的一段时期，虽然科学观念和科学思潮的影响力在逐渐扩大，④ 整个社会的科学技术水平也在逐渐提高，但科学主义对于传统社会世界观、人生观的有力冲击还没有开始。到了 1915 年，作为思想解放运动的五四新文化

---

① 鲁迅：《破恶声论》，《鲁迅全集》第 8 卷，人民文学出版社 2005 年版，第 29、30 页。
② 鲁迅：《破恶声论》，《鲁迅全集》第 8 卷，人民文学出版社 2005 年版，第 29—31 页。
③ 汪晖：《科学的观念与中国的现代认同》，《汪晖自选集》，广西师范大学出版社 1997 年版，第 237 页。
④ 关于五四新文化运动前后，科学技术和科学教育、科学团体和科技期刊的发展、贡献和影响，可参见邱若宏《传播与启蒙：中国近代科学思潮研究》，湖南人民出版社 2004 年版。

运动则高举民主（人权）与科学两面旗帜，把科学当做改造社会的手段，乃至当做一种意识形态来宣传。因此，五四新文化运动在社会思想领域大力倡导科学主义，几年下来，作为一种社会思想文化的科学主义在中国得到普遍认同和流行，"迅速地成为一种建立在近代中国救亡图存基础上的意识形态"。①

陈独秀是五四新文化运动科学主义的开创者和旗手。1915年9月，在其著名的《青年杂志》创刊号发刊词《敬告青年》中，陈独秀提出了新青年必须具有的新的六种精神——"六义"。其中第五是"实利的而非虚文的"，他认为西方精神文明来自物质文明，而物质文明来自西方的功利主义和实证主义传统："自约翰弥尔（J. S. Mill）'实利主义'唱道于英，孔特（Comte）之'实证哲学'唱道于法，欧洲社会之制度，人心之思想为之一变"，他认为德国的"科学大兴，物质文明造乎其极"，"无不齐集于厚生利用之一途"。因此，他提倡青年要专注于现实问题和实用性，反对"事之无利于个人或社会现实生活者"。② 这种对功利性、实证性的强调自然导致对科学的重视，因此，对青年的第六点精神要求——"科学的而非想象的"也就自然而然提出。

(六) 科学的而非想象的

科学者何？吾人对于事物之概念，综合客观之现象，诉之主观之理性而不矛盾之谓也。想象者何？既超脱客观之现象，复抛弃主观之理性，凭空构造，有假定而无实证，不可以人间已有之智灵，明其理由，道其法则者也。在昔蒙昧之世，当今浅化之民，有想象而无科学。宗教美文，皆想象时代之产物。近代欧洲之所以优越他族者，科学之兴，其功不在人权说下，若舟车之有两轮焉。今且日新月异，举凡一事之兴，一物之细，罔不诉之科学法则，以定其得失从违；其效将使人间之思想云为，一遵理性，而迷信斩焉，而无

---

① 李丽：《科学主义在中国》，人民出版社2012年版，第84页。
② 陈独秀：《敬告青年》，《青年杂志》1915年9月15日第1卷第1号。

知妄作之风息焉。

　　国人而欲脱蒙昧时代,羞为浅化之民也,则急起直追,当以科学与人权并重。士不知科学,故袭阴阳家符瑞五行之说,惑世诬民;地气风水之谈,乞灵枯骨。农不知科学,故无择种去虫之术。工不知科学,故货弃于地,战斗生事之所需,一一仰给于异国。商不知科学,故惟识罔取近利,未来之胜算,无容心焉。医不知科学,既不解人身之构造,复不事药性之分析,菌毒传染,更无闻焉;惟知附会五行生克寒热阴阳之说,袭古方以投药饵,其术殆与矢人同科;其想象之最神奇者,莫如"气"之一说;其说且通于力士羽流之术;试遍索宇宙间,诚不知此"气"之果为何物也!

　　凡此无常识之思,惟无理由之信仰,欲根治之,厥维科学。夫以科学说明真理,事事求诸证实,较之想象武断之所为,其步度诚缓;然其步步皆踏实地,不若幻想突飞者之终无寸进也。宇宙间之事理无穷,科学领土内之膏腴待辟者,正自广阔。青年勉乎哉!①

在这段文字中,在强调科学是现代文明基础的认识之上,陈独秀还表示了几个重要思想:一是激进的反传统思想,在第二段中陈独秀全盘否定了传统文化;二是将科学和想象对立,陈独秀根据自己对于历史不同时代的划分,认为"宗教美文,皆想象时代之产物",宗教美文均被认为是过去时代的虚妄之物;三是激进的功利主义立场,"科学之兴,其功不在人权说下,若舟车之有两轮焉","国人而欲脱蒙昧时代,羞为浅化之民也,则急起直追,当以科学与人权并重";四是唯科学是从的机械立场(唯科学论),"今且日新月异,举凡一事之兴,一物之细,罔不诉之科学法则,以定其得失从违",认为科学法则是定一切"从违"的法则。

　　此外,陈独秀还在《再论孔教问题》(1917)中说:"人类将来真实之信解行证,必以科学为正轨,⋯⋯人类将来之进化,应随今日方始

---

① 陈独秀:《敬告青年》,《青年杂志》1915年9月15日第1卷第1号。

萌芽之科学，日渐发达，改正一切人为法则，使与自然法则有同等之效力，然后宇宙人生，真正契合。"① 在《人生真义中》（1918）说："生存的时候，一切苦乐善恶，都为物质界自然法则所支配"；② 在《答适之》（1923）中说："离开了物质一元论，科学便濒于破产"；③ 等等。

由此可以看出，在新文化运动之初，陈独秀在社会科学领域就表现出激进的科学主义与人文主义对立立场，其思想极端和偏激已经呈现；这些思想对后来的新文化运动和科学主义的发展产生了很大的影响。另外在精神和物质关系上，陈独秀虽然有唯物一元论色彩，但也表现了机械、教条的特点，这对后来的唯物论一元论科学主义的教条性产生了很大的影响。

不过在"矫枉必须过正"的思想革命年代，偏激和教条性也有其合理性和客观效果，那就是在新文化运动时期，科学观念已经得到了普遍的认同（甚至在程度上超过了对民主观念的体认④）。到1923年"科玄论战"时，胡适才会有一段著名的话广为流传："这三十年来，有一个名词在国内几乎做到了无上尊严的地位；无论懂与不懂的人，无论守旧和维新的人，都不敢公然对他表示轻视或戏侮的态度。那个名词就是

---

① 陈独秀：《再论孔教问题》，《新青年》1917年1月1日第2卷第5号。
② 陈独秀：《人生真义》，《新青年》1918年2月1日第4卷第2号。
③ 陈独秀：《答适之》，张君劢、丁文江等：《科学与人生观》（1923），岳麓书社2012年版，第32页。
④ 根据金观涛、刘青峰的数据分析显示，相比之下，"科学"一词在《新青年》中不仅使用频度高于"民主"，而且几乎全是正面使用；1920年、特别是《新青年》变为共产党机关报以后，对"民主"评价越来越趋于负面。在《新青年》杂志中对和"民主"，有关理念正面评价的关键词使用只有404次，而负面评价的使用达764次。相比之下，"科学"一词在《新青年》中不仅使用频度高于"民主"，而且几乎全是正面使用；再结合我们在前文所举的其他刊物使用"科学"一词的频度分析，我们就可以得出一个与以往观点不同的结论。这就是：在新文化运动中科学和民主虽然是新知识分子极力要推广的两种新观念，但实际上这两种观念却并不对等。"科学"被不同思想流派的知识群体共同推崇，一直是新文化运动中反迷信、反传统的符号，也是后来提出的新人生观的基础，成为建构新政治文化的要素；而"民主"不但使用频，相对较少，其价值也越来越受质疑。从这一结论来看整个20世纪的中国政治文化，也可以解释为什么此后民主和科学在中国现代观念中的命运如此不同，民主观念及相应的制度建设一直步履维艰。参见金观涛、刘青峰《中国近现代观念起源研究和数据库方法》，《史学月刊》2005年第5期。

'科学'。这样几乎全国一致的崇信,究竟有无价值,那是另一问题。我们至少可以说,自从中国讲变法维新以来,没有一个自命为新人物的人敢公然毁谤'科学'的。"① 因此说,新文化运动时期科学主义得到了普遍认同。

当然,在"科学"和"非科学"之间,"科学"这种程度和地位的获得是包括吴稚晖、蔡元培、陈独秀、胡适、李大钊、傅斯年等一批(包括后来完成马克思主义转变的)资产阶级民主主义启蒙思想家和《科学》月刊派自然科学家共同努力的结果。② 比如1919年,傅斯年在回顾《新潮》的创办经过时指出,当时商定杂志的精神为"批评的精神、科学的主义、革新的文词"。③ 当然,在"科学主义"内部也是存在着不同体系性观点和认识之别(比如胡适主张的经验论科学主义④),另如对于科学方法、⑤ 科学精神、科学价值等许多问题的探讨,对于封建迷信(灵学)的批判等,科学主义的成就是全面的。对此学界有大量详细的研究成果可供参考,在此不做更多的论述。

(四)"科玄论战"与科学主义权威地位的确立

上引胡适这段话虽然描述了经历过新文化运动之后科学观念盛行和科学主义权威树立的情形,但显然还是有夸张的成分,否则就不会有科学主义和人文主义(偏文化保守主义者)之间"科玄论战"的发生。也正因为科学主义之流行,才会引发人文主义者的批判。而人文主义者对科学主义挑战的失败,更进一步造成了科学主义事实上权威地位的确立。

---

① 胡适:《序》,张君劢、丁文江等:《科学与人生观》(1923),岳麓书社2012年版,第9页。
② 有人称之为科学思潮的两大支流。参见邱若宏《传播与启蒙:中国近代科学思潮研究》,湖南人民出版社2004年版。
③ 参见傅斯年《〈新潮〉之回顾与前瞻》,《新潮》1919年第2卷第1期。
④ 参见[美]郭颖颐《中国现代思想中的唯科学主义(1900—1950)》,雷颐译,江苏人民出版社1990年版。
⑤ 参见危明星《"整理思想的利器"——〈新潮〉同人的逻辑学译介与新文化运动中科学方法的分化》,《中国现代文学研究丛刊》2023年第2期。

1923年2月，张君劢在清华大学作题为《人生观》的讲演（刊于14日《清华周刊》）。在讲演中他宣传科学不能解决人生观问题，引发一些持科学立场的科学家不满。地质学家丁文江和张君劢（二人为好友）当面激辩两小时无果，后撰写《玄学与科学——评张君劢的〈人生观〉》一文予以批驳。张君劢演讲的主要内容是说明科学与人生观的五点差异：即科学是客观的而人生观是主观的、科学为推理支配而人生观由直觉主导、科学重分析而人生观重综合、科学服从因果律而人生观遵从自由意志、科学致力于想象的统一性而人生观源于人格之单一性。结论是"科学无论如何发达，而人生观问题之解决，决非科学所能为力，唯赖诸人类之自身而已"。丁文江则批评张君劢"西方为物质文明，中国为精神文明"的说法肤浅，指出："至于东西洋的文化，也决不是所谓物质文明、精神文明，这样笼统的名词所能概括的。"文章最后说："主观的、直觉的、综合的、自由意志的、单一性的人生观是建筑在很松散的泥沙之上，是经不起风吹雨打的。我们不要上他的当！"①从而引发关于科学与人生观的一场论战。论战自张君劢清华讲演起，到1924年8月陈独秀发表《答张君劢及梁任公》止，前后历时一年多。参战人数多达四五十人，参战报刊累计十余种。

这场论战又称为科学与玄学论战，简称"科玄论战"。在论战过程中，胡适、吴稚晖、唐钺、王星拱、任鸿隽等为丁文江呐喊，习惯上被称为科学派，基本是自由主义知识分子；而梁启超、张东荪、林宰平、瞿菊农等或明或暗替张君劢助威，习惯上被称为玄学派（丁文江称张君劢为"玄学鬼"），基本是文化保守主义知识分子。无政府主义者和其他一些人士也参与了论战。论战后期，马克思主义者陈独秀、瞿秋白、邓中夏、萧楚女等也相继参战，史称唯物史观派，他们对科玄双方都有批评，而实际是支持科学派。

以我们今天的眼光来看，玄学派的观点比科学派更具学理性，② 李

---

① 参见刘钝《"科玄论战"百年祭》，《中国科学报》2023年2月10日。
② 如果考虑到五四后社会普遍的烦闷心理和生活困顿情况，青年人自杀成为一个社会问题时，玄学派的合理性就更为明显。

泽厚形容后者是"乐观却简单的决定论的论点";① 就主观上来讲，论战双方都认为对方失败了，但就客观影响而言，还是科学派取得完全胜利。这是由历史条件所决定的。论战使得科学主义有了进一步的发展，权威地位得以确立："在这次论战中，非科学家的支持给了唯科学主义在中国的兴起以明确的实质意义。"②

而马克思主义者的加入，尤其是陈独秀、胡适二人通过论战论文集《科学与人生观》（1923）所作序言进行的论战，为论战增加了新的性质，演变为二人的科学主义之争。在序言中，陈独秀批评说："什么先天的形式，什么良心，什么直觉，什么自由意志，一概都是生活状况不同的各时代各民族之社会的暗示所铸而成"，"张君劢举出九项人生观，说都是主观的，起于直觉的，综合的，自由意志的，起于人格之单一性的，而不为客观的，论理的，分析的，因果律的科学所支配。"最后，陈独秀批评胡适、张君劢："我们相信只有客观的物质原因可以变动社会，可以解释历史，可以支配人生观，这便是'唯物的历史观'。我们现在要请问丁在君先生和胡适之先生：相信'唯物的历史观'为完全真理呢，还是相信唯物以外像张君劢等类人所主张的唯心观也能够超科学而存在？"③论战总结阶段，陈独秀主张唯物史观科学主义，批判心物二元论或多元论科学主义，将"科玄论战"引到唯物史观方向。

此外，论战中瞿秋白也认为：论战"所论的问题在于承认社会现象有因果律与否，承认意志自由与否，别的都是枝节。"瞿秋白认为，社

---

① 李泽厚："如果纯从学术角度看，玄学派所提出的问题和所作的某些基本论断，例如认为科学并不能解决人生问题，价值判断与事实判断有根本的区别，心理、生物特别是历史、社会领域与无机世界的因果领域有性质的不同，以及对非理性因素的重视和强调等，比起科学派虽乐观却简单的决定论的论点论证要远为深刻，它更符合于 20 世纪的思潮。""这场论战却很明显地是以'玄学鬼'被人唾骂，广大知识青年支持或同情科学派而告终"。参见李泽厚《中国现代思想史论》，东方出版社 1987 年版，第 59 页。

② ［美］郭颖颐：《中国现代思想中的唯科学主义（1900—1950）》，雷颐译，江苏人民出版社 1990 年版，第 13 页。

③ 陈独秀：《序》，张君劢、丁文江等：《科学与人生观》（1923），岳麓书社 2012 年版，第 1—7 页。

会现象同自然现象完全一样，有其"因果的必然"，社会发展的"最后原因"是生产力，最后结果是社会主义，这就是历史发展中的"天道"。一切英雄豪杰、理想家或天才，只有成为社会变革的"历史工具"，才能得到真正的自由。[1] 邓中夏也声称："唯物史观派，他们亦根据科学，亦应用科学方法，与上一派（指科学）原无二致。所不同者，只是他们相信物质变动（老实说，经济变动）则人类思想都要跟着变动，这是他们比上一派尤为有识尤为彻底的所在。"[2] 我们知道，真正的历史唯物主义不是这样看待问题的，是科学主义和人道主义在唯物辩证法上的统一，但遗憾的是，唯物史观派和科学派一样犯了简单决定论、绝对化的错误，最后还是落入了"玄学派"所批评的"纯物质的纯机械的人生观"（梁启超语）之中。[3]

"科玄论战"是"问题与主义之争""社会主义论战"之后，中国马克思主义发展史上的一场重要论战。由于当时对马克思主义的理解普遍很肤浅，这场论战所体现的马克思主义理论水平并不高，但这场论战在进一步提高科学主义话语地位的同时，对于马克思主义科学性质认识的传播和科学地位的提升起到了很大的促进作用，因为在这种科学主义思潮下，作为社会科学的马克思主义被视为是一种绝对科学的社会科学，不仅得到了大力传播和发展，而且获得了一种权威地位。

（五）中国社会性质论战与唯物一元论科学主义的绝对胜利

1923—1924年的"科学论战"中，科学主义派别中还存在着以胡适为代表的经验论科学主义和自由主义人生观等其他科学主义派别，唯物一元论科学主义和唯物史观并没有取得绝对的胜利。但随着历史的发展和马克思主义的广泛传播，从20世纪20年代后期至30年代，陆续发生

---

[1] 瞿秋白：《自由世界与必然世界》，《新青年》季刊1923年12月30日第2期。
[2] 邓中夏：《中国现在的思想界》，《中国现代思想史资料简编》第2卷，浙江人民出版社1982年版，第173页。
[3] 胡适：《序》，张君劢、丁文江等：《科学与人生观》（1923），岳麓书社2012年版，第9页。

中国社会性质论战、中国社会史论战、中国农村社会性质论战和唯物辩证法论战等一系列论战，这些论战标志着唯物一元论科学主义和唯物史观取得绝对地位和权威。正如研究者指出的那样，这些论战，"无论是在时人还是后人眼中，均笼罩在马克思主义理论框架之下"。[1] 李泽厚说："论战各方，即使不属于中共或托派，甚至是共产党的反对者，都大体接受了马克思主义基本学说，并以之作为论证的理论依据。包括胡秋原、方亦如等人也如此。论战中各方共同使用如'帝国主义'、'封建制度'、'阶级关系'、'商品经济'等概念词汇也基本上属于或遵循着马克思主义理论学说的范围。"[2] 郭颖颐说："1928年论战的方法和主题可说是马克思主义的。参战者希望能使中国历史和社会符合社会的辩证发展规律，使之融于广阔的世界具有宇宙意义。参战者都认为自己是社会科学家，并制定出一套解释中国历史的方法论。"[3] 因此说，到20世纪20年代后期，唯物一元论在科学主义谱系中取得了绝对的胜利。

当然，这个和唯物一元论科学主义主要活跃在社会科学领域活动有关，因为在当时国内外民族矛盾、阶级矛盾异常尖锐的情势下，实用主义、马赫主义、实证主义、自由主义等科学主义和人生观与社会科学和社会革命存在着隔靴搔痒的关系，这也是唯物一元论科学主义取得一家独大的根本原因之一。

但我们为什么还在科学主义范畴中讨论唯物一元论科学主义？主要的原因是这些"马克思主义"论战中体现的科学主义具有严重的教条主义和机械论倾向，论战中不少观点是按照"马克思主义"的一些判断去裁切历史、枉断现实，是一种"六经注我"式的科学主义。[4] 这一点尤其表现在中国社会史论战阶段，为了让中国历史符合马克思主义关

---

[1] 张文涛：《国民革命前后的阶级观念研究》，人民出版社2021年版，第315页。
[2] 李泽厚：《中国现代思想史论》，东方出版社1987年版，第71页。
[3] [美] 郭颖颐：《中国现代思想中的唯科学主义（1900—1950）》，雷颐译，江苏人民出版社1990年版，第133页。
[4] 参见 [美] 郭颖颐《中国现代思想中的唯科学主义（1900—1950）》，雷颐译，江苏人民出版社1990年版，第137页。

于社会阶段和社会性质的划分，一些论战参与者对中国历史做了许多教条主义的分析。

这种科学主义特点，在同时期中国马克思主义文艺理论的发生发展中也有类似呈现，比如"革命文学"论争时期（1928—1929）和"左联"成立初期（1930—1932），就存在着严重的教条主义、机械唯物论和庸俗社会学倾向。

因此，到了20世纪20年代后期，科学主义意义上的马克思主义达到了类似"唯我革命"一样的"唯我科学"的一种巅峰状态。这对于广大左倾知识分子和热血青年具有致命的吸引力。对此，后来对"（唯）科学主义"进行批判反思的范岱年（教育家、哲学家、"科玄论战"参与者范寿康的二子）以亲身经历说："我本人的经历也可以表明马克思主义唯科学主义在青年知识分子中的影响。1940年，当时我14岁，住在重庆赖家桥，我和住在附近的孩子剧团的小朋友们一起学了《社会发展史》，我也常到政治部第三厅的图书馆去借阅苏联和进步小说，初步受到马克思主义的启蒙。1948年，在共产党领导的学生运动的影响下，我接受了马克思主义，在浙江杭州参加了革命，也参加了'科学时代社'，这是一个中共地下党领导的进步青年科学工作者组成的科学团体，有许多大学的理工科青年教师参加。我在这里第一次学习了'自然辩证法'。当时我因为缺乏哲学、科学哲学和人文学科的素养，幼稚地以为：学习了历史唯物论和社会发展史就掌握了社会发展的普遍规律；学了自然辩证法就掌握了自然界发展的普遍规律，对马克思主义作了唯科学主义的理解。"[①]

"学习了历史唯物论和社会发展史就掌握了社会发展的普遍规律；学了自然辩证法就掌握了自然界发展的普遍规律，对马克思主义作了唯科学主义的理解"，这句话很好地说明了当时对马克思主义的科学主义理解，也可看出这种科学主义影响的巅峰状态存在了很长时间。

---

① 范岱年：《唯科学主义在中国——历史的回顾与批判》，《科学文化评论》2005年第6期。

二 科学主义与马克思主义的传播和科学地位的确立

马克思主义最早是以科学性和革命性的形象介绍到中国的。1898年,在中国近代出版书刊中最早提到马克思及其学说的著作《泰西民法志》中即写道:"马克思是社会主义史中最著名和最具势力的人物,他及他同心的朋友昂格思都被大家认为'科学的和革命的'社会主义派的首领。"① 后来对科学和民主的追求,更是中国近现代新文化的方向和思想启蒙的主要内容。而中国近现代科学观念和科学主义的传播和发展,在客观上,同时也在逻辑上产生了三种效果:一是科学观念和科学主义促进了马克思主义的传播;二是科学主义在一些重要民主主义者向马克思主义者的思想和立场转变过程中发挥了重要作用;三是促进了马克思主义科学地位的确立并被信仰化。

(一) 科学主义促进了马克思主义的传播

科学观念和科学主义发展到五四运动时出现了瓶颈。一是以前主张和进行科学启蒙的思想家虽然多数都能在自然观上坚持唯物主义,也持进化论等史观,但一接触到社会历史问题或者在一些复杂的社会问题上,他们立即陷入唯心主义的泥潭。比如严复、梁启超、王国维等人,虽然在自然科学、科学方法、科学精神等方面有很好的理解和论述,但一旦涉及社会历史问题,就寸步难行;尽管他们也想将科学方法和科学精神应用于观察社会、解决历史问题,都试图建立起救国图强的社会科学,但最后只能倒回到传统文化和保守主义立场。王国维的自杀也一定程度上体现的是思想的自杀。二是对于以陈独秀、李大钊为代表的第二

---

① 参见陈铨亚《马克思主义何时传入中国》,《光明日报》1987年9月16日。关于最早"马克思"汉译及这段译文有很大争议,参见姜秀荣《马克思主义在中国最早翻译之梳》,光明网学术频道2018年11月6日。

代科学主义者来讲,他们在五四新文化运动前期高举资本主义民主、科学大旗,但在第一次世界大战昭示的资本主义严重危机、俄国十月革命胜利、巴黎和会上强权战胜公理等残酷现实面前,他们原先所倡导的资本主义科学主义已经变得一文不值,因此他们很快接受唯物史观,在社会科学问题上转向唯物一元论科学主义,在民主问题上从崇尚个性解放的资产阶级民主革命转向阶级革命。他们对资本主义和空想社会主义都有了理性的认识,开始了对科学社会主义的追求和向往。而以胡适为代表的五四知识分子则继续坚持其个人主义、自由主义为本位的资产阶级民主主义思想。1942 年,毛泽东在《反对党八股》一文中说:"五四运动的发展,分成了两个潮流。一部分人继承了五四运动的科学和民主精神,并在马克思主义的基础上加以改造,这就是共产党人和若干党外马克思主义者所做的工作。另一部分人则走到资产阶级的道路上去,是形式主义向右的发展。"① 说的就是五四新文化运动中后期的这种思想分化和统一战线分化的历史事实。

马克思主义在五四时期得到大力传播和广泛接受有许多历史和思想根源,而之前长期传播和发展的近现代科学观念和科学主义即是重要原因之一,因为五四时期对马克思主义的传播很大程度上是建立在既有科学观念尤其是自然科学知识普及基础上的。

比如 1920 年,李大钊认为,"历史学亦与自然科学相等,以发见因果法则为其目的。于此一点,与马氏的历史观实无所异。依马氏的说,则以社会基础的经济关系为中心,研究其上层建筑的观念的形态而察其变迁,因为经济关系能如自然科学发见其法则"。"由此学问的性质上讲,是说历史学与自然科学无所差异。此种见解,结局是以自然科学为唯一的科学。自有马氏的唯物史观,才把历史学提到与自然科学同等的地位。此等功绩,实为史学界开一新纪元。"② 1922 年,陈独秀认为,

---

① 毛泽东:《毛泽东选集》第 3 卷,人民出版社 1991 年版,第 832 页。
② 李大钊:《马克思的历史哲学》(摘自《马克思的历史哲学与理恺尔的历史哲学》,载于 1920 年《史学思想史讲义》),《李大钊选集》,人民出版社 1959 年版,第 294 页。亦见李大钊:《马克思的历史哲学》,钟离蒙、杨凤麟主编:《中国现代哲学史资料汇编·第 1 集第 8 册·唯物论和唯物史观反对唯心史观的斗争(上)》,沈阳人民出版社 1981 年版,第 12 页。

马克思主义之所以可信就是因为它运用了科学归纳法，他说："欧洲近代以自然科学证实归纳法，马克思就以自然科学的归纳法应用于社会科学。马克思搜集了许多社会上的事实，——证明其原理和学说。所以现代的人都称马克思的学说为科学的社会学，因为他应用自然科学归纳法研究社会科学。马克思所说的经济学或社会学，都是以这种科学归纳法作根据，所以都可相信的，都有根据的。"① 1923 年，"科玄论战"中的瞿秋白在《自由世界与必然世界》一文中认为，"科学的因果律不但足以解释人生观，而且足以变更人生观。每一'时代的人生观'为当代的科学智识所组成；新时代人生观之创始者便得凭借新科学智识，推广其'个性的人生观'使成时代的人生观。"②

因此说，如果没有当时自然科学和"归纳法"等科学知识、科学方法的普及，以这种方式宣传和介绍马克思主义肯定是不现实的。对此，研究者指出："五四时期的许多先进分子都是用'科学'的眼光来看待、接受和宣传马克思主义的，即认为马克思主义符合他们奉为圭臬的科学规范、符合科学法则，体现了科学精神。"③ "由于与科学主义结盟，马克思主义的唯物史观才被作为一种正确的科学方法得到了广泛的传播。由此可以看出，科学主义构成了中国人接受马克思主义哲学的一种无法避免的学理语境和思想基础。"④

（二）科学主义促进了民主主义者向马克思主义者的转变

对于革命者而言，无论是资产阶级革命还是无产阶级革命，二者都是实用主义基础上可选择的对象，都是"实体"，而造成选择对象发生变化的根本动力，有很多种，而科学主义就是马克思主义得以传播和广泛接受的内生动力之一：它在五四运动后推动民主主义者发生思想和立

---

① 陈独秀：《马克思的两大精神》，《陈独秀文集》第 2 卷，人民出版社 2013 年版，第 249—250 页。
② 瞿秋白：《自由世界与必然世界》，《瞿秋白选集》，人民出版社 1985 年版，第 116 页。
③ 邱若宏：《传播与启蒙：中国近代科学思潮研究》，湖南人民出版社 2004 年版，第 325—326 页。
④ 李丽：《科学主义在中国》，人民出版社 2012 年版，第 131 页。

场变化、由民主主义向马克思主义转变的过程中发挥了重要作用。因为在科学主义看来，马克思主义是一个比民主主义更高阶的科学，因此说，科学主义是民主主义者向马克思主义者转变的内在逻辑，既是马克思主义得以传播的基础，也是马克思主义得以传播的动力。

能深刻体现这一特点的是陈独秀思想和立场的变化。五四后（1920年5月间），陈独秀由一个激进民主主义者转变为马克思主义者，科学观念上也由五四新文化运动初期的孔德、穆勒的实证主义"科学观"转向唯物主义的"科学观"，但其背后的科学主义思想是没有变化的。用汪晖的话来讲："作为《新青年》的主编，'反传统'思想运动的领袖，陈独秀关注更多的是'科学'能提供给他多大的反叛的或革命的思想力量，而不是'科学'自身的特点。"① 郭颖颐对于科学主义在陈独秀从民主主义到马克思主义的转变过程中的作用有较多的研究。郭颖颐认为科学观念在陈独秀从民主主义到马克思主义转变过程中发挥了很大作用。他说陈独秀："事实上，他对科学及其作用的基本哲学理解，是他早期迷恋社会民主、后期相信唯物论的历史发展规律之间的重要连接环节。他的科学概念来源于哲学的唯物主义。在1919年以后逐渐转向马克思主义的时候，他把哲学唯物论及其决定论的解释进一步推向强调经济规律及社会发展不可改变的'科学'规律。换句话说，随着向辩证唯物论的转变，他的观点现在是彻底唯科学的了。"② 他还说："在陈独秀从一个民主共和主义政论家皈依了马克思主义之后，他思想中的关于科学的预先假定，便逻辑地把科学与社会科学融为一体。"③

为什么陈独秀思想和立场的变化深刻体现了科学主义与马克思主义的关系特点？这个可能和陈独秀稍微年长、比较完整地经历过中国近现代思想发展历程有很大关系，因为一些出生稍晚的马克思主义者可能直

---

① 汪晖：《科学的观念与中国的现代认同》，《汪晖自选集》，广西师范大学出版社1997年版，第239页。

② [美] 郭颖颐：《中国现代思想中的唯科学主义（1900—1950）》，雷颐译，江苏人民出版社1990年版，第48页。

③ [美] 郭颖颐：《中国现代思想中的唯科学主义（1900—1950）》，雷颐译，江苏人民出版社1990年版，第56页。

接受到马克思主义的影响,而没有经历过民主主义思想这个阶段。但对于二者这个关系的研究,囿于笔者所见,似乎学界还没有太多的成果。

和陈独秀类似,稍晚点的鲁迅,在完成从民主主义向马克思主义,从进化论、意志论到阶级论的转变过程中,科学主义也同样发挥了重要作用。1930 年,鲁迅在《我们要批评家》中说:"得了这一种苦楚的教训之后,转而去求医于根本的,切实的社会科学,自然,是一个正当的前进。"① 1932 年,鲁迅在《三闲集·序言》中说了这样著名的一段话:"我有一件事要感谢创造社的,是他们'挤'我看了几种科学底文艺论,明白了先前的文学史家们说了一大堆,还是纠缠不清的疑问。并且因此译了一本蒲力汗诺夫的《艺术论》以就正我——还因我而及于别人——的只信进化论的偏颇。"② 鲁迅说的就是科学主义在这个转变过程的作用和意义。

需要说明的是,受到科学主义本身局限（郭颖颐称之为"对科学方法可靠性的一种偏见"③）以及当时人们对马克思主义还缺乏全面、直接了解的影响,这个时期科学主义和唯物论的简单结合产生了各种机械唯物论,这点在陈独秀身上也同样体现得很明显,比如他认为科学和社会科学是同义、科学规律等于经济规律,经济决定论成为唯物史观的代名词等。他说:"我们相信只有客观的物质原因可以变动社会,可以解释历史,可以支配人生观。"④ 故而胡适抓住这句话不放,猛批陈独秀。所以郭颖颐说:"在陈独秀身上,我们发现哲学唯物论的基本点变成了极端的教条。"⑤ 因此,中国早期马克思主义也呈现一种教条主义科学主义的特点,是马克思主义中国化很有特色的一个起点,也是马克

---

① 鲁迅:《二心集》,《鲁迅全集》第 4 卷,人民文学出版社 2005 年版,第 245 页。
② 鲁迅:《三闲集》,《鲁迅全集》第 4 卷,人民文学出版社 2005 年版,第 6 页。
③ [美] 郭颖颐:《中国现代思想中的唯科学主义（1900—1950）》,雷颐译,江苏人民出版社 1990 年版,第 66 页。
④ 陈独秀:《序》,张君劢、丁文江等:《科学与人生观》(1923),岳麓书社 2012 年版,第 7 页。
⑤ [美] 郭颖颐:《中国现代思想中的唯科学主义（1900—1950）》,雷颐译,江苏人民出版社 1990 年版,第 22 页。

思主义中国化早期不成熟的一个重要标志。

（三）科学主义促进了马克思主义科学性的确立和信仰化

科学主义和马克思主义传播本身产生的结果自然是马克思主义科学性的确立。把马克思主义等于科学的观念出现得很早。早在1906年，朱执信在《论社会革命当与政治革命并行》一文中说："顾自马尔克以来，学说皆变，渐趋实行，世称科学的社会主义（Scientific Socialism）。"① 到了五四新文化运动时期，这一认识开始普遍化。1919年，李大钊在《我的马克思主义观》中即明确说明马克思主义是一个科学的理论体系，马克思的社会主义是科学社会主义。他说："马克思是社会主义经济学的学［鼻］祖，现在正是社会主义经济学改造世界的新纪元，'马克思主义'在经济思想史上的地位如何重要，也就可以知道了。""本来社会主义的历史并非自马氏始的，马氏以前也很有些有名的社会主义者，不过他们的主张，不是偏于感情，就是涉于空想，未能造成一个科学的理论与系统。至于马氏才用科学的论式，把社会主义的经济组织的可能性与必然性，证明与从来的个人主义经济学截然分立，而别树一帜，社会主义经济学才成一个独立的系统，故社会主义经济学的鼻祖不能不推马克思。"② 1919年11—12月，鲍安（杨鲍安）在《广东中华新报》连载的《马克思主义——一称科学社会主义》中说："马氏以唯物的史观为经，以革命思想为纬，加之以在英法观察经济状态之所得，遂构成一种以经济的内容为主之世界观，此其所以称科学的社会主义也。"③ 1922年，陈独秀在前引《马克思的两大精神》中也说："现代人说马克思为科学的社会主义，和空想的社会主义不同，便是在此。"④ 尤其是"科玄论战"之后，"马克思主义即科学"的权威

---

① 广东省哲学社会科学研究所历史研究室编：《朱执信集（增订本）》上册，中华书局2013年版，第55页。
② 李大钊：《我的马克思主义观》，《李大钊全集》第3卷，人民出版社2013年版，第4页。
③ 林代昭、潘国华：《马克思主义在中国——从影响的传入到传播》（下），清华大学出版社1983年版，第68—70页。
④ 陈独秀：《马克思的两大精神》，《陈独秀文集》第2卷，人民出版社2013年版，第249—250页。

性事实上是确立了。1932年,张东荪在《阶级问题》中说:"许多青年好像一听此名词便觉得其明了和桌上的笔、天上的月亮、人身上的头一样,是一个'自明的'(Self-evident)事实",①虽然张东荪说的是"阶级"概念,但类似这种自明(性)的表述也包括"马克思主义即科学"这样的"事实"。

除了上面这种正题论述外,马克思主义科学地位的确立还经历过一个反题论述阶段,那就是认为马克思主义不是哲学而是科学。这个反题论述出现得更早。《晨报》1919年7—8月"马克思研究"专栏连载的日本《马氏唯物史观的批评》《马氏唯物史观概要》译文和1922年李汉俊在《民国日报》副刊《觉悟》上发表《唯物史观不是什么?》都讨论了马克思主义不是哲学而是科学的问题,只是褒贬不一。后二者是在科学立场上肯定马克思主义的科学性。如《马氏唯物史观概要》文章一开始就说马克思的学说不是哲学是科学,就是"唯物史观"和"辩证论的唯物论":"马克思学说的构成分子,就是当时世上所流行的辩证论的思索法和唯物论的观察法。他学说的新特征,就在把这两个东西,结合拢起来是了。换一句话说,就是从黑智尔哲学之中,采了进化的思索法,和唯物论结合起来罢了。所谓'唯物史观说'、'辩证论的唯物论'就是这个东西。"文章不能区分黑格尔辩证法和马克思辩证法的区别,另外认为辩证法不是诡辩,但又以"进化的思索法"来定义"唯物辩证法",有其局限性。②而李汉俊在《唯物史观不是什么?》"唯物史观不是哲学""唯物史观不是哲学的唯物论"等小节中明确说:"马克思底学说不是抽象的哲学,乃凡具体的科学,而又是一切哲学底后继者";马克思学说"用具体的科学替代了抽象的哲学",他甚至称呼马克思学说为"马克斯(马克思)科学"。③也就是说,在1919年前后发生过马克思主义不是哲学而是科学的争议,马克思主义是科学而不

---

① 张东荪:《阶级问题》,《再生杂志》1932年8月20日第1卷第4期。
② 《马氏唯物史观概要》,《晨报》1919年7月18日第7版。
③ 李汉俊:《唯物史观不是什么?》,中共一大会址纪念馆编:《中共一大代表早期文稿选编(1917.11—1923.7)》(上),上海人民出版社2011年版,第527—528页。

是抽象哲学已经是认识的主流。

此外，以"科学性"来标签马克思主义，这个时间上也很早。据笔者考证，汉语"科学性"一词最早出现在《东方杂志》1920 年 3 月第 17 卷第 5—6 期连载的日本启蒙思想家、新康德主义者桑木严翼（1874—1946）著、心眼译《唯物论与唯物史观》一文中（在第 5 期上）。该文虽是批判唯物论和唯物史观的立场，但文中也承认："唯物论之特长，正在具有科学性。"因此说，将科学性视为唯物论、唯物史观的主要特性，这种观念是从日本引进的。

总之，五四新文化运动时期和之后，科学主义的权威性，深刻影响了中国社会思想发展和历史进程。在科学主义的影响下，作为社会科学的马克思主义得到了迅速传播和广泛接受，马克思主义即科学、马克思主义科学性的认识深入人心，这为中国马克思主义文艺理论尤其是早期科学性的发生提供了生成和运动的"形式因"——借用亚里士多德关于事物生成和运动"四因说"之"形式因"说法：在当时人的理解中，马克思主义及文艺理论科学性的前提是因为它本身就是科学的。因此，中国马克思主义文艺理论早期科学性的发生也就是很自然的事情了。

三 科学的文艺论：中国马克思主义文艺理论科学主体观念的发生

中国马克思主义文艺理论发生于中国近现代科学主义第二次迭代时期，是当时科学主义倾向、情势和马克思主义传播、接受的产物。在科学主义一系列的逻辑关联中，人们很早就在主体论上将马克思主义文艺理论认定为一种科学艺术论，从而在价值论上主观赋予了马克思主义文艺理论在艺术理论体系中高人一等的地位。当然，需要说明的是，中国马克思主义文艺理论早期科学性的发生也是中国近现代广义的"艺术科学化"趋势的一个重要组成部分。① "艺术科学化"趋势是科学主义影响下比中国马克思主义文艺理论早期科学性发生高一个层次的逻辑范畴（"科学主义——艺术科学化——中国马克思主义文艺理论早期科学性"），对此我们不做涉及。

从逻辑上来看，将马克思主义文艺理论视为科学的文艺论或者艺术论的观念应该是很早就有，因为文艺或者艺术理论是涵盖在社会科学这样一些大范畴之中的。但从概念或者命题来讲，马克思主义文艺理论是科学的文艺论或者艺术论论断的最早出现，或者说中国马克思主义文艺理论科学主体观念的形成应该比较晚，大体上在"革命文学"论争这个时期，而且以鲁迅、冯雪峰对这个问题最为执着。

（一）《科学的艺术论丛书》中的科学主体观

从1929年中期到1930年夏，上海刊行了一系列马克思主义文艺理论译著，这就是鲁迅、冯雪峰等参与翻译，由水沫书店、光华书店出版的《科学的艺术论丛书》。《科学的艺术论丛书》合计刊行九种（依据不同判断标准，有说十种的）。根据日本学者芦田肇的考证，该丛书主要以日本《马克思主义艺术理论丛书》（丛文阁）、《马克思主义文艺理论丛书》（白扬社）为底本翻译过来的。②

关于这套丛书的出版，③ 曾任水沫书店编辑的施蛰存有个回忆，介绍了"科学的艺术论"定名的由来。他说：

一九二九年春，美国、法国、日本，都出版了好几种介绍苏联

---

① 参见张清民：《科学主义与中国现代文学理论的兴起》，《江西社会科学》2008年第3期；金永兵：《中国早期现代文学理论科学性的独特探索》上、下，《长江学术》2021年第1—2期；赵欣冉：《民国"科玄论战"视域下的艺术科学化探赜》，河南大学2021年硕士论文。

② ［日］芦田肇：《鲁迅、冯雪峰对马克思主义文艺理论的接受（一）——水沫版、光华版〈科学的艺术论丛书〉版本、材源考》，张欣译，《中国现代文学研究丛刊》1993年第2期。

③ 关于这套丛书的出版过程、实际情况和学界有关的一些争论，可参见马鸣《译介"马克斯主义的X光线"：冯雪峰与〈科学的艺术论丛书〉》，《上海鲁迅研究》2020年第4期。

文艺理论的书。苏联出版的《国际文学》月刊也每期都有文艺理论的介绍。当时、日本文艺界把苏联文学称为"新兴文学"、把马克思主义文艺理论称为"新兴文学论"。他们出版了一套《新兴文学论丛书》。我和戴望舒、苏汶买到了一些英法文本,冯雪峰从内山书店买到了日文本。于是引起了我们翻译介绍这些"新兴"文艺理论的兴趣。

雪峰建议大家分工翻译,由我们所办的水沫书店出版一套《新兴文学论丛书》。并且说,鲁迅先生也高兴参加翻译。我们考虑了一下,认为系统地介绍苏联文艺理论是一件迫切需要的工作,我们要发展无产阶级革命文学,必须先从理论上打好基础。但是我们希望,如果办这个丛书,最好请鲁迅先生来领导。雪峰答应把我们的意见转达给鲁迅。酝酿了十来天,雪峰来说:鲁迅同意了,他乐于积极参加这个出版计划。不过他只能做事实上的主编者,不能对外宣布,书上也不要印出主编人的名字。雪峰又转达鲁迅的意见,他不赞成用《新兴文学论丛书》这个名称。

此后,我们经过考虑,把丛书定名为《科学的艺术论丛书》。仍由雪峰向鲁迅联系,着手拟定第一批书目,分工翻译。最初拟定的书目共十二种:

(1)《艺术之社会基础》 卢那卡尔斯基著 雪峰译

(2)《新艺术论》 波格但诺夫著 苏汶译

(3)《艺术与社会生活》 蒲力汗诺夫著 雪峰译

(4)《文艺与批评》 卢那卡尔斯基著 鲁迅译

(5)《文学评论》 梅林格著 雪峰译

(6)《艺术论》 蒲力汗诺夫著 鲁迅译

(7)《艺术与文学》 蒲力汗诺夫著 雪峰译

(8)《文艺批评论》 列褚耐夫著 沈端先译

(9)《蒲力汗诺夫论》 亚柯弗列夫著 林伯修译

(10)《霍善斯坦因论》 卢那卡尔斯基著 鲁迅译

(11)《艺术与革命》 伊利依契(列宁)、蒲力汗诺夫著 冯

乃超译

（12）《苏俄文艺政策》（日本）藏原　外村著　鲁迅译

这是雪峰和鲁迅拟定的选目。当时戴望舒正在译伊可维兹的《唯物史观文学论》，刘呐鸥在译弗理采的《艺术社会学》，暂时不编入。雪峰还在译伏洛夫斯基的《社会的作家论》，因为已约定给光华书局，也没有编入。我因为手头有别的译事，没有分担。

在这十二本丛书里，鲁迅担任了四本，可见他是积极支援我们的。从一九二九年五月到一九三〇年六月，这个丛书陆续印出了五种，即第一至五种。后来《唯物史观文学论》和《艺术社会学》都加入在这个丛书中，一共出版了七种。鲁迅译的《艺术论》，后来转给光华书局印行了。

我现在已记不起，不知在什么时候，这个丛书改名为《马克思主义文艺论丛》。大约是在一九三〇年三、四月间，可能是由于当时形势好些，我们敢于公然提出马克思主义。但是，不久，形势突然变坏了，《论丛》被禁止发行，第六种以下的译稿，有的是无法印出，有的是根本没有译成。①

施蛰存说《科学的艺术论丛书》曾短暂改名为《马克思主义文艺论丛》。该套丛书在当时就有很大的影响力，它对于马克思主义文艺理论科学性的认识和马克思主义文艺理论作为一个科学主体观念的发生产生了很大影响。

1939 年，李何林著《近二十年中国文艺思潮论》（1940 年初版）以"革命文学"论争和"左联"成立为背景，同样以"科学的文艺论"指马克思主义文艺理论即革命文艺理论，专门设立"科学的文艺论的输入与'左联'的成立"一节，介绍了"革命文学"论争促进了"科学的文艺论"的输入和观念确立的情况。除了介绍鲁迅引入"科学的文艺论"的有意的意识和行为之外，也提到，"同时，一九二九年以来，

---

① 施蛰存：《沙上的脚迹》，辽宁教育出版社 1995 年版，第 110—111 页。

新的社会科学书籍亦大量输入,给研究文学者以很大的帮助。创造社、太阳社及其他人们也输入了一些新兴文艺理论的著作和作品。"① 此外,1940年,楼适夷在重庆读书出版社翻译出版了苏联公谟学院文艺研究所编《科学的艺术论》等,从编辑学的学理角度来看,它们都处于1929—1930年《科学的艺术论丛书》影响的延长线上。

(二) 鲁迅、冯雪峰等的"科学的文艺论"

学者王先霈认为,《科学的艺术论丛书》用"科学的"名称是在当时政治环境下作为"马克思主义"的一个替代词。② 政治环境肯定是一个重要原因,比如丛书之一《文艺与批评》中第六篇文章首版时原名《关于马克斯主义文艺批评之任务的提要》,在1930年3月《文艺与批评》再版时,用"科学底"代替了"马克斯主义"。但这话有一定的合理性却不是全部,因为称呼马克思主义文艺理论为科学的文艺论或者艺术论,还有学理上的原因,更多的是与当时人们已经普遍把马克思主义文艺理论视为一门科学、马克思主义文艺理论是一个科学主体观念有关。

鲁迅、冯雪峰就是这种认识的代表。作为《科学的艺术论丛书》的策划人和主要译者,鲁迅、冯雪峰有很强的"科学的文艺论"观念,他们从科学——社会科学——文艺科学这个科学主义的逻辑上,对"科学的文艺论"做了较多的论述。

1929年,鲁迅在卢那卡尔斯基《文艺与批评》的译者附记中说:"要豁然贯通,是仍须致力于社会科学这大源泉的,因为千万言的论文,总不外乎深通学说,而且明白了全世界历来的艺术史之后,应环境之情势,回环曲折地演了出来的支流。"③ 1930年4月1日,鲁迅在《我们

---

① 李何林:《近二十年中国文艺思潮论:1917—1937》,南开大学出版社2016年版,第225页。
② 王先霈:《关于"科学的艺术论丛书"谈片——鲁迅对普列汉诺夫在马克思主义文论史上地位的论断》,《华中学术》2011年第1期。
③ 鲁迅:《译文序跋集》,《鲁迅全集》第10卷,人民文学出版社2005年版,第332页。

要批评家》中说:"到这里,我们所需要的,就只得还是几个坚实的,明白的,真懂得社会科学及其文艺理论的批评家。"在文章结尾,再次强调:"这回的读书界的趋向社会科学,是一个好的,正当的转机,不惟有益于别方面,即对于文艺,也可催促它向正确,前进的路。但在出品的杂乱和旁观者的冷笑中,是极容易凋谢的,所以现在所首先需要的,也还是——几个坚实的,明白的,真懂得社会科学及其文艺理论的批评家。"① 1931年,鲁迅在《上海文艺之一瞥》讲演中说:"去年左翼作家联盟在上海的成立,是一件重要的事实。因为这时已经输入了蒲力汗诺夫,卢那卡尔斯基等的理论,给大家能够互相切磋,更加坚实而有力,……"② 1932年,鲁迅在《三闲集·序言》中说:"我有一件事要感谢创造社的,是他们'挤'我看了几种科学底文艺论,明白了先前的文学史家们说了一大堆,还是纠缠不清的疑问。并且因此译了一本蒲力汗诺夫的《艺术论》以就正我——还因我而及于别人——的只信进化论的偏颇。"③ 1936年3月,鲁迅去世前,将瞿秋白《"现实"》编入《海上述林》上卷时,副题改为《科学的文艺论文集》。显然,在鲁迅眼中,马克思主义文艺理论和科学、社会科学之间是等同的,而且鲁迅对于使用"科学的文艺论"这样的概念还是很执着的。

冯雪峰也是类似情况。1928年,冯雪峰在《〈社会的作家论〉题引》中说,批评的过程应该是"用'马克斯主义的X光线'——象本书著者所用的——去照澈现存文学的一切;经过了这种透视,才能使批评不成为谩骂,却是峻烈的批评。"④ 1930年,冯雪峰在《艺术社会学底任务及问题·译者序志》中也说:"只有将艺术科学放在社会与艺术底马克思主义的社会学的基础之上,才能成为精密的科学。"⑤ 这些话

---

① 鲁迅:《二心集》,《鲁迅全集》第4卷,人民文学出版社2005年版,第245—246页。
② 鲁迅:《二心集》,《鲁迅全集》第4卷,人民文学出版社2005年版,第306页。
③ 鲁迅:《三闲集》,《鲁迅全集》第4卷,人民文学出版社2005年版,第6页。
④ 冯雪峰:《〈社会的作家论〉题引》,《冯雪峰论文集》上,人民文学出版社1981年版,第13页。
⑤ 冯雪峰:《艺术社会学底任务及问题·译者序志》,茀理契(即弗理契)著,冯雪峰译:《艺术社会学底任务及问题》,上海大江书铺1930年版。

都具有科学思维，尤为明显地反映了他们以及同时代马克思主义文艺理论家们从科学——社会科学——文艺科学这个科学主义逻辑来认识马克思主义文艺理论的特点。

(三) 20 世纪 30 年代马克思主义文艺理论科学主体观念的发展

进入 20 世纪 30 年代之后，马克思主义文艺理论科学主体观念有了新的发展，"马列主义的文艺科学"概念的正式使用。1932 年 9 月 15 日，在瞿秋白《文学月报》第 3 期发表《论弗理契》，其中不仅直接把文艺列为社会科学之一，"文艺是社会科学之中'最纲腻'的一种"，还说"弗理契是专门研究文艺科学的第一个人""弗理契是唯物论的文艺科学的开创人"，并且认为苏联公谟学院对于弗里契的研究，"一方面发现弗理契的观点之中的矛盾和错误，别的方面也就是马列主义的文艺科学上的一个很大的进步"。[①] 这一用法，已经和"革命文学"论争之初，为了避嫌，故意以科学的艺术论来代替马克思主义文艺理论的用法有了很大的不同，凸显了马克思主义文艺理论科学主体观念的确立。

此外，1936 年，郭沫若主导"左联"东京支部质文社出版了《马克思主义文艺理论丛书》十种，并撰写了"刊行缘起"（即总序言）。[②] 郭沫若还带头从德文原本翻译了马克思、恩格斯合著的《神圣家族》的后半部，将其取名为《艺术作品之真实性》（后改名《艺术的真实》）并写了译者《前言》，特别说明本书是应质文社刊行"文艺理论丛书"的要求而摘译的，为"《马昂艺术论体系》之拔萃"，被列为该丛书的第一种，在 1936 年 5 月正式出版。丛书中还有部著作《科学的世界文学观》（[苏联] 西尔列索著，任白戈译），包含两篇文章：一篇是《卡尔与世界文学》，另一篇是《恩格斯底现实主义论》。1937 年，郭沫若还领导创办了以介绍"社会主义现实主义"为中心的大型刊物《文艺

---

① 瞿秋白：《论弗理契》，《瞿秋白文集（文学编）》第 2 卷，人民文学出版社 1985 年版，第 267—268 页。
② 参见王锦厚《郭沫若与〈文艺理论丛书〉》，《郭沫若学刊》2003 年第 1 期。

科学》。该刊原计划为月刊，实际只出版了 1 期，预告了第 2 期内容。从第 1 期的《编完了》来看，由于受到国内"两个口号"之争的影响（郭沫若等选择接受"国防文学"口号），办刊方向受到了一定的影响。

而这些鲜明的"文艺科学"命名，说明了在当时，马克思主义文艺理论是以一个科学主体的身份被传播的。因此说，到了"革命文学"论争和"左联"初期（我们这里也延伸至"左联"结束时期），马克思主义不仅是科学的代名词，成为了左翼文艺的指导思想，而且马克思主义文艺理论的科学和学科性质都得到了确立，其本身作为一个科学主体观念的认识也已经很成熟。由此，中国马克思主义文艺理论早期科学性得以发生。[1]

结　　语

总之，中国马克思主义文艺理论早期科学性是教条主义和科学主义的结合，但其教条主义科学主义的弊病在中国马克思主义文艺理论发生期普遍存在，比如早期革命文学理论就深受无产阶级文化派"组织科学论"影响。即便是看问题较为公允、超前的鲁迅在许多问题上也难免。鲁迅和冯雪峰不仅在选定"科学的艺术论丛书"中混入了一些"无产阶级文化派"和"庸俗社会学"的作品，如波格达诺夫的《新艺术论》和弗理契的《艺术社会学》，而且在批判"自由人""第三种人"的论争中也有许多"左倾"教条主义错误。前引冯雪峰关于艺术科学成为"精密的科学"的说法就源自弗理契的艺术社会学理论。至于艺术创作上的问题就更多，无论是标语口号化、"脸谱主义"，还是革命加英雄、革命加爱情等的"革命的浪漫谛克""革命文艺"创作，都不能在实践上证明理论的科学性（当然这不是一个绝对化的判断）。这种理论和实

---

[1]　部分研究者也关注到"革命文学"倡导者（比如创造社）的自然科学背景和他们的科学观在这个转变过程中的影响。参见丛子钰《早期创造社的宇宙观与科学隐喻》，《中国图书评论》2023 年第 5 期。

践上不具科学性的"革命作家",就成为1942年毛泽东《在延安文艺座谈会上的讲话》中所说的"鲁迅在他的遗嘱里所谆谆嘱咐他的儿子万不可做的那种空头文学家,或空头艺术家"。[①] 此外,20世纪30年代左翼文艺界对这个问题开展过多次关于"伟大作品""创作不振"的大规模讨论,但在实践中左翼文艺界对"伟大作品"的期望和对"创作不振"原因的分析纷纷落空,其根本原因就在于这种早期"科学的文艺论"即中国马克思主义文艺理论早期科学性在艺术创作实践上不具有可预见性和可证实性。而与左翼文艺同期的苏区文艺则在可预见性和可证实性上开始革命文艺理论的艺术实践,开启了苏区文艺、左翼文艺和新启蒙运动共同走向延安文艺的理论之路。只有延安文艺运动才真正解决了中国马克思主义文艺理论的科学性问题。

当然,在左翼文艺内部,对教条主义科学主义的批判很早就开始了,因为自1932年起,随着经典马克思主义现实主义理论的引入,这种早期科学性逐渐受到批判和克服。与此同时,在中国马克思主义文艺理论谱系之外,这种早期科学性也受到许多理论对手的批判。和20世纪30年代穆时英等把"生存意志"这样一种近乎信仰的东西当做科学来看待一样,左翼文艺界也把科学的艺术论当做了一种信仰来建构,充满了理想主义和教条主义色彩,削弱了其科学性,才会招致穆时英等人的"斥"责。对于中国马克思主义文艺理论而言,理论对手的批判在当时还是很"致命"的,甚至可以说一定程度上宣布了中国马克思主义文艺理论的"死亡"。这种被动情形一直延至延安文艺运动以毛泽东文艺思想为代表的中国马克思主义文艺理论真正科学性的诞生为止。

尽管如此,建立在唯物史观和唯物辩证法基础上的科学主义的中国马克思主义文艺理论早期科学性,还是为中国马克思主义文艺理论科学性最终的建构和到来奠定了坚实的基础,其发生学意义是不可否定的。

---

① 毛泽东:《毛泽东选集》第3卷,人民出版社1991年版,第861页。

人民美学论略

上海师范大学　李丹

《在延安文艺座谈会上的讲话》发表之后，在延安及解放区文艺活动中出现了一种新的动向，即由工农兵主体地位的凸显而展现出新的美学原则，而对该现象及其发展变化的认识，则经历了一个逐渐推进的过程。起初是在1949年第一次文代会上，周扬的报告使用了"新的人民的文艺"[①]，开启了"人民的美学趣味""人民的美学观点"[②] 等探讨。进入新时期，重提"人民的美学要求"[③]，经过多年酝酿，终于在21世纪初提出了"人民美学"[④] 的命题。伴随新时代对人民论及文艺人民性的强调，人民美学的重要性日益彰显，并成为马克思主义美学在当代中国的典型形态。

目前已有研究分为两种情况，一是文艺批评类的，包括对影视戏剧、音乐歌曲、美术、文学等作品的人民美学特征的分析；二是理论类的，探讨人民美学的产生过程、理论内涵等问题；总的来看，尚处于分散的状态。对此，本文拟从理论、历史、总体三个层面进行考察，旨在建构人民美学的话语体系。

[①] 周扬：《新的人民的文艺》，新华书店1949年版，第1页。
[②] 白石：《关于古典文学的人民性的几个问题》，《学术月刊》1957年第3期。
[③] 王瑶：《现代文学中的民族传统和外来影响》，《昆明师范学院学报》1979年第1期。
[④] 冯宪光：《人民美学与现代性问题》，《文艺理论与批评》2002年第6期。

一　理论阐释

在人民美学的理论研究层面，大体而言，涉及前提、界限、基础、特征、概念和审美范畴等问题。第一是前提，指阶级、民族国家的存在。就产生根源而言，人民美学具有阶级功利性，"人民美学在确立人民的审美主体的文化身份时，的确崇尚审美的功利性和文艺的意识形态性，因为人民在被剥夺文化权力的境遇中，最迫切的是需要争夺和保护自身的文化权力，这是人民美学必然伸张功利性和意识形态性的原因，也是人民美学的底线。"[①] 这一问题应从历史文化的流变来看，其实质是先进思想与落后观念的对抗。传统社会的文艺活动是围绕统治阶级的意志进行的，民众是被教化的对象，甚至存在文艺审美与其所处境况背道而驰的情形，故被现代文学批评称为"瞒和骗"[②]。针对这一情形，兴起了在马克思主义指导下的中国无产阶级革命文学，以及后续的左翼文学、延安及解放区文学、十七年文学等，目的是引导无产阶级摆脱封建阶级和资产阶级文艺观念的麻痹和愚弄，建构属于自己的美学。这种促使底层民众觉醒和抗争的美学思想，就是人民美学功利性的来源。鲁迅对这一现象解释道，"在一切人类所以为美的东西，就是于他有用——于为了生存而和自然以及别的社会人生的斗争上有着意义的东西。功用由理性而被认识，但美则凭直感底能力而被认识。享乐着美的时候，虽然几乎并不想到功用，但由科学的分析而被发现。所以美底享乐的特殊性，即在那直接性，然而美底愉快的根柢里，倘不伏着功用，那事物就不见得美了。并非人为美而存在，乃是美为人而存在的。"[③] 这种"美的根柢里伏着功用"是与无产阶级革命文艺思想相一致的，

---

① 冯宪光：《人民美学与现代性问题》，《文艺理论与批评》2002 年第 6 期。
② 鲁迅：《论睁了眼看》，《鲁迅全集》第 1 卷，人民文学出版社 1981 年版，第 238 页。
③ 鲁迅：《〈艺术论〉译本序》，《鲁迅全集》第 4 卷，人民文学出版社 1981 年版，第 263 页。

只有那些发扬抗争精神并能激励民众在社会实践中成为进步力量的活动及其文艺形态，才被认为是美的。这种以绝大多数中国人的审美观为衡量标准的人民美学，是对文艺史上以帝王将相、才子佳人和资本家的审美观为标准的封建阶级、资产阶级美学的反拨，是符合人类文明进步的方向的。在今天全球化背景下，如果说人民美学存在功利性的话，那就是站在中国人民的审美立场。

第二是界限，即人民美学所涉及的范围，包含人民、人民性等问题。一是人民，可分为人民的范畴和人民的本质力量。（1）人民的范畴是伴随社会文化的变革而改变的。最初是毛泽东《在延安文艺座谈会上的讲话》里界定的"人民"[①]，指以工农兵和小资产阶级组成的群体；此前相关的概念是革命文学运动时期的"无产阶级"，左联时期文艺大众化大讨论中的"大众"；此后是新中国成立之际的工人、农民、小资产阶级和民族资产阶级[②]，以及新时期以来的全体中国人民。在这一历史进程中，人民既是政治的术语，也是文化的术语，标志中国现代社会历史演变的轨迹，同时呈现出社会文化及其理论研究进展的轨迹。（2）人民的本质力量，简言之，即作为推动社会进步的力量，在革命时期，是以民族利益、阶级利益为中心的消灭侵略、压迫和剥削的抗争精神；在建设时期，则以开创性、创造性、创新性、建构性为代表。二是人民性，指文艺作品与人民的关系，即表达对社会发展起推动作用的人民群众的思想感情、精神特征等。可分为两个层次，（1）文艺活动的主体是人民，包括作者属于人民，作品主人公是人民，作品的接受者是人民；（2）文艺作品所创造的审美世界是关于人民的生活状况、思想情感和理想追求的。概言之，文艺人民性是在文艺活动中体现的、将中华民族优良传统与社会主义革命和建设的理想结合在一起的、推动历史前进的伟大力量，是一种体现人民进步思想的文艺价值观。由于人民

---

① 毛泽东：《在延安文艺座谈会上的讲话》，《毛泽东选集》第3卷，人民出版社1991年版，第855页。
② 毛泽东：《论人民民主专政》，《毛泽东选集》第4卷，人民出版社1991年版，第1475页。

是完成各个阶段历史任务及审美的主体，故人民性是人民美学的核心。

第三是基础，由于人民美学起源于对现实问题的认识和改进，是在承担社会变革使命的过程中及以此为再现对象的文艺活动中生成的，故现实性是其基础。现实性包含对社会规律的认识和采取的改造活动及将其作为审美对象，以及文艺对现实的反映等问题。一是人对现实的审美关系，指马克思主义美学的实践性质，它是建立在人的革命斗争和生产劳动的成果之上的，换言之，是指人对自己认识和改造世界之成果的审美观照。二是文艺与现实的关系，侧重对社会生活中的主要矛盾的认识和再现，（1）认识生活的真实，注重对现实生活中重大事件的把握。对人民群众所处的现实境况的认识，也是对其所承担的阶级使命、民族重任的认识，这是文艺现实性的来源。（2）再现生活的真实，强调文艺的真实性。认为文艺是对现实的反映，包括指导思想与创作方法都是现实主义的。在文艺思想方面，按照马克思主义唯物辩证法、从具体的情境出发、整体地掌握现实生活，依据社会发展阶段理论对其中的矛盾进行剖析；在创作方法方面，坚持写真实的手法，偏重选取社会生活中的重大题材，倾向于宏大叙事。三是人对现实的审美关系和文艺与现实的关系两者之间是相互作用、相互影响的。从人民美学的发展历程看，就接受方面而言，往往是后者引导前者，即先有文艺作品，然后有对文艺作品的审美活动，再有受文艺作品的启发而对所处境况的认识及采取的改造行动，最终才有因遵循历史沿革规律、实现变革目标后对现实美的审美活动。

第四是特征，指随着社会文化的演变，不同时代呈现出不同的审美倾向，即时代性。一方面是指各历史阶段不同的社会美。由于近百年来的中国社会生活发生了数次重大的变革，在不同的历史阶段，人民生存于其间的现实状况有所不同，所面临的历史任务也不相同，关切的问题亦不相同，因此各阶段都有属于自己的社会美，那么各阶段的社会美就成为人民美学的时代性。另一方面是指文艺因反映现实生活而表现出来的时代审美特征。由于各时期的文艺作品以与之相应的历史时期的社会现实为源泉，呈现出各时期社会思潮的变化、人民思想情感的变化，从而构成文艺审美的时代性。就两方面的关系而言,它们是相辅相成的,后者往往具有更广泛的影响力;伴随历史的变迁,文艺审美的时代性往往成为后世获取对应的社会美的重要途径。

第五是对人民美学的界定。尽管目前还未见对该问题的直接回答,但可归纳出以下几个要点。一是就审美主体的诉求而言,相对于其他美学符合不同人群的不同愿望和期待,人民美学则"符合全体人民的良好意愿"①,即既符合个体的发展需求,又符合民族国家的发展需求。二是就审美对象而言,(1)在早期,相对于所有现实主义作品都会促进接受者对社会生活的认识而带来审美的愉悦,人民美学则是由革命现实主义作品和社会主义现实主义作品所揭示的社会发展之辩证法而引起的愉悦,具体而言,即认识到工农兵在社会主义革命和新中国成立初期主人翁地位之确立的喜悦,以及因对民族解放、阶级解放和新中国的建设作出贡献而赢得认可的喜悦。(2)新时期以后,相对于所有美学都须创造的审美愉悦,人民美学则重在表达经由对自己命运可能性的把握而产生的愉悦。三是就审美效果而言,相对于其他审美活动给接受者带来各种不同的效果,人民美学则通过将人民潜在的创造力发挥出来且达到前所未有的高度甚至创造了历史的奇迹所带来的强烈的审美感受,而该美感又成为鼓舞人民不懈奋进的动力。

人民美学是在马克思主义指导下,认识并改造世界、追求美好生活的实践过程中生成和演进的,因之构成马克思主义美学在现当代中国的发展。它从肯定工农兵的主体性到肯定全体人民的主体性,以人民在改造社会、改造自然、改造人类过程中鲜活的经历和体验为审美对象,尤其注重再现于局限中发现契机并实现自我超越的高光时刻,让人民在对社会美、艺术美的欣赏中领略情感认同、时代价值和精神升腾,从而形成具有普遍意义的审美活动。从根本上说,人民美学的中心是崇奉祖国之爱及为之强盛而奋斗的伟大思想,指向人民创造历史的英雄主

---

① [德]布莱希特:《戏剧中的社会主义现实主义》,刘小枫译,《西方文艺理论名著选编》下卷,伍蠡甫、胡经之主编,北京大学出版社1987年版,第315页。

精神。

第六是论证人民美学的审美范畴为崇高①。一方面是指在社会实践活动中克服重重困难而实现宏伟目标后的"成就感、尊严感、自由感"②，在这一历程中，人民群众可能暂时被对象的气势所抑制，但进而由理性的作用而奋起拼搏，最终取得胜利；强调人民群众克服自身的局限性，从受压抑到获得解放，体验到由痛感到快感的飞跃。另一方面是指在文艺审美活动中所获取的领悟堂皇、庄严、伟大灵魂之光辉的审美经验，"感到思想被开创、提高，而产生的喜悦、快乐和自豪"。③侧重人民从文艺作品中领悟真正的生活价值，进而提升人生的境界。由此可知，人民美学聚焦于人的情感、精神从压抑、痛苦到释放、兴奋而产生的愉悦，褒扬思想的升华、超越，赞美人民的高尚品格。在战争时期，以处于劣势的人民战胜处于优势的强敌所体现的战斗精神为代表；在社会主义建设时期的不同语境里，则体现为各自的风貌：在解放初期建设社会主义新农村、新工业体系的过程中，是直面艰难、迎接挑战、发扬不怕苦不怕累的铁人精神；在新时期是勇于解放思想，探索改革道路，发展经济的开创精神；在新时代这一国际风云变幻的岁月，是为祖国和人民的利益知难而上，努力钻研未知领域的探索精神和各行各业的生产劳动者持续奋进的拼搏精神；总之，战斗精神、铁人精神、开创精神、探索精神、拼搏精神的共同之处在于，人民作为主体在面对客体时，由于客体在气势、力量等方面威慑到主体，使主体面临激战的危险、任务的艰巨、阻力的强大、科学的深邃无限、处境的艰难等情形时，通过感情的激荡、精神的高扬和潜力的迸发，而从理性高度征服客体，表现出大无畏的英雄主义气概，从而拥有崇高感。在此意义上，英

---

① 季红真：《沉雄苍凉的崇高感》，《当代作家评论》1984年第6期；周艳芬：《崇高的颂歌》，《唐都学刊》1996年第3期；巫晓燕：《试论二十世纪九十年代中国小说崇高美的重塑》，《解放军艺术学院学报》2003年第1期；范玉刚：《人民美学的尊崇与崇高风格的凸显》，《中国文学批评》2015年第2期等。

② 刘纲纪：《马克思主义美学研究与阐释的三种基本形态》，《文艺研究》2001年第1期。

③ 杨恩寰：《西方美学思想史》，辽宁大学出版社1988年版，第110页。

雄与崇高是一体两面的，就题旨而言是击败敌人、征服自然、革新观念、引领科技进步潮流等的英雄，就审美而言是激发内在潜能、生命力得以勃发、获得超越的崇高。与之相关的其他审美范畴则作为崇高的衬托和对比①，目的是凸显崇高，如优美、滑稽、丑怪等，优美是对自然界、社会生活、内心世界的光明、和谐、安宁状态的呈现，滑稽是指引人发笑的失误、动作倒错等的人和事，丑怪是对与人民为敌的侵略者、剥削者、破坏者精神面貌的刻画。

二 历史考察

在人民美学的历史研究层面，因其生成于社会变革活动和文艺审美活动之中，故依照现实性、人民性、时代性等因素的变化将其分为三个阶段：《在延安文艺座谈会上的讲话》发表至"文化大革命"结束为第一阶段，从新时期至 21 世纪初为第二阶段，新时代以来是第三阶段。下面分别考察各阶段人民美学的具体情况。

（一）

在现实性方面，第一阶段面临的问题分为两种情况，一是抗战、解放战争时期，任务是确立人民的主体地位，这必须依靠人民自己的智慧和勇气来完成，由此形成可最大化地凝聚力量的单位——阶级，确保取得民族战争、解放战争的胜利；二是新中国成立以后，任务是农村土地改革和城市公私合营等，继续采用阶级划分的方式，促使人民转变观念、理解社会主义制度并参与到社会主义建设之中。在处理文艺与现实的关系方面，突出阶级意识、革命和生产实践、工农兵立场、民族形式等，这些因素均落实到革命现实主义和社会主义现实主义创作之中。十七年时期经典的作品有三红一创保林青山、《乘风破浪》等，分为革命

---

① 李丹：《文艺人民性理论与人民美学》，《求索》2022 年第 6 期。

历史题材和工农业生产题材，前者通过回溯浴血奋战的历史，书写推翻三座大山的系列战斗中的革命英雄系谱；后者则是对当时面临的迫切问题的应答，一个通过反映农村阶级斗争的情形，阐明农业合作化运动的必要性，指明社会主义农村的发展方向；一个通过对新中国工业化运动艰难历程的展现，回应社会主义工业建设必须面对的问题。

人民性问题亦分为两个部分，一是从《在延安文艺座谈会上的讲话》发表至解放之际，确立了人民论及文艺人民性理论，解决了两个关键问题，一个是谁代表人民的问题，答案是工农兵，即工农兵是人民范畴的核心，工农兵是文艺服务的对象；另一个是由谁来表达人民性的问题，基于种种原因工农兵尚不能完全表达自己，需由小资产阶级作家艺术家来代为表达，而要完成这一任务就要求作家艺术家与工农兵打成一片，在熟悉工农兵生活、掌握工农兵思想情感的前提下，在创作中真切地表达其所思所想。其时的创作主要有两条途径，一则是作家艺术家先谙习人民生活，然后再创作，如《太阳照在桑干河上》《暴风骤雨》等；二则是作家艺术家与工农兵群众的合作，即集体写作，如《白毛女》等作品的创作模式。二是十七年至"文化大革命"结束，人民性问题也分为两种情况，一种情况是延续解放区文艺的创作方式，如柳青创作《创业史》、魏巍创作《谁是最可爱的人》、草明创作《火车头》等到农村、部队、工厂体验生活的创作模式；还有像《阿诗玛》《刘三姐》等的集体创作模式。另一种情况是培养出工农兵作家艺术家，"十七年文学的'人民性'，主要体现在基础文化设施和传播媒介的人民化、工农兵成为写作的主体、工农兵成为文学的主要表现对象、'普及型'文体的大繁荣等几个方面"，"人民写"[①]的创作途径从此得以确立。

在时代性方面，表现为对工农兵政治和社会地位的重视，从而存在处理与其对立面关系的问题，呈现为二元对立的特点。从政治角度看，

---

① 武新军：《再谈十七年文学的"人民性"》，《山西大学学报》（哲学社会科学版）2016年第1期。

是无产阶级与侵略者、资产阶级、封建阶级的对峙；从文化角度看，一则是从被统治的历史长河中凸显无产阶级的主体地位，彰明工农兵艰苦卓绝的斗争精神和克服千难万险的毅力；二则是树立建设新中国的理想和信念，增强人民信心以沿着社会主义道路勇敢前进。其审美特征如下：一是阶级美学，是以阶级论为指导理论、以工农兵为核心的美学，展示无产阶级的审美观念。在战争题材的作品里，阶级的力量是最为突出的，重在表现为保家卫国而抗击侵略者、剥削者的英勇无畏的反抗精神，以阶级利益为至高目标的无私奉献精神，体现担当民族、阶级伟大使命的荣誉感。在社会主义工农业题材的作品里，展现阶级立场、政治觉悟，表达爱国家、爱集体的感情和为建设社会主义而奋斗的精神，发挥"文学作品所特有的情感、梦想、迷狂、乌托邦乃至集体无意识的力量"[①]。二是斗争美学，指对无产阶级与侵略者、资产阶级、封建阶级的斗争过程和胜利成果的欣赏、品味。无产阶级代表进步的力量，侵略者、资产阶级、封建阶级代表反动的、落后的势力，通过对两者斗争、较量经历的展开，抒发对无产阶级斗争精神的崇敬之情和最终赢得胜利的欣喜之情。一些作品还凭借人民喜闻乐见的民族形式和民族风格，阐扬对战争中的英雄主义精神的激赏和对斗争胜利成果的珍视，使人民获得审美的满足。在这一审美活动中，正义与非正义的对比，新社会与旧社会的对比，社会主义新人与落伍分子的对比，呈现为崇高优美与滑稽丑怪的对比。

（二）

新时期所面临的现实状况是拨乱反正，经济建设，改革开放，其中心是发展经济。自此，举国上下日日夜夜都在发生着变化，历时三十多年的经济社会迅猛发展，中国实现了旧貌换新颜。这是根据马克思主义发挥人的能动性理论，依靠人民创造自己的美好生活。与之相对应的文

---

① 李杨：《重返八十年代：为何重返以及如何重返——就"八十年代文学研究"接受人大研究生访谈》，《当代作家评论》2007 年第 1 期。

艺思想也发生了转折性变化，一是提出文艺的审美特征论，如形象思维论、审美反映论等具有里程碑式的观点；二是在抒发对祖国的热爱和为之奋发图强之情的同时，既拷问中华民族的灵魂，也抒写普通人的情感活动；三是以阶级为单位的人被以个体为单位的人所取代。

这一阶段的人民性可从以下几个方面来看，一是就文艺活动的参与者尤其作者而言，都是来自人民的，"有一种现象和特点是新时期作家独具的：无论'归来的一代'抑或'思考的一代'，他们都不再是以作者身份从外部、从上面去'深入'生活，而是自身被驱赶到生活的底层，其中许多人，身受磨难的惨烈度，灵魂煎熬和震荡的强度，自我反省的深度、理想的轰毁和重建的广度，可说是以往任何时期作家未曾经受的"，"祖国高于一切——在逆境中保持忠诚是他们的共同信念。"①这一时期的作家艺术家是来自不同行业的、从事各种题材创作的人，个体的作者代表自己、表达个体性，群体的作者则代表人民、表达人民性。二是从过去对政治问题的关注转向对人本身的关注，人性论、人道主义曾是一个热点论题，"新时期文学的发展过程，是社会主义人道主义的观念不断地超越'以阶级斗争为纲'的观念的过程。我们可以找到一条基本线索，就是整个新时期文学都围绕着人的重新发现这个轴心而展开的。新时期文学的感人之处，就在于它以空前的热忱，呼吁着人性、人情和人道主义，呼唤着人的尊严和价值。"② 三是对应于经济发展、对外开放、社会转型等现实问题，折射出人民的处境及其可贵的品格。改革者的胸襟、创业者的干劲、打工者的艰辛，都在迎接挑战和直面困难的历程中展露无遗，中国人民的坚强意志于此得以展现。"在面对非凡的苦难、非凡抗争过程中，张扬了非凡的精神和坚韧的个性"，"重要的是需要有扼住命运咽喉的勇气和战胜命运乖舛的魄力，成为自己命运的主人。"③ 阐释在为国富民强而奔忙的道路上所付出的真情，

---

① 雷达：《民族灵魂的发现与重铸》，《文学评论》1987 年第 1 期。
② 刘再复：《论新时期文学的主潮——在"中国新时期文学十年学术讨论会"上的发言（内容提要）》，《文学评论》1986 年第 6 期。
③ 白烨：《力度与深度——评路遥〈平凡的世界〉》，《文艺争鸣》1991 年第 4 期。

所作出的牺牲和所收获的欣喜，都是这一阶段的人民性所要发掘的。四是关注日常生活中的人，从关注群体中的人到关注个体的人乃至于私密生活中的人。相较于前一阶段的文艺注目于非日常生活中的人，新时期文艺则注目于日常生活中的人，开掘人的情感领域，（1）表达对爱的向往，包括爱情、亲情、友情以及陌生人之间的温情；（2）对婚姻、家庭生活中的人的情感、心理的开掘，探讨夫妻之间、父母与子女之间、兄弟姐妹之间以及与亲戚邻里之间的关系，阐发其间的情感纠葛：炽烈、甜蜜、温馨、苦恼和痛楚；（3）描写私人生活中的细节，笔触探及此前文艺作品的禁区，甚至出现身体写作的现象，将人的生理、心理的隐秘暴露出来。

新时期审美的时代特征有以下几点：一是对人民审美观念的重塑。体制的改革过程、经济的发展过程与人民的日常生活密不可分，文艺作品就在宏大叙事之中越来越多地融入平凡的因素、生活的因素、情感的因素；然而，不论怎样挖掘人性的复杂，也不论怎样展现个体觉醒后的人生百态，更不论将个人主义推崇到极致的状态，审美观念始终沐浴在人性的光辉之中，诸如弘扬积极向上、拼搏奋发的精神，面对困难和阻力百折不挠的意志，因不满现状而奋力革新的勇气等。二是审美形态的多样性。邓小平在1979年的文代会上指出，"我国历史悠久，地域辽阔，人口众多，不同民族、不同职业、不同年龄、不同经历和不同教育程度的人们，有多样的生活习俗、文化传统和艺术爱好。雄伟和细腻，严肃和诙谐，抒情和哲理，只要能够使人们得到教育和启发，得到娱乐和美的享受，都应当在我们的文艺园地里占有自己的位置。"[①] 随着社会主义建设的推进，文化生活日趋多元化，人民对审美多样性的需求越来越显著，源于社会生活的文艺作品亦呈现出丰富性，审美活动也呈现出多样性的态势。大体而言，多样性从作者群体、创作方法、作品题材与体裁、接受方式及文艺批评等方方面面呈现出来，其中不乏碰撞和冲

---

① 邓小平：《中国文学艺术工作者第四次全国代表大会上的祝词》，《邓小平论文艺》，人民文学出版社1989年版，第6页。

击,而以交流和对话为主。三是崇高作为一条红线贯穿首尾。(1)塑造了以改革者形象为代表的典型类型。如果把改革者理解为拥有革新观念的人,而非仅属于新时期初期的改革文学范围的话,那么从国企转制到国际商务的交锋,再到高科技产业的竞争,改革者的形象遍布于新时期以来的文艺作品,"比较成功的改革者形象,往往寄寓着时代的理想人格","大都勇于向旧世界、旧观念宣战,大都有坚强意志、锋芒个性,大都有敢于决断的魄力"①。这些改革者形象是具有崇高的审美价值的。(2)崇高作为一种坚守人民至上的文艺理念和审美范式,贯注在新时期以来的创作活动之中,路遥、张承志、梁晓声等作家的创作都秉持着这一理念,"张承志诸多作品里的'大地母亲'形象可以证明,他一直是寻找写作中'人民性'的。……正是将这种具有革命意识的人民美学作为了抵抗现代性叙事下,精神和道德堕落的一面旗帜。"②(3)崇高作为一种文艺精神引领着人民的审美活动,"文学的崇高目的是要按照一定的社会审美理想来改造人的生活,使人的生活变得更美好"。③通过对审美对象的观照,让人民理解伟大的形象是从对抗黑暗的历程中升起的,只有承受并超越困境、灾难乃至绝望,才能成就伟大;只有穿越黑暗,才能抵达崇高。使人民在审美过程中产生真正的激动与喜悦,达成灵魂的震撼与洗涤,获得思想境界的升华。

(三)

"新时代"[④] 这一概念在文艺学美学领域的使用,始自习近平总书记在2014年文艺工作座谈会上讲话的发表,这一阶段的现实状况分为国内和国际两个领域,两者具有不可分割的关系。就国内情况而言,一方面,在人民对物质的占有日趋满足的情况下,精神的需求、心理的需

---

① 雷达:《民族灵魂的发现与重铸》,《文学评论》1987年第1期。
② 张宏:《主体认同、革命意识与人民美学——论张承志在新时期的文学实践》,《文艺理论与批评》2005年第6期。
③ 童庆炳:《新时期文学审美特征论及其意义》,《文学评论》2006年第1期。
④ 徐放鸣:《新时代中国文艺的创作导向和价值引领》,《百家评论》2015年第1期。

求也应得到满足,这是时代给文学艺术下达的任务。另一方面,在文艺理论界,在经历了引进西方文艺理论并逐渐暴露其间的悖论之后,在经历了个人主义并将其推至极端之后,在经历了商业化及消费主义膨胀之后,在中国马克思主义文论与美学经历了沉淀之后,对建构中国当代文艺理论与美学理论的需求越来越迫切。就国际情况而言,进入全球化时代,随着中国在国际社会影响力的日益增大,在引发关注的同时也引起西方某些国家莫名的危机感而采取针对中国的立场,试图给我们的发展造成障碍,然而,这些举动非但不能阻挡中国的发展,反而激发了中国人民运用聪明才智从事科研攻关和技术创新的潜能;更为重要的是,这一刺激引发了人民爱国之情的高涨,凝聚了中国人民团结奋斗的精神。在文艺与现实关系方面,一是强调文艺源于生活的原则,"文艺创作方法有一百条、一千条,但最根本、最关键、最牢靠的办法是扎根人民、扎根生活"。[①] 在借鉴国外诸种创作方法之后,重构根源于本土的创作方法显得尤为可贵。二是提出中华民族伟大复兴理论,这是坚持马克思主义面向未来的观点。中华民族伟大复兴的使命是在国泰民安的时代语境中提出的、新的面向世界的奋斗目标,这是具有开创性的,是在新时代的国际形势和国内现实状况下"接着讲"马克思主义。就文艺理论与美学理论而言,这是对文艺与生活关系的新阐释,文艺不仅反映生活,而且还把握生活之流的方向并引领人民对现实的审美观念。

新时代的人民接受新事物的机会越来越多,已参与到文艺活动的各个环节。就作者及其创作而言,从传统文艺作品的创作到网络小说的写作,再到微博、微信公众号、短视频的写作、运营、制作等,这些文艺种类的作者都来自人民,且参与人数较此前的作家艺术家人数以数量级倍数增加;创作方法更是丰富多样。就文艺作品而言,题材范围得以极大地拓展,在时间方面,从当今扩展到人类的未来,再追溯到遥远的过去,还自由穿行于现在、过去和未来的时光隧道;在空间方面,小到探

[①] 习近平:《在文艺工作座谈会上的讲话》,《人民日报》2015年10月15日。

索个体的生存环境、精神状况、心理活动乃至潜意识活动，大到将人类存在的领域借助人工智能而越出地球、太阳系，扩张至银河系等；因此出现了玄幻小说、穿越小说、赛博朋克小说等新的类型。就接受活动而言，从传统的纸质书刊到电子书刊、超文本，再到网络文学、影视作品、沉浸式多媒体体验活动等，拓宽了文艺接受的途径，更新了认知方式和审美体验。对此，新时代的文艺人民性理论拥有了新的内容。一是一种总体性的理论，是在全球化语境下产生的新理论。习近平总书记指出，"中国人民历来具有深厚的天下情怀，当代中国文艺要把目光投向世界、投向人类。""广大文艺工作者要立足中国大地，讲好中国故事，以更为深邃的视野、更为博大的胸怀、更为自信的态度，择取最能代表中国变革和中国精神的题材，进行艺术表现，塑造更多为世界所认知的中华文化形象，努力展示一个生动立体的中国，为推动构建人类命运共同体谱写新篇章。"[1] 这是一种总体地把握中国和世界关系的理论，是把中国人民置于全球范围来看待的理论，也是如何在世界大环境中来看待人民及文艺人民性的理论。二是一种展现人之才能的理论，"当代中国青年生逢其时，施展才干的舞台无比广阔，实现梦想的前景无比光明。"[2] 马克思主义认为人类社会历史的发展不是纯客观的发展，而是在理性支配下的发展，据此，新时代文艺人民性理论聚焦于正能量，呼吁人民发挥潜能，实现自我价值，满足审美需求，获取生存和发展的意义。三是引导人民建构新的生存状态。（1）在当今物质文明高度发达之际，引导人民的精神结构、心理结构向更完善的程度转换，引导人的全面发展。这是把人本身视为一个完整的结构，是用完整性理论导引个体。对个体的生存具有明确的指导意义。（2）把个人与社会的联系当作一个互相关联的总体，将个人的梦想与民族伟大复兴的梦想结合在一起。只有将个人的存在置于社会之中，才会赋予其存在以意义，才能使

---

[1] 习近平：《在中国文联十一大、中国作协十大开幕式上的讲话》，《人民日报》2021年12月15日。
[2] 习近平：《高举中国特色社会主义伟大旗帜 为全面建设社会主义现代化国家而团结奋斗——在中国共产党第二十次全国代表大会上的报告》，《光明日报》2022年10月26日。

其价值在民族国家的发展中得以体现。（3）维护个人自由与社会认同之间合理的张力，于社会之中维护个体的存在。在融合集体主义与个人主义的前提下，保持个人利益和自我牺牲之间的平衡，确认理想、崇高是人民性中最宝贵的精华。四是强调文艺应承担起自己的使命，传承中国马克思主义文艺传统，将人民文艺传播给人民。于文艺而言，"文艺要热爱人民"，"书写和记录人民的伟大实践、时代的进步要求"[①]；作家艺术家的使命在于用美学思想为社会服务，即用赋有意义的关于现实的全部美学判断来为社会服务，经由其艺术才能展现时代精神，用作品传播人民的审美情操。于人民而言，要满足精神的需求，就要借助文艺作品认识和理解时代，认识当今国内的状况和中国在国际事务中的状况，甚至了解海外中国人的工作、生活情况；理解国家的总体发展目标，理解个体与社会发展的关系，理解作为整体的中国人民的精神指向。达到文艺与人民相互作用，共同塑造新时代的人民形象。

在审美时代性方面，崇高已成为新时代民族精神的重心。一是高扬爱国主义精神，凸显民族自豪感。审美感受和审美判断给予人民以生命的活力和智慧，在诸多方面帮助人民作出重要的抉择，尤其在面临激烈的国际竞争的境况中，激起人民的爱国情怀和民族自豪感。不论在实际事务如国际贸易、海外投资、技术交流中，还是在文艺作品如《湄公河行动》《红海行动》《战狼》系列影视剧中，处处洋溢着作为中国人的骄傲，充满着对祖国的热爱之情，其审美风格即为崇高。二是树立文化自信，强调整体性、同一性。（1）运用马克思主义总体性理论观照多元化、多样性问题，在认可差异性的前提下，注重差异性中的同一性，凝聚中华民族的核心力量。（2）总结新时期以来的成功经验，回顾中国人民创造的奇迹和收获的硕果，像在工程建设、航天科技、通信技术等与人民生活息息相关的领域所取得的成就，再像《攀登者》《中国机长》《我和我的祖国》等作品所再现的辉煌，让人民获得新时代的崇高感，确立文化自信，增强民族信心，坚持走中国特色社会主义道路。

[①] 习近平：《在文艺工作座谈会上的讲话》，《人民日报》2015年10月15日。

(3) 针对 21 世纪初流行的个人主义、消费主义等已展露的弊端进行修正，尽管丑怪、荒诞是存在的，但却是带有个别性的，只有人民美学是普遍性的。三是发现更多的新时代的民族英雄。习近平总书记指出，"经典文艺形象会成为一个时代文艺的重要标识"，"不断发掘更多代表时代精神的新现象新人物"①。在文艺作品中，展现在国际竞争环境里的中国实力，如《浦东史诗》《华为的世界》等作品，将先进地区、先进企业的成功经验视为具备先锋带头作用的民族精神的典范，期盼更多的人民英雄跃上新时代的舞台。在社会生活中，人民关切的诸如科技产品竞争、体育比赛、军事动向等国际事务都属于重大事件，其中民族英雄为国争光的榜样效应，无不在激励着人民。无论以社会美为观照对象，还是以艺术美为观照对象，也无论顺境、逆境，新时代的英雄形象鼓舞人民坚持不懈，日积月累，将实现中华民族伟大复兴的梦想融入日常工作，营造个人有前途、民族有希望的新时代氛围。

新时代人民美学是以祖国之爱为根基，弘扬中华民族优良传统，发挥中国人民的聪明才智，激励人民团结合作，把新时代的使命落实到具体的生产、生活之中，凡是敢于探索、勇于实践、持续奋进的人民都具有英雄主义精神，都拥有崇高的审美价值。实际上，新时代文艺人民性理论和人民美学回应了建构当代中国文艺理论与美学理论的问题，指向当代中国文艺学与美学的关键点。

三　总体观照

尽管人民美学是在马克思主义指引下、在近百年的审美实践中形成并逐渐系统化的，而从纵向发展层面看，这一过程又是自中国传统美学的根基上生发而来的，也就是说，人民美学是在确认和阐明中华民族从

---

① 习近平：《在中国文联十一大、中国作协十大开幕式上的讲话》，《人民日报》2021 年 12 月 15 日。

美学上把握世界和改造世界的过程中产生和演进而来的,其思想和理论是在社会主义革命和建设历程中生成的优秀文学艺术作品之花的根柢。因而从横向比较层面看,又与西方当代美学有明显的区别。

就与传统美学的关系而言,人民美学继承并发展了古代美学所包含的内容。有研究认为,中国古代美学的结构分为"朝廷美学、士人美学、民间—地域美学、城市—市民美学"[1],这一观点是以中国古代社会的等级文化为依据的。中国现代美学建立在民主文化的基础上,尤其是在马克思主义阶级论的指导下完成了人民当家作主的历史任务,实现了人与人之间的平等关系,这是人民美学得以崛起的必要条件。就其构成方式而言,中国传统美学呈现为等级分割的各阶层美学,人民美学则呈现为民主与平等理念下的各种审美样式的水平划分;就其包纳的内容而言,人民美学与传统美学则是一脉相承的。一是民族国家层面,涉及人人关心的民族国家的重大事件以及以此为反映对象的文艺作品,如国庆阅兵、奥林匹克运动会、春节联欢晚会等大型节庆活动和《觉醒年代》《建党大业》《建军大业》《建国大业》等文艺作品;不同于传统朝廷美学是以皇帝为中心的贵族美学,人民美学则既是国家层面的审美活动,又是举国上下令每个中国人心潮澎湃的审美活动。二是知识分子层面,这类社会美问题和相关题材的文艺审美活动比比皆是;不同于传统士人美学呈现的入世、出世及中隐美学,人民美学里的知识分子属于人民的一部分,承担着自己的使命,秉承着忧患意识、革新意识、前瞻意识,作为精英不断地重构着民族的审美观念。三是民间—地域层面,在艺术美方面,如海派文化、西部文学、港台文艺等,地域风情通常体现在语言、习俗等地方特色之中,其精神面貌和情感诉求则是与全体中国人民相通的;在现实美方面,与传统的民间—地域美学的区隔性相比,21世纪的地域美学因文化传播的兴盛和地域之间交流的频繁而成为全民共享的资源。四是城市—市民美学层面,城市文化的形象在持续改变之中,古代的城市—市民生产、生活及其审美活动都演化为当今的

---

[1] 张法:《中国美学史》,四川人民出版社2020年版,第535页。

样式，诸如高楼大厦、广场公园、酒吧影院、戏剧歌舞表演等代表繁华、秩序、摩登、时尚的一面，市民的衣食住行、家长里短等琐碎小事代表普通、寻常的一面，不论是在现实生活中，还是文艺作品中，城市—市民美学已成为日常生活审美化的内容之一。总之，人民美学是由传统美学演变而来的，是将人民的个体追求与祖国的发展、中华民族伟大复兴的梦想紧密联系在一起的。

与西方美学相比，两者展露为不同的景象。当代西方美学存在三种趋势，一是社会生活层面的大众消费文化潮流，发达资本主义社会的生产方式不仅左右着人的物质生活，而且左右着人的文化生活。机械复制时代的文艺作品失去了灵韵，而形成一种批量生产的现象。从创作角度看，在一定程度上，文艺作品是商业经济的产物，为追求经济效益而迎合大众、取悦大众；从接受角度看，文艺活动逐渐转向一种消费、一种娱乐；从而使人的存在趋向于物化。二是哲学人文科学层面的后现代主义思潮，解构现代性自我更新的可能。"二战"以后，出现了荒诞派戏剧、黑色幽默派小说、法国新小说等文艺现象和审美现象，多表现个体生存的虚幻感、虚无感，将人的存在的荒诞性置于显著地位。这种思潮主张去中心、去意义，消解终极追求、终极关怀，从而走向相对主义、虚无主义，那么在这种观念支配下，人们就处于无所适从的境地。三是西方马克思主义美学思潮。有学者将马克思主义美学分为三种基本形态，即苏联马克思主义美学、西方马克思主义美学和中国马克思主义美学，前者的特征是"本质主义反映论、认识论美学"[1]。西方马克思主义美学以法兰克福学派、伯明翰学派、英美新左派为代表，虽然继承了马克思主义美学对资本主义的批判思想，揭示新的历史条件下人的异化等问题，并以文化批判著称，然而却"把文学艺术的社会批判功能与现实社会斗争脱离开来，严重存有审美乌托邦主义的倾向"，"具有精英主义意识，只把少数精英作为能够欣赏和评判艺术的主体，广大民众则

---

[1] 刘纲纪：《马克思主义美学研究与阐释的三种基本形态》，《文艺研究》2001年第1期。

被视为流行文化工业所毒化和控制的群体"①。比较而言，作为中国马克思主义美学典型形态的人民美学，具有实践性、总体性、前瞻性等特征，从而是以上西方美学诸流派所不能比拟的。从审美实践看，人民美学经历了社会主义革命和新中国成立、改革开放、脱贫致富、走向世界等一系列社会实践活动及其审美活动，带领人民一同奋斗、一道前行，积极地把握人对世界的审美关系。从美学思想看，人民美学发挥着审美共通性功用，通过对审美对象的鉴赏，理解人民的生存状况、欲求、期待、梦想等，沟通相互之间的喜怒哀乐，牢固信念，立足当下，朝向未来，满怀期冀，"让人们看到美好、看到希望、看到梦想就在前方。"②在此意义上，人民美学是一种给中国人民以信心和力量的美学。

质言之，人民美学既能体现人的情感的基本原则，又能体现人的精神力量的最高原则。就基本原则而言，是因为它表达的是人民的祖国之爱，这种感情是最基本、最朴素、最真实的，是全体中国人民共有的，因而是整体性的，代表民族精神的基石；就最高原则而言，是因为它是中国人民的高尚情操的表现，既是对国家兴亡匹夫有责的传统美德的承传，又是当代中国人民所引以为豪的英雄精神、奋进精神、奉献精神的美学表现，它既将人民的美好愿望激发出来，又将人民的潜在能力发掘出来，展现出人的存在的高级状态，因而是崇高的，代表民族精神的高峰。

---

① 谭好哲：《毛泽东人民美学建构的理论贡献和意义——纪念〈在延安文艺座谈会上的讲话〉发表 80 周年》，《东岳论丛》2022 年第 7 期。

② 习近平：《在文艺工作座谈会上的讲话》，《人民日报》2015 年 10 月 15 日。

论延安时期的十三年文化建设经验与成就

新疆大学　傅守祥　邹缠

中共中央在延安时期虽然只有十三年，但对于中国革命来讲具有重大的意义。延安十三年始自工农红军长征结束到达陕北，从此延安便成为中国共产党从局部执政到全面执政的根基以及抗日战争、解放战争的指挥中心，在国内外残酷的斗争环境和思想博弈中形成了以毛泽东为核心的领导集体，孕育和塑造了伟大的"延安精神"，也是中国共产党由弱变强、转败为胜，从贫瘠的山沟沟走向广袤全中国的"培根铸魂"的关键期。毫无疑问，这十三年对于中国文化思想和理论的形成有着十分深远的影响，新时代回顾延安十三年的文化建设经验，把"不忘初心"和"牢记使命"相结合，将助力中国式现代化的高质量实现。

一　延安十三年文化建设为新民主主义文化明确了方向

延安时期，一大批进步青年和文艺家从天南海北、四面八方聚集在了这片热土上，正值战时，炮火弥漫、硝烟滚滚，物质条件极其艰苦，但这一段时间的延安文艺界却很活跃，创作自由。这些从沦陷区和大后方来到延安的文艺工作者，带来了西洋音乐、古典文学、中西戏剧等经典文化、潮流文化，丰富了延安时期精神文化生活。然而，他们表演的节目和文艺创作都倾向于高雅艺术趣味，比如演出的有《安娜·卡列尼娜》《雷雨》《日出》《钦差大臣》《蠢货》《伪君子》等被称为"阳春白雪"的中外名剧,当演员在舞台上表演结束后,群众反响看不懂、听不懂,更不愿意去看。而能够适应抗战需要、反映民族战争和边区建设的群众喜闻乐见的"豆芽菜""小玩意"却得不到足够重视,文艺演出脱离了群众、脱离了抗战需要,群众和干部意见很大。而文艺家们不知道演出反馈如何,自己却扬扬得意。当然,从艺术的角度来看,文艺家们的演出水平、技艺都是专业的、出彩的,但延安时期我们党所面临的一个重大现实任务,就是结成抗日民族统一战线,彻底打倒日本帝国主义,而所以,这与文艺服务当下需求却相悖,这时候,及时明确文艺发展方向,对文艺工作者的思想进行统一显得尤为重要,于是,毛泽东同志决定亲自抓文艺工作。

为了召开文艺座谈会,毛泽东经过深入的调研谈话,先后跟延安中央研究院文艺研究室的欧阳山草明夫妇、何其芳、周立波、严文井等党员教师,刘白羽、华君武、蔡若虹等文艺家进行座谈。调研结束后起草了讲话提纲,于1942年5月2日、16日和23日共举行过三次全体大会,整个过程讨论得十分热烈,文艺家们踊跃发言,毛泽东同志边听边做笔记,最后发表了《在延安文艺座谈会上的讲话》。在今天看来,这次会议十分及时,对于统一文艺家的思想、明确"文艺要为工农兵服务"的文艺方针,解决文艺脱离群众、脱离实际等问题意义重大,这也为繁荣延安文艺文化,明确工作方向具有里程碑的意义。从另一个层面讲,这也是中国共产党坚持实事求是,把马克思主义与中国革命实际结合的实践,纠正文艺界的各种非无产阶级思想,解决了文艺为什么人服务的问题,从而明确了新民主主义文化的发展方向。

毛泽东同志在讲话中指出:"我们要求的是政治和艺术的统一,内容和形式的统一,革命的政治内容和尽可能完美的艺术形式的统一。"①这对于在延安文艺界,一些人主张艺术脱离政治,艺术高于政治,作家可以不要马列主义的立场、观点,会妨碍创作等脱离抗战实际,不适应

---

① 《毛泽东选集》第3卷,人民出版社1967年版,第826页。

延安文艺发展的错误思想进行了及时纠正。明确了文艺发展方向,丰富了马克思主义文艺理论,推动延安文艺运动为人民大众、为工农兵服务的文艺方针,开创了"百花齐放、百家争鸣"的良好文艺局面。这一时期创作的《白毛女》《兄妹开荒》《夫妻识字》《小二黑结婚》《李有才板话》《李家庄的变迁》《逼上梁山》《三打祝家庄》等歌剧、舞剧,一大批贴近人民群众、适应抗战的文艺精品蓬勃涌现。"我们的文艺必须是为人民大众的,首先是为工农兵的"① 的方向得到明确,思想得到统一,为延安文艺和延安文化发展指明了道路。

二 延安十三年的新文化政策指引延安文化事业发展

经过文艺座谈会和刊登在《解放日报》上的毛泽东《在延安文艺座谈会上的讲话》,讨论和深入阐释了文艺工作者要为工农兵服务的原则性问题,并作为文艺工作的方向,切实解决了当时混乱的思想文化阵地和文化实践方向不明等问题。而毛泽东的《新民主主义论》和张闻天的《抗战以来中华民族的新文化运动与今后任务》对文化的基本理论,中国的旧文化,中华民族的文化革命或新文化运动的历史和特点,正确对待新文化、中国传统旧文化以及外国文化(主要是西方文化)的关系,如何认识三民主义及其在社会主义文化或新民主主义文化中的地位,新文化或新民主主义文化的基本内容或原则诸问题的回答,"一出现就不同凡响,显示了以马克思主义武装起来的中国共产党人独特的文化认识、清晰的思维和巨大的理论潜力","时至今日,我们的文化研究和文化建设,任然无法回避它的理论指导。"② 而这也是一次马列主义同中国具体实际相结合的实践,有力促进了延安文化事业发展。

---

① 《毛泽东选集》第3卷,人民出版社1967年版,第820页。
② 刘辉:《中国共产党人的文化自觉——新民主主义文化思想再研究》,中共党史出版社2008年版,第203页。

文化和政治从来就不是割裂开的，而是一种更好的反映，文化繁荣反映了政治清明和经济发展，折射到社会，便是社会稳定，人民生活安定。1944年3月，在中央宣传工作会议上，毛泽东又发展了"讲话"精神，他认为文化是政治、经济的反映，又指导政治、经济，"今天我们边区有两种秧歌：一种是老秧歌，反映的是旧政治、旧经济；一种是新秧歌，反映的是新政治、新经济"。他又说，"过去，成百成千的文学家、艺术家、文化人脱离群众。开了文艺座谈会以后，去年搞了一年，他们慢慢地摸到了边，……就是反映了群众的生活，真正地反映了边区的政治、经济，这就能够起指导作用。政治、军事、经济、文化之间的关系就是这样。"[1] 系列讲话和论述确立了延安时期党的新的文化政策，明确文化发展大政方针，文艺界、思想理论界也对新的文化政策展开了深入探讨，并不断宣传贯彻新的文化政策，从效果上看，延安时期新的文化政策是一次马克思主义中国化的实践，同中国具体实际相结合，在探索中国革命时期的文化道路具有十分重大的意义。新文化政策明确了中国化、大众化、时代化发展方向，在实践过程中，贯穿于文化战线的各个领域，取得了辉煌的成绩，使得文艺成为凝心聚力的有力武器，达到文化服务政治，也赢得了广大人民群众对抗战的支持，延安文化得到了发展，对当下中国文化的发展还有借鉴意义。从另一个角度讲，能够及时纠正战时文艺思想界的混乱问题，达到文化艺术服务战时、服务群众、反映生活，推动优秀文艺作品鼓舞人心、凝聚人心，增强人民众志成城抗日战争、解放战争的精神力量，把文艺创作和人民奋斗联系起来，传递伟大的延安精神，凝聚共同奋斗的精神力量。

新文化政策确保了文化文艺战线发挥宣传教化的作用，同时明确了党对文化工作的领导。文化是革命的有力武器，能够团结人民、教育人民、打击敌人。这也为文艺家在文艺创作过程中创造更多接地气、适应战时、鼓舞人心的文艺作品明确了方向，确立了延安文艺的评判标准、大众化道路、普及与提高、文艺工作者党的立场、遵循的基本原则等，

---

[1] 《毛泽东文集》第3卷，人民出版社1996年版，第109页。

文艺工作者放下了包袱，潜心创作，自觉投身文化为大众服务的伟大实践中。古元的《减租会》、罗工柳的《马本斋将军的母亲》、张望的《乡村干部会议》、胡一川的《牛犋变工队》等一批反映延安地区生活的作品。尤其是彦涵的《当敌人搜山的时候》，这部作品是他1943年从前线回到延安之后创作的，他有着战斗一线的经历，加之笔触熟练，描写细致，刻画出人物同仇敌忾、昂扬向上的精神风貌。夏风的《家庭识字牌》刻画了延安地区开展的识字活动。沃渣《军民打成一片》刻画了八路军战士帮助边区农民收割的场景，用群众"看得懂"的版画形式表现出军民鱼水情和生活日常。新歌剧《白毛女》通过真实而富有传奇色彩的故事，揭示了"旧社会把人逼成'鬼'，新社会把'鬼'变成人"的时代主题，都对于战时鼓舞人心，激励斗志意义重大。

　　文艺家深入战时一线、深入敌后、农业生产一线，亲眼见证、亲身体会，运用写作、美术、舞蹈、音乐、戏剧等各种形式，热情讴歌抗日根据地的火热场面，文化艺术作品喜闻乐见、耳熟能详、又接地气，得到当地群众、干部的一致认可。杜鹏程的《保卫延安》，贺敬之的《回延安》，丁玲的《太阳照在桑干河上》，吴伯箫的《记一辆纺车》《菜园小记》是著名的文学作品。音乐作品有曲有源的《东方红》，田汉、聂耳的《义勇军进行曲》，光未然、冼星海的《黄河大合唱》，贺绿汀的《游击队歌》，莫耶、郑律成的《延安颂》，贺敬之、马可的《南泥湾》，郭兰英首唱的《绣金匾》，张土燮、朱正本的《十送红军》，刘西民的《解放区的天》，塞克、冼星海的《二月里来》等脍炙人口的音乐。贺敬之、丁毅合著歌剧《白毛女》，马可的秧歌剧《夫妻识字》，赵树理的同名小说及豫剧《小二黑结婚》等经典文艺层出不穷，通过各种形式记录了宝塔山下那段峥嵘岁月。"深入生活，扎根基层"的群众路线至今也在延续，当然，延安时期文化艺术也有了扎根的土壤，有了生存发展的空间，在正确的文化政策指导下，创作出了更多群众喜爱的文化作品，文艺生命力得到延续，文艺展现出崭新的艺术风貌，有力地推动延安当时政治、经济、社会发展，繁荣了延安文化事业。

三 延安十三年创立了新民主主义文化理论

毛泽东主持召开延安文艺座谈会是在延安整风运动期间开展的，通过整风运动真正确立了毛泽东思想在全党的指导地位，毛泽东成为全党的领导核心。而文艺座谈会上的讲话精神，从思想认识上解决了"为了谁服务"的问题，是实事求是的马克思主义思想路线在全党范围内的一次实践，对于提高思想认识、促进团结具有十分重大的意义。"法捷耶夫的《毁灭》，只写了一支很小的游击队，它并没有想去投合旧世界读者的口味，但是却产生了全世界的影响，至少在中国，像大家所知道的，产生了很大的影响。"① 法捷耶夫的《毁灭》能够产生影响，也从另一个方面论述了新民主主义文化的特征是民族的、科学的、大众的，能被广大群众所接受，才能有积极意义。

新民主主义文化是半殖民地半封建社会背景下，反帝反封建斗争，无产阶级登上历史舞台的思想文化引领，是最早的文化自信，强调了民族的、大众的、科学的文化性质。之所以是民族的，是因为中华民族遭受外国侵略和国内封建主义压迫，中华民族丧失了民族尊严和独立，要推翻压在身上的三座大山，就要增强中华民族的自信心，表现在文化上就要有民族性，是处于水深火热的中华民族反帝反封建斗争的生存环境下，每一个人的归属感和认同感的根据。科学性表现在要破除封建思想和封建迷信，倡导科学，主张实事求是，客观真理，要理论和实践相统一，运用马克思主义理论指导文化发展。在传承延续中华民族文化中，汲取精华、去其糟粕，要对传统文化进行批判性的继承。文化是有着真理的光芒，闪烁科学的光辉，而又要有大众性，强调了服务谁的问题。新民主主义文化，当然是服务人民大众，工农兵和现实生活，工人、农民占社会的绝大多数，人民群众又是革命的主体，所以，要用群众可以接受的、方便接受的方式进行创作和

---

① 《毛泽东选集》第 3 卷，人民出版社 1967 年版，第 833 页。

展示。当然，文艺家的创作源泉来自人民大众的生活实践，人民大众是实践的主体，从群众中来，又到群众中去，创作的文艺作品反映大众心声，达到情感上认同、精神上愉悦、思想上统一，不仅让文化扎根群众，而且在肥沃的土壤里拥有更强的生命力。

毛泽东同志指出："一定的文化（当作观念形态的文化）是一定社会的政治和经济的反映。"[①] 邓小平在1979年第四届全国文联代表大会上指出："忘记、忽略或是割断这种联系，艺术生命就会枯竭。"[②] 习近平总书记在2014年10月召开的文艺工作座谈会上强调："文艺的一切创新，归根到底都直接或间接来源于人民。"[③] 延安十三年为新民主主义文化的理论形成和发展起到了积极的作用，也为新民主主义革命的胜利发挥了文化教育作用，新民主主义文化根源于中国传统文化，又以马克思主义为指导，通过整风运动和文艺座谈会，统一了思想，明确了方向，文化服务政治、军事、经济等成为鲜明导向，是马克思主义中国化的理论成果。延安时期的美术作品《开荒》、文学作品《人民的刘志丹》《乡村干部会议》、连环画《保卫边区、保卫警区》《杨方口战斗》、借鉴民间艺术年画创作的《参军光荣》《识一千字》、雕塑《毛泽东像》《鲁迅浮雕像》、窗花剪纸《支援前线》《民兵》，秧歌《兄妹开荒》《夫妻识字》《惯匪周子山》等文艺形式，把追求科学真理和为工农兵服务的价值理念融合在一起，创造的文艺作品通俗易懂，贴近群众，唤起了广大人民群众对中国共产党的认同和对革命的支持。

四　延安十三年的文化建设浸润了伟大的延安精神

延安时期，文艺理论家、各种门类的表演艺术家活跃在延安这片热

---

① 《毛泽东选集》第2卷，人民出版社1991年版，第633页。
② 高冠龙：《〈邓小平在中国文学艺术工作者第四次代表大会上的祝词〉探析》，《党史博览》2016年第4期。
③ 高原丽：《担负起培根铸魂的时代使命——读习近平总书记〈在文艺工作座谈会上的讲话〉》，《学习时报》2022年11月16日第5版。

土上，他们用自己的才情和热情，创作了大批经典艺术之作，这一时期，在中国共产党的领导下，把马克思主义的基本原理和中国革命的具体实践相结合，继承和发展"五四"新文化运动，似乎正如鲁迅先生所预料的那样，"文学革命"并不能带来启蒙的胜利，而"革命文学"的指挥棒却是时时引导着我们，成为根深蒂固的潜意识。

延安时期成立了众多的战时文艺社团，编辑出版了大量的文学艺术刊物，《文艺突击》《大众文艺》《中国文艺》《中国文化》《文艺战线》都是当时有名的刊物，而《大众文艺》《中国文艺》《新诗歌》《群众文艺》等刊名都是毛泽东同志亲自题写的，充分说明党中央对文艺工作的支持和关心。加之战时，纸张短缺、印刷条件差，文艺期刊出刊较难，有的期刊原为半月刊，因为种种原因，不得不改为月刊。延安时期最早的文艺期刊《文艺突击》创刊于1938年9月，第一期稿件编齐后，奚定怀于9月17日致信毛泽东，请求题写刊名。第二天，奚定怀就收到了毛泽东主席的题字和批复，这对奚定怀等文艺工作者来讲是莫大的荣幸和极大的鼓舞。相对于铅印，油印更为方便，但受印刷条件限制，印刷的刊物外观设计都比较简单，《大众文艺》《文艺突击》等大多数刊物封面没有图案装饰，皖南事变后，油墨来源断绝，工人只能自制油墨进行印刷。艰难的环境、困难的条件并没有压垮共产党人，文艺刊物却成了延安军民的精神文化食粮，对于鼓动军民战斗，推动文化通俗化、大众化具有十分重要的意义。也正是在物资极具困难，环境恶劣的条件下，在毛泽东思想的正确指引下，中国共产党带领军民实事求是、理论联系实际、不断开拓创新，响应"自己动手，丰衣足食"的号召，为中国革命贡献物质力量，也就创造了自力更生、艰苦奋斗的创业精神、全心全意为人民服务的延安精神。

2020年4月23日，习近平总书记在陕西考察工作时指出："党中央在延安13年，形成了伟大的延安精神。延安精神培育了一代代中国共产党人，是我们党的宝贵精神财富。要坚持不懈用延安精神教育广大党员、干部，用以滋养初心、淬炼灵魂，从中汲取信仰的力量、查找党性的差距、校准前进的方向。"① 延安十三年，涌现出丁玲、艾青、周扬、周立波、何其芳、冼星海、刘白羽、杨朔、贺敬之、柳青、孙犁等大批有成就、有影响的文艺家和马克思主义文艺理论家，在延安十三年文艺史上留下了浓墨的一笔，为新民主主义文学贡献了大批经典之作。鲁迅在《坟·灯下漫笔》指出："文艺是国民精神所发的火光，同时也是引导国民精神的前途的灯火。"② 文艺具有恒久的生命力，优秀的文艺能够恰如其分地表现时代的精神，滋养情感，以及启迪人的智慧，延安十三年的文艺大发展也正浸润了伟大的延安精神，让这片土地充满革命激情。

五 延安十三年培养了大批文艺人才队伍

在经过延安整风运动和召开文艺座谈会，文艺家的思想得到了统一，为适应战时文艺需求和军民生产生活需要，以及不断培养文艺骨干，在延安创办了抗大、陕公、中央党校、马列学院、鲁迅艺术学院、女大、延安大学等30多所各类干部学校，也创办了以文艺人才队伍培养为主的延安鲁迅艺术学院，并建立了抗日剧社、西北战地服务团等艺术团体。其中最重要的是1938年9月成立的"中华全国文艺界抗敌协会延安分会"，又称"文抗"。正如毛泽东《在延安文艺座谈会上的讲话》引言部分说的：我们有两支军队，一支是朱［德］总司令的，一支是鲁（迅）总司令的。可见，"文抗"在战时对于团结军民、战胜敌人发挥了同武装斗争同样重要的作用。邓小平在《一二九师文化工作方针任务及其努力方向》中指出："各种势力的文化工作都是与其政治任务密切联系着的，所谓超政治的文化是不存在的。"③ 在中国共产党的关心支持下，延安围绕党的中心任务和战时需求，改革完善文化发展方

---

① 李蓉：《从延安精神中汲取信仰的力量》，《陕西日报》2021年11月11日第7版。
② 赵慎珠：《灯火·鲁镇·前行》，《中国艺术报》2022年8月26日第8版。
③ 赵纪萍：《文化工作必须坚持正确政治方向——读邓小平〈一二九师文化工作的方针任务及其努力方向〉》，《学习时报》2021年1月13日第5版。

向和政策，培养了各类文艺骨干人才。茅盾在《记鲁迅艺术文学院》一文中提道："在鲁艺，聚集着全国各省的青年……他们齐聚在鲁艺，为了一个信念：娴习文艺这武器的理论与实践，为民族之自由解放而服务！"①

延安鲁迅艺术学院先后共办6期，每一期都有明确的培养目的，从1938年开始招生到1944年，培养了大批文艺骨干。第三届学员是1939年招生的，分为初级班和高级班，学制为四个月。教育目的是"培养坚持长期抗战、坚持统一战线，为民族解放事业能吃苦耐劳，适应于前、后方的艺术工作者及干部；培养党的坚强的艺术干部，为了加强、扩大党的艺术方面的影响及领导，奠定新艺术的初步基础。"②研究《延安时期大事记述》发现，延安时期的培养具有明确的目的，不仅对教学目标进行明确，而且对于学制和学习内容都进行了明确，这对于战时急需人才的培养具有指导意义，热血青年、爱国人士，文化精英、文艺团体都加入到了波澜壮阔的抗战中。从1938年3月到1945年11月的七年半多时间里，共培养了抗战艺术干部685人，其中文学系197人，戏剧系179人，音乐系162人，美术系147人。与此同时，鲁艺还先后举办了各种类型的短期培训班，培养出大量的文艺干部。③

当抗日的滚滚浓烟烧遍华夏大地，延安的文艺为"延安时期"构筑了强大的精神力量，更重要的是中国共产党人高瞻远瞩，在复杂困难的环境中，依然能够抓住时机，大力培养了各类文艺人才，为抗日战争和解放战争提供了坚强的人才保障，也为新中国成立和建设时期的文艺发展积聚了重要的人才力量，可以说，延安十三年，中国共产党人不仅培养了强而有力的文艺骨干，大批文艺工作者深入到火热的延安生活、战斗中，在生活和实践中汲取艺术灵感，创作出了一大批思想明确、艺术精湛的经典文学艺术作品，服务军民，更为延安文艺文化事业谱写了

---

① 赵耀宏、叶梦娇：《延安时期的"大学"》，《当代陕西》2023年第4期第65页。

② 中国延安干部学院编：《延安时期大事记述》，中央文献出版社2010年版，第120—121页。

③ 《延安时期大事记述》，中央文献出版社2010年版，第123页。

团结教育人民、鼓舞人心的历史篇章，有力促进了新民主主义文学发展。

六 延安十三年为新中国文化事业奠定了基础

延安时期，毛泽东同志发表了《在延安文艺座谈会上的讲话》《新民主主义论》《关于陕甘宁边区的文化教育问题》《论新民主主义文化》《文化工作中的统一战线》等系列著作，为新民主主义文化事业明确了方向，又为文化事业发展提供了理论上的支撑，成为纲领性文件，指导新民主主义文化事业顺利开展。毛泽东同志提出的"新民主主义文化"理论，从理论上谋划了中华民族文化发展的方向，在党的文化建设上具有划时代的意义。

新民主主义文化要求要挣脱封建主义、帝国主义对文化的奴役，要建立"民族的、大众的、科学的"中华民族新文化，并深刻回答了服务谁？如何服务？等一系列的理论和政策问题。对于文化要有民族性的强调，突出了新文化要反帝反封建，民族要独立。强调大众化，是因为工农兵占了很大一部分比例，而这部分群体也是中国革命的主力，文化要为劳苦大众服务，发展成为大众化的文化。之所以要突出科学性，就是要破除封建迷信，也不能盲从西方文化，所以新民主主义文化就如毛泽东同志在《新民主主义论》中所说："一定的文化（当作观念形态的文化）是一定社会的政治和经济的反映。"[①] 新民主主义文化就要为工农兵服务，也必须深入群众、联系群众，从群众中来，到群众中去，文化才不会枯竭。中国共产党在延安时期的文化建设，突出反映了中国共产党对马克思主义文艺思想的重大创新，从理论上深化了中国共产党对于文化服务对象和文化建设方向的认识，为党在延安顺利开展文化工作和推动文化从群众中来到群众中去，以及切实担负起抗日战争和解放战

---

① 《毛泽东选集》第2卷，人民出版社1991年版，第633页。

争进程中的主流文化宣传,暨传播先进思想、政治理论、民主科学等做出了重要贡献,大批文艺家自觉接受新思想新理论,打开了思想上的包袱,明确了奋斗方向,轻装上阵,在新民主主义旗帜引领下,满腔热忱,深入火热的革命斗争中,从理论走向实践,开创了延安时期文化繁荣的良好局面,也为社会主义文艺发展,以及中国文艺工作定下了主基调。1979年10月,邓小平同志在中国文学艺术工作者第四次代表大会上发表祝词,2014年10月,习近平总书记在北京主持召开文艺工作座谈会,发表了重要讲话,都同毛泽东同志在延安文艺座谈会上的讲话精神是一脉相承的,都是马克思主义中国化的具体实践。

时至今日,"二为"方向"双百"方针都是文艺家要坚持的根本方向。延安十三年的文化建设解决了中国文化发展的理论建构,揭示了文化工作的本质,确定了文化的发展方向,从根本上解决了指向不清、方向不明等问题。毛泽东同志指出:"所谓新民主主义的文化,就是人民大众反帝反封建的文化;在今日,就是抗日统一战线的文化。"[①] 毛泽东同志洞穿文化工作的本质,一针见血、切中要害,在十三年的延安文化建设中,通过系列政策(如优厚待遇知识分子)培育了成千上万名革命文艺人才骨干,解放战争和社会主义建设时期的大量人才都是从延安这片热土上走出来的。这也正得益于中国共产党人的高瞻远瞩和深谋远虑,在战火纷飞的年代,依然能够抓住机遇,在大后方明确文化事业发展方向、培养文艺人才、抓队伍建设,推动延安时期文化事业蓬勃发展,为战时鼓动宣传、凝心聚力发挥了重大作用。

延安时期的文化建设为新中国文化建设在人才队伍培养、理论建构、思想引领等多方面铺垫了良好的根基,在这片充满热情的土壤里根植了文化中国的红色基因,为中国特色社会主义文化建设创造了良好的局面。一些接地气、深受广大军民喜欢、适应抗战形势、与党的中心工作、与工农兵大众紧密结合的文艺作品在报刊、街头广场演出,丰富多样的文化形态,展现了延安时期,虽然物质上困乏,但精神上蓬勃朝气

---

① 《毛泽东选集》第2卷,人民出版社1991年版,第698页。

的良好局面。1937年10月，美国记者埃德加·斯诺的纪实文学作品《红星照耀中国》在伦敦首次出版，向世界全面、真实地介绍了中国共产党人革命奋斗的红色故事，他的真实报道立即轰动一时，这也是中国共产党人用实际行动诠释为民族解放而艰苦奋斗和牺牲奉献的精神。从另一个角度讲，《红星照耀中国》也是延安文化的一部分，从第三视角"解锁"了中国革命根据地的真实情况，中国共产党为民族解放的艰苦奋斗、奉献牺牲、前赴后继的精神，瓦解了种种歪曲、丑化共产党的谣言。

延安时期，文化传承了五四运动精神和新文化运动，中国共产党人把握住了文化的有力武器，在引领社会风尚、宣传教育、激励斗志、鼓舞人心等方面发挥了巨大作用，延安时期的文化具有强烈的自觉意识，对全面建设中国特色社会主义先进文化、全面建设社会主义现代化国家、实现中华民族伟大复兴中国梦亦具有重大的历史意义和现实意义。新时期，我们要继续坚持"二为"方向，坚持"双百"方针，从战略的高度认识文化强国的重大意义，认真领会延安时期文化建设的深刻内涵，遵循文化发展规律，结合当代中国实际，活化马克思主义理论，用新思想、新理论武装头脑，从战略的角度认识文化建设对于当代中国的意义，始终坚持党的文化领导权，推动文化中国建设取得更大辉煌。

"大众"在文艺中的存在方式研究
——"文艺大众化"问题再检讨

山东师范大学　李慧

文艺大众化运动是20世纪三四十年代中国现代文艺场域中发生的重要现象，是在马克思主义指导下对无产阶级革命文学发展方式的探索，文艺与大众的关系是要解决的关键问题。在文艺与大众的矛盾结构中，文艺的性质、审美与功能作用取决于大众的特点与需求。"大众"在文艺大众化实践中处于核心地位，已有研究往往重点关注文艺的价值与功能、真实性、阶级性、文艺与政治的关系等思想、性质、话语建设方面，而少有研究从大众的角度对文艺大众化问题进行考察。有研究者考证了大众的演变过程，揭示出大众与文艺之间的建构性关系，认为大众与文艺的隔阂不是必然的，而是由社会结构中的阶级关系造成。① 这一判断有其合理性，封建社会中大众的阶级地位低下、文化水平不高导致大众与文艺之间的隔阂，这使得文艺一直是少数特权阶级的权利，而若大众的社会地位与存在方式得到改变，大众与文艺之间的隔阂有可能被打破。"五四"以来，大众在变革历史的实践中逐渐成长为推动历史进步、社会发展的主导力量，在历史演变过程中形成社会性、现代性、阶级性等属性特点，推动了文艺取向于大众的审美趣味与价值追求的形成与发展，也决定了大众在文艺中的存在方式的变化。大众是文艺大众化的目的。当革命文学出现发展困境，为大众而创作成为解决问题的重

---

① 齐晓红：《当文学遇到大众——1930年代文艺大众化运动管窥》，《文学评论》2012年第1期。

要方面，创作出为大众所接受、能够激励大众的革命热情的作品成为文艺大众化的主要目的。大众是文艺大众化的活动主体。在文艺大众化运动中，大众成为文艺创作与接受的主体、价值与功能的承担者，文艺创作开始有意识地根据大众的需求而进行作品形象、审美风格的创造。大众以形象的方式存在于大众化的文艺作品中，大众是大众化的文艺创作重点塑造的形象，其形象表现出了群体性、叙事化的特点。从大众的角度探析文艺大众化问题的发生与发展，旨在揭示无产阶级革命文学发展的复杂性、真实性，深化对中国现代文学百年发展的认识，以推动马克思主义文论中国化的话语建构。

一 作为目的的存在

文艺大众化的提出直接地是为了解决无产阶级革命文学的发展困境。革命文学论争围绕文学与革命的关系问题明确提出文学应该同情无产阶级、以工农大众为对象的文学观点，但是，"这还只是一般地规定革命文学必然地是普罗文学，却未曾充分地给予马克思主义的认识——确立普罗文学的理论。"[①] 林伯修对革命文学的批评具体表现在文学的大众化、无产阶级写实主义的立场、文艺与政治的关系等还没有解决的问题上，而这些问题都与"大众"息息相关，涉及大众作为革命文学的接受对象、作家对无产阶级大众的现实书写、文艺对大众的政治作用等方面。为了解决这些问题，文艺大众化的问题被提出，革命文学"有许多是大众所不能接受的东西，并且知识分子的社会环境往往使他们的作品不能和大众接近。在这样状态之下，文学大众化的问题就发生了"，"大众化的问题的核心是怎样使大众能整个地获得他们自己的文学"，也就是大众既能作为接受者而享受文学，也能创造文学[②]。左翼作家联

[①] 林伯修：《1929 年急于解决的几个文艺问题》，《海风周报》1929 年第 12 号。
[②] 郑伯奇：《关于文学大众化的问题》，《大众文艺》1930 年第 3 期。

盟对于文艺大众化问题的决议指出文学要以"属于大众"为原则。在延安文艺座谈会上的讲话也倡导要"为人民"① 进行创作。于是，无产阶级革命文学由解决文艺与革命的关系转变为文艺与大众的关系，大众成为文艺大众化的目的与归宿。

大众作为目的而存在有其必要性。大众在推动社会变革的历史实践中逐渐建构了政治性、阶级性、现代性等属性，这为大众成为目的准备了条件。"大众"是一个历史概念，其语义经历了发展演变的过程。在古代社会中，大众的社会地位低下、受教育水平不高，具有群体性特点，这些语义内涵被延续下来。近现代以来，大众的语义内涵因大众群体广泛参与社会实践而有所变化与发展。20 年代末尤其是 30 年代，"大众"概念广泛应用于杂志、报纸、广播等传播媒介对社会生活的报道中。在文化教育领域，"大众文艺""大众报"等词语的使用，表明社会对大众教育及其文化需求的关注。在卫生医疗方面，"大众医刊""大众卫生"等使用，表明现代化的生活方式处于建设过程中。在基础设施方面，"大众公园""大众信箱"成为人与人之间交流沟通的场所与途径。在政治经济领域，"大众经济""大众科学"等使用表明科技、经济已经渗入到大众的社会生活中，"生产大众""农村大众"表明当时社会条件下的社会分工状况，"大众革命""工农大众政权"等概念中蕴含着大众的政治性、阶级性特点。这表明，大众在社会中不再是被遮蔽的、无足轻重的存在，他们以工农兵、工农业生产者、市场上的消费者等方式而参与社会变革并为社会所关注与满足，而文学艺术是关注与满足参与社会变革的大众的其中一种方式。一直以来不合理的社会制度限制了大众与文艺之间关系的建立，当大众在社会中的矛盾还没有凸显出来、没有得到解决时，文艺对于大众而言是对立的存在物，而大众处境的改变决定了文艺与大众之间关系建立的可能。所以，革命文学理论上要实现文学与大众的结合，却因社会没有真正解决大众的矛盾而使

---

① 毛泽东：《在延安文艺座谈会上的讲话》，载《毛泽东选集》第 3 卷，人民出版社 1991 年版，第 855 页。

得革命文学的发展受到阻碍。在中国共产党领导下，社会革命激发了大众变革社会、推动历史进步的力量，文艺以大众为目的的创作具有了可能性。

大众作为文艺的目的具有时代性特点。在以社会革命为主要任务的历史条件下，大众的革命性、政治性是其矛盾的主要方面，于是，文艺以大众为目的主要表现在以政治、革命为目的的方面。近现代以来，大众在广泛地参与历史变革的社会实践、革命实践中，逐渐地建构了革命性、政治性的特征，中国共产党认识到大众的这种革命性特征，认为只有依靠广大的工农兵大众才能够完成反帝反封建的历史任务。大革命失败后，共产党以独立的身份领导反帝反封建的斗争，国民党实行军事围剿和文化围剿的政策，而为了反文化围剿，文艺的大众化成为重要的选择，"为完成当前迫切的任务，中国无产阶级革命文学必须确定新的路线。首先第一个重大的问题，就是文学的大众化。"只有实现文学的大众化，才能"完成我们当前的反帝反国民党的苏维埃革命的任务，才能创造出真正的中国无产阶级革命文学"。[①] 由此可知，文艺大众化的提出，是"为完成当前迫切的任务"，完成"反帝反国民党的苏维埃革命的任务"，即文艺大众化其目的之一是完成革命任务。革命文学本身没有能够完成反帝反国民党的任务，但理论上来讲，革命文学与大众的结合却能够完成，由此可以得出，"文学—革命"之间的关系在转变为"文学—大众（革命）"之间的关系后才可能实现革命、政治任务，所以可以说，大众是文艺大众化的直接目的，主要是大众的革命、政治目的。而文艺大众化的这一目的的实现还要依赖于当时的经济条件。就经济来讲，1928年到1938年是中国经济发展相对稳定的历史时期，城市化速度加快，农村基本能实现自给自足，报刊业、电影等文化事业繁荣发展，这为大众群体精神文化需求的满足、为文艺在大众中的传播与接受提供了条件。为大众进行创作在政治、经济条件的保障下发展起来。

---

① 《中国无产阶级革命文学的新任务——1931年11月中国左翼作家联盟执行委员会的决议》，《文学导报》1931年第8期。

文艺以大众为目的，对文艺创作有独特的要求与规定。以大众、以革命为目的而发生、发展，以大众的需求和实际的文化状况为依据进行文艺创作及其理论建设，进而在形式、内容上形成独特的审美风格。而这是由大众的特点决定的。当时的大多数大众"还是连字都识不到几个。就是能识字的中间找寻能看《三国》《水浒》这样旧小说的又是很少很少。"① 大众的文化水平低，决定了"要创造大众能理解的作品"②，文艺创作的形式、语言、内容要能够符合大众的需求，语言上要用"现代中国活人的白话来写，尤其是无产阶级的话来写"，"应当拿'读出来可以听得懂'做标准，而且一定是活人的话。"形式上，"革命的大众文艺，应当运用说书滩簧等类的形式。自然，应当随时创造群众所容易接受的新的形式。"内容上，"要去反映现实的革命的斗争，不但表现革命的英雄，尤其要表现群众的英雄，这里也要揭穿反动意识以及小资产阶级的动摇犹豫，揭穿这些意识对于群众斗争的影响，要这样去赞助革命的阶级意识的生长和发展"。文艺以大众为目的进行创作，不仅要创作大众能够理解的作品，而且还要承担起启蒙和解放大众的作用。大众拥有自己的文艺生活，但是，"中国的劳动民众还过着中世纪的文化生活。说书，演义，小唱，西洋镜，连环图画，草台班的戏剧……到处都是，中国的绅士资产阶级用这些大众文艺做工具，来对于劳动民众实行他们的奴隶教育"③。当时大众的文化生活处于被限制的状况，识字少以致无法对文学作品进行欣赏、阅读，但并不是说大众没有精神文化的需求，落后的文化生活表明大众无法选择符合他们需求的、较为先进的文艺作品；大众在社会、革命实践中逐渐建构了阶级解放、民族独立、民主科学的精神需求，这一发展与大众实际的文化生活状况相矛盾。这一矛盾表明大众需要实现精神与审美的解放，为人民大众的创作因此而具有历史的合理性与必然性。

---

① 郑伯奇：《关于文学大众化的问题》，《大众文艺》1930年第3期。
② 洛扬：《论文学的大众化》，《文学》1932年第1期。
③ 宋阳：《大众文艺的问题》，《文学月报》1932年创刊号。

二　作为主体的存在

在文艺大众化实践中，大众既是文艺创作的主体，也是文艺接受的主体。所谓"主体"，是指具有意识性、自觉能动性和社会历史性的现实的人，是与客体相对立的存在。大众作为文艺活动的主体，开始有意识地、自觉地创造属于无产阶级的文学。不同于在传统社会中被凝视、被忽视的存在特点，大众成为文艺大众化实践的主体，大众文艺的创作、传播与接受、理论构想都以大众的需求为判断标准。大众在文艺中的主体地位的建立改变了中国文艺与大众疏离的状况，这对中国文艺取向于大众的发展路径的形成具有开创性作用。

大众是文艺活动的主体，既是被培养的工农兵作家，"我们还要在这种读者会，研究会，和批评会里，实现教育我们现在的作家以及培养工农大众的作家的任务"[①]，也是文艺接受的主体，"文艺作品在根据地的接受者，是工农兵以及革命的干部。"[②] 但是大众在文艺活动中的主体地位不是一蹴而就的，而是经历了历史演变的过程才逐渐确立起来。首先，大众的主体意识开始觉醒。在传统社会中，"大众"并不是使用频率很高的词汇，大众是指军旅行役、普通僧侣尼姑、不同情境下的多数人组成的群体，这一群体大都无知感性、地位低下、力量弱小。大众在文艺活动中是缺失的，即使在文学艺术作品中，也是以被凝视、客观化的方式而存在，无法发出自己的声音。近现代以来大众所指转向平民。平民是指具有现代意识的普通人。大众以平民的身份广泛参与到革命运动、工农业生产、科教文卫等社会实践中，改变了在传统社会中被凝视、客观化的存在方式，逐渐形成政治性、革命性、现代性特点。他们的现代需求中蕴含着觉醒的个体意识，其中包括对于文学艺术的审美

[①] 洛扬：《论文学的大众化》，《文学》1932年第1期。
[②] 毛泽东：《在延安文艺座谈会上的讲话》，载《毛泽东选集》第3卷，人民出版社1991年版，第849—850页。

意识，这使得"文学开始走出了以往被少数知识阶层把握的小圈子，具有了面向社会、大众的追求。"① 其次，工农兵大众无论在质量上还是数量上都有所发展，成为社会变革的主导力量。从数量上来讲，"农民在全国总人口中大约占有百分之八十，是现时中国国民经济的主要力量。"② "中国无产阶级中，现代产业工人约有二百五十万至三百万，城市小工业和手工业的雇佣劳动者和商店店员约有一千二百万，农村的无产阶级（即雇农）及其他城市无产者，尚有一个广大的数目。"百分之九十的大众群体数量其主导性地位毋庸置疑。大众历来处于社会的底层，受剥削、受压迫，但无产阶级本身还"与最先进的经济形式相联系，富于组织性纪律性"③，这为人民大众主体性地位的实现提供了条件与保障。在中国共产党领导下，人民群众参与到历史变革中为民族独立、民主进步而战，大众在推进历史变革的进程中其主体性地位得以建立。大众在文艺活动中的地位因社会结构中主体地位的确立而发生改变，逐渐发展成为文艺活动的主体，在文学结构关系中与作家、作品、社会等因素相互作用，促进了文艺大众化的发展。

　　大众在文艺活动中的主体作用是通过群体的作用形式来实现的。所谓群体是指由许多有共同点的人组成的整体，大众作为一个整体，其共同点在于他们承受着社会的压迫与剥削，具有积极的变革社会的动力，既与特权阶级相对立，也与个体相矛盾。在起到知识普及作用的《新名词辞典》中，"大众"被解释为"群众"，具体是指"一大集团的国民大多数者，以示与少数特权者有别。又劳动团体的干部，称普通会员或未组织的劳动者，亦曰大众。"④ 有论者把大众与"特权阶级"之间的关系界定为一种普遍性与特殊性、民主与霸权、平等与不平等的关系，

---

　　① 朱德发等编：《现代中国文学通鉴 1900—2010 上 1900—1929》，人民出版社 2012 年版，第 73 页。
　　② 毛泽东：《中国革命和中国共产党》，载《毛泽东选集》第 2 卷，人民出版社 1991 年版，第 642 页。
　　③ 毛泽东：《中国革命和中国共产党》，载《毛泽东选集》第 2 卷，人民出版社 1991 年版，第 644 页。
　　④ 邢墨卿编：《新名词辞典》，上海新生命书局 1934 年版，第 8—9 页。

在现代社会中，大众内在的民主、平等性与特权阶级的霸权、不平等性是矛盾对立性质的关系，这一关系决定了大众与特权阶级之间存在一种对抗性、对立性矛盾①。这一判断明确揭示了大众是在关系性的社会结构中被界定的概念，它与特权阶级之间是对立的关系，这种对立是两者形式上的对立，也揭示出两者内在的本质区别，大众内在地追求民主、平等，这成为大众存在的历史意义所在。在无产阶级革命的历史语境下，大众所指是工农兵群众的联合体，这种联合是基于民族斗争、阶级斗争的联合，两者的对抗主要是基于阶级差别的对抗，大众存在的意义只有在阶级斗争的条件下才能得到保障。而阶级斗争不是个体单独能够完成的历史任务，只有以群体形式存在的工农兵大众联合才能实现。大众作为多数人组成的群体，在社会实践中表达的是群体的共同特点与需求，而组成大众群体的工农兵个体不是以大众身份而是以个体身份存在于革命现实中，在审美需求、欣赏水平等方面存在差异，文艺大众化运动从群体的角度揭示大众的文艺活动、接受方式等特点，以此能够了解大众的整体性特点，却很难看清组成大众群体的个体面目。

大众作为文艺活动的主体是与客体对立、统一的存在，这决定了大众化的文艺作品所抒情、叙事的对象必然是与大众的生活息息相关的对象世界。这一问题是大众化的文艺理论实践所要解决的关键问题。文艺大众化问题讨论中，多有讨论者涉及文艺写什么的问题，认为，"当然首先是描写工人阶级的生活，描写贫农，农民兵士的生活，描写他们的斗争，劳动群众的生活和斗争，罢工，游击战争，土地革命，当时是主要的题材"②。延安文艺座谈会上的讲话把文艺写什么的问题提升到了文艺的生活来源的本质问题上来，认为，"人民生活中本来存在着文学艺术原料的矿藏，这是自然形态的东西，是粗糙的东西，但也是最生动、最丰富、最基本的东西；在这点上说，它们使一切文学艺术相形见

---

① 齐晓红：《当文学遇到大众——1930年代文艺大众化运动管窥》，《文学评论》2012年第1期。

② 史铁儿：《普洛大众文艺的现实问题》，《文学》1932年第1期。

细，它们是一切文学艺术的取之不尽、用之不竭的唯一的源泉。"① 在当时特殊的时代境遇中，大众主要面对的是贫困、革命、斗争、罢工等现实问题，主客体对立、统一的矛盾关系决定了大众化的文艺创作需要与之相适应，于是书写大众及其生活、文艺来源于生活的观念成为其基本的认识。

大众是文艺活动的主体，主要是能够满足大众的需求。而要满足大众的需求，作品需要传播到大众中间并为大众所接受。为此，文艺大众化运动做了大量的探索，开展了俗话文学革命、街头文学、工农通讯、自我批评运动，为的是"到群众中间去学习"如何进行大众熟悉的、接受的说书式的小说、唱本、剧本等创作②。"到群众中去"是为了了解群众，更好地书写群众、为群众书写。大众化问题提出之初就已经认识到，"文学的大众化问题首先要有能使大众理解——看得懂——的作品，这不能不要求我们的作家在群众生活中认识他们的生活，也只有这样才能具体的表现出来"。③ 在大众化实践中认识到还要建立读者网、组织读者会、文艺研究会、批评会，"发展工农大众的读者和教育他们"④，以提高工农兵大众的识字能力和文化水平。所以，大众在文艺活动中的主体作用表明，大众对于文艺的发展方式、价值与功能以及作品风格具有重要的导向性作用。

三 作为形象的存在

文艺大众化问题讨论中，大众被阐释为价值与功能的承担者、文艺创作与接受的主体，也是文艺作品描写与表现的对象。文艺大众化运动

---

① 毛泽东：《在延安文艺座谈会上的讲话》，载《毛泽东选集》第3卷，人民出版社1991年版，第861页。
② 史铁儿：《普洛大众文艺的现实问题》，《文学》1932年第1期。
③ 乃超：《大众化的问题》，《大众文艺》1930年第3期。
④ 洛扬：《论文学的大众化》，《文学》1932年第1期。

在不同时期进行了不断的文艺创作实践，运用戏剧、诗歌、小说等多种形式创作了为大众所喜爱的文艺作品和艺术形象。中国诗歌会创作出了大量的诗歌作品，中国左翼戏剧家联盟深入工厂演出，创作了《工厂夜景》等戏剧。苏区文艺创作以戏剧、歌谣为主，演出《我——红军》等反映根据地建设革命的戏剧，活报剧创作也很活跃。抗战后，三部短剧"好一计鞭子"深受大众喜爱，诗歌创作走向战场、农村、工厂，朗诵诗、街头诗盛行。解放区工农兵文艺空前活跃，新秧歌剧《兄妹开荒》《夫妻识字》深受大众喜爱，"农民诗人"王老九、"兵的诗人"毕革飞等都创作了许多反映工农兵生活的诗歌作品，小说创作①成果尤其突出，涌现出了大量反映现实题材的作品。这些作品所塑造的大众形象鲜明突出。在这些作品中，大众往往经历了"苦难—觉醒—反抗"的成长历程，创作者通常在宏大的历史场景中表现出大众强大的集体力量、强烈的政治需求、浪漫的革命情怀。不同体裁塑造大众形象的方式不同，但大众形象却都表现出叙事化的特点。

大众形象的叙事化表达的特点在诗歌、小说、歌谣等各种体裁中都得到体现。诗歌《东洋人出兵》中，"说到农民真伤心，大水淹了十七省，还要交租纳税养闲人"，"咱们工人团结最要紧，……罢工起来打倒日本人，快快联络兵士弟兄们，革命起来咱们是首领，首先自己要团结得紧。"这首诗歌表现出大众"伤心""穷""死""受着苦处""罢工""团结"的形象特点，表达出大众遭受压迫、承受苦难、在觉醒中团结起来进行反抗的状况，但组成大众的工农兵个体其具体面貌模糊不清，个体性被淹没在普遍性中。这些大众形象与世界各地的工农兵形象是相似的，"各国的工人跟穷人，俄国苏联的工农兵，这些人才能够帮助我们的穷人。"② 这首诗中大众形象的叙事性是显见的，洪水淹没了

---

① 解放区小说主要包括：赵树理的《李有才板话》《小二黑结婚》、丁玲的《太阳照在桑干河上》、周立波的《暴风骤雨》、柳青的《种谷记》、欧阳山的《高干大》、马加的《江山村十日》、马烽、西戎的《吕梁英雄传》、袁静、孔厥的《新儿女英雄传》、柯兰的《杨铁桶》等。

② 史铁儿：《东洋人出兵》，《文学导报》1931年第5期。

家乡，农民却"还要交租纳税养闲人"，因此工农要团结起来打倒日本人，诗歌中包含事件、人物、场景等叙事要素。蒲风《六月流火》、李季的《王贵与李香香》等叙事诗也表现了农民形象的群体性、叙事化表达的特点。"大众"形象的叙事化表达在解放区小说中更是得到显著的体现，并表现出独特性特点。

大众形象是叙述者、抒情者在多重身份的融合中进行的创造，意蕴丰富。文艺作品中，叙述者、抒情者在故事中承担了意识形态传播者、工农兵大众、知识分子的多重身份。叙述者多重身份相互纠缠，不同身份的审美要求相互碰撞、妥协与沟通，形成了文艺作品意蕴的丰富性。作品肯定与歌颂了大众在土地革命斗争中表现出的勇敢与智慧，但同时，作家又以知识分子的启蒙精神与敏锐的文化鉴别力对大众身上带有的落后思想进行揭露与批判。《李家庄的变迁》中，铁锁因桑树事件受到不公平待遇，想让看庙的老宋做证证明桑树归铁锁所有，老宋迫于李如珍等村里的剥削者的压力，"因此他只好推开：'咱从小是个穷人，一天只顾弄着吃，什么闲事也不留心'。"① 自私狭隘、明哲保身的冷漠态度表现出来。《太阳照在桑干河上》中，黑妞热情洋溢地来到董桂花家询问开会的事情，却遭到周月英等贫苦妇女的嘲弄与打击，黑妞的伯父钱文贵在村子里被定性为地主，周月英等贫农因阶级偏见而不能公正地对待渴望成长与进步的黑妞。文艺创作遵循为人民大众进行创作的价值取向，但是作家对于农民群众自身的缺点与落后并不是视而不见。作品叙述者看似以客观冷峻的态度在讲述故事的进展以及人物的行动，实际上却是在讲述者角色的掩盖下不断调整身份，从不同的视角来敏锐地观察农村及农民发生的改革与转变，进行大众形象的塑造。

叙述者不同于真实作者，但是真实作者却决定了叙述者形象的建构，真实作者的思想改造改变了大众形象在文艺作品中的呈现方式。在当时的理论语境中，为工农兵服务的文艺观念以及现实主义的创作方法已为丁玲、周立波、赵树理等作家所熟知。除了理论上的准备，在延安

---

① 赵树理：《李家庄的变迁 三里湾》，北岳文艺出版社2015年版，第9页。

《讲话》的感召与指引下，知识分子遵循并践行了"意识、实践与艺术的三位一体"①的成长与转变方式，纷纷走进农村或军队基层，在沉浸式的实践活动中，观察到土地革命的真实状况，深刻感知到人民大众在社会变革斗争中的力量与精神状态，在认识与理解中拉近了与大众的情感距离。诗人、作家改变了对待工农兵大众的态度，更加认可与接受为工农兵服务的文艺观念，其认识与态度变化决定了文艺作品中叙述者的立场和话语特点。丁玲等作家显然是站在大众的立场上进行文艺创作，其文艺作品结构明了、叙事清晰、语言的口语化等特点表明了作家创作风格的转变。

在"苦难—觉醒—反抗"的叙事模式下进行大众形象的创造。对于解放区小说而言，从叙事学的角度，小说中的故事内容可以简化为五个事件：在李福祥/吴二爷、顾涌/钱文贵、田万顺/韩老六、李有才/阎恒元等关系中，后者为了自身利益侵害前者，前者受到压制与迫害生活极度困苦，双方产生对立矛盾；老张、老董、萧队长、老杨同志等工作人员深入调查，了解百姓的基本情况与需求；李福祥、张太天、张裕民、赵玉林等开展农村土地革命；赵玉林、李福祥、张太天等控诉与斗争地主；赵玉林、李福祥、张太天等翻身，斗争取得胜利。故事大多在开始时把人物之间的矛盾呈现出来，交代引起对立双方斗争的原因，紧接着讲述行动者对于冲突发生之后的反应与采取的行动，中间三个序列讲述了人物展开的行动。最后交代人物行动的阶段性成果，而人物还有继续下一个行动的可能。人物角色及其之间的关系是繁多复杂的，但根据阶级关系可以把不同的人物划分为不同的行动元：剥削者、普通大众、先进分子、工作人员，上述的五个序列可以用行动元模式再简化为：剥削者与普通大众产生矛盾，工作人员深入调查，先进分子开展工作，大众控诉与斗争，大众取得胜利。小说以"苦难—觉醒—反抗"的叙事模式讲述故事，诗歌、戏剧等作品中的人物塑造也遵循了这一叙

---

① 贺桂梅：《丁玲主体辩证法的生成：以瞿秋白、王剑虹书写为线索》，《中国现代文学研究丛刊》2018 年第 5 期。

事模式。"苦难—觉醒—反抗"的叙事结构决定了大众形象的独特性。在与地主相对立的群体结构中，大众在党的领导下逐渐觉醒、起而反抗并最终实现对自己的解放。这一叙事形式中，革命规定了大众的社会行为，不同于新时期社会主义建设、新时代民族复兴条件下现代化发展对人民大众实践方式的决定作用，革命条件下大众最主要的任务是在社会的解放中实现大众自身的解放，大众个体单独无法实现对地主阶级的斗争与对抗，就像大众化的文艺作品中塑造的赵玉林等底层民众形象，他们单独无力与地主阶级进行对抗，但当大众在党的领导下团结起来，有组织地对地主阶级进行控诉、斗争时，最终取得了胜利。大众在叙述者多重身份的话语表述下呈现其复杂的形象特点，而叙述者的话语行为是在革命叙事结构中进行，革命既规定了叙述者以启蒙与教导、观察与批判、苦难与觉醒为主的话语方式，也规定了故事中大众形象的行为模式和故事的叙事模式。

纵观中国现代文学百年的发展历程，平民文学、革命文学、左翼文艺、延安文艺等都倡导取向于平民大众的文艺创作方式，而文艺大众化运动才在探索中真正实现了文艺与大众的结合，这表明，大众参与社会变革的程度以及对于这一活动关系的认识决定了为人民大众的文艺创作观念以及服务于人民大众的文艺功能与价值的实现。对文艺大众化问题的考察表明，大众以目的、主体、形象等方式多层面介入文学，在文艺与大众关系的结合中引领并促进了中国现代文学的发展。由此而得出的对于当下以人民为中心的文艺创作的启示在于，首先，应坚持在马克思主义的指导下认识大众及其与文艺的关系，密切关注大众的需求与文学发展规律之间矛盾关系的变化发展，以促进文艺活动中人民大众的主体作用的更好实现。其次，在与时代、与社会实践的结合中认识、挖掘大众真实的、变化的审美需求，只有清楚了解大众的需求才能创作出符合大众需要、以人民大众为目的的文艺作品。新时代条件下，大众需求的多样性、多层次性应该成为对其关注的重点。最后，需要不断探索与创造深入人心的新时代人民形象、大众形象，以展现民族复兴伟大征程中人民大众的真实面貌。